Introduction to Transportation

交通运输概论

万 明 主编

人民交通出版社股份有限公司
China Communications Press Co.,Ltd.

内 容 提 要

本书基于通识理念，扼要介绍了交通运输科学的相关知识。全书内容涵盖交通运输的基本概念、铁路运输、道路运输、水路运输、航空运输、管道运输及交通运输的综合化与智能化。其中，涉及五种交通运输方式的各篇内容基本按概述、基础设施与设备、运营组织、成就与展望谋篇布局，第六篇主要介绍综合运输概念与综合交通枢纽、集装箱多式联运、邮政运输及智能交通运输。

全书内容取材丰富、图文并茂、简明扼要、实用性强，同时配有相应的延伸阅读和教学PPT，可作为具有交通行业背景的高等院校学生的公共课程通识教材，也可供交通运输行业的管理人员、工程技术人员和研究人员参考。

图书在版编目(CIP)数据

交通运输概论 / 万明主编. —北京 ：人民交通出版社股份有限公司, 2015.2

ISBN 978-7-114-11915-6

Ⅰ. ①交… Ⅱ. ①万… Ⅲ. ①交通运输–概论 Ⅳ. ①U

中国版本图书馆 CIP 数据核字(2015)第 037402 号

书　　名：交通运输概论
著 作 者：万　明
责任编辑：谭　鸿　赵瑞琴
出版发行：人民交通出版社股份有限公司
地　　址：(100011)北京市朝阳区安定门外外馆斜街 3 号
网　　址：http://www.ccpress.com.cn
销售电话：(010)59757973
总 经 销：人民交通出版社股份有限公司发行部
经　　销：各地新华书店
印　　刷：北京市密东印刷有限公司
开　　本：787×1092　1/16
印　　张：18. 25
字　　数：415 千
版　　次：2015 年 3 月　第 1 版
印　　次：2020 年 7 月　第 8 次印刷
书　　号：ISBN 978-7-114-11915-6
定　　价：38.00 元
(有印刷、装订质量问题的图书由本公司负责调换)

前　言

随着经济社会的发展和人类文明的推移，人们的生产分工愈加细化，职业指向更为明确。与此对应，大学教育越来越呈现出以就业为导向的功利性倾向，大学生依专业划分，俨然就是为未来社会机器而打造的一个标准部件，人性和精神的缺失、思想与文化的错位逐渐使高等教育异化为适应社会生产的工具。有鉴于此，近年来，为使学生在接受自身专业教育的同时，进一步拓宽视野，兼具人文精神与科学素养，做一个“全面发展的人”，在主编万明教授的倡导下，华东交通大学积极尝试打造通识教育平台。作为一所以“交通”冠名的大学，交通运输学科自然是彰显学校办学特色的首要通识目标。我们设想，以交通运输为主题开展通识教育，不仅仅是为学生增加一点点与自身生活息息相关的交通知识，方便未来生活；更为重要的是，可以引领学生一道共同分享人类漫漫文明征程中伴生的交通人文精神与理念，畅游人类悠悠历史长河中承载的交通优秀科技与文化，培养交通思维，树立交通意识，了解交通科技，真正成为一位篆刻“交通”烙印的名副其实的“交通大学”毕业生。

自有人类以来即有交通运输，交通运输的发展伴随着人类文明进程，与人类生活和社会发展同步，对人类社会的形成和发展有重要影响。现代交通运输主要包括铁路、公路、水运、航空和管道5种方式，各种交通运输方式在不断满足经济社会发展需求的过程中，不仅逐步构建了各自完善和发达的设施与网络，形成了各自的交通规则、礼仪、习俗等制度，而且各种方式之间在竞争与协作的推动下，渐趋融合并形成了统一的综合交通运输体系。当前，交通运输与能源利用和环境保护、交通运输与国土规划和土地利用，交通运输与国防和社会安全，交通运输与教育、健康和财富创造等的一体化，成为交通运输发展的重点领域和优先主题。事实上，交通运输与经济社会这种休戚与共、息息相关的关系决定了交通运输就是国民经济的命脉，是人类生活与经济发展的基本需要和先决条件。高校学生作为即将融入经济社会的生力军，理应学习和掌握必要的交通运输知识。

《交通运输概论》是针对具有交通行业背景的院校各专业学生的通识教材，也可供交通运输行业的管理人员、工程技术人员和研究人员参考。该教材编写的基本指导思想是：以交通运输科技的基础理论知识为载体，充分体现课程内容的通识性、适用性、前瞻性与开放性特点。在此基础上，通过渗透交通精神与文化，弘扬我国交通运输的科技成就，增强学生的民族自信心与自豪感。具体来说，本书在编写过程中，着重考虑了以下几个方面：

1. 通识性。在立足知识层次与结构符合认知规律，专业术语与内容科学、规范，引用材料与数据真实、权威、准确的前提下，注重通过简洁精炼、通俗生动的语言，加之结合宜看易懂的图表，深入浅出地解读交通运输科技，力求实现学生愿意看、看得懂的通识目标。

2. 适用性。不过分拘泥于交通运输学科的专业化、系统化与完整性，避开繁杂的理论公式和过于专业化的图表，侧重于从应用角度阐述交通运输的基本知识，介绍交通运输的基本概念、历史与成就，以及与经济社会、生产生活息息相关的常识。我们的宗旨是，捧之能学，学之有益。

3. 前瞻性。教材力求与行业发展紧密结合，分析交通运输行业存在的问题，紧跟交通运输行业技术的最新前沿，反映交通运输行业发展的最新成果，展望交通运输行业的发展方向。对于诸如"交通"与"运输"这样尚无明确统一界定的概念，本书在综合前人研究的基础上，在绪论中提出了自己的严谨论述。

4. 开放性。教材力求兼顾不同专业对交通运输领域知识侧重点的不同需要，使非工科类学生从中学到一些交通常识、人文精神和理念，工科背景特别是交通运输相关专业学生则可以从中进一步学习具有一定广度乃至深度的内容，为今后的学习提供一定铺垫。

本书由华东交通大学万明教授主编，全书除绪论外共分6篇。其中，绪论由万明编写；第一篇（铁路篇）由华东交通大学的万明、徐玉萍、徐国权、李明华、熊坚、赵怀瑞编写，徐国权负责统稿；第二篇（道路篇）由华东交通大学的秦鸣、李骏、王淑芳、陈齐平编写，秦鸣负责统稿；第三篇（水路篇）由江西交通职业技术学院的朱隆亮、王敏军、何世松编写，何世松负责统稿；第四篇（航空篇）由南昌航空大学王细洋编写和统稿；第五篇（管道篇）由华东交通大学李骏、程贤福编写，李骏负责统稿；第六篇（综合篇）由华东交通大学的程贤福、漆昕、徐国权、傅维新编写，程贤福负责统稿。

本教材在编写过程中除所列参考文献之外，还引用了大量网页、论文、标准与规范等相关资料，在此不一一列举并向原作者致以敬意！尽管我们尽力尝试编写一本富有趣味、通俗易懂且学有所益的通识教材，但限于时间和水平，我们深深感到，本书离既定目标尚有不小差距，问题肯定不少，热忱欢迎读者批评指正，以期今后再版时修订。

编　者

2015年1月21日于南昌

目　　录

绪　　论

学习目标

1.辨析“交通”与“运输”概念；

2.了解交通运输的发展史；

3.认识交通运输与经济社会的关联；

4.理解绿色交通含义，构建可持续发展理念。

延伸阅读

[1]王庆云.中国交通发展的演进过程及问题思考[J].交通运输系统工程与信息,2007(1):1-11.

[2]张文尝.改革开放以来中国交通运输布局的重大变化[J].经济地理,2008(9):705-710.

[3]张文尝,王姣娥,金凤君,等.新中国交通运输60年发展与巨变[J].经济地理.2009(11):1770-1776.

[4]交通运输部.加快推进绿色循环低碳交通运输发展指导意见[J].综合运输,2013(7):48-52.

交通运输是国民经济的重要组成部分和先行官，是联系工业和农业、城市和乡村、生产和消费的纽带，它在国家的政治、经济、军事、文化建设中具有重要作用，可以认为，交通运输是现代社会的生存基础和文明标志。现代交通运输主要包括铁路、公路、水路、航空和管道五种方式。

一、交通运输的基本概念

（一）交通运输的语词释义

通常人们所说的“交通”和“运输”，其语词释义在现有文献中并不统一。上海科学技术出版社 1980 年出版的《现代科学技术词典》对“交通”的定义是：车辆、行人、船舶或飞机沿着规定的路线，如公路、人行道、海上或空中航线航行或流动。其侧重于交通工具与人员的流动。上海辞书出版社 1999 年出版的《辞海》从语言学角度对“交通”的解释是：各种运输和邮电通信的总称。即人和物的转运输送，语言、文字、符号、图像等的传递播送；对“运输”的解释为：使用适当工具实现人和物空间位置变动的活动。上海交通大学出版社 2005 年出版的专业的《交通大辞典》将“交通”定义为“人、物和信息在两地之间的往来、传递与输送，包括运输和通信两个方面，狭义的交通专指运输”，而“运输又称交通运输，指使用运输工具和设备，运送人和物的生产活动”。该定义完全是语词释义，并将交通等同于运输。清华大学出版社 2005 年出版的胡思继著作《综合运输工程学》对“交通”的定义是：“交通指通过一定的组织管理技术，实现载运工具在公共交通网络上流动的一种经济活动和社会活动”，并认为“交通作为一项经济活动和社会活动的三要素是：公共交通网络及其设施、载运工具和组织管理技术。这里运输对象——人与物融合于载运工具之中”；同时，对“运输”做出界定：“运输是指借助公共交通网络及其设施和载运工具，通过一定的组织管理技术，实现人和物空间位移的一种经济活动和社会活动”，“运输作为一项经济活动和社会活动的四要素是：公共交通网络及其设施、载运工具、组织管理技术和客货对象——人与物”。

“交”与“通”两个字早在《易经 · 泰卦》中即有记载，其曰：“天地交而万物通也，上下交而其志同也。”这里的“交”有“通气”“结合”的意思，代表吉兆、泰卦；而“不交”代表凶兆、否卦。三国时期经学家王弼注曰：“泰者，物大通之时也。”古人认为天地之交是最大的“交”，是万物大通之时。自然、社会中有各式各样的“交”，虽不如天地之交大，但也属于“交”“泰”的范围。“交通”合为一词最早在中国春秋时期齐国管仲所撰《管子 · 度地》中有记载，其曰：“山川涸落，天气下，地气上，万物交通”。中国政法大学叶士东 2005 年博士论文《晚清交通立法研究》指出，交通二字连于一起成为一词，大体上有两种含义：一为互相通达，如陶渊明《桃花源记》云：“阡陌交通，鸡犬相闻”；一为交往、勾结，如古代有“交通官府”、“交通豪强”的说法，《史记 · 黥布传》云：“布已论输丽山，丽山之徒数十万人，布皆与其徒长豪杰交通”。商务印书馆 1983 年出版的修订本《辞源》中“交通”的释义是“彼此相通”和“交接、往还”。可见，叶士东与反映汉语语词起源的《辞源》对“交通”的释义基本一致。汉语中现代意义的“交通”则与外来语有关，其释义实际是外语词汇的翻译。《牛津现代高级英汉双解词典》（第三版）中译为“交通”的词汇有两个：其一是“communication”，解释为“交通或通讯设备；（联络各地的）公路、铁路、电话或电报线；无线电；电视”；另一是“traffic”，是指“往来于街道上的行人及车辆或天空中飞行的飞机”。显然,《辞海》关于“各种运输和邮电通信的总称”这一释义正是对“交通”原义通过借用、引伸和补充而形成。需要指出的是,在我国,由于新中国成立后长期单独设立铁道部、国家民航总局,与交通部并行,以致“交通”一词往往将铁路、航空、管道排除在外,即为公路交通和水路交通的统称。实际上,交通这一特定含义在其他国家是没有的。2008 年,国务院推行“大部制”改革,将交通部、民航总局、国家邮政局合并,并重新命名为交通运输部。2013 年,铁道部被撤消,其行政职能以国家铁路局形式划入交通运输部。由此,交通运输部负责统筹规划铁路、公路、水路、民航发展,加快推进综合交通运输体系建设。

“运输”一词在古汉语中的含义与今日相差无几,前述《辞源》对“运输”简单解释为“转运输送”,如《史记·司马相如传》中之《谕巴蜀檄》:“郡又擅为转粟运输”。“运”具有搬运、移动的含义;“输”具有输送的含义。运输是人或物的空间位移。《牛津现代高级英汉双解词典》(第三版)中译为“运输”的词汇是“transportation”,解释为“运送;运输”。

纵观人类实践,可以认为,交通活动涉及的方面至少包括:①人的各种出行活动,是人的基本生活需求之一;②物资流通活动,是社会经济活动的重要组成部分;③为实现“人员”和“物资”运动所必须的各种基础设施与辅助设施,如路网站场、载运工具;④为保证“人员”和“物资”运动实现所实施的各种组织活动,如交通指挥和运输管理;⑤为调节“人员”和“物资”运动中的人际关系,规范“人员”和“物资”运动中的行为所必须的各种法律规范、方针政策以及相应的道德规范,如《道路交通安全法》。由此可见,交通活动是社会生活基本内容的一部分,政治、经济、文化和军事等方面活动都以交通活动为基础并通过交通的组织得以实现。

现代运输活动实际是社会分工细化的结果,是为满足“人的出行”和“物资流通”而开展的有组织的活动,目的是通过实现人员与物资位移,从而获得经济与社会利益。因此,运输活动涉及的方面包括:①为满足“人的出行”需求而进行的经营活动;②为满足“物资流通”需求而进行的经营活动;③合理利用社会提供的基础设施与辅助设施及专门设施,合理使用载运工具;④为保证获得经济与社会利益所实施的各种组织活动,如企业管理和运输管理。⑤遵守国家制定的各种法律规范(如《道路交通安全法》和《危险品货物运输规则》等)。

综合相关文献释义,按上述分析观点修正,可以得到“交通”和“运输”比较严谨的定义:交通是通过一定的组织管理技术,实现载运工具在相应公共设施网络上流动的一种社会活动,是人类社会的基础活动之一。社会交通行为受有关专门法律与社会道德的调节、约束与规范。运输是通过一定的组织管理技术,利用一定公共设施、专门设施和相应的载运工具,实现人员与物资地理位置改变的一种经济活动,是社会经济活动的组成部分之一。

(二)交通与运输的关系

由上述概念可知,交通强调的是载运工具在公共设施网络上的流动情况,与载运工具上所载运人员与物资的多少、有无没有关系。其核心功能在于保障主动通行的流畅性。运输强调的是载运工具所载运的客和货实现位置的转移,如载运人员和物资多少,产生了多少空间位移,而不强调采用何种载运工具与运输方式。

因此,交通与运输反映的是同一事物的两个方面,或者说是同一过程的两个方面。这“同一过程”就是载运工具在公共设施网络上的流动,“两个方面”指的是交通关注载运工具的流动情况(流量的大小、拥挤的程度),而运输关注流动中载运工具上的载运情况(载人和物的有无与多少,将其输送了多远的距离)。运输以交通为前提,没有交通就不存在运输,交通是手段,而运输往往才是最终目的。由于现代运输活动都是在特定的交通设施上进行的,为了避免不必要的歧义和理解的困难,通常如果不是特别需要指出,当需要使用中文表达交通或运输的意思时,建议最好使用"交通运输"联合的表达方式。"交通运输"总体涵盖了载运工具在公共设施网络上的流动和载运工具上载运人员与物资在两地之间位移这一经济活动的两个方面。而交通运输学则是通过探讨载运工具在相应公共设施网络上的流动,如何将人和物迅速、安全、经济、便利、准时地从甲地运到乙地,以创造空间效用和时间效用的科学。

二、交通运输的发展史

自有人类以来即有交通运输,交通运输的发展伴随着人类文明进程,与人类生活和社会发展同步。纵观世界交通运输发展,大体经历以下四个阶段。

(一)水路交通运输阶段

人类利用天然水道发展航运已有几千年历史,水路交通运输在目前各主要交通运输方式中兴起最早、历史最长,历经水及人工动力、风动力、蒸汽机动力、柴油机动力和核动力几个阶段,可分为内河交通运输和海洋交通运输两大类。

在原始交通运输阶段,陆上交通运输主要靠人力、畜力,而内河交通运输则主要靠风力与水流。当时的内河交通运输无论从交通运输的方便性和提供给人们交通运输的能力,还是交通运输的动力,都优于陆上交通运输,加上当时的人类生活离不开大江、大河,所以内河交通运输成为最具优势的运输方式之一,人类早期的工业大多沿通航水道布局。中国是世界上水路交通运输发展较早的国家之一。据记载,我国在公元前2500年已经制造舟楫,从事水运。在商代就已经出现帆船运输,春秋吴国阖闾九年(公元前506年),开凿了世界上第一条运河——胥溪,全长约100km。秦始皇33年(公元前214年),挖成长约30 km的灵渠,连接长江和珠江两大水系。灵渠的斗门(又称陡门——现代船闸的前身),是世界上最早的通航设施。举世闻名的大运河,始于春秋吴国,后经历代(特别是隋、元两代)的大规模开凿,沟通了钱塘江、长江、淮河、黄河、海河五大水系。8~9世纪,唐代对外运输丝绸及其他货物的船舶,直达波斯湾和红海之滨,开创了著名的"海上丝绸之路"。北宋时为增加粮食载运量和提高结构强度而建造的对槽船,是当今航运发达国家所用分节驳船的雏形。12世纪初,我国首先将指南针应用于航海导航,人类海上运输的大时代真正开始。15世纪初至15世纪30年代,明朝航海家郑和率领庞大船队七次下西洋,历经亚洲、非洲30多个国家和地区,这是世界航海史上的壮举,使我国古代航海事业进入鼎盛时期。

随着经济社会的发展,特别是蒸汽机的发明,引发了第一次工业革命,蒸汽机开始在水上运输得到应用。1807年美国人罗伯特·富尔顿在纽约第一次试航成功"克拉门特号"蒸汽机船,开创了机械为动力的现代交通运输的新纪元。蒸汽机船因其运能大、成本低而在早期的工业化国家迅速发展,并成为19世纪上半叶交通运输发展的重点。同时,这些国家斥巨资,大规模地整治航道、开凿运河,连通水网、兴建港口,使得沿用数以千年的天然水道和港埠等水运基础设施第一次得到了根本的改善,以机械为动力的水路交通运输在较短时期内便取代了以畜力为动力的陆上交通运输而成为货物运输的主力。1838 年英国轮船“南柯斯号”和“大西洋号”相继横渡大西洋成功,开创了远洋交通运输的新纪元。1897 年德国的狄赛尔发明了柴油机,这种内燃机被用于船舶,船的燃料从煤变成柴油。水路交通运输逐步成为广泛使用的交通运输方式。

1949 年以后,我国水运事业获得了很大发展。根据交通运输部综合规划司发布的《2013 年交通运输行业发展统计公报》,2013 年年末全国内河航道通航里程 12.59 万 km,各水系内河航道通航里程分别为:长江水系 64254km,珠江水系 16163km,黄河水系 3488km,黑龙江水系 8211km,京杭运河 1437km,闽江水系 1973km,淮河水系 17338km。远洋运输从无到有,从小到大,现在已建成一支包括各种船型的远洋船队,我国商船已航行于世界 100 多个国家和地区的 400 多个港口。沿海和内河相继建成了一批现代化的港口和专业化的深水泊位,以及与港、航相配套的各种设施,包括集疏运系统、修造船工业、航务工程、通信导航、船舶检验、救助打捞、航域环境保护等,还建设了具有相当规模和水平的水运科研设计机构、海运院校,已基本形成相对完整的水运体系,并正向现代化高速迈进。

(二)铁路交通运输阶段

17 世纪前后,英国采矿业开始用木轨和有轮缘车轮的车辆运送煤炭和矿石。后因木轮易磨损而改用铁车轮,木轨换成角铁形的板轨。角铁的一个边竖起可以挡住车轮,防止脱轨,但很容易被煤屑泥土掩埋,强度也不够。1789 年,出现了立式轨,去掉了竖边,而在车轮的外侧加轮缘,同样可以防止脱轨。这样无论制造、铺设和清理都要方便得多。1788 年,一个叫威廉·杰索的人把车轮凸起的外缘改为内缘。因为轮缘在外侧时,车轮必须用紧固件拉紧,防止脱轨脱轮,而改在内侧,铁轨本身就可起到保持车轮位置的作用。以后,立式轨又从腰鼓形逐渐演变为工字形,且基本定型。由于现在的钢轨是从铁轨演变而来,所以世界各国仍习惯称它为“铁路”。

19 世纪初蒸汽机车的发明,将铁路交通运输方式的广泛应用带入到一个新的时期。1825 年,英国在斯托克顿到达灵顿修建世界上第一条铁路,全长 43.5km,轨距为 1435mm,揭开了铁路交通运输发展的新篇章。英、美和西欧各国相继进入铁路建设高潮期,横贯美国大陆的铁路就是在这个时期建成的。1876 年,中国领土上出现的第一条铁路是在上海修建的吴淞铁路。19 世纪中叶开始的电气化和重化工业发展时期,铁路交通运输因运能大、成本低、全天候等特点,弥补了水路交通运输速度慢、受地理和条件限制之不足,满足了工业生产对客、货运输的更高要求,解除了工业布局对水路交通运输的过分依赖,从而在已经进入工业化的国家得到迅速发展并形成网络。第二次世界大战以后,比较先进的内燃机车和电力机车逐步取代了传统的蒸汽机车,世界铁路交通运输进入高速发展阶段,并保持较高的市场份额,欧美各国不断掀起筑路高潮。到 20 世纪 40 年代,仅美国的铁路网长度就达 40 多万 km。铁路交通运输一经问世,便使水陆交通运输面临着激烈的竞争威胁,进而迅速动摇了水路交通运输的主导地位,且垄断客货运输长达一个世纪之久。

20 世纪 50 年代,汽车以及飞机运输的普遍兴起,以及两者在长、短途运输上的比较优势,导致铁路交通运输进入低谷,因此人们不得不开始关注提高铁路行车速度的重要性。德、法、日本等国开展了大量的有关高速列车的理论研究和试验工作。1955 年 3 月 28 日,法国用两台电力机车牵引三辆客车试验时速达到331km,刷新了世界铁路的高速记录,为高速铁路的发展注入强大的发展动力。1964年10月1日,世界上第一条高速铁路——日本东海道新干线正式投入运营,列车运行时速达到210km。由于票价较飞机票便宜,且旅行速度比原有铁路提高一倍,从而吸引了大量旅客,导致东京至名古屋的飞机航班被迫停运。有了日本高速铁路的借鉴和有关高速铁路的一系列科学技术的研发改进以及各国铁路运输管理体制改革的深入,世界铁路进入了"第二发展时期"——高速铁路的大发展时期。许多国家相继修建高速铁路,列车运行速度也一再提高。到目前为止,开通高速铁路的国家有日、中、法、德,意、英、俄、瑞典等国。相比日本及欧美发达国家而言,我国高速铁路建设起步比较晚,初期主要是引进或自行开发快速和准高速列车。1994年,完全依靠我国自己力量建成的广深准高速铁路开通,运行时速达160km;1995年,沪宁线成功进行了时速170km的提速实验;1996年4月1日,京广、京沪等线开行了"夕发朝至"的快速列车。从1997年开始,中国铁路开始实施全国铁路大面积提速。至2007年4月18日,中国铁路实施第六次大面积提速,在提速干线开行动车组列车,使得旅客列车时速可达200~250km,达到国际上铁路在既有线提速改造上的最高水平。此后,中国铁路终结在既有线上再提速,并着眼于建设高速客运专线。2008年8月1日,我国第一条具有自主知识产权、国际一流水平的高速城际铁路——京津城际铁路建成通车,最高运行时速达350km,我国铁路正式进入了高速时代。而在2008年6月24日,国产"和谐号"CRH3型动车组在京津城际铁路运行试验中曾创出394.3km的时速,创造当时世界运营铁路最高速度。2009年12月9日,国产"和谐号"CRH3型动车组在武广高速铁路运行试验中创出394.2km的时速,创造动车组"重联双弓"条件下的世界运营铁路最高速度。2010年2月6日,郑西高速铁路投入运营,最高运行时速达352km。2011年6月,世界上一次建成线路里程最长、技术标准最高的京沪高速铁路投入运营。运营之前的2010年12月3日,在京沪高铁枣庄至蚌埠间的先导段联调联试和综合试验中,由中国南车集团研制的"和谐号"380A新一代高速动车组最高运行时速达到486.1km,再一次刷新世界铁路运营试验最高时速。截止到2013年底,我国高铁总营业里程达到11028km,在建高铁规模1.2万km,使我国成为世界上高速铁路投产运营里程最长、在建规模最大的国家,高铁总营业里程达到世界一半。

时至今日,世界铁路交通运输仍然在交通运输中占有十分重要的地位。尤其是发展中国家,铁路交通运输仍是陆上运输的骨干。目前,世界铁路总长度约为120余万km。从地理分布上看,美洲铁路约占全世界铁路总长的2/5,欧洲约占1/3,而非洲、澳洲和亚洲的总和还不到1/3。十分明显,世界铁路的发展和分布情况是极不平衡的。

在大中城市,轨道交通系统被公认为解决城市交通问题最现代化、最有效的交通运输方式之一。第二次世界大战前,仅有十几个城市有轨道交通系统,目前已达数百个。

(三)公路、航空与管道交通运输阶段

20世纪30—50年代,公路、航空与管道交通运输相继发展。在运输需求的推动下以及技术进步的支持下,电气化铁路、高等级公路和超音速飞机迅速发展,运输市场竞争更加激烈,运输结构发生变化。尤其高等级公路和私人小客车迅速发展,彻底打破了既有市场格局,使公路运输在客货运输市场均跃居主导地位。铁路交通运输在长途运输方面保住了部分市场,但更多地已被公路和航空运输所取代;内河交通运输在大宗散货运输方面虽继续拥

有一定市场份额,但总体发展呈现下降趋势。

1.公路交通运输

早在公元前2000年,我国已出现可行驶牛、马车的道路。秦朝时期,强调“车同轨,书同文”。公元前2世纪,我国通往中亚细亚和欧洲的丝绸之路开始发展起来。唐代是我国古代道路发展的鼎盛时期,初步形成了以城市为中心的四通八达的道路网。

19世纪60年代,内燃机问世,后经不断改进应用在工业和交通运输方面,导致汽车和飞机的试制成功。1885年,德国的卡尔·本茨成功制成世界上第一台用内燃机驱动的新型交通工具——三轮汽车。1886年1月29日,卡尔·本茨经申请并获得机动车发明专利证书,标志着汽车问世。汽车工业的发展,使公路交通运输迅速发展。纵观公路交通运输的发展过程,可以划分为三个主要阶段:第一阶段即从19世纪末到第一次世界大战前。这一时期,汽车发展数量不多,公路也不够发达,公路运输还只是铁路、水运的辅助手段,所承担的客货运量很少。第二阶段即第一次世界大战与第二次世界大战之间。一战后,一些资本主义国家将军事工业转为民用,汽车工业飞速发展。随着公路网规模的扩大和等级的不断提高,加之机动灵活、迅速方便,以及“门到门”的比较优势得以充分体现,公路交通运输逐步成为短途客货运输的主力,并在中长途运输中与水路、铁路尤其与铁路交通运输展开竞争,且受到用户的青睐。尤其是在发达国家,公路交通运输的这一优势更为突出。第三阶段即从第二次世界大战结束到现在。第二次世界大战结束后的二三十年,随着战后经济的恢复和社会的发展,汽车拥有量及汽车运输量剧增,尽管各国采取了各种措施改造干线公路,提高其通行能力,但仍难以满足汽车运输快速发展的需要。为此,英、美、德、法等经济相对发达国家都相继提出以高速公路为主的干线公路发展规划,纷纷掀起了大规模修建高速公路的热潮,以美国为例,在1950~1980年间平均每年新增高速公路300km。一时间高速公路成为时尚的象征、成功的象征、经济发达和现代化的标志。这个阶段全球高速公路总里程已达10万km左右。进入20世纪后期,世界公路交通运输的路网结构趋向高级化,公路交通运输管理更为现代化,并向智能化方向发展。

我国近现代公路交通运输与工业发达国家相比发展较晚。新中国成立前夕,国民党军队溃败,公路遭到严重破坏,全国通车里程只有75000km。新中国成立以来,尤其是改革开放以来,国家把能源、交通作为国民经济的重点,使我国公路建设和管理得到了突飞猛进的发展,取得了巨大成就。根据交通运输部综合规划司发布的《2013年公路水路交通运输行业发展统计公报》,截止到2013年末,我国公路总里程达435.62万km,居世界第一,高速公路通车里程达10.44万km,高速公路已覆盖全国90%以上的中等城市。目前我国县县都已通公路,全国通公路的乡(镇)占全国乡(镇)总数的99.97%,通公路的建制村占全国建制村总数的99.7%,在全国范围内已经建成了一个干支相连、四通八达的公路运输网。

2.航空交通运输

1903年,美国莱特兄弟研制成功可装在滑翔机上的轻型汽油发动机,第一次实现了用螺旋桨做动力的飞行,这就是飞机的雏形。1914年美国首次开辟了从坦帕到圣彼得斯堡的定期航班。第一次世界大战结束后,不少欧美国家开始使用飞机运送人员、邮件和货物。第二次世界大战中,喷气技术开始在航空领域应用,远程轰炸机和军用运输机在战争中得到很大发展。第二次世界大战结束后,战争中发展起来的航空技术转入民用,民航机开始广泛采用航程大的四引擎飞机，从而使横跨大西洋和太平洋的航线愈加活跃，开辟了从欧洲通过亚洲大陆南部沿岸直达远东的新航线。1959 年，开辟了从欧洲经过北极飞往远东的航线，1967 年又开辟了从欧洲飞越西伯利亚到远东这条最短距离的航线等。目前，航空交通运输已发展成为一个规模庞大的行业，以世界各国主要都市为起讫点的世界航线网已遍及各大洲。航空交通运输的速度优势，不仅使其在旅客运输方面，特别是长途旅客运输方面占有重要地位，而且也使其在货运方面得到长足发展。

我国的航空交通运输事业在中华人民共和国成立以前 30 余年里发展缓慢。在 1929~1949 年的 20 年时间里，航空交通运输的总周转量只有 2 亿 t · km。中华人民共和国成立以后，航空交通运输事业得到较快的发展。根据中国民用航空局发布的《2013 年民航行业发展统计公报》，2013 年年底我国共有颁证运输机场 193 个，民航全行业运输飞机期末在册架数 2145 架，开辟定期航班航线 2876 条，其中国内航线 2449 条（至香港、澳门航线 107 条）、国际航线 427 条。民航行业 2013 年全年完成运输总周转量 671.72 亿 t · km，其中旅客周转量 501.43 亿 t · km，旅客运输量 35397 万人次，货邮周转量 170.29 亿 t · km，货邮运输量561 万 t。

3.管道交通运输

现代管道交通运输始于 19 世纪中叶的美国，最初试用铸铁管输油，因漏油严重未成功。在美国人 1859 年开发宾夕法尼亚州油田后不久，1865 年在该油田建造了第一条近万米长的 50mm 管径的熟铁管管道输送原油并获得成功。但在此后 50 年间，美国油管运输的发展非常缓慢。进入 20 世纪后，大量油田的发现使得油管运输受到重视。第二次世界大战期间，美国率先敷设了长距离大口径原油管道。到 20 世纪 50 年代，由于石油开发的发展，各产油国开始大量兴建输油管道和输气管道。世界上第一条实用运输管道是美国于 1957 年在西弗吉尼亚州建成的水力输煤管道，全长 110km，管道直径为 254mm，每年运输 100 万吨煤。20 世纪 70 年代，各国相继兴建许多长距离大口径输油管道和输气管道，如苏联和波兰等 5 国共同兴建的友谊输油管道（现为俄罗斯原油向欧洲出口的主要管道系统）、美国纵贯阿拉斯加管道、横贯加拿大输气管道（Trans-Canada Gas Pipeline）等，它们的长度均超过几千千米，甚至近万千米，管径已由数百毫米增大到 1000mm 以上。20 世纪 80 年代，前苏联兴建的原油管道、天然气管道，最大管径已达 1420mm。经过几十年的发展，管道交通运输已成为工业国家重要的运输技术，不仅用来运输各类矿物、煤炭、石油、天然气、工农业产品、邮包、信件和垃圾，还有人研究准备把它用于旅客运输。管道交通运输是国民经济综合运输的重要组成部分之一，也是衡量一个国家的能源与运输业发展水平的标志之一。由于成本低、输送方便，可以预见管道交通运输的发展前景不可限量。

新中国成立以来，我国油气管道运输经历了初始发展（1958—1969 年）、快速发展（1970~1987 年）、稳步发展（1988—1995 年）和加快发展（1996 年至今）四个阶段。据 2014 年 9 月 19 日《光明日报》报道，目前我国已建成“西北、东北、西南、海上”四大油气战略通道，三纵四横管道走廊及全国骨干管网，油气管道总里程从 1958 年的 0.02 万 km 增加到超过 10 万 km。我国已成为管道运输的大国。

需要指出的是，20 世纪 70 年代后，随着资源与环境问题的日益突出，特别是 1973 年和 1979 年爆发的两场石油危机对公路大发展所带来的世界运输结构提出了新的挑战，交通运输发展的焦点开始转向可持续发展。轨道交通作为一种相对环保的运输方式,重新得到重视。建立环境保护型和资源节约型可持续发展道路成为世界运输结构发展的方向。

(四)综合交通运输发展阶段

20 世纪 50 年代以来,人们开始认识到在交通运输业的发展过程中,水运、铁路、公路、航空和管道五种交通运输方式是相互制约、相互影响的,需要有预见、有计划地综合考虑各种交通运输方式之间的分工与合作。由此,世界交通运输历经各自发展、互联互通发展这两个阶段之后,现在正朝一体化和可持续发展阶段迈进。许多国家开始大力推进综合运输,其重点是针对五种运输方式进一步协调,统筹规划,合理布局,通过交通设施的有效驳接与多式联运等,充分发挥不同运输方式技术经济优势,构建海陆空立体交通的综合运输体系。严格来说,我国尚处于第二个阶段,铁路、公路和航空等交通运输方式各自规划,各自建设,无法做到良好的衔接运输。一体化阶段则要求能够达到无缝衔接的零距离换乘。尽管目前在我国经济较发达的地区能够看到大型综合交通枢纽,但是仍然没有做到航空枢纽与高速公路及高铁的相互衔接。

此外,还必须从人类同环境和能源关系的角度来考虑交通运输业的发展。因此,调整交通运输布局、提高交通运输质量和与环境协调发展是综合运输阶段的主要趋势。

三、交通运输与经济社会

随着我国经济的飞速发展,交通运输业在国民经济中所占份额不断增加,已经逐步发展成为经济社会中的支柱产业。经济社会的发展、人们的日常生活等各方面都需要交通运输来做保障,交通运输对推动国民经济发展起着重要作用。

(一)交通运输促进经济社会全面进步

交通运输影响产业和经济的集聚。良好交通运输系统的存在,使得自然资源的开发有了可靠并且廉价的运输保证,促进了经济的集中,同时也增大了各生产部门对自然资源的需求,使得对自然资源开发的力度增大,交通便利之地自然便成了大多数运费成本较大的工业的集聚地,如港口、铁路附近等。人口、劳动力都向经济带集聚,能增加就业岗位,进而刺激国民经济的增长。交通运输不仅能带动经济增长,对不同地区和国家的政治、文化、风俗习惯等方面也会产生一定程度的影响。一个国家交通运输系统的发达程度,会影响一个地区与周边的来往频率,交往越是频繁,越有利于政治思想和科学技术的交流以及风俗文化的传播,从而促进社会文明的形成和文明程度的提高。

(二)经济社会促进交通运输发展

在城市化进程推进的过程中,城市人口数量激增,城市规模扩大,城市群的成长,城区间的交流,再加上人们生活水平提高,旅游欲望的增强,使得交通运输需求量不断增大。

随着工业化的进一步推进,经济得到迅速发展,交通运输也获得更多的资金、技术和资源的支持。不断完善的交通运输基础设施建设,使得运输实力不断增强,进而使运输生产效率、运输服务质量不断提高,且相对降低了运输费用水平。但是,急速发展的交通业也会带来诸如道路堵塞、环境污染、自然资源浪费等社会经济问题。因此,在着力发展运输业的同时,还要注重其与经济社会发展之间的平衡与协调。

因此,我们可以认为,交通运输与经济社会发展既相互影响,又相互促进。运输业带动经济社会发展,而经济社会也影响并推进着交通运输业的进步和完善。

四、绿色交通与可持续发展

(一)绿色交通的产生

20世纪后半叶以来,随着城市化进程的加快,城市交通越来越拥挤,土地占用与资源消耗、道路阻塞与交通事故、机动车噪声与尾气排放等日益加剧城市生态恶化与环境污染,威胁人们生理与心理健康,影响居民生活质量。面对日趋严重的城市交通发展危机,“绿色交通”理念应运而生。

1994年,加拿大学者克里斯·布拉德肖(Chris.Bradshaw)在可持续发展理念的基础上最先提出“绿色交通等级层次”概念,其顺序从高到低依次为:步行、自行车、公共交通、商务与货运车、出租车、高承载车及单独驾驶车辆。之后,国际经济合作与发展组织(OECD)、世界可持续发展工商理事会(WBCSD)等对绿色交通作了相应阐述。2003年8月,我国建设部、公安部继“畅通工程”之后,决定在全国设市城市范围内开展创建“绿色交通示范城市”活动,并颁布《绿色交通示范城市考核标准(试行)说明》。

绿色交通是一种以缓解交通堵塞、降低环境污染、促进资源合理利用为目的,满足城市环境、经济和社会可持续发展要求的和谐式交通运输系统。具体而言,就是以节能环保、安全通畅的交通设施为基础,以公共交通、慢行交通(步行、自行车)、适量新能源与环保型汽车为工具,以高效、智能的交通管理为依托,与城市规划和空间拓展相协调的城市综合交通系统。

绿色交通既是理念,也是目标,是交通可持续发展的具体体现。因此,对绿色交通概念的理解还应该注意其与交通可持续发展的关系,二者既有区别又有联系。一方面,绿色交通与交通可持续发展的目标完全一致,都需要满足经济的可行性、社会的可接受性、能源的可承受性和环境的可持续性等,从这个意义上讲,绿色交通是可持续发展理念在交通领域的具体体现。另一方面,可持续发展是指导城市交通发展的宏观理念,而绿色交通是相对具体的可以实施的微观理念,从这个意义上讲,绿色交通是实现城市交通可持续发展的有效途径。

(二)绿色交通的实施

绿色交通是一个系统工程,涉及交通运输的每一个环节和相关要素,包括车、路(设施)、交通环境、交通组织乃至其所处的整个社会系统。因此,凡是能促进交通系统“环保、健康、安全、高效”的举措都属于建设绿色交通的范畴。此外,绿色交通还有一层含义,就是使交通服务对象感到安全舒适、身心愉悦,也就是“以人为本”的思想。具体措施如下:

(1)促进城市交通与土地使用协调发展。城市土地是为“人”的居住、工作和游憩等社会经济活动提供空间载体,而交通则是实现“人”的社会经济活动在不同空间载体之间联系的重要纽带,两者服务的主体都是“人”。为此,有必要使两者规划有机融合,并实现协调发展。

(2)研究开发先进的交通运行体系与组织管理技术。积极发展联合运输和智能交通(ITS),优化资源配置和交通网络,采取有效交通管理与服务策略,以较低的成本和较高的交通效率最大限度地实现人与物的转移。

(3)加强机动车管理。制定严格的环保(包括噪声、排放)标准与年审措施,对旧机动车实行强制报废。

(4)因地制宜研究和实施交通需求管理策略,大力发展公共交通,减少个人机动车辆使用。首先,调整交通资源分配,倡导步行、自行车等慢行交通和公共交通(包括常规公共汽车、电车、地铁等)路权优先。结合我国城市人口密度大特点,城市绿色交通体系建设的优先级顺序为:步行、自行车(含电动自行车)、公共交通、共乘车、私人小汽车。其次,强化政策引导,通过高峰时段对部分中心城区合理收取拥堵费,提高停车收费标准以及通过收税(费)调控车辆配额等方法增加车辆拥有人的负担,抑制城市交通需求,促使人们选择公共交通。

(5)发展新能源汽车等绿色交通工具(如双能源汽车、天然气汽车、电动汽车、氢气动力车、太阳能汽车),实现节能减排。

(6)改善城市交通环境。通过设置声屏障、提高道路机械化清扫水平等,控制交通噪声与扬尘。

第一篇　铁　路　篇

本篇学习目标

铁路作为交通运输业的主要运输方式，在我国国民经济发展中起着重要作用，是国民经济大动脉和大众化交通工具，对促进区域经济协调发展，构建资源节约型、环境友好型社会具有重大的推动作用。通过本篇学习，主要了解铁路运输以下相关知识：

1.掌握铁路运输的特点；

2.认识铁路运输的基础设施与设备，主要包括：线路、铁路机车车辆、铁路车站及铁路通信与信号；

3.了解铁路客运、货运及行车工作的基本知识；

4.了解高速铁路与重载运输基本知识；

5.了解城市轨道交通常识及我国城市轨道现状；

6.认清我国铁路运输目前存在的问题、取得的成就及未来发展展望。

延伸阅读

[1] 我国铁路发展史：http://zh.wikipedia.org/wiki/中国铁路发展史，http://www.gov.cn/test/2006-06/19/content_314321.htm.

[2] 顾炎.漫话运输[M].北京：中国铁道出版社，2009.

[3] 张阳明，洪瑚.漫话线路[M].北京：中国铁道出版社，2009.

[4] 王效良，等.漫话隧道[M].北京：中国铁道出版社，2009.

[5] 戴公连，等.漫话桥梁[M].北京：中国铁道出版社，2009.

[6] 陆嘉森，等.漫画通信信号[M].北京：中国铁道出版社，2009.

[7] 林宏迪.漫话机车[M].北京：中国铁道出版，2009.

[8] 亚牛，廉洁.漫话车辆 [M].北京：中国铁道出版，2009.

[9] 肖荣.铁道概论[M].北京：人民交通出版社，2013.

[10] 王明生.城市轨道交通概论[M].北京:人民交通出版社,2012.

[11] 胡思继.铁路行车组织[M].北京:中国铁道出版社.2009 年.

[12] 胡思继.交通运输学[M].北京:人民交通出版社,2011.

[13] 盖宇仙.铁路货运组织[M].北京:中国铁道出版社,2010.

[14] 彭敏忠.铁路客运组织[M].成都:西南交通大学出版社,2014.

[15] 李慧玲,曾毅.铁路车站工作组织[M].北京:人民交通出版社,2014.

[16] 杜文.旅客运输组织[M].北京:中国铁道出版社.2012 年.

[17] 铁路安全管理条例(国务院令第 639 号): http://www.gov.cn/flfg/2013-09/06/content_2482653.htm

[18] 中国铁路客户服务中心: http://www.12306.cn/mormhweb/

[19] 广州地铁.http://www.gzmtr.com/.

[20] 中国科普博览-铁道馆:http://www.kepu.net.cn/gb/technology/railway/index.html.

[21] 中国铁道博物馆:http://www.china-rail.org/.

[22] 沈志云.走进时代列车之高速铁路: http://v.163.com/movie/2012/8/I/P/M895OS940_M8981LVIP.html.

[23] 聂磊,张兴臣,等.高速铁路纵横:http://v.163.com/special/cuvocw/gaosutielu.html.

[24] 付茂海.走进时代列车之重载列车: http://v.163.com/movie/2012/8/8/I/M895OS940_M8AEUJL8I.html.

第一章 铁路运输概述

第一节 铁路运输特点

铁路运输是以固定轨道作为运输道路，由轨道机械动力牵引车辆运送旅客和货物的运输方式。它以两条平行的钢轨提供光滑且坚硬的媒介让火车的车轮以最小的摩擦力滚动，从而支承并引导火车前进。

1.铁路运输业的特点

铁路运输除具备一般运输业特点外，其自身还具有“高、大、半”的特点。

“高”：即“高度集中”的统一指挥。为了实现铁路这部大联动机正常运转，铁路运输必须在统一列车运行图和统一规章制度的前提下，全国一盘棋，实行高度集中的统一指挥。

“大”：即“大联动机”。铁路线长，点多、面广，遍布全国，运输产品的生产往往都经过几百公里、上千公里，甚至更长才能完成，而且机务、车务、工务、电务、运输等各个部门各种工序又必须日夜作业，紧密配合，协同工作，形成联合才能保证铁路的畅通，因此铁路也是一部大联动机。

“半”：指铁路运输具有“半军事化”管理特性。铁路职工除了必须严格执行规章制度外，还必须绝对服从上级的调度指挥。

2.铁路运输的优缺点

1)优点

(1)运输能力大，价格低，适合于中、长距离运输；

(2)单车装载量大，加上有多种类型的车辆，使它几乎能承运任何商品，基本不受重量和容积的限制；

(3)车速较高，平均车速在5种基本运输方式中仅次于航空运输；

(4)计划性强，运输能力可靠、安全；

(5)铁路运输受气候和自然条件影响较小，能保证运行的经济型、持续性和准时性；

(6)可以方便地实现驮背运输[1]、集装箱运输[2]及多式联运[3]。

2)缺点

(1)铁路线路是专用的，固定成本很高，原始投资较大，建设周期较长；

---

[1]驮背运输：一种公路和铁路联合的运输方式，货运汽车或集装箱直接驶上火车车辆，到达目的地再驶下。

[2]集装箱运输：以集装箱为载体，将货物集合组装成集装单元，运用大型装卸机械装卸与搬运作业。

[3]多式联运：由两种及其以上的交通工具相互衔接、转运而共同完成的运输过程。我国海商法对于国内多式联运的规定必须有种方式是海运。

(2)按列车组织运行,在运输过程中需要有列车的编组、解体和中转改编等作业环节,占用时间较长,因而增加了货物在途中的时间;

(3)铁路运输中的货损率较高,而且由于装卸次数多,货物损毁或丢失事故通常比其他运输方式多;

(4)受轨道线路限制,灵活性较差,难以实现"门对门"的运输,通常要依靠其他运输方式配合,才能完成运输任务,除非托运人和收货人均有铁路支线。

3.铁路运输技术类型

自英国1825年修建世界上第一条铁路,迄今已近190年。在这一历史进程中,世界各国不断探索符合本国特点的技术发展道路。目前,在铁路技术发展水平较高的国家,大致形成了客运型、货运型和客货混运型3种运输类型。

1)客运型

以日本为代表。其特点是国土面积小,铁路货运成本高,人口密度大,依托铁路开展旅客运输优势明显。

2)货运型

以美国、加拿大等国为代表。其特点是国土面积大,公路、航空运输业发达,铁路承担客运任务很少,主要从事货物运输且大多为大宗货运。为了满足长距离运输需求,逐步形成了以重载运输技术为主的铁路货运型重载技术体系。

3)客货混运型

以西欧各国为代表。其特点是铁路既承担客运任务,也承担货运任务,逐渐形成了客运快速、货运快捷、客货混运的技术体系。

第二节　中国铁路产业简介

我国幅员辽阔、内陆深广、人口众多、资源分布不均衡,而铁路具有运能大、运输成本低、绿色环保、占地少等特点,推进铁路产业、发展铁路运输非常适宜。新中国成立以来,特别是近十余年来,我国铁路发展迅速,目前已形成了一条从规划研究、勘察设计、工程建设、装备制造、运营管理、维修养护直至人才培养等完整配套、技术先进的产业链,掌握了高速铁路、高原铁路、重载运输、既有线提速等成套技术,搭建了世界最先进的高速铁路动车组和大功率机车技术平台,实现了从铁路大国向铁路强国的华丽转身,为我国铁路打造产业品牌、参与国际合作交流和竞争提供了坚强后盾。按照2002年国家统计局颁布的《国民经济行业分类》(GB/T 4754—2002),中国铁路产业主要包括铁路建筑业、铁路装备制造业和铁路运输业3类企业,以下作简要介绍。

一、铁路建筑业

1.历史沿革

1881年中国自办的第一条铁路——唐胥铁路的建成,标志着中国铁路建筑的正式开始。新中国成立后,按照体制变迁,铁路建筑业的发展基本可以分成3个阶段:第一阶段为

1949—1979 年，铁路基本建设刚刚起步，实行统一管理。到 1952 年，铁道部成立了基本建设局、设计局及工程总局，负责铁路基本建设，形成了“基建发包、设计、施工”的分工管理体系。1958 年合并成立铁道部基建总局，由基建总局对全路基本建设、设计和施工工作实行统一管理。第二阶段为 1979—2000 年，铁路建筑业逐步实行“政企分开”。1979 年 5 月，铁道部基建总局对外称“中国铁路工程总公司”，实行企业化管理，对本系统的生产、基建和经营管理全面负责。1984 年 1 月，铁道兵整建制并入铁道部，称“铁道部工程指挥部”。1989 年，铁路基建等系统实行政企分开改革，撤消铁道部基本建设总局，抽调一部分人组成“铁道部建设司”，其余人员组成“中国铁路工程总公司”，“铁道部工程指挥部”整建制改为“中国铁道建筑总公司”。2000 年，铁道部与非运输企业“脱钩”，中国铁路工程总公司等五大公司整体移交中央企业工委管理。第三阶段为 2000 年至今，市场格局逐步形成。2003 年 5 月，国务院成立国有资产监督管理委员会，中国铁路工程总公司、中国铁道建筑总公司转归国资委管理，并进行大范围企业重组。2007 年，中国铁路工程总公司和中国铁道建筑总公司经整体重组后名称分别为“中国中铁股份有限公司”和“中国铁建股份有限公司”，并各自于 2007 年 12 月和 2008 年 3 月在上海证券交易所和香港联合交易所挂牌上市。

2.铁路建筑龙头企业简介

2000 年以前，铁路建设实行内部招标，合同基本被中国中铁和中国铁建所垄断。2000 年以后，内部招标改为公开招标，但铁路外部单位实际中标很少。2005 年以后，中国建筑股份有限公司、中国交通建设股份有限公司、中国水利水电建设集团公司等其他领域具有一定资质的企业相继进入铁路工程施工领域，铁路建筑业竞争逐渐激烈。

1）中国中铁股份有限公司

中国中铁股份有限公司（中文简称“中国中铁”，英文简称 CREC）是由中国铁路工程总公司以整体重组、独家发起方式设立的，集勘察设计、施工安装、房地产开发、工业制造、科研咨询、工程监理、资本经营、金融信托、资源开发和外经外贸于一体的多功能、特大型企业集团。该公司拥有境内外下属子、分公司 48 家和其他项目机构，总部设在北京。作为全球最大建筑工程承包商之一，参与了新中国成立后的所有主要铁路的建设。自 2006 年至今连续进入世界企业 500 强。

中国中铁科研创新能力强，拥有“高速铁路建造技术国家工程试验室”和“盾构及掘进技术国家重点实验室”，在高原铁路、高速铁路、电气化铁路、城市轨道交通、大型桥梁及隧道、高速铁路道岔等多个领域拥有核心技术，达到了世界先进、国内领先水平。

2）中国铁建股份有限公司

前身为铁道兵的中国铁建股份有限公司（中文简称“中国铁建”，英文简称 CRCC），由中国铁道建筑总公司独家发起设立的特大型建筑企业，2014 年《财富》“世界 500 强企业”排名第 80 位。其业务涵盖工程建筑、房地产、工业制造、物资物流、特许经营、矿产资源及金融保险。当前，中国铁建已经从过去以施工承包为主发展成为具有科研、规划、勘察、设计、施工、监理、维护、运营和投融资的完善的行业产业链，具备了为业主提供一站式
在高原铁路、高速铁路、高速公路、桥梁、隧道和城市轨道交通工程设计及建
业领导地位。

二、铁路装备制造业

1.历史沿革

从1880年组建开平矿务局胥各庄机修厂(唐山机车车辆工厂前身)至今,中国铁路装备制造业已有百余年历史。新中国成立后,按照体制变迁,可以将铁路装备制造业的发展演变总结为图1-1-1所示。

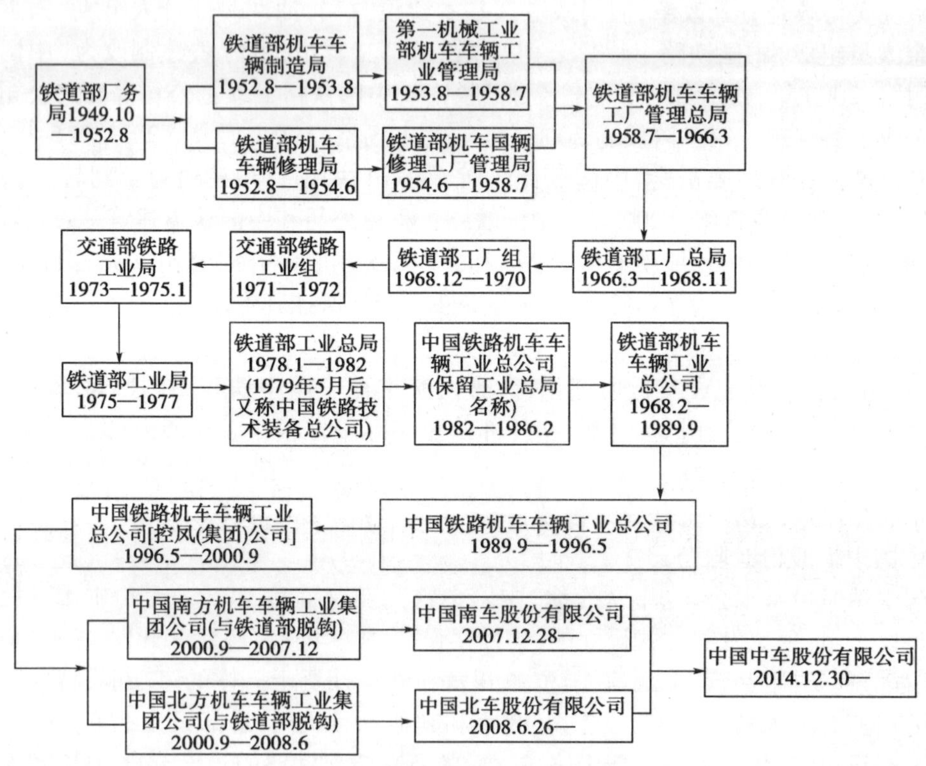

图1-1-1 中国铁路装备制造业管理体制变迁

2.铁路装备制造龙头企业简介

1)中国南车股份有限公司

中国南车股份有限公司(中文简称“中国南车”,英文简称CSR)由中国南车集团公司联合北京铁工经贸公司共同发起设立,主要从事铁路机车、客车、货车、动车组、城轨地铁车辆及重要零部件的研发、制造、销售、修理、租赁,轨道交通装备专有技术延伸产业,以及相关技术服务,信息咨询,实业投资与管理,进出口等业务,具备铁路机车、客车、货车、动车组、城轨地铁车辆及相关零部件自主开发、规模制造、规范服务的完整体系。公司总部设在北京,员工8万余人,下属19家全资及控股子公司。

中国南车拥有变流技术国家工程中心、高速列车系统集成国家工程实验室、动车组和机车牵引与控制国家重点实验室、高速动车组总成国家工程技术研究中心等4个国家级研发与实验机构。以高速动车组、大功率机车为代表的一批具有自主知识产权的高性能产品技术已经达到国际领先水平,企业综合实力跨入世界轨道交通装备制造业前列。

2）中国北车股份有限公司

中国北车股份有限公司（中文简称“中国北车”，英文简称 CNR）由中国北方机车车辆工业集团公司联合大同前进投资有限责任公司（现已更名为北京北车投资有限责任公司）、中国诚通控股集团有限责任公司和中国华融资产管理公司，于 2008 年 6 月 26 日共同发起设立，主要经营铁路机车车辆（含动车组）、城市轨道车辆、工程机械、机电设备、环保设备、相关部件的开发设计、制造、修理及技术服务、设备租赁等业务。北车集团主要负责股权管理和资产管理等；北车投资主要负责项目投资、投资管理、资产管理及管理咨询等。中国北车现有 21 家主要子公司，总部设在北京。

中国北车技术开发实力雄厚，研发和制造能力全球领先；拥有时速 200km 和时速 300km 两个速度等级具有国际一流水平的动车组产品技术平台，自主研发了具有自主知识产权的高速动车组系列产品，搭建了具有国际先进水平的货车产品技术平台，设计开发了中国铁路 80%以上的货车车辆品种；可提供能够满足各种城轨运输需求的 200 多种地铁、轻轨、城际列车及有轨电车，并可开发及制造磁悬浮列车。

3）中国中车股份有限公司

为了有利于高铁“走出去”，有力推动中国高端装备业的产业升级，推进中国由“制造大国”向“制造强国”迈进，顺应经济全球化和市场一体化的大趋势，2014 年 12 月 30 日中国南车与中国北车正式宣布以南车换股吸收北车的方式进行合并，合并后的新公司更名为“中国中车股份有限公司”（中文简称“中国中车”，英文简称“CRRC”）。

全球轨道交通装备市场中，排在前七位的分别是中国北车、中国南车、加拿大庞巴迪、德国西门子、法国阿尔斯通、美国 GE、日本川崎。中国南车与中国北车两家合并后，累计销售收入几乎相当于其他 5 家的总和。有理由期待，合并后的中车公司将受益于更大规模、更高运营效率、更高研发效率、更低采购成本和统一的全球战略，从而实现更高国际竞争力。

三、铁路运输业

1.历史沿革

新中国成立以来，我国铁路运输一直实行政企合一的国有化管理模式。1949 年 10 月 1 日，设置中央人民政府铁道部。1954 年 9 月，新成立的国务院按照相关规定，将原中央人民政府铁道部改为中华人民共和国铁道部，作为国务院组成部门。1970 年至 1974 年间铁道部与中华人民共和国交通部、中华人民共和国邮电部合并成立新的交通部。1975 年 1 月，铁道部恢复独立建制。2013 年 3 月，铁道部实行铁路政企分开，组建中国铁路总公司，承担铁道部的企业职责，不再保留铁道部。

2.我国铁路运输业现状

当前，我国铁路客货运输任务依然十分繁重，不仅多数线路客货混运，而且旅客周转量、货物发送量、货运密度和换算周转量多项指标均列世界第一，铁路客货运输极不适应国民经济持续增长的需求。2013 年全国铁路旅客发送量完成 21.06 亿人，全国铁路货运（含行包）总发送量完成 39.67 亿 t。总体来说，高负荷是中国铁路的基本特点，也是技术发展和运输组织的难点。要根本解决这一问题，只有逐步修建第二双线，并实行客货分线运输，客运专线采用快速技术，货运线路采用重载技术，以大幅度提高运输能力和运输质量。

四、铁路运输管理与组织机构

1.中华人民共和国国家铁路局

2013 年 3 月 14 日，第十二届全国人民代表大会第一次会议通过关于国务院机构改革和职能转变方案的决定，为推动铁路建设和运营健康可持续发展，保障铁路运营秩序和安全，促进各种交通运输方式相互衔接，实行铁路政企分开，完善综合交通运输体系，组建中华人民共和国国家铁路局，由交通运输部管理，承担铁道部拟定铁路发展规划和政策的行政职责，负责拟订铁路技术标准，监督管理铁路安全生产、运输服务质量和铁路工程质量等。

2.中国铁路总公司

中国铁路总公司（简称“中国铁路”）是经国务院批准，依据《中华人民共和国全民所有制工业企业法》设立，由中央管理的国有独资企业，下设 18 个铁路局（集团公司），注册资金 10360 亿元。

中国铁路总公司以铁路客货运输服务为主业，实行多元化经营。负责铁路运输统一调度指挥，负责国家铁路客货运输经营管理，承担国家规定的公益性运输，保证关系国计民生的重点运输和特运、专运、抢险救灾运输等任务。负责拟订铁路投资建设计划，提出国家铁路网建设和筹资方案建议。负责建设项目前期工作，管理建设项目。负责国家铁路运输安全，承担铁路安全生产主体责任。

第二章 铁路运输设施与设备

铁路运输设施与设备是铁路行车和调车工作的基础，是运输组织活动正常进行的保证，通常由铁路线路、机车车辆、通信与信号及车站设备组成。

第一节 铁路线路

铁路线路是为了进行铁路运输所修建的固定路线，是铁路固定基础设施的主体，是由路基、桥梁、涵洞、隧道和轨道组成的整体工程结构。铁路线路在空间的位置是用它的线路中心线表示的，中心线可以理解为两根钢轨之间中心位置的"假想线"，也可以理解为线路在空间的轨迹。

1.线路的平面和纵断面

各设计阶段编制的线路平面图和纵断面图是线路设计的基本文件。按定线要求不同，平面图和纵断面图的详细程度也各有区别。

1）线路的平面

线路平面是线路中心线在水平面上的投影，表示线路平面状况。线路的平面由直线、圆曲线以及缓和曲线（连接直线和圆曲线）组成。设置缓和曲线的目的是为确保列车通过曲线时的安全、平顺，以及乘客乘坐舒适。

2）线路的纵断面

线路纵断面是沿线路中心线所作的铅垂剖面展直后线路中心线的立面图，表示线路起伏情况。线路纵断面图是用一定的比例尺和规定的符号，把平面图上的线路中心线展直后投影到铅垂面上，并注有线路平面和纵断面有关资料的图。

2.铁路路基

铁路路基是轨道的基础，承受并传递轨道的重量及列车的动载荷。修筑铁路路基本体、路基防护、加固建筑物、路基支挡建筑物以及路基排水设施的工程，称为铁路路基工程。路基本体按横断面形式可分为路堤和路堑（图 1-2-1）。

图 1-2-1 路堤和路堑

3.铁路桥梁

在修建一条铁路时，常常会碰到江河、山谷、公路或者与另外一条铁路交叉，为了让铁路跨越这些地形上的障碍，就需要修建各种各样的铁路桥梁(图 1-2-2)。无论桥梁是哪种桥型，从整体上是由上部结构、下部结构、支座系统以及附属建筑物组成(图 1-2-3)。桥梁上部结构又称桥孔结构或桥跨，通过支座支承于桥墩和桥台上。桥梁的下部结构包括桥墩、桥台(简称为墩台)和基础。轨道传来的力，通过墩台、基础，传递至基底面上。

图 1-2-2 铁路桥梁

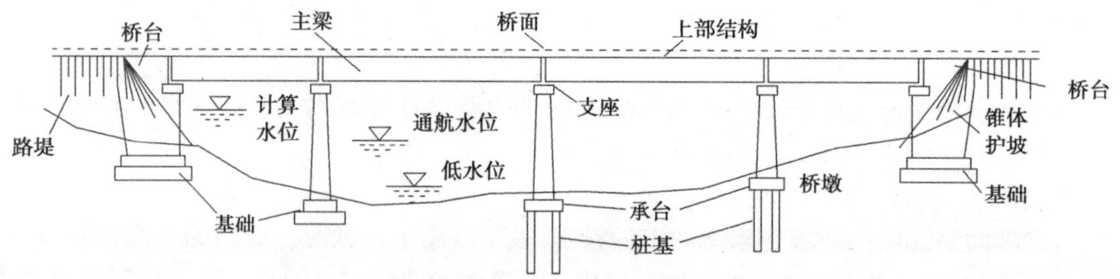

图 1-2-3 桥梁组成示意图

4.铁路隧道

铁路隧道(图 1-2-4)指修建在地下或水下并铺设铁路供机车车辆通行的建筑物。根据它所在位置可分为三大类：为缩短距离和避免大坡道而从山岭或丘陵下穿越的称为山岭隧道；为穿越河流或海峡而从河下或海底通过的称为水下隧道；为适应铁路通过大城市的需要而在城市地下穿越的称为城市隧道。三类隧道中修建最多的是山岭隧道。

图 1-2-4 铁路隧道

铁路隧道包括洞口、洞身衬砌结构和隧道内外附属构筑物。此外，在塌方、落石、泥石流等危害的隧道洞口或路堑地段，常用明挖法接长隧道而修筑明洞或棚洞。隧道内的附属构筑物包括道床、避车洞、水沟，以及安装通信、照明、电气化设备的洞室等。为了保证隧道内行人和维修人员的安全，在隧道内每侧的每隔一定距离设置有小避车洞和大避车洞。大避车洞还可供存放工具、材料之用。隧道外的构筑物主要是指各种防排水措施，如泄水洞、截排水沟等，以及对需要进行运营通风的隧道所设置的通风道及通风机房。

为避免列车在隧道内运行时所产生的有害气体对人体健康带来危害和改善工作环境，通常采取下列措施：运营通风、提高通过隧道时的列车速度以减少有害气体侵入隧道和机车司机室内、降低内燃机车油和水的温度、铺设整体道床以减少维修工作量及接触有害气体的时间、减少摩阻力以利于通风、在避车洞处设置防烟门等。

5.铁路轨道

铁路轨道是位于铁路路基上，承受车轮传来的荷载，传递给路基，并引导机车车辆按一定方向运转的线路上部建筑，也称钢轨、股道，即指用两根平行钢轨铺成的供火车行驶的路线（图 1-2-5）。钢轨固定放在轨枕上，轨枕之下为道床。轨道是由钢轨、轨枕、连接零件、道床、道岔和其他附属设备等组成的构筑物。

图 1-2-5　铁路有砟与无砟轨道

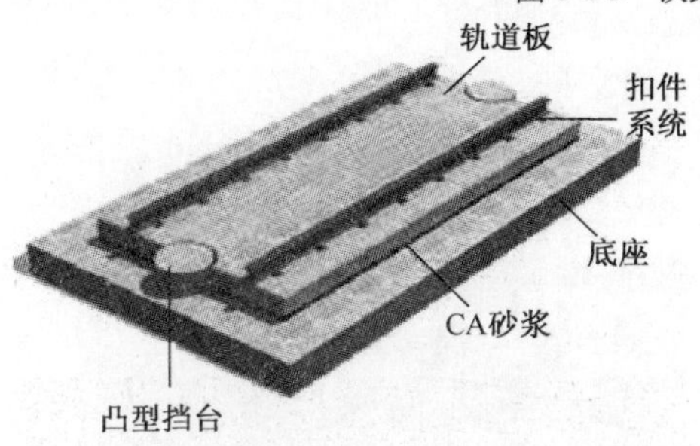

CRTS Ⅰ型板式无砟轨道

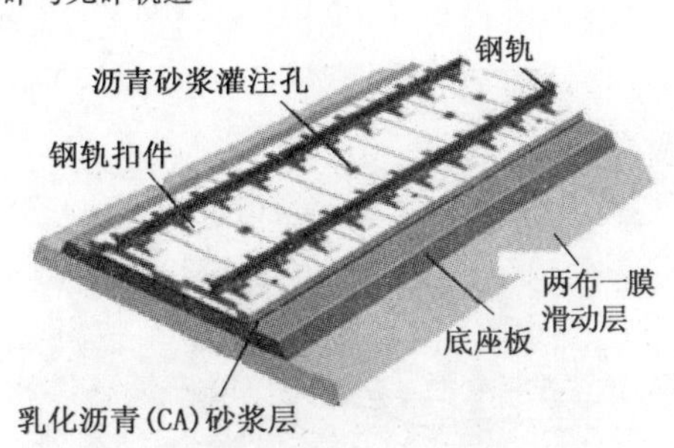

CRTS Ⅱ型板式无砟轨道

CRTS Ⅰ型双块式无砟轨道

CRTS Ⅱ型双块式无砟轨道

图 1-2-6　常用无砟轨道类型

国内高速铁路常用的无砟轨道有：CRTS Ⅰ、Ⅱ、Ⅲ型板式无砟轨道，CRTS Ⅰ、Ⅱ型双块式无砟轨道(图 1-2-6)，道岔区轨枕埋入式无砟轨道等。

6.养护与维修

线路设备是铁路行车的基础，它的状态好坏直接关系铁路运输的安全和效率，因此需要进行养护与维修。铁路养护与维修按工作内容可划分为铁路线路养护和铁路建筑物养护两个方面。铁路线路养护是对路基、轨道等进行的维修和保养作业；铁路建筑物养护是对铁路桥梁、隧道和房屋建筑物等进行的维护和保养作业。线路养护又可以划分为线路设备大修和线路设备维修。

大修的基本任务是根据运输需要及线路设备损耗规律，有计划、按周期地对线路设备进行更新和修理，恢复和提高线路设备强度，增强轨道承载能力；维修的基本任务是保持线路设备完整和质量均衡，使列车能以规定速度安全、平稳和不间断地运行，并尽量延长线路设备使用寿命。

目前，铁路工务养护运用的机具设备主要有手工机具、小型养路机械(如图 1-2-7，图 1-2-8所示)、大型养路机械(如图 1-2-9，图 1-2-10，图 1-2-11，图 1-2-12 所示)等。

图 1-2-7　小型液压捣固机

图 1-2-8　内燃捣固镐

图 1-2-9　DWL-48 捣固车

图 1-2-10　WD-320 动力稳定车

图 1-2-11　SPZ-200 型双向道床配砟整形车

图 1-2-12　SRM80 型全断面道砟清筛机

第二节　铁路车站

一、概述

铁路车站(简称车站),俗称火车站,是铁路对外营业的场所和调节行车的据点,直接服务于工农业生产和人们的交通旅行。

1.车站概念

在长长的铁路线上,通常每隔一定距离(10km 左右)需要设置一个车站,将一条铁路线划分成若干长短不一的线段。为避免列车相撞或追尾,规定每一线段同一时间内只允许一列列车运行,即前一列车正占用的线段后一列车不得进入。

车站是将铁路线路划分为若干区间的分界点,设有必要的配线及客货运设施,办理与列车运行相关工作并面向社会提供客货运输服务。

分界点不同,区间类型也不同。车站与车站之间的线段叫站间区间,相邻两线路所之间或车站与线路所之间的线段叫所间区间,自动闭塞区段上通过色灯信号机之间的线段叫闭塞分区。图 1-2-13 所示为区间类型。

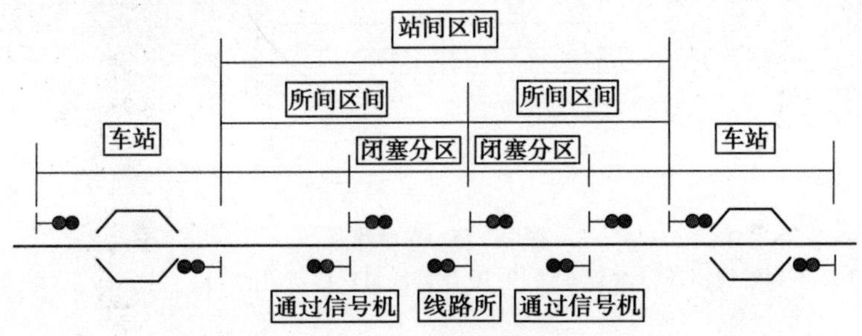

图 1-2-13　区间类型示意图

两相邻技术站(包括区段站和编组站)间的铁路线段通常称为区段,如图 1-2-14 所示。区段往往包含了若干个区间和分界点。

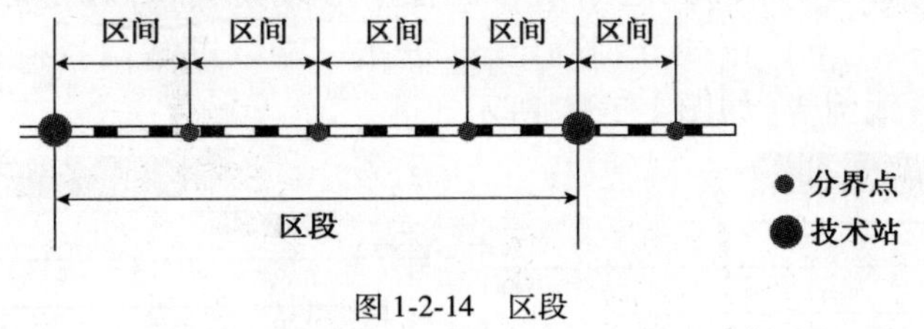

图 1-2-14　区段

2.车站作业

作为铁路运输生产基地与基层生产单位,车站的作业主要包括:

(1)客运作业,如售票、行李包裹运送、旅客上下车等。

(2)货运作业,如货物承运、交付、装卸等。

(3)行车技术作业,如列车的接发、会让与越行;车列的解体与编组;机车的换挂与整备;车辆的检查与修理等。

3.车站分类

根据不同角度,车站可有以下几种分类方法:

(1)根据车站客货运量和技术作业量大小以及在政治、经济及铁路网上的地位,车站分为6个等级,即特等站和一、二、三、四、五等站。例如,北京站、上海站、郑州站是特等站。

(2)按业务性质不同,车站可以分为客运站、货运站和客货运站。

(3)按技术作业和设备不同,车站可以分为中间站、区段站和编组站。

(4)按布置图型不同,车站可分为通过式、尽头式和混合式。

4.车站线路

铁路线路分为正线、站线、段管线、岔线及特别用途线。其中,正线、站线、特别用途线是属于车站管辖的线路,段管线及岔线是不属于车站管辖而与车站连接的线路,如图1-2-15所示。

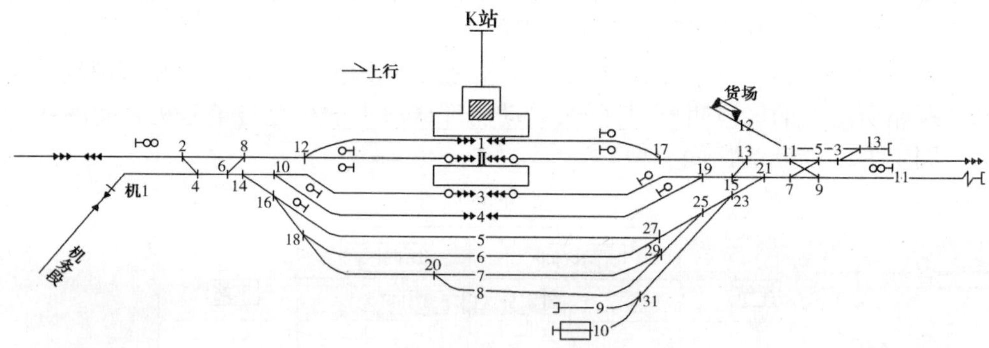

图1-2-15 车站线路

Ⅰ-正线;1、2、3-到发线;5、6、7、8-调车线;9、10-站修线;11、13-牵出线;12-货物线;机1-机车走行线

5.车站标记

1)站界

为保证行车安全和分清工作责任,车站和它两端所衔接的区间应有明确界限。在单线铁路上,车站界限(即站界)以两端进站信号机柱中心线为界,外方是区间,内方则属车站。在复线铁路上,站界按上下行正线分别确定,即进站一端以进站信号机柱中心线为界,出站一端以出站界标中心线为界,如图1-2-16所示。

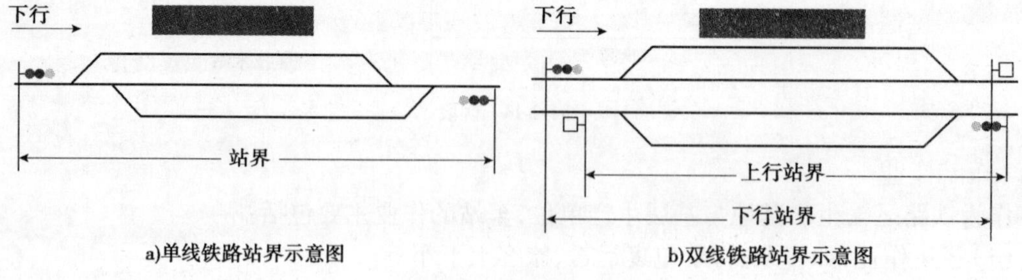

a)单线铁路站界示意图　　b)双线铁路站界示意图

图1-2-16 站界

2）警冲标

警冲标是信号标志的一种，设在两会合线路线间距离为 4m 的中间，用来指示机车车辆的停留位置，防止机车车辆的侧面冲撞，如图 1-2-17 所示。

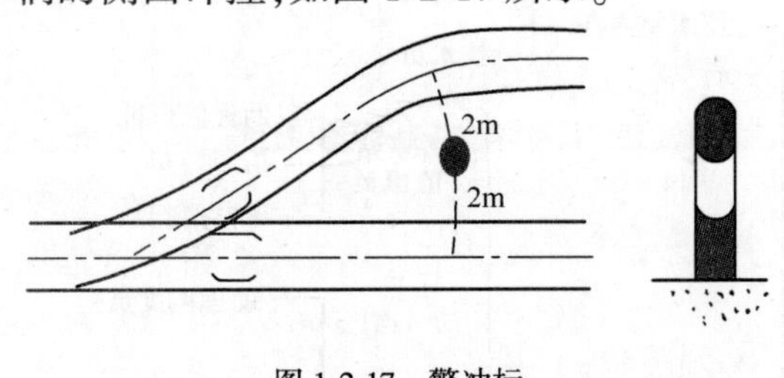

图 1-2-17　警冲标

3）股道和道岔编号

①股道编号方法

站内正线用罗马数字编号（Ⅰ、Ⅱ、……），站线用阿拉伯数字编号（1、2、3、……），具体如图 1-2-18 所示。

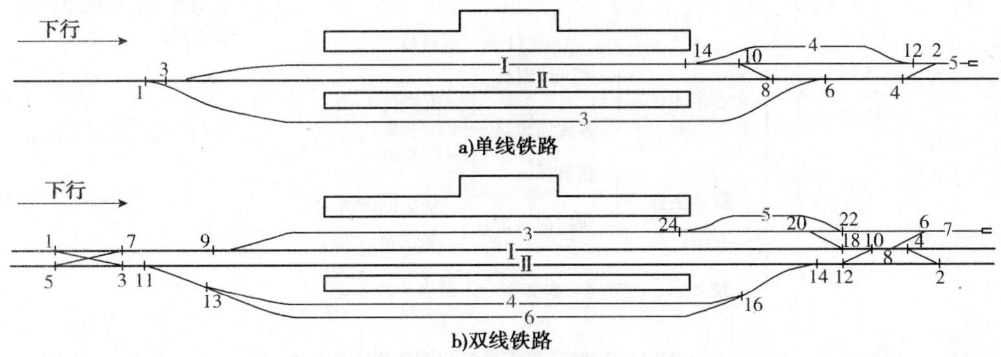

图 1-2-18　车站内线路、道岔编号

单线铁路从站舍一侧开始向外顺序编号。位于站舍左、右或后方的线路，在站舍前的线路编完后，再由正线方向起，向远离正线顺序编号（先主后次）。

双线铁路下行正线一侧用单数，上行正线一侧用双数，从正线向外顺序编号。

②道岔编号方法

道岔的编号方法是用阿拉伯数字从车站两端由外向里依次编号，上行列车到达一端用双数，下行列车到达一端用单数。

站内道岔通常以车站站台中心线作为划分单数号与双数号的分界线。

每一道岔均应编为单独的号码。渡线、交分道岔等处的联动道岔，应编为连续的单数或双数。

当车站有几个车场时，每一车场的道岔必须单独编号。此时道岔号码应使用三位数字，百位数字表示车场号码，个位和十位数字表示道岔号码。应当避免在同一车站内有相同的道岔号码。

6.车站机构

铁路车站实行站长负责制，具体组织机构和定员依车站等级和工作量确定。

车站日常运输生产实行单一指挥制。值班主任是车站一个班工作的组织者和领导者，负责组织全班职工完成规定生产任务。车站调度员是车站调车工作领导人，负责组织和指挥车站调车活动,以实现班计划。车站接发列车工作,由车站值班员统一指挥。车站货运工作由车站货运值班员指挥,客运工作由客运值班员指挥。特等、一等站组织管理系统如图 1-2-19。

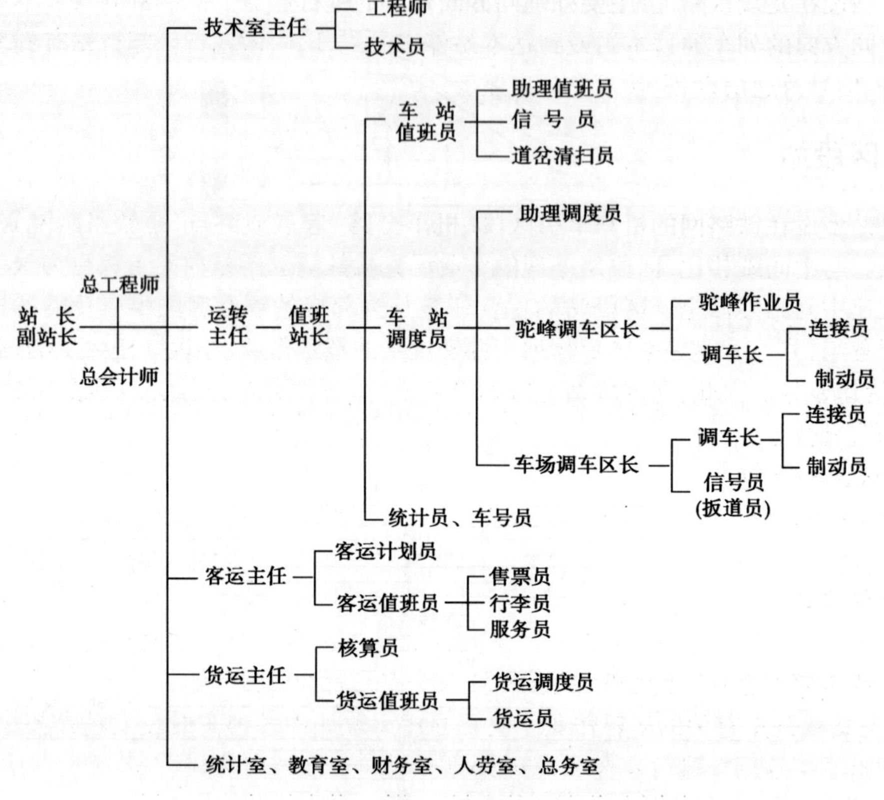

图 1-2-19 特等、一等车站组织管理系统示意图

二、中间站

中间站是为沿线城乡人民及工农业生产服务,提高铁路区段通过能力,保证行车安全而设的车站。它主要办理列车的到发、会让和越行,以及客货运业务。其设备规模虽然较小,但是数量很多。中间站遍布全国铁路沿线中、小城镇和农村,在发展地方工农业生产、沟通城乡物资交流中起着很重要的作用。

1.中间站的主要作业

(1)运转作业:主要包括列车的到发、通过、会让和越行以及车辆的摘挂作业和货场、专用线取送车作业;

(2)客运作业:旅客的乘降和行李、包裹的承运、保管与交付;

(3)货运作业:货物的承运、装卸、保管与交付。

2.会让站和越行站

会让站和越行站数量不多,主要用来提高线路通过能力,也属于中间站。

会让站设在单线铁路上,主要办理列车的到发和会让,也办理少量的客货运业务。会让站应铺设到发线、旅客乘降设备,并设置信号及通信设备、技术办公用房,但没有专门的货运设备。在会让站上，既可以实现会车，也可以实现越行。先到的列车在会让站停车，等待反方向的列车到达会让站。两个列车互相交会，叫做会车。

越行站设在复线铁路上，主要办理同方向列车的越行业务。先到的列车在本站停车，等待后一个同方向的列车通过本站或到达本站停车的先开，叫做越行。越行站有到发线、旅客乘降设备、信号及通信设备、技术办公房屋等。

三、区段站

区段站多设在铁路网的机车牵引区段（机车交路）起点或终点，是铁路路网划分牵引区段的地点。与中间站相比，区段站办理的作业无论从数量上还是种类上都更为繁多，其设备规模通常比中间站多而全。区段站的主要任务是为邻接的铁路区段供应及整备机车，或更换机车乘务组，并为无改编中转货物列车办理规定的技术作业，办理一定数量的列车解编作业和客、货运业务。因此，在区段站上应设机务段（基本段或折返段），这也是区别区段站和中间站的明显标志。

1.区段站的作业

除与中间站具有大致相同客、货运业务之外，区段站还包括运转作业、机车业务以及车辆业务。

1）运转作业

（1）与旅客列车有关的运转作业。主要办理通过旅客列车的接发作业。有的车站还办理局管内或市郊旅客列车的始发、终到作业及个别车辆的甩挂作业。

（2）与货物列车有关的运转作业。主要办理无改编中转列车的接发和有关作业。对区段列车和沿零摘挂列车进行解体和编组作业。同时还办理向货物、工业企业线取送作业车等。某些站还担当少量的始发直达列车的编组任务。

2）机车业务

换挂机车和更换乘务组，对机车进行整备、修理和检查等。

3）车辆业务

办理列车的技术检查和车辆的检修任务。在少数设有车辆段的区段站上，还办理车辆的段修业务。

2.区段站的布置

区段站常见的布置有横列式、纵列式及客货纵列式3类。

1）横列式区段站布置

上、下行到发线（场）平行布置在正线一侧，调车场在到发场的一侧，称为横列式区段站布置，如图1-2-20所示。

横列式区段站布置的主要优点是：布置紧凑、站坪长度短、占地少、设备集中、管理方便、作业灵活性大、对各种不同地形适应性强。它的缺点是：一个方向的列车机车出入段走行距离长，站房同侧货物取送车和正线有交叉干扰。

2）纵列式区段站布置

上、下行到发场分设正线两侧，并逆运行方向相互错移一个到发场长度，在其中一个到发场外侧设一个双方向共用调车场，称纵列式区段站布置，如图1-2-21所示。

纵列式区段站的优点是:作业上的交叉干扰较横列式少;机车出入段走行距离短;当机车采用循环运转制时,到发线上的整备设备比较集中;对站舍同侧的支线或工业企业线的接轨比较方便。它的缺点是:站坪长度长、占地多、设备分散、投资大、定员较多、管理不便、一个方向货物列车的机车出入段要横切正线。因此,一般只有在采用循环交路或机车无需进段整备时,才能充分发挥纵列式图形的优越性。

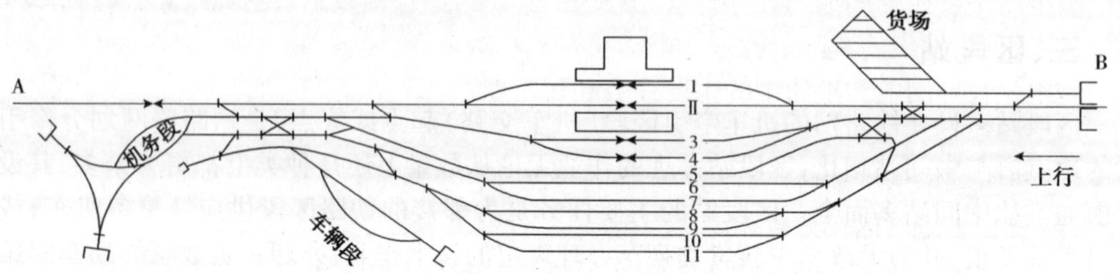

图 1-2-20 单线铁路横列式区段站布置图

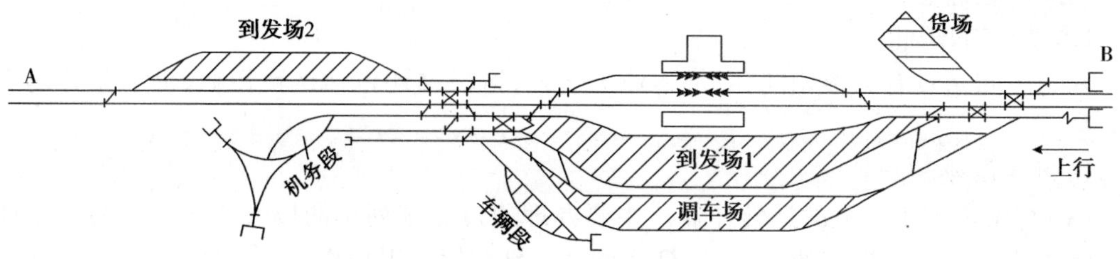

图 1-2-21 复线纵列式区段站布置图

3)客货纵列式区段站布置

这种区段站是客运运转设备(主要指旅客列车到发场)与货运运转设备(主要指货物列车到发场)纵向配列,如图 1-2-22 所示。此种布置往往是改建时逐步形成的,故客、货运转设备和机务设备相互位置的配置形式众多。其优缺点与纵列式区段站大致相同。

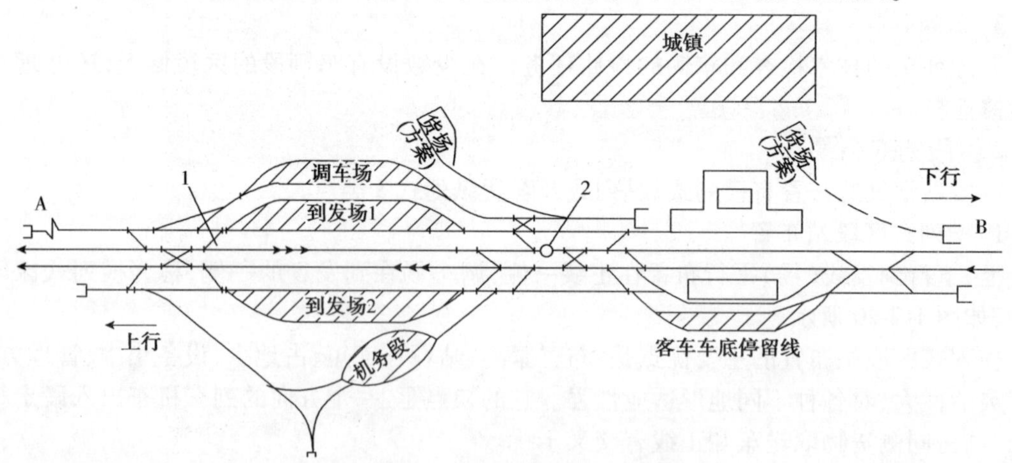

图 1-2-22 客货纵列式区段站布置图

四、编组站

1.编组站的作用及任务

编组站是铁路网上办理大量货物列车解体和编组作业,并设有比较完善调车设备的车站。编组站是按照列车编组计划要求,编解各型列车,而且多数是直达列车和直通列车。从这个意义上讲,编组站实际上就是一个货物列车制造工厂。

编组站在路网上和枢纽中的主要任务和作用如下:

(1)解编各种类型的货物列车;

(2)组织和取送本地区进行装卸作业的车流——小运转列车;

(3)设在编组站的机务段还需供应列车动力,以及整备、检修机车;

(4)设在编组站的车辆段及其下属单位(站修所、列检所)还要对车辆进行日常维修和定期检修等。

2.编组站的调车设备

调车工作按使用设备分为牵出线调车和驼峰调车两种。

1)牵出线调车

牵出线调车是一种平面调车的作业方式,主要依靠调车机车的动力解体车列。在驼峰编组站上有许多调车项目,如车列的编组、转线和车辆的摘挂、取送等也需使用牵出线进行调车。

2)驼峰调车

驼峰是一种人工建造的小山峰,调车时调车机车先将车列推上峰顶,摘开车钩后利用车辆自身的重力让车辆自行溜放,进入驼峰下调车场。这是编组站解体车列的一种主要方法。

驼峰的范围是指峰前到达场(在不设峰前到达场时为牵出线)与调车场之间的一部分线段,如图 1-2-23 所示,包括推送部分、峰顶平台和溜放部分。

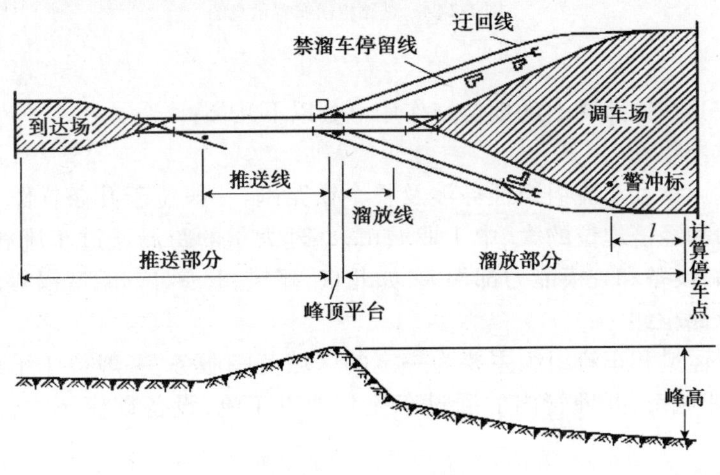

图 1-2-23 驼峰的组成

现代科学技术的进步,特别是电子学、自动控制理论和计算机技术的飞跃发展,为实现车辆溜放速度的自动调节和自动控制创造了条件。

五、铁路枢纽

1.概念

在铁路干、支线的交叉点或衔接地点(3 个及以上方向交叉衔接),由各种铁路线路、专业车站或客货联合车站以及其他为运输服务的有关设施和设备组成的整体称为铁路枢纽,如图 1-2-24 所示。铁路枢纽主要从事列车的解体、编组、转线等业务。目前,我国铁路主要大、中型枢纽有北京、天津、上海、哈尔滨、郑州、武汉、沈阳、广州、兰州、重庆、成都等。

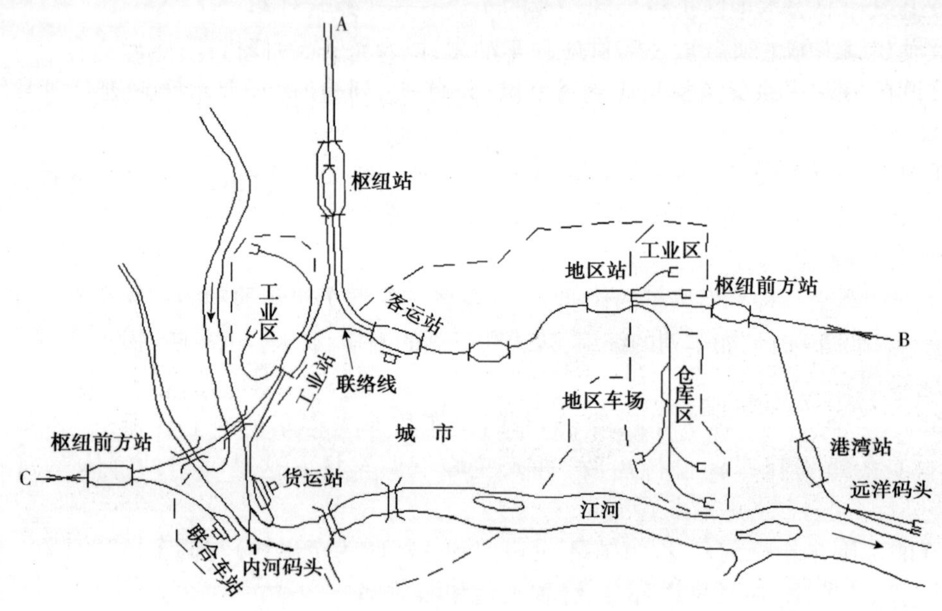

图 1-2-24 铁路枢纽布置示意图

2.类型

铁路枢纽按其在铁路网上的地位与作用可分以下几类:

1)路网性铁路枢纽

承担的客货运量和车流组织任务涉及整个铁路网,一般位于几条铁路干线交叉或衔接的具有重要政治和经济地位的大、中工业城市,办理大量的跨局通过车流和地方车流,设有较多的专业车站,设备和规模能力都很大,如北京、郑州、上海、广州、武汉等。

2)区域性铁路枢纽

承担的客货运量和车流组织主要为一定的区域范围服务,一般位于干线和支线交叉或衔接的中、小工业城市,办理管内的通过车流和地方车流,设备规模不大,如太原、长春、柳州等。

3)地方性铁路枢纽

承担的运量和车流组织主要为某一工业区或港湾等地方作业服务,一般位于大工业企业和水陆联运地区,办理大量的货物装卸和小运转作业,如大连、秦皇岛、大同等。

第三节　铁路机车车辆

铁路机车车辆(以下简称机车车辆),俗称火车,是用于牵引或装载运输对象,并使运输对象发生沿轨道位移的交通运输设备。机车车辆是铁路运输的主体,完成铁路运输任务要求有足够数量、品种齐全以及性能优良的机车车辆。

一、机车车辆基本特点

与其他运输车辆相比,机车车辆最显著的不同在于它必须在专门铺设的钢轨上运行。轮与轨之间的特殊关系成了机车车辆的最根本的特征,并派生出一些其他特点。

1.自行导向

火车没有类似汽车方向盘的转向操纵机构(如图1-2-25),是通过其特殊的轮轨关系(如图1-2-26)实现过曲线的,即能沿轨道运行而无需专人掌握运行的方向。

图1-2-25　火车驾驶室

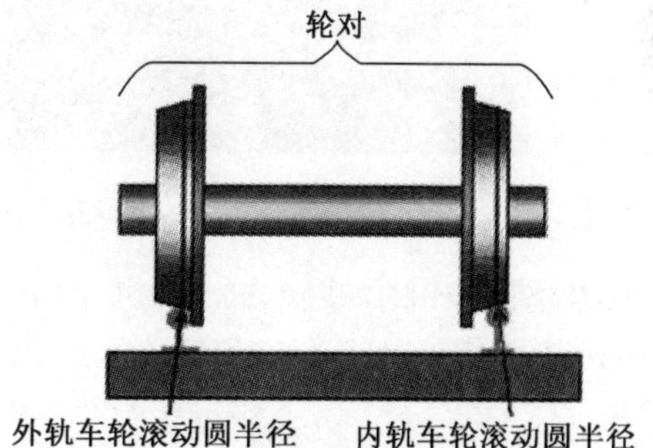

图1-2-26　右转向时轮轨关系示意图

2.低运行阻力

机车车辆车轮与钢轨之间为滚动摩擦,轮轨接触面积较小,且车轮与钢轨均为含碳量偏高的材料,故机车车辆运行中轮轨间具有较低的摩擦阻力。

3.成列运行

低运行阻力意味着在相同牵引力的情况下,机车可以牵引更多的车辆,也即它可以编组、连挂后成列运行。

4.严格的外形尺寸限制

机车车辆在规定的线路上行驶,无法主动避让靠近它的物体,为此需严格限制机车车辆的外形尺寸,也即对其进行限界,以确保铁路运营安全。

二、机车车辆分类

根据动力是否集中在端部的一节车上,机车车辆分为传统列车和动车组。根据是否带有动力,传统的列车分为机车与车辆,动车组分为动车与拖车。

1.机车

铁路车辆大都不具备动力装置,需要把客车或货车连挂成车列,由机车牵引运行。在车站上，车辆的转线以及货场取送车辆等各项调车作业也都要由机车完成。

铁路机车的分类大致以运用和牵引动力来划分。

从运用上分，有客运机车、货运机车和调车机车。客运机车是牵引客车的机车，相对货运机车来说，牵引力要小一些，速度要快些。

货运机车用来牵引货车。我国除了重载列车外，一般的货运列车载重量约为5000t。显然，货运机车的牵引力要比客运机车大得多，但速度没有客运机车那么快。

调车机车(图1-2-27)主要在车站完成车辆转线以及货场取送车辆等各项调车作业，它特点是机动灵活，能通过较小的曲线半径，车身较短，速度相对要求也不高。

图1-2-27　调车机车

按牵引动力，机车可分为蒸汽机车、内燃机车和电力机车，如图1-2-28所示。由于效率低、环境污染大等缺点，蒸汽机车已经退出了历史的舞台，目前我国铁路运输的牵引由内燃

a)蒸汽机车

b)内燃机车

c)电力机车

图1-2-28　机车分类(动力类型)

机车和电力机车完成。

2.动车组

传统的列车由机车和车辆组成,在运行时要反复进行列车和机车的编挂。把动力装置分散安装在不同车厢上,使其既具有牵引力,又可以载客,这样的列车称为动车组。

动车组的牵引动力形式可分为动力分散式和动力集中式两大类,按转向架的形式又可以分为独立式和铰接式两种,如图 1-2-29 所示。

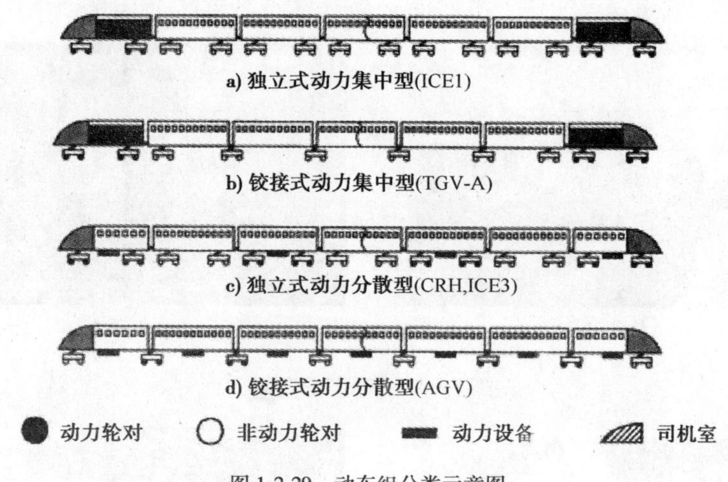

图 1-2-29 动车组分类示意图

3.车辆

根据运输对象不同,传统列车车辆分为客车与货车两大类,每一大类中还可进一步细分。

1)客车

铁路客车是指载运旅客的车辆、为旅客提供服务的车辆以及挂运在旅客列车中的其他用途的车辆。目前,我国铁路客车根据用途的不同主要有硬座车、软座车(图 1-2-30a))、硬卧车(图 1-2-30b))、软卧车(图 1-2-30c))、餐车(图 1-2-1-2-30d))、少量公务车、卫生车等。

按运营的性质或范围可分为:

(1)城市地铁及轻轨车辆:这是一种城市交通系统中所用的短途车辆,本身均设有驱动装置,如图 1-2-31 所示。

(2)市郊客车:比上一类车运行距离稍远,在大城市与其周边的中、小城镇或卫星城市之间运行的客车(图 1-2-32)。

(3)普通客车:指运行技术速度小于 200km/ h 的旅客列车。

(4)高速客车:运行速度等于或大于 200km/ h 的旅客列车,在我国为 CRH 系列动车组。

2)货车

货车可分为通用货车、专用货车、特种货车等不同的类型。

(1)通用货车。通用货车包括敞车(图 1-2-33)、棚车(图 1-2-34)、平车、冷藏车和罐车等。

a) 软坐车

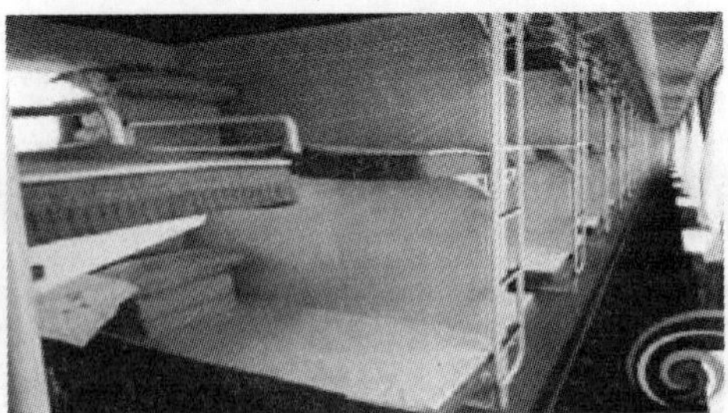
b) 硬卧车

c) 软卧车

d) 餐车

图 1-2-30　常见铁路客车

图 1-2-31　北京地铁 2 号线

图 1-2-32　北京至八达岭市郊客车

图 1-2-33　C_{70}型通用敞车

图 1-2-34　P70、P70H 型通用棚车

(2)专用货车。专用货车是指一般只运送一种或很少几种货物的车辆,包括家畜车、水泥车、漏斗车、自翻车和集装箱专用平车等,如图 1-2-35 所示。

(3)特种货车。特种货车装运各种长大重型货物,如大型机床、发电机、化工合成塔等。特种货车按其结构形式可分为长大平车、凹底平车(或称元宝车)、落下孔车和钳夹车等。由于这些车的载重量及自重较大,为适应线路允许的轴重要求,因此,长大货车的轴数较多。

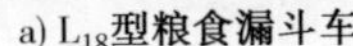
a) L_{18}型粮食漏斗车

b) X系列的集装箱车

图 1-2-35 常见专用货车

三、机车车辆标记

机车车辆标记是涂刷或粘贴在机车和车辆的一定位置上，用以表示产权、型别、车号、基本性能、配属及使用中的注意事项等的标识与符号。

1.产权标记

产权标记有路徽和配属标记两种，如图 1-2-36 所示。

a) 铁路路徽

b) 北京—莫斯科国际列车

c) 配属标记

图 1-2-36 产权与配属标记

路徽：铁路企业的标志，涂画在机车车辆上时表示其产权所属。拥有机车车辆的非铁路企业也各有自已的标识。我国还规定用于国际联运的客车在车体两侧中部须挂我国国徽。

配属标记：表示机车车辆配属关系的标记。我国铁路规定所有机车、客车和部分货车分别配属给各铁路局及其所属机务段或车辆段负责管理、使用和维修，并在车上涂刷所配属的铁路局段的简称，如“上局徐段”表示上海铁路局徐州机务段（或徐州车辆段）。

2.制造标记

制造标记是表示机车车辆的制造工厂名称和制造年月的标记，又称工厂铭牌，一般安装在机车车辆指定位置上，如图 1-2-37 所示。

3.运用标记

运用标记包含车种标记、车号、定位标记、基本数据标记等。

1）车种标记

车种标记是表明客车、特种用途车车辆种类的标记，以大写字母表示，涂刷在车体两侧板端部。常见车辆种类代号如表 1-2-1 所示。

图 1-2-37 制造标记

车辆种类代号表 表 1-2-1

客车			货车		
序号	车种	代号	序号	车种	代号
1	软座车	RZ	5	敞车	C
2	硬座车	YZ	6	棚车	P
3	软卧车	RW	7	平车	N
4	硬卧车	YW	8	罐车	G

2) 车号

车号由机车车辆型号及其出厂号码组成，通常标在机车车辆两侧明显处。型号由基本型号、辅助型号和序列号组成，如图 1-2-38 所示。

a) 客车

b) 机车

图 1-2-38 车种车号

3) 定位标记

定位标记是表示机车车辆前后端位置并用以命名同名零部件的标记。我国铁路规定，在客、货车辆上以装有手制动装置的一端或以制动缸活塞杆伸出方向的一端为“1 位端”，他端为“2 位端”，用阿拉伯数字“1”、“2”分别表示并涂刷在车体两侧端部，如图 1-2-39 所示。

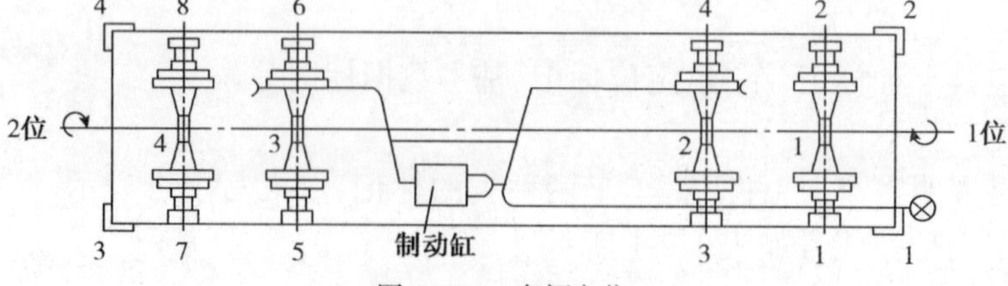

图 1-2-39 车辆方位

a) 车辆检修标记

13.5　　11.5　　齐厂

19.5　　11.5　　齐厂

b) 车辆检修标记示意图

图 1-2-40　车辆检修标记

4）检修标记

检修标记表示车辆进行定期检修的单位和年月，以及下次检修年月的标记。我国铁路货车的检修标记如图 1-2-40。在图 1-2-40 b）中，线下为厂修标记，线上为段修标记，左侧为下次厂、段修年月；右侧为本次厂、段修年月，“齐厂”为厂修企业“齐齐哈尔轨道交通装备有限责任公司”的简称。

5）基本性能标记

基本性能标记是表示客、货车基本性能的标记。通常货车标在车体两侧，客车则标在车体两端，如图 1-2-41 所示。

a) 客车基本性能标记

b) 货车基本性能标记

图 1-2-41　车辆基本性能标记

机车车辆除了上述标记外，还有表示机车车辆设备、用途和结构特点的各种标记，在此不再赘述。

第四节　铁路信号与通信

一、概述

铁路信号设备是铁路信号基础设备、车站联锁设备、区间闭塞设备的总称。通过这些设备向有关行车及调车人员发出的指示和命令必须严格执行。比如通过信号机的显示，向列车指示运行条件、铁路线路状况以及列车或车辆的位置等。传统的铁路信号主要具有“信联闭”三大功能，即通过信号设备为行车提供正确的信号显示，确保进路联锁正确，实现两站之间的半自动或自动闭塞，以保证列车运行与调车工作的安全，提高铁路通过能力。

铁路信号按人体感官辨别不同可分为听觉信号和视觉信号两大类。

1.听觉信号

听觉信号是以不同声响设备发出音响的强度、频率、长短和数目等特征表示的信号，如号角、口笛、响墩发出的声响和机车、轨道车鸣笛等。

2.视觉信号

视觉信号是通过各种信号器具的颜色、形状、位置、数目或数码显示等特征表示的信号，如信号机、信号灯、火炬等。

我国规定视觉信号的3种基本颜色为红、黄、绿，如图1-2-42所示。

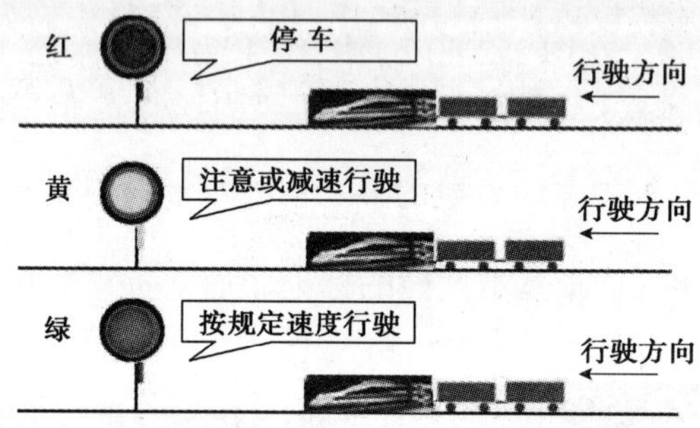

图1-2-42　铁路视觉信号的3种基本颜色

二、铁路信号基础设备

铁路信号基础设备包括信号装置、信号继电器、轨道电路、转辙机等。以下简要介绍信号装置与轨道电路。

(一)信号装置

信号装置一般分为信号机和信号表示器。

1.信号机分类

信号机按构造不同分为色灯信号机和臂板信号机，按安装方式分为高柱信号机、矮柱信号机、信号托架和信号桥。其中，色灯信号机用灯光的颜色、数目及亮灯状态表示信号含义，分透镜式、LED式等。图1-2-43为几种常见的色灯信号机。

a) 高柱透镜式

b) 矮柱透镜式

c) LED式

图1-2-43　色灯信号机

2.信号机的设置

我国铁路采用左侧行车制，机车司机在驾驶室内的位置统一设在左侧。为便于司机瞭望信号，按规定所有色灯信号机均设在线路的列车运行方向左侧，特殊情况需经铁路局批准。

1）进站信号机

凡车站的列车入口处都必须装设进站信号机，指示列车能否由区间进入车站，保证接车进路的正确和安全可靠。

2）出站信号机

车站发车线端部都必须装设出站信号机，用以防护区间，作为列车占用区间的凭证，指示列车能否进入区间，与发车进路及敌对进路相联锁，信号开放后保证发车进路安全。

3）预告信号机

该信号机将进站信号机等主体信号机的显示状态提前告诉机车司机。

图 1-2-44 所示为进站、出站、预告信号机设置位置。

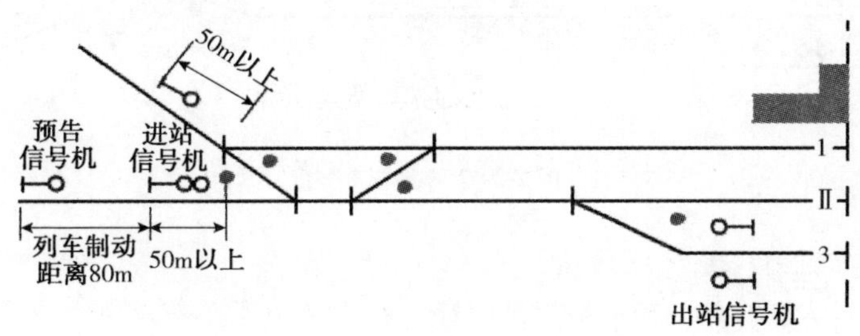

图 1-2-44　进站、出站、预告信号机设置位置示意图

4）进路信号机

一个车站有几个车场时，需要设置进路信号机，以防护列车从一个车场转线到另一个车场时转场进站用。如图 1-2-45，XLⅠ、XL3、SLⅡ、SL4 为进路信号机。

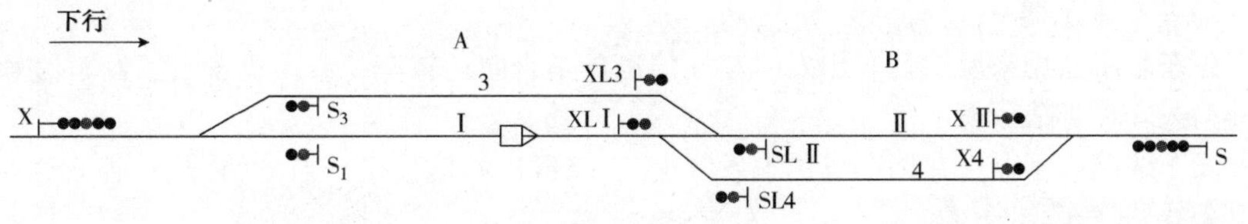

图 1-2-45　进路信号机

5）通过信号机

通过信号机是设在自动闭塞区段的闭塞分区分界处或非自动闭塞区段的所间区间分界处的信号机，用以指示列车能否进入它所防护的闭塞分区或所间区间。如图 1-2-46 所示。

6）驼峰信号机

驼峰信号机是用以指示调车车列能否溜放以及下峰的信号机，设于峰顶平台与加速坡连接处的峰顶线路最高处。每条推送线，分别设一架驼峰信号机，如图 1-2-47 所示。

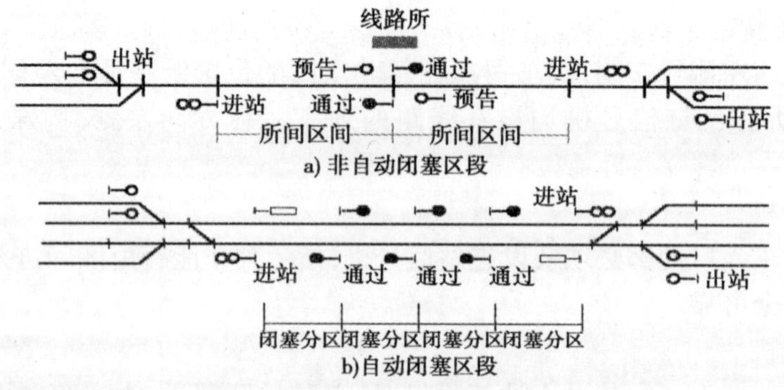

图 1-2-46 通过信号机

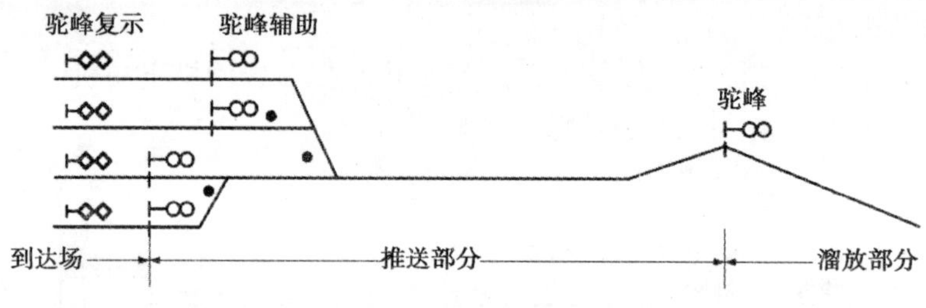

图 1-2-47 驼峰信号机

3.信号表示器

信号表示器分为进路表示器、发车表示器、发车线路表示器、调车表示器、道岔表示器、脱轨表示器等。

1）进路表示器

进路表示器设在出站信号机和发车进路兼出站信号机上，用以指示发车进路开通方向。当出站信号机和发车进路兼出站信号机有两个及两个以上发车方向，而信号显示本身不能分别表示进路方向时，应在信号机上装进路表示器。

2）发车表示器

发车表示器用来反映列车出发时车站值班员是否向运转车长或司机发出了发车信号。

3）发车线路表示器

发车线路表示器设在调车场的编发线上，在线群出站信号机开放的情况下，补充说明允许某条线路发车。

（二）轨道电路

轨道电路是铁路信号自动控制的基础设备，它是利用铁路的两条钢轨作为导线，两端加上机械绝缘（或电气绝缘）让电流在轨道的一定范围内流通而构成的电路。轨道电路可以反映线路和道岔区段是否有车占用，为开放信号，建立进路或构成闭塞提供依据；可以检查和监督钢轨是否完整；可以传递行车信息，并将列车运行与信号显示联系起来。

图 1-2-48 所示为轨道电路的基本构成。当轨道电路空闲时，电流从轨道电源正极经过钢轨进入轨道继电器，再经另一股钢轨回到电源负极。这时因轨道继电器衔铁吸起，接通绿灯回路，信号机显示绿灯。此状态表示前方线路空闲，允许机车车辆占用。当轨道电路区段

有车占用时，由于机车车辆轮对的电阻很低，轨道电路被短路，继电器吸力减弱，轨道继电器衔铁落下，接通红灯回路，信号机显示红灯。轨道电路的这一工作性能，能够防止列车发生追尾和冲突事故，确保行车安全。需要指出的是，当轨道电路发生断轨、断线时，同样会使轨道继电器衔铁落下。

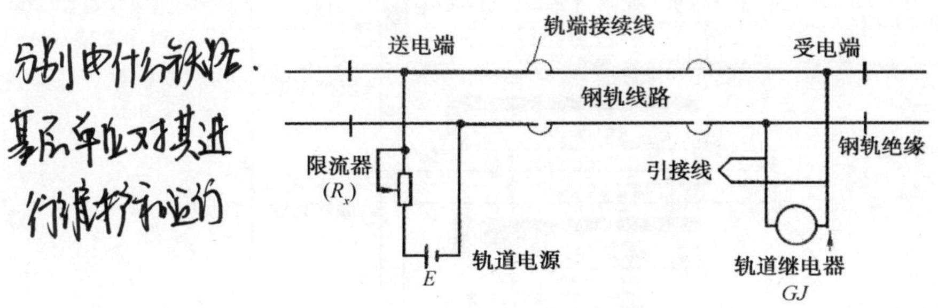

图 1-2-48 轨道电路的基本组成

三、车站电气集中联锁设备

用电气器件集中控制和监督全站的道岔、进路和信号机，并实现它们之间联锁的设备称为集中联锁设备。电气集中联锁包括继电集中联锁和计算机联锁。

1.继电集中联锁

继电集中联锁运用继电器组成的电路完成联锁与控制功能。我国广泛应用的是 6502 型继电集中联锁，它主要由室外色灯信号机、动力转辙机、轨道电路和室内的控制台继电器组合及组合架、分线盘和电源屏等设备组成，如图 1-2-49 所示。

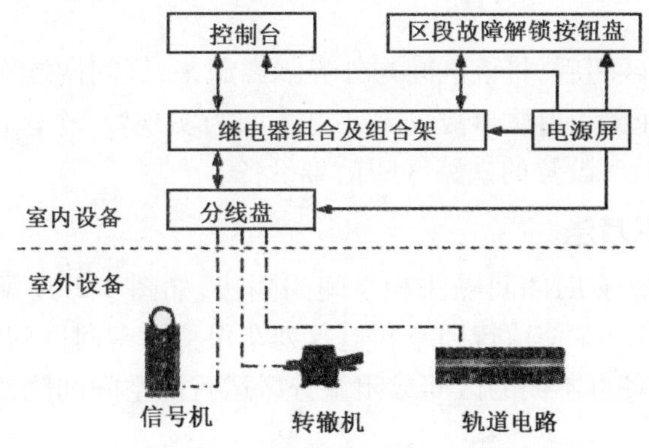

图 1-2-49 电气集中联锁设备组成

继电联锁的缺点是建设投资大、设备庞大、人机对话功能贫乏、与 CTC 等现代信息系统对接困难、维修复杂且工作量大等。

2.计算机联锁

计算机联锁是以计算机技术为核心，综合采用通信、控制、容错、故障-安全等技术对车站值班员的操作命令及现场表示信息进行逻辑运算，从而实现对信号机及道岔等进行集中控制的车站联锁设备。与继电联锁相比，计算机联锁具有十分明显的技术经济优势。目前，大多数车站都采用计算机联锁。计算机联锁的硬件结构如图 1-2-50 所示。

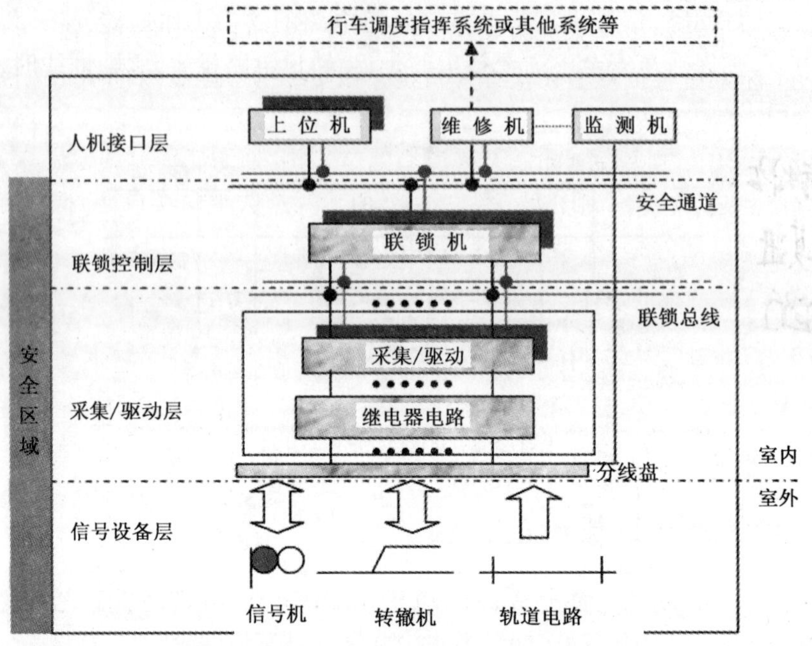

图 1-2-50　计算机联锁系统的硬件结构

四、区间闭塞设备

(一)闭塞概念

闭塞是指列车进入区间后,将该区间与外界隔离起来,区间两端车站都不再向这一区间发车,以避免列车正面冲突和追尾事故。闭塞设备即为实现"一个区间(闭塞分区)内,同一时间只允许一列车占用"而设置的铁路区间信号设备。

(二)区间行车组织方法

区间的行车组织方法有时间间隔法和空间间隔法,如图 1-2-51 所示。时间间隔法是列车按事先规定好的时间发车,使前行列车和追踪列车保持一定时间间隔;而空间间隔法是让前行列车和追踪列车在各自不同的区间或闭塞分区运行。空间间隔法是我国目前采用的闭塞方法。

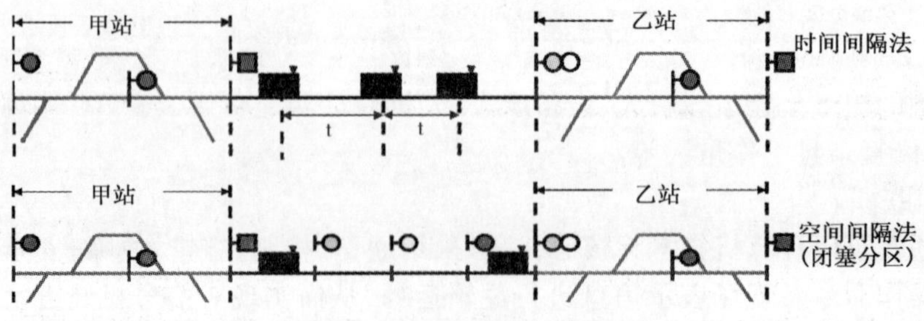

图 1-2-51　区间行车组织方法

(三)区间闭塞种类

行车闭塞制式大致经历了人工闭塞、半自动闭塞、自动闭塞的发展历程。

早期的人工闭塞设备依靠人来检查区间状态和交接行车凭证,效率低下,目前除电话闭塞被保留代用,其余被逐渐淘汰。

半自动闭塞是用人工来办理闭塞及开放出站信号机,列车凭信号显示发车,列车出站后出站信号机自动关闭,实现区间闭塞。图 1-2-52 所示为单线继电半自动闭塞。目前,我国铁路推广使用的半自动闭塞是 64 型继电半自动闭塞。

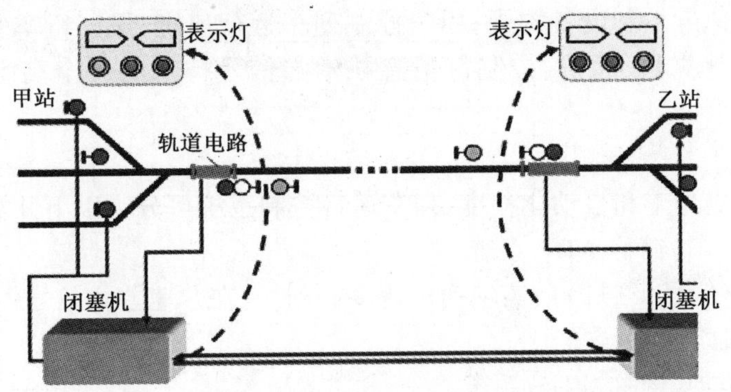

图 1-2-52 单线继电半自动闭塞

自动闭塞是由运行中的列车自动完成闭塞任务的一种设备。当列车以普速运行时,通常采用以地面信号为主的自动闭塞系统。图 1-2-53 为列车最高运行速度为 120km/h 时,甲、乙站间列车 B 追踪列车 A 运行,区间三显示自动闭塞信号示意。

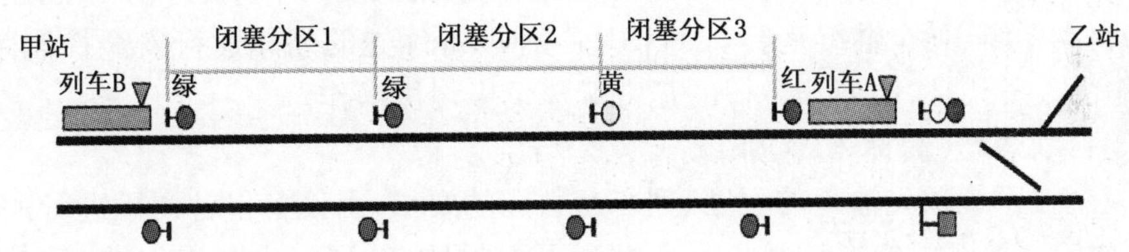

图 1-2-53 三显示自动闭塞信号示意图

当列车最高运行速度为 160km/h 时,我国铁路一般采用四显示自动闭塞。如图 1-2-54 所示,四显示在三显示的基础上增加一种绿黄显示。

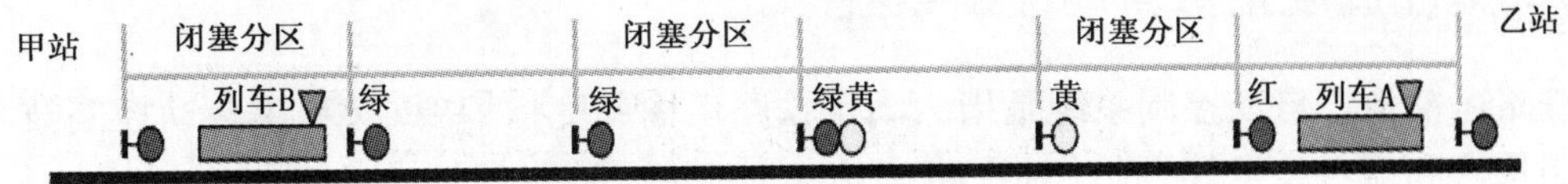

图 1-2-54 四显示自动闭塞信号示意图

随着高速铁路的发展,列车运行速度越来越高,完全靠人工瞭望、人工驾驶列车已经不能保证行车安全了。为此,人们开始进一步应用数字化、无线传输技术、漏泄电缆及卫星定位等先进技术,装备列车运行控制系统,依靠这些技术实现列车和地面控制中心、列车和列车之间的信息传输。这样就不需要将区间划分为固定的若干分区调整列车间的追踪间隔,而是两列车通过数据传输,自动地计算出实时的列车追踪的安全间隔,保持最小间隔,从而大大提高行车密度和区间通过能力。如果把前面讨论的系统称为传统铁路信号系统,那么以现代列车运行控制技术为核心的信号系统可称为现代铁路信号系统。

五、列车运行控制系统

(一)概念

列车运行控制系统(简称列控系统)就是由列控中心、闭塞设备、地面信号设备、地车信息传输设备、车载速度控制设备构成,用于控制列车运行速度,保证行车安全和提高运输能力的控制系统,是计算机、通信、控制等信息技术与信号技术的一个高水平集成与融合的产物。

(二)分类

按照功能、人机分工和自动化程度,列车运行控制系统可分为以下几类:

1)列车自动停车(简称 ATS)系统

ATS 只在停车信号(红灯)前实施列车速度控制,是在非速差式信号体系下的产物,属列车速度控制的初级阶段。

2)列车超速防护(简称 ATP)系统

ATP 是随着速差式信号体系的建立而产生的。列车正常运行由司机控制,而当司机疏忽或失去控制能力且列车出现超速时 ATP 设备才起作用,并以最大常用制动或紧急制动方式强迫列车减速或停车。当列车速度已降至或到达限速要求,由司机判定和操作制动缓解。

3)列车自动控制(简称 ATC)系统

当列车运行超过限制速度时,系统自动实施常用制动,使列车降至低于限制速度的一定值后,制动自动缓解,列车继续运行。ATC 是一种设备优先的列车运行安全控制系统,司机一部分操作由设备代替,但列车运行的正常调速仍由司机操作。

4)列车自动运行(简称 ATO)系统

ATO 完全按系统预先输入的程序、列车运行图的要求,由设备代替司机进行列车运行的加速、减速或定点停车的速度调整。一般情况下,司机除对列车启动操作外,只对设备的动作进行监督。ATO 属于一种非安全系统,一般叠加在 ATC 或 ATP 上,列车运行的安全防护由后者承担。

六、运输调度指挥自动控制系统

铁路运输指挥自动控制系统是指为满足铁路运输调度指挥要求,利用自动控制技术、远程控制技术和信息技术等,通过对铁路车站信号设备、区间信号设备等进行远程控制和监测,从而对一定地域范围内运行的全部列车进行集中监视、实时控制和管理的设备。

目前的铁路运输调度指挥自动控制系统从功能上分为 TDCS 和 CTC 两类。

(一)铁路运输调度指挥系统(TDCS)

TDCS 用网络的观点对现有铁路信号专业技术门类进行改造,把传统的区间、车站、编组站三段式信号组织方式改造为铁路总公司、铁路局两级调度指挥中心的控制结构,由铁路总公司调度指挥中心局域网和铁路局调度指挥中心局域网、基层网三层网络结构实现。TDCS结构如图1-2-55所示。

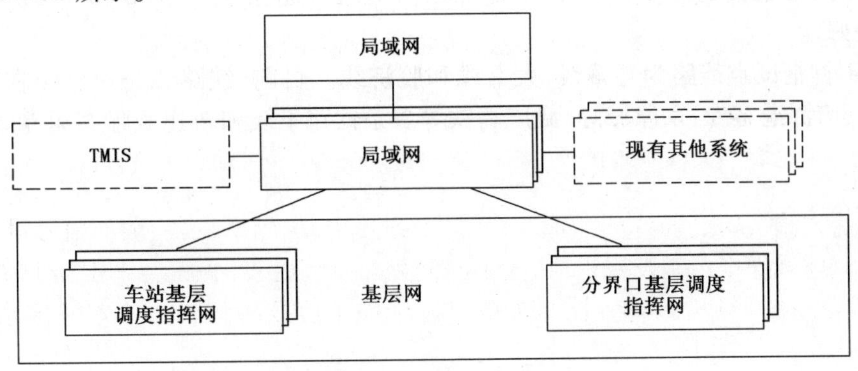

图1-2-55 TDCS结构示意图

(二)分散自律调度集中系统(CTC)

CTC(Centralized Traffic Control)也称列车集中控制,是综合了通信、信号、运输组织、现代控制、计算机、网络等多种技术,实现调度中心(调度员)对某一调度区段内的信号设备的集中控制,对列车运行的直接指挥和管理的技术装备。其直接效果就是行车管理的自动化和遥控化。

分散是相对于调度中心集中控制而言的,CTC系统将过去由调度中心集中控制所有车站的列车作业的方式改变为由各个车站独立控制各自的列车和调车作业;自律则是指依据各站的特点,系统按照"技规""行规""调规"和"站细"等规则自动协调列车作业和调车作业的矛盾,控制列车进路和调车进路。

七、铁路专用通信设备

铁路通信按通信的业务性质可分为铁路公用通信和铁路专用通信。铁路专用通信是专用于列车运行、到达、编组业务工作的通信,包括铁路区段专用通信和铁路站场专用通信等。

(一)铁路区段专用通信

铁路区段专用通信是为铁路沿线各基层部门进行指挥、调度、办理行车、维护、管理以及一般公务联系而设置的专用通信系统,主要包括调度电话、站间行车电话、各种业务专用电话、区间电话、列车预报确报电报。

(二)铁路站场通信

铁路站场通信设备主要用于站场工作人员相互联系通信,包括站场电话系统、站场扩音对讲系统、站场无线电话系统和客运广播系统。

(三)高速铁路无线通信系统(GSM-R)

GSM-R(GSM for Railways)系统是专门为铁路通信设计的综合专用数字移动通信系统。它在GSMPhase2+的规范协议的高级语音呼叫功能(如组呼、广播呼叫、多优先级抢占和强拆业务)的基础上,加入了基于位置寻址和功能寻址等功能,适用于铁路通信特别是铁路专用调度通信的需要。GSM-R 能满足列车运行速度为 0~500km/h 的无线通信要求,安全性好。

GSM-R 首批试点线路为青藏线、大秦线和胶济线。目前,铁路总公司已经在京沪高铁、京九、胶济、广深港客专、京津城际、武广高铁等多条铁路干线和新建城际客运专线上推广使用 GSM-R。

第三章 铁路运输组织与安全

第一节 铁路旅客运输组织

1.铁路旅客运输的意义

客运工作的好坏，不仅体现铁路运输企业的运输服务水平和市场竞争能力，维系铁路运输企业的生存和发展，而且代表着国家对广大人民群众的关怀，体现经济的繁荣和发展、社会的文明和安定、人民群众的精神面貌，关系到国家的形象和声誉。因此，大力做好铁路旅客运输工作，不断提高客运管理工作水平，具有十分重要的意义。

2.铁路旅客运输的特点

铁路旅客运输的直接服务对象是人，是具有不同旅行需求和不同支付能力的人群构成的旅客。因此，其工作性质和组织原则与货物运输有着较大的区别。

(1)旅客运输的主要服务对象是广大旅客，其次是行李、包裹和邮件。

(2)旅客运输需求具有时空不均衡性。

(3)旅客列车的编组一般是固定的，其始发站、终到站以及到、发和途中运行的时刻也是固定的。旅客列车时刻表的编制要适应客流变化，充分满足旅客旅行的需求。

(4)旅客车辆(包括餐车、行李车)一般固定配属于铁路局的各客运车辆段。

(5)旅客运输计划只有年度的客运量计划、客运机车和客车车底的运用计划。

(6)客运站的位置要求紧靠城市，并且要与市内运输及其他各种交通工具有密切的配合。

(7)选择旅客列车的重量标准、速度和密度时，要进行综合比较。

3.铁路旅客运输的组织机构

为了加强对旅客运输工作的组织领导，应按照“统一领导，分级管理”的原则，建立相应的组织机构，充分发挥各级组织的作用。中国铁路客运系统目前的组织机构包括中国铁路总公司运输局客运处、铁路局客运处、车站客运车间及客运段(列车段)，如图1-3-1所示。

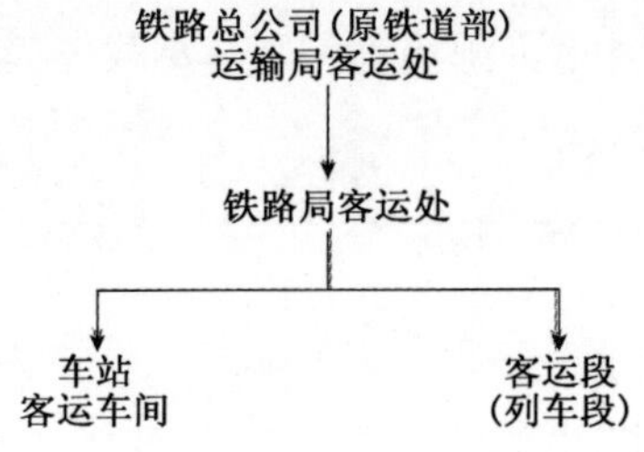

图1-3-1 铁路客运系统组织机构形式

4.客流的概念及种类

1)客流的概念

旅客根据出行需要,按照自己的支付能力,选择一定的运输方式,在一定时间和空间范围内作有目的的移动,形成客流。客流是指在单位时间内,线路上乘客流动人数和流动方向的总和,由流量、流向、流距、流时4个要素组成。

2)铁路客流的种类

旅客旅行是极具个性化的需求。由于旅行目的和乘车距离的不同,旅客要求铁路提供的运输服务也有所不同,铁路应根据不同层次旅客的不同要求,合理地组织旅客列车的运行和相应地提供良好的服务。为此,根据铁路运输及其管理的特点,按出行范围一般将客流分为直通客流、管内客流、市郊客流3类。

5.旅客列车的种类

针对不同的旅行需求所产生的不同客流以及不同的线路设备条件,铁路开行不同等级的旅客列车。根据铁路列车运行图的规定,旅客列车分为高速铁路动车组(G字头)、城际动车组列车(C字头)、动车组列车(D字头)、直达特快旅客列车(Z字头)、特快旅客列车(T字头)、快速旅客列车(K字头)、跨局普通旅客快车(1001-3998)、管内普通旅客快车(4001-5998)、普通旅客慢车(6001-7598)、通勤列车(7601-8998)、临时旅客列车(L字头)、旅游列车(Y字头)等。

上述各种旅客列车按运行方向不同分为上行列车和下行列车。在中国以向首都北京方向行驶为上行,车次一般为双号;由首都北京向全国各方向行驶为下行,车次一般为单号。每一列车都按统一规定编定车次。在同一个铁路方向上,为了服务于不同的客流,往往同时开行几种不同的旅客列车。

第二节　铁路货物运输组织

1.铁路货物运输的基本任务

(1)满足市场经济发展对于国内商品流通和国际贸易运输不断增长的需求;

(2)为物流和商贸提供安全、迅速、准确、方便、经济的运输服务;

(3)保证厂矿企业实现生产过程的原材料、能源供应和产成品的运输,组织现代化的社会大生产;

(4)作为资源流通(尤其是区际资源流通)的主要载体,培育发展统一的大市场体系,优化社会资源配置;

(5)作为国家的重要宏观调控工具,在平抑物价、繁荣经济、扶贫救灾、国防和军事物资运输中发挥重要作用。

2.铁路货物运输发展趋势

铁路货物运输普遍向集中化、重载化、集装运输、直达化和快速化方向发展。

1)集中化

货运作业集中化是铁路实行集约经营,与其他运输方式开展竞争的有效途径。主要做法是重新调整路网布局，封闭运量不足、经营亏损的线路和车站，将货运作业集中到少量技术装备先进、货物装卸和运输能力大、劳动生产率高的大型货运站和技术站，实现规模经营，以利于发展重载运输、集装化运输和直达运输，加速实现铁路货运现代化。

2）重载化

重载运输是以开行超常规的长大列车为主要特征，以提高列车牵引重量为主要标志，充分发挥铁路集中、大宗、长距离、全天候的运输优势，大幅度增加运输能力，提高运输效率和降低运输成本。由于重载运输集中了铁路高科技成果，因此成为衡量一个国家铁路技术水平的重要标志。美国、加拿大、澳大利亚、巴西等国重载铁路列车的牵引质量普遍高达万吨以上，最高为44066t。

3）集装运输

集装运输包括集装箱运输和集装化运输。它是先进的散杂件货物运输方式。对适箱货物采用集装箱运输，对非适箱货物则采用集装化运输。集装箱运输已经成为各种运输方式之间乃至国际间办理货物联运的主要运输工具，国际贸易中75%以上的货物已使用集装箱。

4）直达化

直达运输以追求重车从发送地到目的地之间的运输全过程中，货车的装卸、调移、集结时间和途中中转停留时间以及相关作业的成本最小化为目标。据统计，法国整列直达列车的运量已占整个货运量的一半以上；美国大力开行单元列车，直达运输比重达60%，日本则通过发展基点站间直达列车运输体系，全部废除了铁路编组站。

5）快速化

快速货物运输适合高附加值货物的运输，历来是运输市场竞争的焦点。国外货运快速化的主要标志是：开行速度100km/h以上满足不同需求的多样化的货物列车，如快速鲜活货物列车、快速集装箱列车、快速普通货物列车、快速行李包裹列车和高速邮政列车等。其中法国的邮政TGV，最高运行速度达到250km/h。国外的运营数据表明，快速货物列车的运营效益一般都高于高速旅客列车。

3.铁路运输货物分类

经由铁路运输的货物，包括工、矿、农、林、渔、牧等各种产品和商品，种类繁多，主要是根据运输管理的需要来划分的。

铁路运输的货物按货物的性质，可分为普通货物和特殊条件货物。普通货物是指在运输过程中，按一般运送条件办理的货物，如煤、矿石、粮谷、棉布等。由于货物本身的性质，在运输过程中需要采取特殊的运送措施才能保证货物完整和行车安全的，称为特殊条件货物。

4.铁路货物运输种类

根据所托运的每批货物数量和使用运输车辆方式的不同，铁路货物运输可以分为不同的运输种类。我国铁路货物运输分为整车、零担和集装箱3种。

一批货物的质量、体积或形状需要以一辆30t及其以上的货车装运的，应按整车运输办理。需要保温运输的货物，密封、不易计算件数的货物，规定限按整车办理的危险货物，易于污染其他货物的污秽品，未装容器的活动物，必须用罐车装运的液体货物，都必须按整车办理。

一批货物的质量、体积不够整车运输条件的，或不必限按整车办理的货物，可按零担运输办理。按零担运输办理的货物,一件体积最小不得小于 0.02m^3(一件质量在 10kg 以上的除外),且每批货物不得超过 300 件。一件货物质量超过 2t,体积超过 3m^3或长度超过 9m 的货物,经发站确认不影响中转站或到站装卸作业的,也可按零担办理。未装容器的活动物,在管内运输时,如能以零担车直接运到站,铁路局也可规定按零担办理。

符合集装箱运输条件的,可以按集装箱运输办理,使用铁路或自备集装箱装运。除危险货物、鲜活货物和会损坏、污染集装箱箱体的货物以外的货物,均可使用通用集装箱运输。

第三节 铁路行车组织

铁路行车组织是铁路运输工作组织的重要组成部分,必须贯彻安全生产的方针,坚持高度集中、统一领导的原则,发扬协作精神,综合运用铁路各种技术设备,高质量、高效率地完成客货运输任务。其主要内容包括:车流组织和列车编组计划,列车运行图和铁路通过能力,车站行车工作组织,铁路运输生产计划和调度指挥等。

1.中间站工作组织

中间站是铁路上为数最多的车站,铁路线上运行的大量列车要在中间站通过、交会或避让;同时,中间站还承担着所在地区的旅客乘降和货物发送、到达任务。因此,中间站办理的作业主要是接发列车作业和摘挂列车进行车辆摘挂的技术作业,少数中间站也办理始发直达列车和终到列车的技术作业。

1)调车工作

在铁路运输过程中,除列车运行外,为编组、解体列车或为摘挂、取送车辆等需要,机车车辆在线路上的调动都属于调车工作。

调车工作占用大量人员和设备,消耗大量的能源,提高调车效率可大大降低运输成本。由此可见,调车工作的质量,对保证运输安全,提高运输效率,增强运输能力,降低运输成本,质量良好地满足国家和人民对铁路运输的需要,起着十分重要的作用。

2)接发列车作业

在接发列车时需办理的作业有:办理区间闭塞;准备接车或发车进路;开放和关闭进站信号或出站信号;接、交行车凭证(不使用自动闭塞和半自动闭塞时),迎送列车及指示发车。自动闭塞接、发车作业流程如图 1-3-2、图 1-3-3。

2.技术站的作业组织

技术站是编组站和区段站的总称。在技术站办理的货物列车种类有无改编中转列车、部分改编中转列车、到达解体列车、自编始发列车。

在编组站将进行大量中转车流改编作业,编组技术直达、直通和其他列车。在编组站还进行更换货运机车和乘务人员,对货物列车中的车辆进行技术检修和货运检查整理工作。编组站一般设有专用的到达场、出发场和调车场,驼峰调车设备以及机车整备和车辆检修等设备。

区段站设于划分货物列车牵引区段的地点或区段车流集散地点,一般只改编区段到发的车流,解体与编组区段、摘挂列车的车站。区段站一般还进行更换货运机车或乘务员,对货物列车中的车辆进行技术检修和货运检查整理作业，设有接发列车、调车、机车整备和车辆检修等设备。

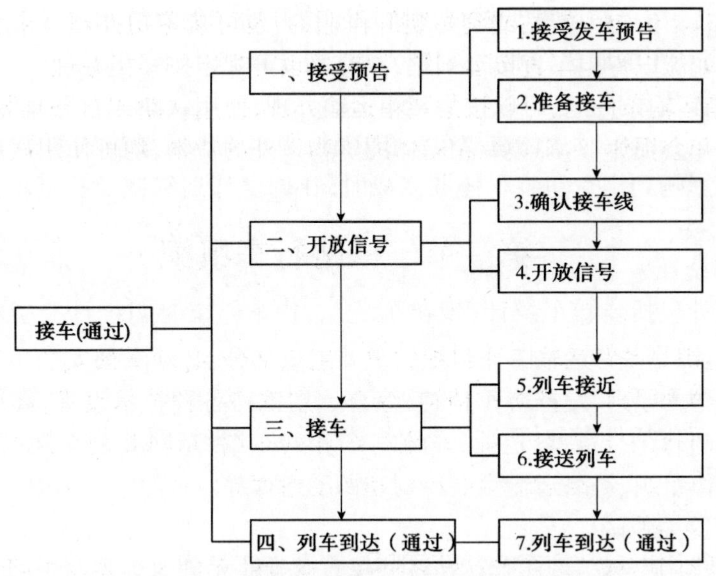

图 1-3-2　双线自动闭塞接车（通过）作业流程图

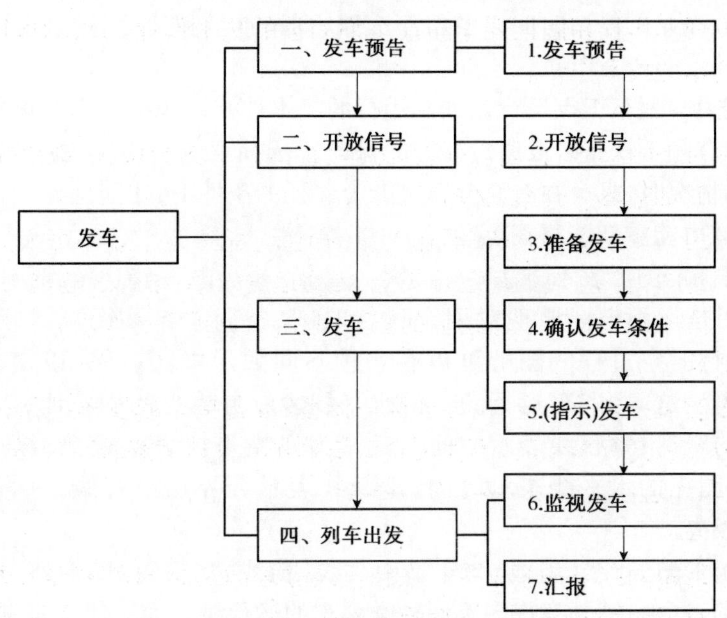

图 1-3-3　双线自动闭塞发车作业流程图

3.车站作业计划、调度指挥及统计分析

1）车站作业计划

为了使车站各车间、各工种协调而有节奏地进行日常运输生产，充分发挥技术设备的效能，技术站和货运站均设有调度机构，通过制定车站作业计划组织指挥车站日常生产活动。

车站作业计划包括班计划、阶段计划和调车作业计划。

班计划是车站最基本的计划,体现分局调度所对车站规定的任务和要求,由站长或主管运输的副站长按照分局调度所的要求编制。阶段计划是一个班各阶段工作的具体安排,是完成班计划的保证,由车站调度员根据该阶段工作开始前的具体情况编制。调车作业计划是列车解体、编组和车辆取送作业的具体行动计划,由调车区长编制。

2)车站作业调度指挥

当出发列车运行线临时运休造成车流积压时,当车流不足影响到列车正点满轴发出时,当空车来源不足影响到排空和装车任务完成时,在调度计划编制及执行中需采取调度调整措施。

3)车站工作统计

车站工作统计包括装卸车统计、现在车统计、货车停留时间统计及货物列车出发正点统计。

4)车站工作分析

车站工作分析包括日常分析、定期分析、专题分析及车站到发车流及其特征分析。

4.列车运行图

1)列车运行图的概念

列车运行图是用以表示列车在铁路区间运行及在车站到发或通过时刻的技术文件。它规定各次列车占用区间的程序,列车在每个车站的到达和出发(或通过)时刻,列车在区间的运行时间,列车在车站的停站时间以及机车交路、列车重量和长度等,是全路组织列车运行的基础。

铁路通过能力与列车正点运行及列车运行的流水性密切相关。列车运行生产计划即列车运行图的实现有赖于铁路区段通过能力的保证,特别是当列车运行过程发生波动,亦即发生偏离于计划的情况时,只有在有充分通过能力保证的条件下,才能确保运输生产按计划准时进行,列车才有可能重新恢复正点运行。

2)列车运行图的图形表示方法

列车运行图是运用坐标原理对列车运行时间、空间关系的图解表示。在列车运行图上,对列车运行时空过程的图解可以有两种不同的形式:其一为以横坐标表示时间,纵坐标表示距离。这时,列车运行图上的水平线表示分界点的中心线,水平线间的间距表示分界点间的距离;垂直线表示时间。其二为以横坐标表示距离,纵坐标表示时间。这时,列车运行图上的水平线表示时间;垂直线表示分界点中心线,垂直线间的间距表示分界点间的距离。

运行图上的列车运行线(斜线)与车站中心线(横线)的交点,即为列车到、发或通过车站的时刻。在运行图上,铺画有许多不同种类列车的运行线。为了便于识别起见,对各种列车采用不同的表示方法,并对每一列车冠以规定的车次,标在区段的首末两端区间相应列车运行线的上方。上行列车的车次为双数,下行列车的车次为单数。

目前我国铁路列车运行图采用第一种图形表示形式。为了适应使用上的不同需要,列车运行图按时间划分方法的不同,可有如下3种格式:

①二分格运行图

二分格运行图的横轴以2min为单位用细竖线加以划分,10min格和1h格用较粗的竖线表示。二分格图主要在编制新运行图时使用，如图 1-3-4 所示。

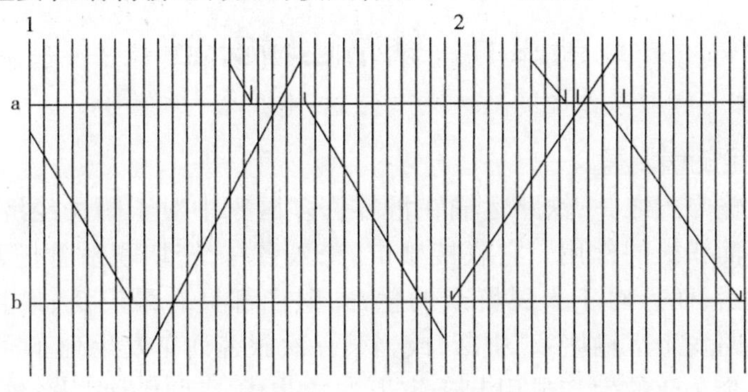

图 1-3-4　二分运行图

②十分格运行图

十分格运行图的横轴以 10min 为单位用细竖线加以划分，0.5h 格用虚线表示，1h 格用较粗的竖线表示。十分格图主要供列车调度员在日常调度指挥工作中编制调度调整计划和绘制实际运行图时使用，如图 1-3-5 所示。

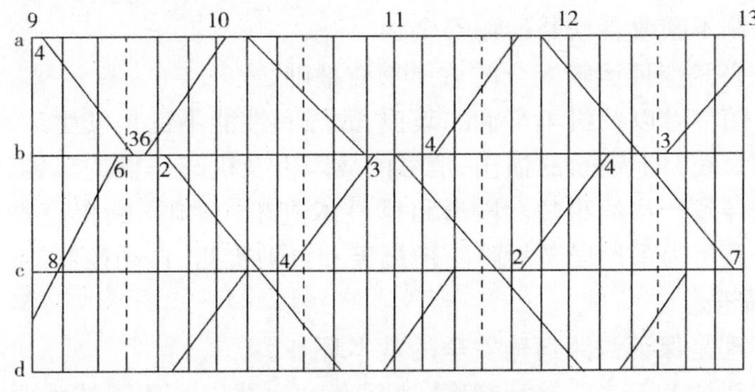

图 1-3-5　十分格运行图示例

③小时格运行图

小时格运行图的横轴以 1h 为单位用细竖线加以划分。小时格图主要在编制旅客列车方案图和机车周转图时使用，如图 1-3-6 所示。

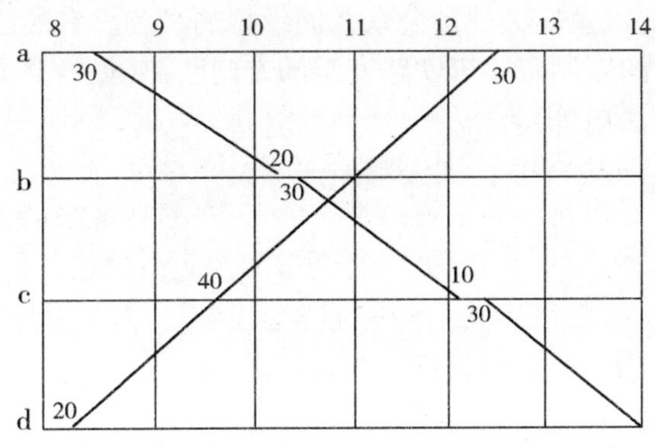

图 1-3-6　小时格运行图

第四节　铁路运输安全

1.铁路运输安全的重要意义

作为现代化运输方式之一,铁路运输在世界许多国家中对于国民经济发展和满足人民生活需要起着重要而积极的作用。它联接城市,深入乡村,密切联系着亿万旅客和货主,不仅对于社会经济生活,而且对于人民群众的生命、财产都具有最广泛、最直接、最迅速的影响。当某一干线铁路发生运输堵塞、中断,或当某一次旅客列车发生列车冲突、脱轨事故时,必然直接妨碍千百个企业的生产或引起千家万户的焦虑。正因为如此,铁路运输安全对于整个社会生活具有重要意义和重大影响。

2.改善铁路运输安全的途径

铁路运输安全的状况反映了铁路运输的设备质量、管理水平、人员素质以及社会秩序的状况。世界各国铁路企业和政府当局历来都十分重视铁路运输安全,把防止铁路运输事故放在重要位置,并为此而进行着持久不懈的努力。各国铁路企业和政府通过改善技术设备、加强管理和健全法制不断改善铁路运输安全状况。

1)改善技术设备是保证运输安全的重要物质基础

线路、车站、通信信号以及机车车辆的破损、故障和性能不良是发生运输事故,首先是行车事故的重要原因。线路上钢轨的损伤、信号的故障以及机车车辆的车钩、车轴、转向架、制动装置的破损往往导致严重的事故。随着科学技术进步,必须不断提高各种技术设备的性能、强度和可靠性,并努力采用设备故障防护报警和自动检测、自动控制、远程控制等先进手段,切实保证运输安全。

2)加强运输管理是保证铁路运输安全的基本环节

大多数的事故都是由于违反规章制度、违反劳动纪律以及职工技术业务素质不良而引起,因此必须反复不断地健全规章制度,严格劳动纪律、并加强技术业务培训。许多国家铁路还为此而制定安全奖惩办法,开展安全月、安全周和各种形式的安全竞赛活动。

3)健全铁路安全的法制是增强运输安全的重要保证

制定和实施有关铁路运输安全的法规、法令,有助于使保证铁路运输安全成为各级政府、铁路企业、各有关行业以及广大社会公众共同承担的义务。有的国家在一般法律中列入有关铁路安全的条款,有的则制定关于铁路安全的专门法律(如铁路安全法以及其他关于保安设备、特种运输的安全法规等)。

第四章 高速铁路与重载运输

第一节 高速铁路

一、高速铁路概述

1.高速铁路定义

高速铁路是一个具有国际性和时代性的概念。不同的国家与地区对高速铁路的定义也不尽相同。我国对高速铁路的定义为:既有线改造达到200km/h或新建时速达到200~250km/h的线路。针对在高速线路上运行的列车,运营时速不超过250 km/h的高速列车称为“动车组(D车)”,运营时速达到300 km/h及以上的称为“高速动车组(G车)”。

2.世界高速铁路建设模式

综合世界各国情况高速铁路建设有以下基本模式:

日本新干线模式:全部修建新线,旅客列车专用;

法国TGV模式:部分修建新线,部分改造旧线,旅客列车专用;

德国ICE模式:全部修建新线,旅客列车及货物列车混用;

英国APT模式:既不修建新线,也不对旧线进行大量改造,主要靠采用摆式列车,旅客列车及货物列车混用。

二、高速铁路经济技术特征

1.高速铁路经济特征

半个多世纪以来,高速铁路之所以在全球范围内得到越来越多重视,是因为它具有运能大、速度快、能耗省、污染小、占地少、安全性高、经济效益好等众多优势。

1)运能大

输送能力大是高速铁路主要优势之一。目前各国高速铁路几乎都能满足最小行车间隔4min及其以下(日本可达3min)的要求。日本东海道新干线高峰期发车间隔为3.5min,每天通过的列车达283列,每列车可载客1200 ~ 1300人,年均输送旅客高达113亿人次。

2)速度快

高速铁路的运营速度约为高速公路的2~3倍,从节省旅途时间角度看,高速铁路的经济距离约在200~1000km之间。

3)能耗低,排放少

在每人千米的能耗量方面,根据日本统计,高速铁路、长途汽车、小汽车、民用航空的比值为1∶1.02∶5.77∶5.23,高速铁路仅为小汽车和民用航空的1/5。在单位运输质量的CO_2排放方面,高速铁路、长途汽车、小汽车、民用航空的比值为17∶20∶115∶153。

4)振动与噪声影响小

振动与噪声是影响交通运输可持续发展的关键因素之一。高速铁路振动与噪声污染因仅为一条线,波及范围不大,还可采用隔音墙减少其危害程度。欧盟委员会环境与健康分会研究报告表明,使10%周边居民产生噪声困扰的门槛值,航空运输为54db,公路运输为58db,而高速铁路为70db。

5)占地少

四车道的高速公路路面宽26m,一个立交桥占地13.3km^2左右,而高速铁路路基面宽度仅约13m,为高速公路的一半。高铁占地也比航空运输要少,例如从巴黎到里昂高速铁路的占地420hm^2,远小于巴黎戴高乐机场的占地面积2994hm^2。

6)安全性高

对任何运输方式而言,安全性都是至关重要的。据德国统计,每百万人千米的伤亡人数比例,高速铁路为1时,公路为24,航空为0.8。

7)经济效益好

高速铁路投入运行以来,备受旅客青睐,在促进区域经济发展的同时,其经济效益也十分可观。

2.高速铁路技术特征

列车运行速度提高后,产生了一系列的技术问题,如运行阻力、曲线通过性、乘坐平稳性与舒适性、振动与噪声、牵引与控制等。为了保证高速铁路高速与安全运营,需要从技术层面上予以保证。

世界几条主要高速铁路的技术条件如表1-4-1所示。表1-4-1中各项技术条件可以划分为基础设施、高速列车、运行控制以及行车指挥等几个方面。

1)基础设施

与常规铁路相比,高速铁路最大的区别在于线路高平顺度特性方面。线路高平顺性要求最终体现在轨道上,无论是在路基上或在桥梁上,也无论是何种类型的轨道,都要求它不仅在空间要具有平缓的线型、高精度的允差、高光洁度的轨面,而在时间上还必须具有高稳固的保持性,使之整体上满足高速行车在运动学、动力学及运输质量等各项技术指标的要求。

另外,为满足列车高速与安全运行的要求,高速铁路线路在最大坡度、最小曲线半径以及复线间距方面也有严格的技术要求。

2)高速列车

为确保高速行车主要功能指标的落实,高速列车在车型、牵引、制动、减振、列控、检测、供电等一系列专业技术上都要取得重大突破。

3)运行控制及行车指挥

与常规铁路相比,由于运行速度大幅度提高,行车密度增加,行车组织节奏明显增快,高速铁路的运行控制及调度系统应更加完备,运输组织与经营管理体系应更加严密。

高速铁路的经营管理从模式、体制到运作方法都要适应新的形势,必须结合国情与路情作出切合实际的选择,以促进高速铁路效能发挥。

高速铁路技术条件 表 1-4-1

项目		德国		法国		日本				意大利
		曼海姆斯图加特	汉诺威维尔茨堡	TGV东南线	TGV大西洋线	东海道新干线	山阳新干线	东北新干线	上越新干线	罗马佛罗伦萨
路网联结		与改造既有线联网运行		与既有线联网运行		新干线独立路网				与旧线联网
运营方式		客货混运		TGV 电动车客运专用		新干线电动车组客运专用				客货混运
设计速度(km/h)		280		295	330	210	260	260		300
实现速度(km/h)		(250)		(270)	(300)	(220)	(230)	(240)		(250)
最小曲线半径(m)	一般	7000		4000	4000	2500	4000	4000		3000
	困难	5100		3250		2000	3500			
最大超高(mm)		150		180		180				125
允许欠超高		60		90	86	90				92
允许过超高		20								92
最大坡度(%)		12.5		35	25	20	15			8.5
竖曲线半径(m)	一般	2500		2500	(凸形)14000	10000	15000			3000
	困难			1600	(凹形)12000					2000
线间距离(m)		4.7		4.2(4.5)		4.2	4.3			4.0(4.3)
车体宽度(m)		3.27		2.80		3.38	3.38			3.02
车体间距离(m)		1.43		1.40(1.70)		0.82	0.92			0.98(1.28)
路基面宽度(m)		13.50~13.70		11.35~13.00	13.60	10.70	11.00~11.60	11.60~12.20		11.00
线路构造		道渣		道渣		道渣	板式占50%	板式占90%以上		道渣
钢轨		UIC60		UIC60		60kg/m	UIC60			
轨枕		钢筋混凝土		双块钢筋混凝土		预应力混凝土				预应力混凝土
道床厚度(cm)		30		35	≥30	25	25~30	30	30	35
信号系统		列车自动控制+地面信号		列车自动控制		列车自动控制				列车自动控制+地面信号
供电系统		15kV16 2/3Hz		25kV50Hz		25kV60Hz		25kV60Hz		3kV 直流

三、高速铁路设施设备

1.线路平、纵断面

随着运行速度的提高,列车振动加剧,各种振动的衰减距离延长,使各种振动叠加的可能性提高,相应旅客乘坐舒适度在高速条件下更为敏感。为此,高速线路平纵断面的技术标准也相应提高,包括最小曲线半径、缓和曲线等线路平面标准,坡度值、竖曲线等线路纵断面标准,以及列车风对线路的特定要求等。表 1-4-2 列出了世界上一些高速铁路线路的平、纵断面标准。

2.路基

与普通线路相比,高速铁路路基主要表现为以下 3 个特点:

1)多层结构系统

高速铁路线路结构,已经突破了传统的轨道、道床、土路基结构形式,既有有碴轨道也有无碴轨道。图 1-4-1 为日本高速铁路板式轨道的基本结构形式之一,其把基床表层称为路盘或强化路盘,厚 30cm,强化路盘的表层为 5cm 厚的沥青混凝土,其下为级配碎石(或高炉矿碴),作成了多层结构系统。

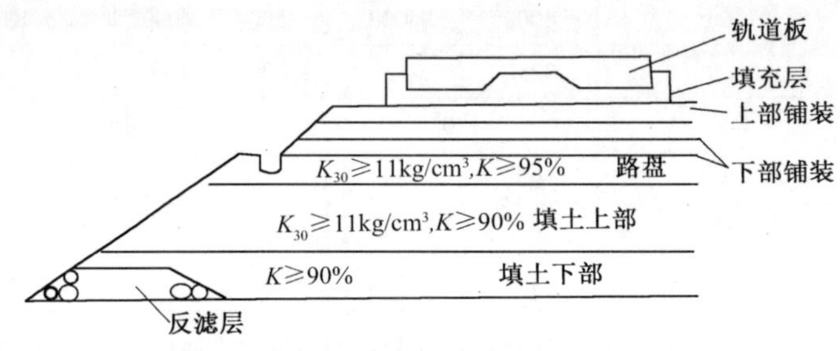

图 1-4-1　日本高速铁路板式轨道路基的断面形式之一

2)严格的路基变形控制

在多层次的路基系统中,由散体材料组成的路基是整个线路结构中最薄弱、最不稳定的环节,是轨道变形的主要来源。这种路基在多次重复荷载作用下所产生的累积永久下沉(残余变形)将造成轨道的不平顺,同时其刚度对轨道面的弹性变形也起关键性的作用,因而对列车的高速走行有重要影响。因此,控制变形是高速铁路路基设计的关键。

3.桥梁

高速铁路线路平纵面参数限制严格以及要求轨道高平顺性,导致桥梁在线路中的比例明显增大。我国京沪高速铁路正线全长约 1318km,桥梁长度约 1140km,占正线长度 86.5%。而我国普通铁路桥梁占线路全长的的平均比例仅为 4%左右。图 1-4-2 为郑西客运专线高速列车行驶在高架桥上。

图 1-4-2　郑西客运专线高架桥

表 1-4-2

世界上一些高速铁路线路平、纵断面设计标准

国别及地区	日本				法国				德国			澳大利亚	韩国	中国台湾
项目 \ 铁路	东海道	山阳	东北上越	北陆（长野）	东南	大西洋	北方	地中海	曼海姆-斯图加特	汉诺威-维尔茨堡	科隆-法兰克福	悉尼-墨尔本	汉城-釜山	台北-高雄
最高设计速度（$km \cdot h^{-1}$）	220	260	260	260	270	300	300	350	客 250 货 120	客 250 货 120	300	350	350	350
最高运营速度（$km \cdot h^{-1}$）	270 （提速后）	300 （提速后）	275 （提速后）	260	270	300	320 （提速后）	350	客 280（提速） 货 120	客 280（提速） 货 120	300	350	300	300
最小曲线半径（m）	2500	4000	4000	4000	4000 （个别 3250）	4000	6000 （个别 4000）	推荐 7000 ~7700 （个别 6140）	7000 （个别 5100）	7000 （个别 5100）	3250	7000 （个别 6000）	7000	5500
最大超高（mm）	<200	180~200	180	180	180 （个别 200）	180	180	180	150	150	180	180	180	180
最大欠超高（mm）	60 （个别 100）	60	60	60	90 （个别 130）	86	65	55	60	60	150	40 （个别 80）	30~40 （个别 90）	60
缓和曲线线形	半波正弦	60	60	60	三次抛物线改善形	86	65	55	三次抛物线	三次抛物线	三次抛物线	三次抛物线	三次抛物线	三次抛物线改善形
允许超高时变率（$mm \cdot s^{-1}$）	42~45	60	60	60	45	25 （个别 56）	25 （个别 56）	29 （个别 50）	28~35	28~35	23	35	28	42
夹直线、圆曲线最大长度（m）	>100	60	60	60	$0.5v_{max}$	$0.5v_{max}$	$0.5v_{max}$	$0.5v_{max}$	$0.6v_{max}$	$0.6v_{max}$	$0.6v_{max}$	200		$0.5v_{max}$
线间距（m）	4.2	4.3	60	60	4.2	4.3	4.5	4.8	4.7	4.7	4.5	5.2	5.0	4.5
最大坡度（‰）	20	15 （个别 18）	15	30	35	25	25	35	12.5	12.5	40	35 （个别 50）	25	35
竖曲线半径（m）	10000	15000	15	30	25000	25000	25000	25000	25000	25000	25000	22200 （个别 凸型 20000 凹型 16700）	20000~40000	25000 （个别 19000）

注：1. 日本新干线提速后的最高运营速度不是在最小半径曲线上实现的。

2. 西班牙正在修建马德里-巴塞罗那高速铁路，全长 621km，最高速度 350km/h，最小曲线半径 6615m，最大坡度 25‰，最小竖曲线半径 25000m。

4.隧道

为了满足列车高速运行的要求,高速铁路对线路有着严格的要求,如最小曲线半径、最大坡度等,这就出现了大量的隧道。如日本营业新干线中隧道总长度达 635km(不包括秋田等小型新干线),约占新干线线路总长 33%;我国武广客运专线,有 236 座隧道,约 168km,占线路总长的 16.9%。图 1-4-3 为武广线高速列车驶出隧道。

图 1-4-3 武广客运专线隧道

四、高速铁路运输组织

高速铁路无论在技术装备、运输服务还是在运输组织工作上都与常规铁路有着显著的差别。高速铁路运输组织的目标是高速度、高密度、高正点率、高可靠性、高服务质量、高市场占有率及高社会经济效益。世界各国根据自己的具体国情,高速铁路运输组织工作上采用了不同的模式,其基本特点为:

(1)系统覆盖旅客旅行服务的全过程,以最大程度地满足不同层次旅客的出行需求。

(2)适应客流变化,制定运输计划和旅客列车开行方案,以充分满足旅客出行需求。

高速铁路主要为满足旅客快速出行的需求,在编制列车运行图时要统筹兼顾、合理安排,以最大限度地满足不同层次的旅客出行需求。为此,需要做到:认真调研市场需求,确定高速铁路网沿线辐射区内的基本旅客群体及其出行的"黄金时间段";除开行适应季度客流、周末客流和日间客流变化规律的国内和管内各类高速列车外,还要适时发展高速线与既有线以及国际高速铁路之间的联程运输,甚至开行挂有运送小轿车的专门车辆的高速穿梭旅行列车;重视与既有铁路和其他交通方式的协调配合,方便旅客换乘。

除了上述共性之外,各主要国家的高速铁路运输组织模式也各有特点:

日本高速铁路与既有线不联,采用"全高速—换乘"的运输组织模式,无跨线运行列车,跨线客流采用换乘方式解决。

法国高速铁路一般在铁路枢纽与既有线联轨,为减少旅客换乘而发展了"全高速—下线"模式。

德国高速铁路采用昼夜分区的客货混跑的运输组织模式。主要表现为:白天运行旅客列车，夜间运行货物列车，在昼夜交替的时间段则为客货混行。

(3)以高新技术为基础的安全保障体系。

列车运营速度的提高和行车密度的增大，使行车安全成了一个非常突出的、受到特别关注的问题。为此，各国高速铁路建立了以人为核心的人—机—环境检测、控制和管理系统，包括：列车控制与行车指挥自动化系统，运输设备检测、控制、整备与维修系统，故障自动诊断、报警和防护系统，环境检测与报警、事故和灾害的应变、救援和恢复系统，自然灾害预报、监测、防护与减灾系统等。

(4)以调度中心为中枢的运营管理系统。

铁路调度指挥系统是组织铁路日常运输活动的管理中枢，也是对运输过程进行实时监督调整的指挥中心，在协调各部门工作，提高列车运行质量，确保行车安全，保持运输系统整体有序运行方面起着重要的核心作用。为提高生产的有序性、实现多部门间联合生产的协同性以及对外界干扰的适调性，调度指挥系统具有约束控制、协调配合和应变调整3项基本功能。而要充分发挥这些基本功能，必须在调度指挥工作中坚持集中领导和统一指挥的基本原则，并构建与之相适应的组织机构。

五、磁悬浮铁路

磁悬浮铁路是一种新型的交通运输系统，是依靠直线电机驱动、磁力悬浮、电磁导向的一种轨道运输方式。磁悬浮列车消除了轮轨之间的接触，具有无摩擦阻力、线路垂直负荷小、无污染、安全、可靠以及舒适等优点，具有广泛的应用前景。

1.特点

1)速度快

超高速磁浮列车运营速度可达430~550km/h，在1000~2000km左右的线路上，乘客旅行时间比乘坐飞机所用总时间要少，填补了高速铁路与航空运输之间的速度断档。

2)选线灵活

磁悬浮列车主要靠电磁作用实现车辆的运行，没有轮轨接触，不会造成轮轨磨耗，也不会发生列车脱轨，可以采用较小的曲线半径。

3)环境友好

磁悬浮列车通过无接触方式实现列车支持、导向和驱动，避免了相应界面的摩擦与磨损，不产生噪声，比传统轮轨铁路更环保。

4)安全性好

磁浮列车与轨道相互抱合，即使有较大的超高，也不会发生脱轨或脱线。

5)能耗低

磁悬浮列车运行时没有轮轨接触，降低了列车运行阻力，减少了能耗。线路测试表明，磁浮列车以400km/h运行时的能耗与高速轮轨列车300km/h的耗能相当。

2.分类与工作原理

磁悬浮铁路有多种不同的分类，如按应用范围不同可分为干线、城际和城市磁悬浮铁路，按运行速度不同可以分为低速、中速、高速、超高速磁悬浮铁路等。本节重点介绍根据电机线圈材料划分的常温超导吸引式和超高温超导排斥式两类磁悬浮铁路。

1）常温超导吸引式

常温超导吸引式（Electro Magnetic Suspension，简称 EMS），也称电磁悬浮型，是指采用常导磁铁（即普通磁铁），导轨为导磁体，装在车上的常导磁铁励磁后产生磁力吸向导轨，使车辆悬浮的磁悬浮列车，如图 1-4-4 所示。

a）德国TR列车

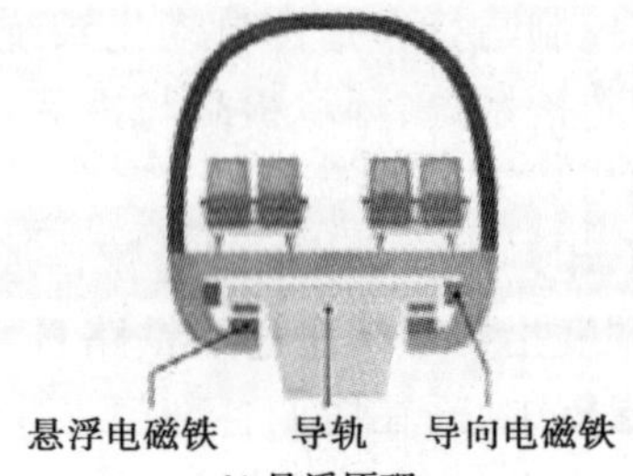

b）悬浮原理

图 1-4-4 常温超导吸引式磁悬浮列车悬浮原理

2）超导排斥式

超导排斥式（Electro Dynamic Suspension，简称 EDS 型），也称电动悬浮型，是指利用磁极同性相斥的原理，采用超导磁铁，使车辆在导轨上浮起的磁悬浮列车，如图 1-4-5 所示。由于磁场特别强，此类车辆悬浮高度较高，一般可达 100 mm 左右。推进装置采用长定子同步直线电机，列车运行速度较高，一般可达 500～600krn/h。

a）日本MLX01-1列车

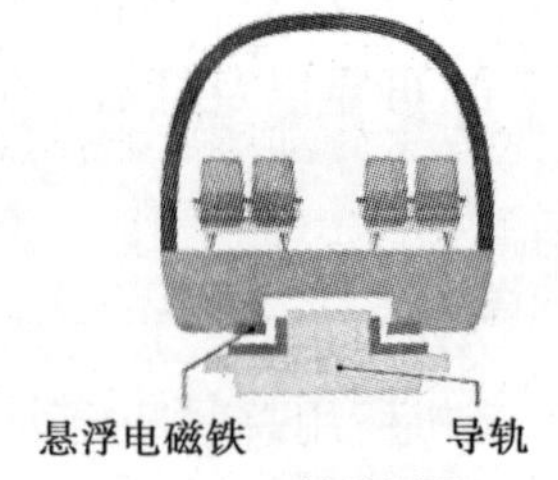

b）悬浮原理

图 1-4-5 超导排斥式磁悬浮列车

六、其他运输系统

除了上述运输方式与工具，早在 20 世纪 60～70 年代一些国家就开始着手研究能飞行的地面气动效应列车（图 1-4-6），以及目前深受国内外关注的真空管道磁悬浮列车等。受篇幅

a）法国(20世纪80年代)

b）日本(2011年)

图 1-4-6 地面效应列车

限制在此不再赘述,感兴趣的读者可以查阅相关文献。

第二节 重载运输

重载铁路运输因其运能大、效率高、运输成本低而受到世界各国的广泛重视,特别是在一些幅员辽阔、煤炭和矿石等大宗货物运量占有较大比重的国家(如美国、加拿大、巴西、澳大利亚、南非等),发展尤为迅速。目前,重载铁路运输在世界范围内发展迅速,重载运输已被国际公认为铁路货运发展的重要方向与趋势。

一、重载运输概述

1.重载运输定义

国际重载协会(IHHA)先后于1986年、1994年和2005年3次修订了重载铁路标准,其中2005年标准要求重载铁路满足3条标准中的至少两条,即:列车重量至少达到8000t;轴重达到或超过27t;在长度至少为150km的线路上年运量不低于4000万t。

2.实现途径

实现重载运输有3种基本途径:扩大列车编组,增加列车长度,开行长大列车;提高轴重,加大车辆的每延米重量,发展大型货车;增加列车开行数量。

上述3种方法各有其优缺点,从世界重载运输技术的发展趋势来看,尽可能地提高列车每延米有效载重,充分利用现有站线长度,已逐渐成为今后重载铁路运输的主流方向。

3.重载列车运行模式

重载列车主要有重载单元列车、重载组合列车以及重载混编列车三种模式。

重载单元列车:列车编组固定,机车分布在首尾(图1-4-7),货物品种单一,运量大而集中,列车在装卸地之间循环往返运行。

图1-4-7 重载单元列车示意图

重载组合列车:两列或两列以上列车连挂合并(图1-4-8),使列车的运行时间间隔压缩为零。我国大秦线开行的4×5000t和2×10000t列车为这种重载列车。

图1-4-8 重载组合列车示意图

重载混编列车:单机或多机重联牵引,由不同型式、不同载重的货车混合编组而成。我国京沪、京广、京哈等大干线开行的5000t货物列车为这种重载列车。

4.重载运输发展历程

第二次世界大战后,各国经济复苏以及工业化进程加快,对原材料和矿产资源等大宗商品的需求量也大幅增加,导致这些货物的运输量增长,给铁路运输提出了新的要求。从20世纪50年代起,一些国家的铁路就有计划、有步骤地进行牵引动力的现代化改造,先后停止使用蒸汽机车,新型大功率内燃和电力机车逐步成为主要牵引动力,为大幅度提高列车的重量提供了必需的牵引动力。虽然以开行长大列车为主要特征的重载运输开始出现,但这一时期的重载技术尚不配套,长大列车货车间的纵向冲击、车钩强度、机车合理配置、同步操纵及制动等技术问题都没有得到很好的解决。

20 世纪 60 年代中后期,重载运输开始取得实质性进展,并逐步形成强大的生产力。美国、加拿大及澳大利亚等国家铁路相继在运输大宗散装货物的主要方向上开创了固定车底单元列车循环运输方式,且发展很快。美国 1960 年只有 1 条固定的重载单元列车运煤线路,年运量不过 120 万 t;而到 1969 年,重载煤炭运输专线增加到 293 条,运量占铁路煤炭运量的近 30%。前苏联在 20 世纪 60 年代末为解决线路大修对运输的干扰,在通过能力紧张的限制区段组织开行了将两列普通货车连挂合并的组合列车,这种行车组织方式后来成为提高繁忙运输干线区段能力的重要措施。

南非铁路在 20 世纪 60 年代末开始引进北美重载单元列车技术,并从 70 年代开始在其窄轨运煤和矿石的线路上,逐步把列车重量提高到 5400t 和 7400t,并不定期开行总重 11000t 的重载列车。另外,巴西、德国、波兰等国,也根据各自国家的具体情况和实际需要,开行了重量和长度都超过普通列车标准的重载列车。

20 世纪 80 年代以后,由于新材料、新工艺、电力电子、计算机控制和信息技术等现代高新技术在铁路上的广泛应用,铁路重载运输技术及装备水平又有了很大提高。特别是在大功率交流传动机车,大型化、轻量化车辆,同步操纵和制动技术等方面有了新的突破,极大地促进了重载运输的发展。2001 年 6 月 21 日,澳大利亚在纽曼山—海德兰铁路线上(图 1-4-13),开行了 682 辆货车编组的重载列车,由 8 台 AC 6000 型机车牵引,列车总长 7353m,总重达 99734t,净载重 82000t,创造了迄今为止世界上最长、最重列车的记录。

目前,国内外重载列车实际牵引重量一般为 1 万~3 万 t。美国重载列车编组通常为 108 辆货车,牵引重量为 13600t;南非重载列车的牵引重量一般为 20000t;澳大利亚纽曼山重载铁路列车的编制通常为 320 辆货车,牵引重量在 37500t。国外年运量超过 1 亿 t 的重载铁路主要有:巴西维多利亚·米纳斯铁路(898km)年运量为 1.3 亿 t、卡拉雅斯铁路(892km)运量为 1.08 亿 t;澳大利亚纽曼山—海德兰铁路(426km),年运量为 1.09 亿 t。我国大秦线 2013 年全年完成煤炭运量 4.45 亿 t,创造了世界铁路运输史上的奇迹;我国西煤东运第二大通道朔黄铁路 2013 年也实现 2.34 亿 t 的运输目标。

二、重载运输设备与关键技术

为了适应重载运输,对铁路的固定设施和移动设备必须进行一定的技术改造。

1.重载机车

为了适应重载运输,作为载运工具的铁路机车应具备一些特殊的结构性能,主要表现在大功率交流传动技术、低动力作用转向架技术、网络控制、测控技术以及机车无线遥控操纵五个方面。

1)大功交流传动技术

20 世纪 70 年代末欧洲开始发展交流传动技术,至 20 世纪 90 年代,大功率交流传动内燃机车和电力机车已成为世界重载牵引动力的发展趋势。GM-EMD 公司生产的 SD90MAC、

SD70Ace 等型交流传动内燃机车，GE 公司的 AC6000CW 等型交流传动内燃机车，已在美国，加拿大等国重载铁路批量投入运营。我国 HXD1B、HXD2B 及 HXD3B 大功率机车单轴功率达到 1600kW。国内外典型重载机车如图 1-4-9 所示。

a) 美国通用AC6000CW电力机车

b) HXD1B电力机车

图 1-4-9　典型重载机车

2）低动力作用转向架技术

轴重增加后，线路负荷增加，同时轮轨间的动作用力加剧，为此需要研制低动力作用的转向架。实现低动力作用途径有两种，一是针对传统的三大件转向架，对悬挂系统进行优化或重新设计，另外就是采用径向转向架技术。大功率交流传动内燃机车和电力机车采用径向转向架成为国际重载机车发展趋势。

3）网络控制技术

随着重载运输发展，新型重载机车越来越多采用先进的列车网络控制系统，以传递重联控制信息、逻辑顺序控制信息及牵引、制动和速度控制信息。实际运用表明基于计算机网络的列车控制与故障检测技术的运用，不仅可以提高重载列车系统的集成度、可靠性和可维修性，而且可以节省列车连线，减轻列车重量。

4）重载机车故障遥测监控技术

随着列车不断向高速、重载方向发展，对机车的安全性能要求也越来越高。传统的单机集中式在线监测与车载诊断方式存在实时性差、信息难以共享等不足，已经不能满足行业的需求。2001 年美国 GM-EMD 公司为重载机车开发了基于无线遥测遥控技术的机车故障遥测监控系统，对每一台机车实施全寿命服务，大大提高了机车使用率，降低全寿命周期成本。

5）机车无线遥控操纵系统

1959 年美国 GE-Harris 公司首先研发成功重载机车无线遥控操纵（Locotrol）系统，目前已经发展到第 4 代。Locotrol 系统采用无线通信闭环控制方式在前后部机车间传输命令及反馈信息，其基本工作方式是前部机车通过 GSM-R 系统，向中、后部机车发布同步牵引和制动命令，实现前、中、后部机车的牵引及动力制动同步操纵及空气制动系统同步制动与缓解，加快了列车的充排风速度，提高制动波传播速度，有利于减轻列车制动纵向力作用，减少断钩的危险。同时采用制动管压力自动检测，可以对系统的无线通信状态进行监控，如图1-4-10所示。

2.重载货车

1）大轴重

目前美国、加拿大和澳大利亚已普遍采用 35.4t 轴重，部分达到 40t 轴重；巴西、瑞典已采用 30t 轴重,南非、澳大利亚昆士兰铁路均是窄轨,已采用 28t 轴重。我国目前繁忙干线长大列车每延米重量一般为 6t/m 左右,重载列车也仅为 7t/m 左右,与重载运输发达同家相比尚有不少差距。

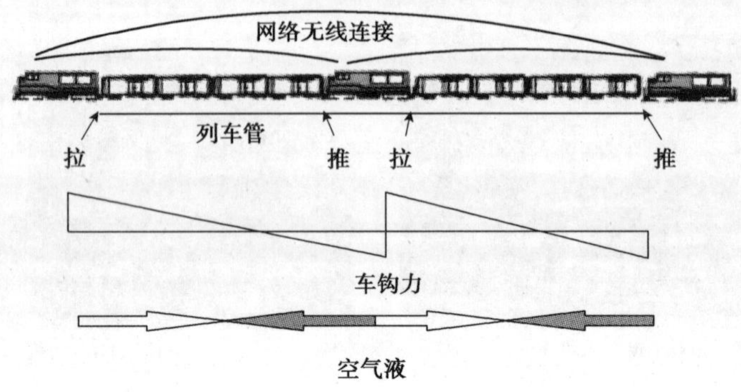

图 1-4-10 Locotrol 原理图

2)车体轻量化

车辆轴重确定后,降低车辆自重可以增加载重,同时节约能源,提高效益。国内外往往采用高强度的合金钢或低密度的铝合金来制造重载货车车体,以实现车体轻量化。我国新一代 C80 型煤矿专用敞车(图 1-4-11)是为大秦线重载运输而专门设计制造的,该车在我国铁路货车上首次采用了铝合金及高分子非金属材料,大大减轻了车辆自重,降低了车辆重心,较已有的 C63A 型运煤敞车提高运能 31.1%,具有显著的经济及社会效益。

图 1-4-11 C80 铝合金车

3)采用双层集装箱车辆

北美、澳大利亚等重载国家广泛开展双层集装箱运输,其在铁路公司运输收入的比重中日益增长,现在双层集装箱重载列车已占重载列车总数 1/4 左右,双层集装箱平车发展很快,成为重载车辆中的新品种。

4)研发车轮新材料

重载车辆在运用中,由于轮轨接触应力的增加,车轮制动热负荷上升,导致车轮踏面擦伤与剥离严重。为此,美国已研制成功一种新合金材质的车轮,与传统车轮相比,相同运量条件下车轮踏面上的剥离长度可减少 59%,深度可减少 43%。

5)高强度车钩及大容量缓冲器

开行重载列车最大隐患是由于列车纵向冲击力过大而导致车钩断裂,这种事故占美国重载列车全部事故总数的90%左右,因此提高车钩强度及缓冲器的容量是保证重载列车安全的重要措施。

6)电控空气制动技术

由于空气制动波速无法超过300m/s,对于采用空气制动的重载列车在常用、紧急制动时经常发生前后制动力不一致,造成断钩、脱轨事故;在长大下坡道上由于没有阶段缓解作用,充气时间过长,容易造成列车失控对安全产生严重威胁。

1995年,美国开始研究电控空气制动(ECP)技术,并于1997年装车试验成功。列车运行过程中,ECP主控机车通过网络直接控制各车的副风缸向制动缸充风制动或制动缸排风缓解,空气是制动力产生来源,但不再作为控制指令传递的介质,达到整列车的车辆同时响应制动、缓解信息,具有严格的同步性。图1-4-12为ECP车辆子系统装置。

a) 车端装置

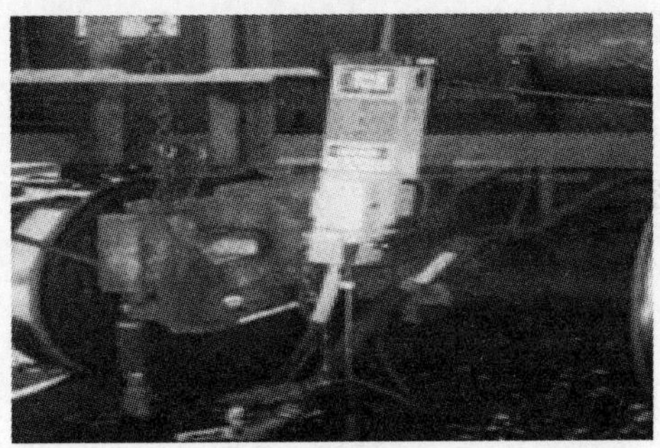

b) 车尾装置

图1-4-12　电控空气制动系统车辆子系统

第五章　城市轨道交通

第一节　城市轨道交通概述

目前城市交通拥堵问题正日益成为影响经济发展和改善民生的突出问题,尤以北京、上海等经济发达的一线城市最为严重。为了缓和与改善城市交通紧张的局面,现代城市急需有一个与其现代化生活相适应的现代化交通体系,形成一个与城市发展布局高度协调的综合交通格局。拓展空间利用条件,重点发展以轨道交通为骨干的公共交通网络,积极引入具有大、中客运量的地铁和轻轨交通方式,是必然的发展趋向。

一、定义与分类

1.定义

国家标准《城市公共交通常用名词术语》(GB/T 5655—1985)将城市轨道交通定义为"通常以电能为动力,采取轮轨运输方式的快速大运量公共交通的总称"。从广义上看,城市轨道交通是指以轨道运输方式为主要技术特征的城市公共客运交通系统中具有中等以上运量的轨道交通系统,主要为城市内(可涵盖郊区及城市圈范围)公共客运服务,是一种在城市公共客运交通中起骨干作用的现代化立体交通系统。

2.分类

按线路架设方式,城市轨道交通可分为高架(图1-5-1a))、地面和地下。

按导向方式,城市轨道交通可分为轮轨导向(图1-5-2)和导向轨导向(图1-5-1b))。

a) 行驶在高架桥上

b) 导向系统

图1-5-1　重庆单轨铁路

图1-5-2　轮轨导向

按运营组织方式，城市轨道交通可分为传统城市轨道交通、区域快速轨道交通和市郊铁路。

按运能范围、车辆类型及主要技术特征，城市轨道交通可分为有轨电车、地下铁道、轻轨道交通、市郊铁路、单轨道交通、新交通系统、磁悬浮交通。

二、城市轨道交通特点

1.较大的运输能力

城市轨道交通具有高密度运转、列车行车时间间隔短、行车速度高、列车编组辆数多而具有较大的运输能力等特点。高峰时每小时单向运输能力，市郊铁路可达到6万~8万人次，地铁达到3万~6万人次，轻轨达到1万~3万人次，有轨电车能达到1万人次，远远超过公共汽车的运输能力。

2.较高的准时性、快捷性

城市轨道车辆在专用行车道上运行，不受其他交通工具干扰，不产生线路堵塞现象并且不受气候影响，是全天候的交通工具，能按运行图运行，具有可信赖的准时性。同时，车辆有较高的运行速度，有较高的启动、制动加速度，多数采用高站台，列车停站时间短，上下车迅速方便，而且换乘方便，可以使乘客较快地到达目的地，缩短了出行时间。

3.较高的安全性

城市轨道交通运行在专用轨道上，没有平交道口，不受其他交通工具干扰，并且有先进的通信信号设备，极少发生交通事故。

4.空间利用率高

城市轨道交通充分利用了地下和地上空间的开发，不占用地面街道，能有效缓解由于汽车大量发展而造成的道路拥挤、堵塞，有利于城市空间合理利用。尤其是它能缓解大城市中心区过于拥挤的状态，提高土地利用价值，并改善城市景观。

5.运营费用较低

城市轨道车辆主要采用电气牵引，轮轨摩擦阻力较小，与公共电车、公共汽车相比节省能源，运营费用较低。

6.环境友好，污染低

城市轨道交通由于采用电气牵引，与公共汽车相比不产生废气污染。随着城市轨道交通的发展，公共汽车数量减少，进一步减少了汽车的废气污染。另外，由于在线路和车辆上采用了各种降噪措施（图1-5-3），一般不会对城市环境产生严重的噪声污染。

a) 低噪声阻尼车轮

b) 声屏障

图1-5-3 降噪措施

三、城市轨道交通发展历程

城市轨道交通已有150余年的发展历史,但重视和大规模修建城市轨道交通系统则是在第二次世界大战结束以后。目前,城市轨道交通已成为现代化大城市的交通主体和重要组成部分,在城市的经济社会发展中发挥着不可替代的作用。

从19世纪早期出现的有轨马车至今,城市轨道交通的发展大致经历了4个时期,分别为初步发展阶段、停滞萎缩阶段、再发展阶段和高速发展阶段。

1.初步发展阶段(1863—1924年)

最早的城市轨道交通起源于1832年。在美国纽约的第四大街上,把数量较多的马车车辆联接起来放在钢轨上,以马群作为牵引力,用于解决城市公共交通,即出现了有轨马车(图1-5-4)。

图1-5-4　纽约街头的有轨马车(1832—1917年)

1863年,在英国伦敦世界上第一条用蒸汽机车牵引的地下铁路建成通车(图1-5-5),并逐渐形成大容量的城市客运系统。列车在地下运行,尽管隧道里烟雾熏人,但当时仍受到伦敦市民甚至皇亲显贵们的追捧,因为在拥挤不堪的伦敦地面街道上乘坐公共马车的条件和速度还不如地铁列车。这一年成为现代城市轨道交通起步之年。

图1-5-5　伦敦地铁(1863年)

英国伦敦地铁的成功运营,为人口密集的大城市缓解日益拥挤的公共交通问题提供了宝贵经验。尤其是1879年电力机车的诞生(图1-5-6),使地铁的客运环境和服务条件得到了极大的提高,地铁建设显示出强大的生机。

图 1-5-6 柏林世博会西门子展示的电力机车(1879 年)

自 1863 年至 1924 年,除了英国的伦敦和格拉斯哥,有美国的纽约和波士顿、德国的柏林、奥地利的维也纳以及法国的巴黎等国家的 13 个城市的地铁相继投入运营,还有不少城市建设了有轨电车(图 1-5-7)。20 世纪 20 年代,美国、日本、印度和中国(图 1-5-8)的有轨电车有了很大发展。这种旧式有轨电车行驶在城市道路中间,运行速度慢,正点率低,而且噪声大,加速性能差,乘坐舒适度差,但在当时仍然是公共交通的骨干。

图 1-5-7 加拿大埃德蒙顿有轨电车(1913 年)

图 1-5-8 北京长安街上的有轨电车

2.停滞萎缩阶段(1925—1949 年)

1925 年至 1949 年,其间经历了第二次世界大战,战火燃及欧洲、亚洲、非洲和大洋洲,世界局势动荡不安,致使城市轨道交通发展停滞甚至萎缩。由于投资大、建设周期长等原因,这期间各国地铁建设处于低潮,仅有日本的东京、大阪和苏联的莫斯科等少数城市修建了地铁,而有轨电车发展停滞,个别线路甚至被拆除。

3.再发展阶段(1950—1974 年)

第二次世界大战以后,和平发展成为世界主题,随着亚洲、拉丁美洲以及东欧的城市化进程加快,上百万人口的城市数量不断增加,大城市汽车数量与街道有限的通行能力之间的矛盾日益突出,加之汽车污染、噪声以及耗费大量的石油等资源,各国重新意识到解决城市交通问题必须依赖轨道交通系统,城市轨道交通建设又迎来前所未有的生机。在此期间,加拿大的多伦多、蒙特利尔,意大利的罗马、米兰,美国的费城、旧金山,前苏联的列宁格勒、基辅,日本的名古屋、横滨,韩国的汉城以及中国的北京等约 30 座城市相继建成了地铁。

4.高速发展阶段(1975 至今)

世界各国城市化的趋势,导致人口高度集中,要求轨道交通高速发展以适应日益加重的交通压力,各种技术的发展也为轨道交通奠定了良好基础。近几年又有众多城市新建了地铁、轻轨或其他轨道交通,而且有些城市正在处于规划和开工建设的准备阶段。

我国于 1965 年 7 月在北京开始修建第一条地铁线,第一期工程全长 23.6 km,于 1971 年投入运营。此后,我国城市轨道交通进入了一个快速发展时期,北京、香港、天津、上海、广州、深圳、南京、重庆、武汉、大连、长春等城市的地铁先后开通。截至 2013 年年底,我国有 19 个城市拥有城市轨道交通系统,总通车里程达到 2366km;经国家发改委批准在建城市有 19 个,届时总通车里程将达到 5722km。

第二节　地　　铁

1.地铁概述

地下铁道简称地铁(Metro,Underground Railway,Subway,Tube),是城市快速轨道交通的先驱。它是由电力牵引、轮轨导向、轴重相对较重、具有一定规模运量、按运行图行车、车辆编组运行在地下隧道内,或根据城市的具体条件运行在地面或高架线路上的快速轨道交通系统。地铁的运能,单向在 3 万人次/h,最高可达 6 万~8 万人次/h。最高速度可达 120km/h,旅行速度可达 40km/h 以上,可 4~10 辆编组,车辆运行最小间隔可低于 1.5min。地铁造价昂贵,1km 投资在 3 亿~6 亿元人民币。地铁有建设成本高、建设周期长的弊端,但同时又具有运量大、建设快、安全、准时、节省能源、不污染环境、节省城市用地的优点。地铁适用于出行距离较长、客运量需求大的城市中心区域。一般认为,人口超过百万的大城市就应该考虑修建地铁。地铁主要技术参数如表 1-5-1 所示。

地铁的主要技术参数　　表 1-5-1

顺序	项　目	技术参数	顺序	项　目	技术参数
1	高峰小时单向运送能力(人)	30000~70 000	9	安全性和可靠性	较好
2	列车编组	4~8 节,最多 11 节	10	最小曲线半径(m)	300
3	列车容量(人)	3 000	11	最小竖曲线半径(m)	3 000
4	车辆构造速度(km/h)	80 ~100	12	舒适性	较好
5	平均运行速度(km/h)	30~40	13	城市景观	无大影响
6	车站平均间距(m)	600~2 000	14	空气污染、噪声污染	小
7	最大通过能力(对/h)	30	15	站台高度	一般为高站台,乘降方便
8	与地面交通隔离率	100%			

地下铁道由于大部分线路在地下或高架通行,因此技术水平要求较高,可靠性和安全性要求也高。地铁系统与国家干线铁路一样,主要由线网、轨道、车站、车辆、通信信号等设备构成。整个系统要求各部门能够有机结合,协同动作,以最大限度地完成输送任务。

2.地铁设施

为了满足地铁的正常、安全运营,地铁系统一般由车辆系统(电客车、工程车)、车辆段系统、信号系统、通信系统、供电系统(高压供电、低压供电、接触网)、轨道系统(车辆段轨道系统、正线轨道系统)、自动售检票系统、空调通风系统、给排水系统、电扶梯系统、环境监控系统、火灾报警系统、旅客导向系统、屏蔽门或安全门系统、采暖系统等组成。

1）车辆系统

电客车：地铁车辆采用的是电力牵引，分为A、B、LB型车，C、LC型车一般用于轻轨。行车速度一般为80～100km/h。主要功能是运送乘客。图1-5-9为广州地铁一号线电客车在站停车。

工程车：地铁工程车辆采用的是内燃机车牵引，主要功能是为地铁设备维护检修提供服务，包括平板车、接触网检查车、接触网作业车、网轨检修车（或轨道检修车）、磨轨车、隧道冲洗车、内燃机车等。除内燃机车承担着调车作业、救援作业和工程车的牵引任务外，其余车辆都是维修作业的专用车辆。图1-5-10为南京地铁一号线南延线开通前，工作人员利用地铁工程车来回穿行，作开通前的检测。

图1-5-9　广州地铁一号线电客车

图1-5-10　地铁工程车

2）车辆段系统

车辆段设备系统主要是为车辆检修维护服务的设施设备，一般配置列车清洗机、不落轮机床、静调电源设备、固定式架车机、移车台、可移式升降平台（托架）、假台车、起重机、空压机、叉车、搬运车、充电机、放电机、高压清洗机、车辆复位救援设备等。图1-5-11为广佛地铁夏南车辆段。图1-5-12为北京地铁万柳车辆段联合检修库。

图1-5-11　广佛地铁夏南车辆段

图1-5-12　北京地铁万柳车辆段联合检修库

3）信号系统

地铁的信号系统是一个集行车指挥和列车运行控制为一体的非常重要的机电系统，地铁线路先进性的代表。地铁信号系统的核心是列车自动控制系统，它由计算机联锁子系统，列车自动防护子系统、列车自动驾驶子系统、列车自动监控子系统构成。信号系统是地铁的主要行车设备，决定着行车的安全性、可靠性、舒适性等。当前人们把信号系统称为地铁的大脑系统。

4）通信系统

目前地铁专用通信系统主要包括传输系统、公务电话系统、专用电话系统、无线通信系统、广播系统、闭路电视监控系统、乘客信息系统、视频会议系统、时钟系统、集中网络管理系统、地铁信息管理系统、电源及接地系统，通信光缆、电缆等。地铁的通信首先是地铁运输的辅助系统，同时又为地铁其他各专业提供支持和服务。

5）轨道系统

地铁正线大部分采用60kg 钢轨（由于全部电气绝缘，因此为长钢轨），道岔采用的是60kg 9# AT 型；车辆段及停车场采用50kg 钢轨，道岔采用的是50kg 7# AT 型。正线采用整体道床，车辆段及停车场采用碎石道床。正线排水沟有的设置在轨道中间也有设置在轨道边，根据各设计院的风格及业主的要求选择。

6）自动售检票系统（Automatic Fare Couection System，AFC）

自动售检票系统（AFC）向乘客提供可靠、安全、快捷、方便的付费服务，有效管理地铁的票务运作，及时提供系统状态信息，准确统计客流、收益等方面资料，满足优惠、积分等多种经营策划需求。图 1-5-13 为天津地铁三号线自动售检票系统。

图 1-5-13　天津地铁三号线自动售检票系统

7）空调通风系统

地下车站空调通风系统分为大系统和小系统。其中，车站公共区空调通风系统兼排烟系统，简称大系统；设备管理用房空调通风系统兼排烟系统，简称小系统。隧道通风系统包括区间隧道活塞风与机械通风系统（兼排烟系统、阻塞工况通风和早晚换气）。

8）环境监测系统（Building Automation System，BAS）

车站设备监控系统（BAS）由中央控制系统、全线系统网络、车站控制系统、车站系统网络、现场控制机及监、控、测、调各设备组成。全线 BAS 系统组成两级（中央控制级和车站级）管理体系，实现三级（控制中心、车站、就地）控制功能。

9）火灾报警系统（FAS）

火灾报警系统由中央控制室的全线 FAS 控制中心，设在各个车站的控制室、车辆段控制室的车站级 FAS 系统，各种车站现场设备以及网络通信设备组成。车站现场设备包括火灾探测器、监视模块、控制模块、手动报警按钮、感温电缆、红外对射、消防专用电话和插孔、警报器、复示盘等。全线 FAS 控制中心与车站级 FAS 系统通过光纤网络进行通信。车站级 FAS 系统通过总线或多线与现场设备连接。

3.地铁建设

在地底下挖隧道并不是一件容易的事,而且需要大量的金钱和时间,至少也要好几年才能完成。

1)明挖回填

地铁建设最简单直接的方法是明挖随填(明挖回填)。这种方法一般是在街道上挖掘大坑,再在下面建造隧道结构,待隧道有足够的承托力后才把路面重新铺上。除了道路被掘开,其他地下结构如电线、电话线、水管等都需要重新配置。建这种隧道的物料一般是混凝土或钢,但较旧的系统也有使用砖块和铁的。

2)钻挖法

地铁钻挖法是先在地面某处挖一个竖井,再在井底挖掘隧道。最常见的方法是使用钻挖机(潜盾机、盾构机),一面挖掘一面把预先准备好的组件安装在隧道壁上。对于建筑物高度密集的地方(如香港的香港岛)来说,钻挖法甚至是唯一可行的地铁建造方法。这种方法的优点是对街道或其他地下设施的影响非常小,甚至可在水底建造(伦敦、首尔和香港的城市轨道系统都有很多越过河流或海港的隧道)。隧道的设计也有较多的创作空间,例如车站会比站与站之间的隧道高一些,有助于列车离站时加速以及进站时减速。但这种挖法也有缺点,即:经常需要留意地下水的影响;在一些较硬的岩层开挖时可能需要炸药;地下空气供应问题,甚至隧道坍塌亦有可能造成工人伤亡。此外,建筑物高度密集的地方,挖掘时除了要留意避免对工地四周的建筑结构造成影响以外,有时还要统筹所在地的公用事业,迁移地底的输水、输电管线,以便腾出地方兴建列车通道。

4.供电方式

地铁的供电方式主要有轨道供电和接触网供电两种。

1)轨道供电

第一种是增设第三轨,即在原有两轨路线侧边新增带电轨道,车辆则利用集电靴获得电力,电流经车轮和运行轨道回到发电厂。第二种是增设第三轨、第四轨,即除了原有车轮支撑导引用轨道外,另外增设两条轨道各供应直流电正负两极,或者供应三相交流电。后者不如第三轨式经济,故不常见。

2)接触网供电

电力由架空电缆提供,车辆则利用集电弓获得电力,有时亦会以车轮经过轨道将电流带回发电厂。使用架空电缆供电的地铁,电缆设置会非常低,几乎触及车顶,以减少隧道高度,减低建造成本。

地铁一般会使用设备较简单的直流供电,令车身可以较低矮,隧道同样可以造得较低。明挖法时代修建的地铁,隧道断面多呈方形,为了减少开挖面积,会选择使用第三轨供电方式缩小隧道断面。采用现代常用的盾构法建造后,则多用刚性接触网系统(隧道呈现圆形断面,使用刚性接触网并不增加隧道直径,而使用三轨系统可能增加隧道直径)。当今世界地铁系统中,接触网系统已逐渐成为主流。

5.安全性

虽然地铁对于雪灾、冰雹及强风的抵御能力较强,但是对地震、水灾、火灾和恐怖主义等抵御能力很弱。为此自地铁出现以来,工程师们就持续不断地研究提高地铁安全性的办法。

1)地震

地震可以导致行进中的车辆出轨,因此地铁都设计有遇到地震立即停驶的功能。为防止地铁地道坍塌,处于地震地带的地铁结构必须特别加固。

2)水灾

地铁内的系统低于地平线,地上的雨水容易灌入地铁内的设施,因此地铁在设计时都规划了充分的防水排水设施,即使如此仍可能发生地铁站淹水事件。为此在发生豪雨之时,地铁车站入口的防潮板和线路上的防水闸门都要关闭。

世界地铁曾发生的知名水灾事件有台北捷运在纳莉台风侵袭时发生的淹水事件、名古屋捷运在 2000 年 9 月 11 日东海豪雨时的淹水事件、纽约地铁在 2012 年飓风珊迪时的淹水事件、港铁 2014 年黑雨时黄大仙站发生淹水等。图 1-5-14 展示了地铁淹水事件现场状况。

图 1-5-14 地铁淹水事件

3)火灾

过去人们不太重视地铁站内的防火设施,车站内一旦发生火灾,瞬间就会充满烟雾,从而引发严重的灾祸。1987 年 11 月 18 日,英国伦敦地铁国王十字圣潘克拉斯站发生火灾,导致 31 人死亡。产生火灾的原因之一是因为伦敦地铁内采用了大量木质建筑。2003 年 2 月 18 日,韩国大邱市的地铁车站遭到纵火,12 辆车厢被烧毁(如图 1-5-15),198 人死亡,148 人受伤。这次火灾产生如此严重死伤的原因,除了车厢内部装潢采用可燃材料燃烧时产生了大量的一氧化碳等有害物质,导致不少人中毒死亡之外,车站区域内排烟设施不完善也是重要因素。现在人们的地铁防火意识逐渐增强,并采取了一些措施。日本各都市的地铁部门在车站内实施禁烟政策,此外还将地铁和通勤电车车厢之间分割开来,避免采用大通道式(地铁列车不同车厢之间直接连通,不设置隔断门)的地铁列车。

图 1-5-15 两名救援人员在一辆被烧毁的地铁列车中巡视

4）恐怖袭击事件

在全球恐怖袭击甚嚣尘上的今天，地铁系统作为重要的城市公共交通设施，按照一种简易风险评价方法的分析，被列为很高恐怖袭击风险的目标之一。地铁的建设设计和日常管理必须充分考虑应对恐怖袭击的需要。此外，地铁建设作为城市建设的一环，在规划设计时就应从选址、消防等环节考虑到安全预防，一旦灾难突然而至，要求能迅速启动预警机制和救灾设施，减少恐怖袭击带来的如火灾等二次伤害，将灾难控制在最小范围内。

世界地铁曾发生的著名恐怖袭击事件有：1995 年 3 月 20 日在日本东京地铁站奥姆真理教发动了沙林毒气袭击；2001 年 9 月 11 日在美国纽约发生的 911 恐怖袭击事件中，地铁虽然不是恐怖主义者直接攻击的目标，但是倒塌了的纽约世贸大楼的正下方有地铁车站，而地铁车站也因为建筑的倒塌而被破坏，站内部分乘客因此死亡；2005 年 7 月 7 日在英国伦敦地铁发生了爆炸事件；2010 年 3 月 29 日在俄罗斯莫斯科地铁发生炸弹袭击，导致 40 人死亡。

5）地铁空气之压力

地铁因列车在隧道内高速移动，可能产生隧道及车厢内之压力剧烈改变，从而造成旅客不舒适的感觉，或者影响设备的使用寿命（其压力改变之现象称活塞效应）。地铁因列车高速移动产生的压力波若传抵隧道出口，将产生隧道口微压波噪声，干扰附近居民安宁。

6.地铁运营

1）运营模式的分类

各国大城市的轨道交通管理体制种类很多，但都与建设资金来源有关，即投资主体不同其管理体制也不同。同时，由于世界各个城市发展轨道交通的历史条件和经营环境不同，因而形成了各种各样的城市轨道交通的管理模式。

按资产属性及运营企业性质划分，即从经营权与所有权的角度，世界城市轨道交通的运营管理模式主要可分为以下 7 种：

①官办官营（有竞争），线路为政府所有，两家或两家以上的运营单位通过招标方式获得经营权。

②官办官营（无竞争），线路为政府所有，一家单位独家经营，或两家以上单位按行政区域划分经营范围。

③官办半民营，线路为政府所有，交由政府股份占主导地位的上市公司经营。

④官办民营,线路为政府所有,交由民间股份占主导地位的上市公司经营。

⑤公私合营,线路归政府和地方公共团体所共有,同样由政府和地方公共团体共同组织人员经营。

⑥私办私营,线路由私人集团投资兴建,由私人集团经营。

⑦私办官营,线路由私人集团投资兴建,交由政府经营。

城市轨道交通企业在不同的发展阶段可能采用不同的运营管理模式。某种模式也是不断的演变,综合考虑政府和市场的因素,这是城市轨道交通系统发展的基础。

2)地铁运营模式的比较

西方国家城市的轨道交通线路几乎都归中央政府或市政府所有,由政府机构直接运营或是交给公有性质的企业运营,而东方国家城市的情况就比较复杂。

各个国家和城市经济势力、技术水平、客流量都不尽相同,因此各国的城市轨道交通的建设与运营模式也各不相同。下面从资金来源、运营管理部门以及优缺点等方面对地铁各种不同模式进行详细比较,具体内容见表1-5-2。

城市轨道交通运营模式的比较 表1-5-2

项目 模式	采用城市	资金来源	运营管理部门	优　点	缺　点
政府建设、政府垄断经营	伦敦 纽约 巴黎	中央和各级地方政府的拨款和政府补贴	当地政府下属的企业直接运营管理	主要体现了轨道交通的福利性,政府直接控制轨道交通票价	政府财政压力大,没有市场竞争,效率低下
政府建设、政府有竞争经营	首尔	各级政府的拨款,发行公司债券	有多家国有公司进行竞争性经营	体现轨道交通的福利性,同时竞争的存在有助于提高服务水平	政府干预,可能存在效率低下等问题,竞争又使得某些设施重复建设、资源浪费
政府投资、公私合营	新加坡	政府承担建设费用,其他费用上市筹集	商业化的上市公司运营,政府只是作为股东不参与运营管理	把市场机制引入轨道交通的运营管理,既有竞争又可以实现市场化的盈利,政府财政压力小	有时不能很好地反映轨道交通的福利性
政府拥有、商业运营	香港	政府投资 上市融资 物业开发	由政府控股的上市公司运营	多元化开发、自主经营、自负盈亏,效率高,盈利能力强	政府财政压力中等,有时不能很好地反映轨道交通的福利性
公私合作建设与运营	东京	政府拨款商业贷款民间投资交通债券	公私合作的公司进行运营管理,但政府干预占主导	体现福利性,吸引私人参与公共交通建设	产权难以分清,利益分配复杂,内部矛盾多
私人建设、私人经营	吉隆坡 曼谷	完全私人投资	私人公司运营管理	政府完全没有风险和财政压力,可以充分激发私人投资者严格控制建设和运营成本	在票价和路线安排上会有较多的矛盾,政府难以保证轨道交通的公共福利事业的本质
私人建设、政府经营	菲律宾	政府担保,多种方式融资,吸纳私人投资	政府部门运营管理	缓解了政府前期的资金压力,运营时能很好的体现政府的意志	政府对线路设计及建设的监管不够,难以确保线路的最大社会和经济效益

3)各种运营模式的适用性分析

第一,强调地铁福利性质的城市如纽约、伦敦、巴黎,政府承担了过多的责任,都存在后续投资困难的危机;在选择赢利性的城市如曼谷,由于有限的客流量以及资金压力,难以保证轨道交通项目本身的持续有序发展;而在香港、东京、新加坡,城市轨道交通发展已逐渐走上良性循环,城市轨道交通的福利性和赢利性得到了较好的融合,基本上能够自给自足,以线养线,政府的角色也在逐渐淡出之中。

第二,客流量和线路类型是决定采取何种轨道交通管理模式的重要依据。

结合世界主要大城市轨道交通的客流密度(见表 1-5-3)分析,可初步得出如下结论:

城市轨道交通客流密度分析 表 1-5-3

城市	伦敦	柏林	纽约	新加坡	巴黎	上海	曼谷（预计）	首尔	香港	东京
客流密度（万人 km/d）	0.64	0.77	0.8	1.3	1.54	1.64	1.7	1.75	2.86	2.87

当客流密度在 0~1.5 万人公里/d 时,轨道交通运输缺乏赢利所需的必要客流,需要在政府的扶持下存活,这种类型的轨道交通系统应采用官办官营的管理模式。

当客流密度在 1.5 万~2.5 万人公里/d 时,轨道交通运输系统基本具备维持运营成本所需的客流且能略有赢利,可考虑采用有竞争的官办官营模式、公私合营、官办半民营的模式。

当客流密度达到 2.5 万人公里/d 以上时,可大胆地采用官办半民营、官办民营的模式。

当轨道交通系统的业主(政府)独自承担建设费用,而不从运营收入抵扣,在大于1 万人公里/d 的客流密度时就可尝试官办民营的管理模式。

第三,考虑到市中心地区修建轨道交通的成本和物业开发的难度均较高,市中心区轨道交通线路不宜采用私办私营的管理模式,必须有公共资本参与。市郊铁路的客流密度达到 1.7 万人公里/d 以上时就可采用私办私营模式。

第三节 轻　轨

地铁虽有许多长处,但造价高、工期长、见效慢,而公共汽车又运量小、速度慢,根本不能满足城市交通需求,于是人们开始寻求一种介于公共汽车与地铁之间,而又兼具两者优点的新型交通系统。轻轨交通正是为适应这种需要应运而生,成为公共交通系统中的另一支主力军。

1.概述

轻轨运输(Light Rail Transit,LRT)是在有轨电车基础上发展起来的,客运量介于有轨电车和地铁之间的轨道交通系统。轻轨可以分为两类:车型和地铁类似,轴重一般约 10 t 左右的准地铁,如北京 6 号线(图 1-5-16);在地面行驶,轨道与地面平齐,路权共享的新型有轨电车,如图 1-5-17。

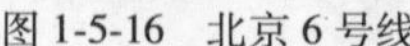
图 1-5-16　北京 6 号线

图 1-5-17　新型有轨电车

目前,无论是发达国家,还是发展中国家,轻轨交通方兴未艾。各国纷纷根据自己的国情,制定相应的轻轨交通发展战略和模式。

1)旧车改造

首先,对有轨电车网进行改造,使其趋于合理,有的线路设为专用车道,有的线路改建到地下,从根本上改变有轨电车与其他交通的混杂运行状况;其次,对有轨电车车辆进行现代化改造,研制先进的轻轨车辆。旧车改造模式以德国、俄罗斯以及东欧各国为典型代表。在日本的一些大中城市,尽管有完善的轨道交通系统和交通结构,却仍然极力改造有轨电车,生产新型的轻轨车辆应用在广岛、长崎、熊本等城市。

2)废弃铁路线路改造

对城市内部不用或废弃的铁路进行改造,以满足城市日益增加的轨道交通需求。这种方式以美国圣迭戈轻轨交通为代表。该地的轻轨交通只有 1 条线路,全长 25.6km,以前是从市区火车站到墨西哥边境的铁路线路,后来被飓风破坏。圣迭戈市于是就将其改造成为轻轨线路,为城市公共交通服务。我国上海市轨道交通明珠线一期工程也是利用原有城市内部铁路改造为轻轨线路的。

3)全部新建

对于第三世界国家的大城市而言,修建轻轨交通要比修建地铁更经济实惠。如菲律宾马尼拉、荷兰鹿特丹和我国香港、重庆、长春和天津等城市都相继新建了轻轨交通。图1-5-18为我国长春和天津新建的轻轨系统。

a) 长春轻轨

b) 天津轻轨

图 1-5-18　新建轻轨

2.轻轨运输系统

与其他城市轨道交通方式一样，轻轨交通系统一般也包含路线、轨道、车辆以及控制等。以下仅就轻轨与地铁的不同之处进行简要介绍。

1）线路布设

轻轨在线路布设上有相当大的弹性，可随着不同的城市环境及运营条件，选择平面、立体分离、地下等线路布置方式。

2）线路构造

轻轨的线路构造与一般铁路相似，标准轨距 1435mm。钢轨一般采用连续焊接技术，路基可铺碎石或矿渣，以减少车辆运行过程中的震动与噪声，确保乘坐舒适性。

3）车站

轻轨的站台设计一般很简单。平面运行路段一般仅在站区设置供乘客等候或上下车的站台岛。如含有专用路线，则除站台可以加遮檐外，甚至可修建站房。地下式的轻轨车站与捷运（Mass Rapid Transit，MRT）地下车站的设施非常类似，但可采用低站台设计（即站台地板高度低于车厢地板高度）。

4）车辆

轻轨车辆是由老式有轨电车发展而来，旧式轻轨车辆宽度在 2.2～2.4m 左右，新式轻轨车辆为适应客运量增加的需求，宽度在 2.5～2.6m 左右。车辆设计除采用大容量外，还有轻型化、铰接式，低地板和宽敞舒适等特点。近年来各国制造的新型轻轨车辆有 4 轴车、6 轴单铰接车和 8 轴双铰接车 3 种车型，车辆定员在 130～270 人（旧型轻轨车辆定员一般在 100 人左右）。

5）运行控制

轻轨系统的运行管制方式与 MRT 类似，但较为简单。在不设信号的路段或路线，列车通常由驾驶员以“目视”的方式控制，像公共汽车系统一样，自始发站依排定时间出发，沿途由驾驶员操作靠站以至终点站。

为了提高平均运行速度及准点性，有些系统在通过平面交叉路口时设置“优先信号”以便轻轨车辆优先通过路口。另外，使用无线电通信也可增加运行管理效率或供紧急处理之用。

3.轻轨交通的特点

与其他城市轨道交通运输方式相比，LRT 具有不少优点，即：运输能力较大；灵活性和适应性强；较高的准时性；运行安全、污染小；建设费用较低。

轻轨交通也有自己的不足，如高架运行时噪声大，与其他交通方式混行时影响轻轨运行性能等。

第六章　我国铁路运输发展的成就、问题与展望

第一节　我国铁路运输发展的成就

数量少、布局偏、标准杂、质量差，这是新中国成立初期铁路的状况，也是共和国铁路发展的起点。当时，全国铁路仅有 2.18 万 km，且近一半处于瘫痪状态。此后，作为国民经济的大动脉，铁路得到了快速发展，铁路运输成就举世瞩目，在铁路建设、科技创新、体制改革、服务理念等诸多方面取得长足进步。特别是进入 21 世纪，我国高速铁路的发展从追赶到全面超越，呈现一种厚积薄发、后发先至的态势，已经具备在不同地质条件下、不同气候环境下建设和运营的丰富经验。高速铁路在工务工程、列车控制及系统集成等诸多方面领先于世界，与日本、法国、德国并列世界高铁四强。近年来，作为国家重点打造的一张名片，中国高铁在世界范围掀起了一股热潮，有力地提升了我国铁路整体形象与竞争力，增强了民族自信心与自豪感，同时也深刻地改变了人们的生产生活方式。可以期待的是，中国高铁必将在我国乃至世界加快转变经济发展方式、推动经济社会发展方面进一步发挥不可替代的作用。

一、铁路建设

到 2013 年年底，中国铁路运营里程突破 10 万 km，其中高铁总营业里程达到 11028km，在建高铁规模 1.2 万 km。我国已成为世界铁路运营里程第二，高速铁路发展最快、系统技术最全、集成能力最强、运营里程最长、运行速度最高、在建规模最大的国家。

新中国修建的第一条铁路——成渝铁路西起成都，东抵重庆，完全采用国产器材，1952 年 7 月 1 日通车。

新中国第一条电气化铁路——宝成铁路北起宝鸡，南达成都，1975 年 7 月通车。

成昆铁路号称“桥隧博物馆”，所经之地地形和地质极为复杂，工程艰巨浩大，举世罕见，1970 年 7 月 1 日全程贯通，堪称世界筑路史上的奇迹。1974 年，一座以成昆铁路为主题的象牙雕被中国政府作为礼物赠送给联合国，并与美国“阿波罗”宇宙飞船带回的月岩、苏联第一颗人造卫星模型一起被联合国评为“象征人类征服大自然和进入宇宙空间的三件礼物”。2009 年，成昆铁路获新中国成立 60 周年“百项重大经典建设工程”称号。

新中国第一条重载单元铁路——大(同)秦(皇岛)铁路历经 8 年，于 1992 年年底基本配套建成。2014 年 4 月 2 日，大秦铁路一列由 4 台电力机车牵引、编组 320 辆、总长 3971m、满载 3 万 t 煤炭的重载列车运行试验取得成功，使中国成为世界上仅有的几个掌握 3 万 t 铁路重载技术的国家之一。

纵贯大陆第三路——京九铁路，1996 年 9 月 1 日建成通车，是当时仅次于长江三峡工程

的国家第二大工程，也是投资最多、一次性建成双线线路最长的一项宏伟工程。

新中国第一条跨海铁路——粤海铁路，2004 年 12 月正式开通客运，结束了海南与大陆不通铁路的历史，使一直孤悬海外的海南岛与大陆有了直接的通道。

新中国第一条高速铁路客运专线——秦沈铁路，2003 年 10 月 12 日正式开通运营，成为中国铁路步入高速化的起点。

新中国第一条磁悬浮铁路——上海磁悬浮铁路，由中德合作开发，于 2003 年 1 月正式开始商业运营，也是世界上第一条投入商业化运营的磁悬浮列车示范线。

世界海拔最高的铁路——青藏铁路，2006 年 7 月 1 日正式通车运营。这是世界上海拔最高、穿越冻土里程最长、克服了世界级困难的高原铁路。

新中国第一条高等级城际高速铁路——京津城际高速铁路，具有完全自主知识产权，采用无砟轨道等先进技术铺设，2008 年 8 月正式投入运营。

世界上最长高速铁路——京沪高速铁路，全长 1318km，2011 年 6 月 30 日正式通车运营。这是世界上一次建成线路最长、标准最高、运营速度最快的高速铁路。

二、科技创新

改革开放以来，我国铁路紧紧抓住对铁路发展具有战略性、全局性、关键性的技术创新项目，积极组织科技攻关，加强自主创新，不断提升技术装备水平，并通过全面推进原始创新、集成创新和引进消化吸收再创新，走出了一条具有中国特色的铁路自主创新道路。

(1) 高原铁路方面，解决了多年冻土、高寒缺氧、生态脆弱三大世界性难题。

(2) 在客车与动车组方面，近年来 25 型客车在列车供电技术、高原客车技术等方面进行了大量技术改进，关键零部件技术得到发展。25G 和 25T 型客车大量运用。同时，动车组车型由引进初期的 4 种扩展到包括不同速度级、不同编组长度和不同总体布局的 15 种，基本满足了高速铁路的运行需要，成功搭建了具有自主知识产权和世界一流水平的时速 350km 动车组技术平台。

(3) 在大功率机车方面，2013 年由中国南车和中国北车分别自主研发的、具有完全自主知识产权的国产新型八轴大功率交流传动电力机车正式投入运营。这款深度国产化的功率达 9600kW 的电力机车成为今后我国铁路货运的主型动力。

(4) 在货车技术方面，由我国自主研制的载重 70t 通用货车、80t 煤炭专用货车、100t 矿石和钢铁专用货车批量投入使用，货车车辆更新换代，全部达到时速 120km 技术标准。

(5) 在大型养路机械方面，通过引进技术、消化吸收和再创新，我国的整体技术装备水平已进入世界先进行列。

(6) 在高速铁路方面，通过京津城际铁路的建设和运营，在解决轨下基础工程工后沉降控制、大断面桥梁隧道设计施工、大吨位桥梁研制应用、轨道系统产业化等难题上取得显著成果，在固定设施、移动设备、系统集成、列车控制、运营管理、环境保护等方面实现了一系列重大技术创新，形成了具有我国特色的高速铁路技术标准体系。

(7) 通过 2007 年第六次大面积提速以及 2014 年 7 月 1 日调图，表明我国铁路全面掌握了时速 200km 及以上线路的设计、施工、养护和牵引供电、通信信号、列车控制等成套技术，进入世界铁路既有线提速先进行列。

(8)重载运输是国际公认的铁路货运发展方向,而货车轴重代表着重载铁路发展水平。目前,我国铁路货车普遍采用23t轴重。近年来,为了加快发展重载运输,铁路部门通过自主创新,成功研发了25t轴重重载铁路成套技术,并成功运用于大秦铁路等重载线路。在此基础上,结合实施新建山西中南部铁路通道项目,铁路部门开展了30t轴重重载铁路技术的综合研发,系统组织了核心装备和关键技术攻关,首次研制了30t轴重机车、30t轴重货车和电控空气制动系统,研发了同相供电技术和节能牵引变压器,研发应用了30t轴重重载铁路轨道结构、重载钢轨与道岔及线桥隧成套技术。

(9)在运输调度方面,全面掌握时速200km及以上列车控制技术(CTCS-2),构建了GSM-R移动通信无线传输平台,在京津城际铁路集成创新了时速350km列车运行控制技术(CTCS-3D),在不同速度等级列车混合运行、高速线与既有线互联互通、地车安全信息连续传输、轨道电路对无砟轨道适应性等方面实现重大技术创新,我国铁路通信信号技术接近世界前沿。列车调度指挥、调度集中、客票发售与预订、货运大客户管理、建设项目管理等信息系统得到广泛应用,铁路网络与信息安全保障体系不断完善。运输调度新技术的应用促进了运输生产和经营管理效率的提高。

三、运输指标

从1997年到2007年我国铁路先后进行了6次大面积提速,特别是2013年开始的货运改革及2014年7月的新一轮调图,从整体上提高铁路列车运行速度,增加列车运行密度,发展重载运输,铁路网综合运输能力大幅度提高,客货运量连年大幅度增长,运输效率和效益大幅度提升。2013年,全国铁路旅客发送量完成21.06亿人次;比上年增长10.8%,全国铁路货物发送量完成39.61亿t,比上年增长1.7%。我国铁路完成的旅客周转量、货物发送量、货物周转量、换算周转量均居世界第一位。

四、对外交流

按照国家对外开放整体部署和要求,铁路部门主动服务国家外交大局和"走出去"战略,大力开展铁路对外交流与合作。被誉为"中国外交名片"的高铁是中国制造业的荣耀,它向世界展示了中国具有全球竞争力的高技术产品,成为中国出口的新亮点。近年,有100多个国家元首、政要和代表团曾考察中国高速铁路,中国已和50多个国家和地区建立了高铁合作关系,签订了合作意向。自李克强总理上任以来,出访推销中国高铁变成了佳话,人们总能在国际舞台上看到总理自信地表述着中国高铁的实力和信心。

第二节　我国铁路运输发展的问题

中国铁路交通运输行业建设起步并不晚,且近十年取得的成就举世瞩目,但与世界发达国家相比依然存在一定差距和问题。

一、服务质量

(1)尽管铁路企业目前的整体服务水平较过去有了较大幅度提高,但铁路运输的市场竞争意识还相对淡薄,旅客货主至上的服务意识并没有牢固树立,服务态度生、冷、硬现象尚未杜绝,直接影响到铁路系统的整体形象。

(2)铁路服务标准仍未真正体现以人为本、旅客货主至上原则。

(3)由于体制机制及传统势力的影响,铁路服务人员更多地习惯于传统的工作方式方法,服务工作不能紧跟铁路形势发展的需要,服务手段单一,缺乏创新,全方位综合服务、个性化服务、增值延伸服务以及多式联运尚待加强。

(4)管理者不够重视,职工培训不足,监督力度不够。

(5)部分传统车站设施投入使用时间过长,存在缺陷;一些车站未能考虑综合运输设计理念,与其他交通方式衔接不好或离城区过远,不利于旅客换乘;天桥地道和进出站通道与附近居民流有交叉、三品查堵存在漏洞;站台过短不方便旅客乘降等。

此外,铁路客货运能(特别是春运等季节性运能)仍显不足,运输密度大,服务效率偏低、成本偏高,发到时点等出行方案设计欠佳,货运时效性不强,服务评价体系不健全等都直接影响铁路服务质量。

二、技术设施

虽然中国自行设计并建设了世界上海拔最高、线路最长的青藏铁路和拥有自主知识产权的京津城际高速铁路,但是在铁路运输方面的科学技术水平仍落后于其他先进国家。铁路运输的复线率和电气化率的落后尤为明显。

三、人员结构

当前,我国铁路基层站段中技术人员数量少、年龄偏大、结构不合理,高中及以下学历工作人员还占大多数,学历结构明显偏低。人员结构问题已成为制约铁路运输业快速发展的一个障碍。

四、安全管理

随着铁路机构改革以及技术、装备、运营水平的不断提升,安全管理问题愈发突出,集中体现在:管理干部与从业职工的培训和继续教育未能及时跟进,思想素质及安全意识偏低;人员技术知识的更新远远落后于技术设备的更新,判断、处理故障的经验、能力不足以满足铁路运输的要求;铁路安全技术设备离真正意义的自动安全监控还有较大差距,列车未能做到出发、加速、定速、减速和定位停车的自动控制,许多情况下还得人工操控,一旦人为疏忽极易发生事故。

五、铁路融资

目前,我国铁路面临负债庞大、资金匮乏两大资金难题,而融资却陷入困境,具体表现在:投资主体单一,仍以政府投融资模式为主;铁路融资市场化不足,融资渠道有限。铁路政企分开的改革刚刚起步,铁路企业仍然只是名义上的市场主体,不能吸引社会资金、外商资金,导致铁路缺乏资金来源。根据目前国家出台的一系列政策,铁路建设和经营资金来源主要有7个:铁路建设基金、地方政府和企业的投资、国债、市场化融资、发行铁路债券、利用外资和银行贷款等,其中最主要的融资方式是建设基金和银行贷款。

第三节　我国铁路运输发展的展望

铁路作为国民经济大动脉、国家重要基础设施和大众化交通工具,是综合交通运输体系的骨干,具有节能、环保、安全、运力大等特点,已成为世界各国优先发展的运输体系,2008年,我国《中长期铁路网规划》调整方案通过国家批准。按规划要求,到2020年中国铁路里程由原定的10万km增加到12万km以上,基本形成布局合理、结构清晰、功能完善、衔接顺畅的铁路网络,运输能力能够满足国民经济和社会发展的需要。2013年颁布的《铁路主要技术政策》提出,中国铁路技术发展的总目标是:依靠科技进步与创新,构建完善客运高速、便捷,货运重载、快捷,速度、密度、重量合理匹配,高新技术与适用技术并举,不同等级技术装备协调发展,具有中国铁路特点的技术体系,建设安全、高效、节能、环保、高度信息化的现代化铁路。

一、建设发达完善的铁路网

1.发展高速铁路,基本建成快速铁路网

高速铁路安全、舒适,具有其他交通方式无法比拟的优势。高铁不仅运行速度高、正点率高,而且占地少、节约能耗、污染轻、排放量低。正是具有这些本质上的优势,高速铁路的发展在可预见的未来前途光明。预计在"十二五"末,我国高速铁路"四横四纵"骨架基本形成。从长远来看,还有所谓"五纵六横八连线"、"八纵十五横二十六连线"等。未来的高速铁路将越来越灵活化和人性化。对于连接大城市之间的城际铁路,可以实行"公交化"运行,全天候运营,每隔3~5 min就有一趟列车开出,旅客可以随到随走。当我国高速铁路系统初具规模时,相邻的省会城市或者大城市将形成1~2h交通圈,而省会城市与地级市之间将形成1h甚至0.5h交通圈。届时,"人便其行,货畅其流"的目标将成为现实。

2.建设大能力通道,完善区际干线网

3.建设以西部为重点的开发性铁路,优化路网布局

4.加强国际通道建设,逐步实现与周边国家互联互通

5.强化枢纽及配套设施建设,提高运输效率

二、全面推进技术装备现代化

1.提升机车车辆装备现代化水平

结合快速铁路、区际干线、煤运通道建设,重点配备动车组、大功率机车、重载货车等先

进装备,适应客货运输需要。继续提高空调客车和专用货车比例,优化机车车辆结构。配备大吨位救援列车。推进动车组谱系化,发展不同系列机车、客车及货车,进一步提高技术装备现代化水平。

2.提高通信信号现代化水平

完善全路骨干、局内干线传输网,建设全路数据通信网;高速铁路、城际铁路和重要干线实现 GSM-R 无线网络覆盖。建立健全通信网安全监控、预测预警、应急处置机制,构建全路应急救援通信网络;推进综合视频监控系统建设,实现高速铁路、城际铁路、重要干线关键部位实时监控。装备适应不同等级线路运行的列车控制系统,推广计算机联锁系统,推进编组站综合自动化系统建设,全面提高信号技术装备现代化水平。

3.强化基础设施设备现代化水平

加强对既有线桥隧等基础设施和设备的加固与改造,提高抵御灾害、保障运输安全能力。全面推广跨区间无缝线路。积极研制和应用轨道和接触网除冰雪减灾装备。建立完善高铁设备养护维修设施,实现大型养路机械作业和检测能力全覆盖。加快推广供电综合监控、数据采集及节能降耗技术,实现牵引供电系统监控自动化、远程化和运行管理智能化,提升供电装备现代化水平。

三、确保铁路运输安全

坚持安全第一,以快速铁路网特别是高速铁路运营安全为重点,全面强化安全基础建设,健全安全生产长效机制,严格落实安全生产责任制,不断提升安全保障和管理水平,实现铁路运输持续安全稳定。

四、大力推进铁路信息化建设

以运输组织、客货服务、经营管理三大领域为重点,推进信息基础设施建设,全面提升铁路信息化水平。

五、不断提升服务水平

创新运输组织,优化运输产品,提升服务水平,强化市场营销,拓展运输市场,实现客货运量持续增长。

六、有序推进多元化经营

加快转换企业经营机制,以市场需求为导向,以拓展铁路服务功能和提高服务质量为重点,推进铁路多元化经营,提高发展质量和经营效益。

七、加强绿色铁路建设

贯彻落实国家关于加快建设“两型”(资源节约型,环境友好型)社会的要求,进一步完善节能标准体系、技术支撑体系和政策引导体系,建立铁路节能减排管理新机制,加强节能减排管理。加快铁路电气化技术改造,优化路网技术结构,提高电气化铁路承担运输工作量比重,促进“以电代油”效应显著提高;广泛应用机车车辆等设备节能新技术、新装备、新工艺,促进牵引节能和用能结构调整,单位运输工作量牵引能耗大幅降低;扩大新能源、新产品和新材料的使用范围,多层次和全方位降低非牵引能耗,使非常引能耗占铁路总能耗比例较大幅度下降;优化运输组织,提高运输效率,降低能源消耗。积极推广节地、节材等技术,节约、集约利用资源。促进绿色、低碳型交通消费模式和出行方式的发展。

加强铁路运输环境保护,采取综合措施有效防治铁路沿线噪声、振动影响等,全面推行旅客列车垃圾集中处理,新型客车安装集便设施,加强货物列车粉尘防护,大力整治沿线白色污染,不断提高运输环境质量。加强铁路建设中的环境影响评价、生态保护、土地资源节约、水土保持、洪水影响评价等工作,依法认真落实各项要求。加强铁路绿色通道建设,积极推进绿色生态铁路建设,实现环境保护与铁路建设协调发展。

健全节能环保目标责任制,完善考核机制,严格考核指标。强化对铁路规划、建设和运营等过程节能环保监督检查。推进技术进步,完善节能环保管理和技术政策。

八、深入推进铁路改革开放

按照政企分开、政资分开的改革要求,进一步推进铁路体制机制改革,加快推进企业转换经营机制,确立运输企业市场主体地位,落实企业经营权责,提高运输效率和经济效益。

进一步完善合资建路模式,加快推进铁路投融资体制改革,扩大直接融资比例,进一步创新融资渠道和方式,引导和鼓励合资铁路公司优化重组,加强行业管理,理顺管理关系,促进合资铁路健康发展。

广泛开展对外交流与合作,加强互联互通国际通道建设,发展铁路口岸运输,进一步提升铁路对外开放水平。

九、加强人才队伍建设

贯彻落实国家人才发展规划,实施“人才强路”战略。选拔培养一支政治坚定、勇于创新、业务精通、作风务实、清正廉洁的领导干部队伍,为实现铁路科学发展提供人才保障。健全教育培训体制机制,加强人才动态管理。

第二篇 道路篇

本篇学习目标

通过本章的学习，使同学们较全面地了解我国道路运输发展的历史和现状，熟悉道路交通运输的相关知识，了解国家对于道路交通运输的有关政策、法规和标准，以及对道路运输的管理。要具体掌握道路运输以下相关知识：

1.掌握道路交通的基本概念、特点及其作用；

2.熟悉我国公路行政分级和技术分级的划分方法；

3.了解公路构筑物的组成及作用；

4.熟悉高速公路的功能特征和国家高速公路网的布局；

5.了解我国国道和省道干线公路的管理体制；

6.了解我国公路路政、运政管理的基本内容；

7.掌握按用途对汽车的分类；

8.了解构成汽车底盘的四大系统；

9.掌握我国城市交通运输网络的组成及其各部分的主要作用；

10.熟悉新中国成立后道路交通运输发展的主要成就；

11.了解未来道路交通运输的发展趋势。

延伸阅读

[1] 邹力.物联网在中国：物联网与智能交通[M].北京：电子工业出版社，2012.

[2] Richards，B.著，潘海啸译.未来的城市交通[M].上海：同济大学出版社，2006.

[3] 曲大义.智能交通技术及其应用[M].北京：机械工业出版社，2012.

[4] 交通部中国公路交通史编审委员会.中国公路史[M].北京：人民交通出版社，1999.

[5] 中华人民共和国道路交通法典.北京：中国法制出版社，2014.

[6] 道路交通安全法新解读.北京：中国法制出版社，2010.

[7] 张京明,江浩斌.汽车工程概论[M].北京:北京大学出版社,2008.

[8] 杨浩.交通运输概论[M].北京:中国铁道出版社,2009.

[9] 邓学钧,刘建新.交通运输工程导论[M].北京:清华大学出版社,2008.

[10]《现代交通运输概论》编委会.现代交通运输概论[M].北京:中国铁道出版社,2012.

[11] 王润琪.交通运输工程导论[M].北京:中国林业出版社,2012.

[12] 于英.交通运输工程学[M].北京:北京大学出版社,2011.

[13] 连义平.综合交通运输概论(第3版)[M].成都:西南交通大学出版社,2014.

[14] 中华人民共和国交通运输部:http://www.moc.gov.cn/.

[15] 中国交通技术网:http://www.tranbbs.com/.

[16] 城市交通:http://www.chinautc.com/.

[17] 中国道路交通安全网:http://www.rtsac.org/sites/MainSite/.

[18] 中国高速公路运营管理网:http://www.tollroad.com.cn/show_text.asp? subid=47&showid=1652.

[19] 汽车之家:http://www.autohome.com.cn/.

[20] 公安部交通管理局:http://www.mps.gov.cn/n16/n85753/.

[21] 段里仁,毛力增.从交通文化角度看新加坡精细化交通的启示:http://www.cnki.com.cn/Article/CJFDTotal-YSZH201111019.htm.

[22] 冯正民.台湾绿色交通政策与实践.城市交通[J].2011(1):29-34.

[23] 刘涟涟,陆伟,蔡军.基于绿色交通系统的德国城市环保交通管理策略.生态城市[J].2012(3):71-77.

[24] AnthonyDMay 著,蒋中铭译.欧洲绿色交通发展经验.城市交通[J].2009(6):17-22.

[25] 秦晓春,李宗禹,沈毅,等.美国、德国与中国的综合交通网规划中绿色交通规划研究.中外公路[J].2012(2):272-276.

[26] 杨浩,赵鹏.交通运输的可持续发展[M].北京:中国铁道出版社,2001.

第一章　道路运输概述

本章主要介绍道路交通运输的相关知识、我国关于道路运输的主要规定以及各级政府职能部门对道路交通运输的管理。

第一节　道路运输的基本概念

道路（公路和城市道路）是主要供道路交通工具行驶的工程结构物，由路线、构造物（路基路面、桥梁、涵洞和隧道）以及交通工程和沿线附属设施组成。

道路运输主要包括城市对外（城际间）道路运输和城市内部道路运输。在本章中公路运输主要指城市对外道路运输，城市道路运输主要指城市内部道路运输。

道路运输有广义和狭义两种含义：

从广义来说，道路运输是指货物和旅客借助一定的交通工具（如图 2-1-1、图 2-1-2、图 2-1-3 所示的人力车、畜力车、拖拉机，还有汽车等）沿着道路（一般土路、有路面铺装的道路、高速公路），朝着某个方向有目的的移动的过程。从狭义来说，道路运输是指汽车运输。

图 2-1-1　人力车

图 2-1-2　畜力车

图 2-1-3　拖拉机

第二节　道路运输的特点

与其他运输方式相比，公路和城市道路运输具有以下特点：

一、公路运输的特点

1.机动灵活，适应性强

公路网密度比水路网、铁路网大，分布广，可达性好，公路运输在时间上的机动性明显大于其他运输方式。车辆可随时调度、装卸、起运，对客、货运输特别是较小批量的人员和货物的紧急运输、救灾及军事运输具有很强的适应性。

2.“门到门”的直达运输

由于汽车体积小、质量轻,既可沿着密度大、分布广的公路网运行,又可离开公路网进入工厂厂区、农村田间、城市街道、机关单位和居民住宅院内,所以公路运输可把旅客从居住地门口直接送到目的地门口,可把货物从发货人仓库门口直接送到收货人仓库门口。这种“门到门”的直达性是火车、轮船和飞机等其他运输工具难以实现的。

3.中、短途运输全运程速度快

公路“门到门”的直达运输,可减少旅客因转换交通工具所需要的等待时间和步行时间,在限时运送或临时急运货物方面更是优于其他运输方式。特别是对中、短途运输,其整个运输过程的速度比其他运输方式更快捷。

4.原始投资少,资金周转快

公路运输设施建设费相比轨道和航空运输要低廉,且运输工具的购置费用也相对较低,因此原始投资少、回收期短,容易扩大再生产。据统计,在正常经营情况下,公路运输投资每年可周转 2~3 次,而铁路运输的投资 3~4 年才能周转 1 次。培养汽车驾驶员一般仅需要半年左右,而培养火车、轮船和飞机驾驶员则需要几年。

5.运量较小,能耗较高

公路载运工具运量较小,即便是目前全球载重量最大的矿用卡车——徐工 DE400 电传动自卸车,载重量可达 400t,但仍比火车、轮船小得多。由于载重量小,行驶阻力比铁路大 9~14 倍,因此除了航空运输,公路汽车运输的能耗最高。

6.运行持续性较差

据有关统计资料表明,在各种现代运输方式中,公路的平均运距最短,2013 年我国公路营运性客运平均运距 60.70km,相对于铁路客运平均 400km 左右的运距,公路运行的持续性较差。

7.安全性较低,污染环境较大

根据历史记载,自汽车诞生以来,汽车已经侵吞了 3000 多万人的生命,超过了艾滋病、战争和结核病人每年的死亡人数。特别是 20 世纪 90 年代开始,死于汽车交通事故的人数急剧增加,根据世界卫生组织公布的统计数据,仅 2009 年,全球就有超过 130 万人死于道路交通事故,而死于自然灾害的人数不超过 3 万人。汽车所排出的尾气和引起的噪声也严重地威胁着人类的健康,是大城市的最大污染源之一。

二、城市道路运输的特点

1.交通密度大

城镇化加快且城市处于几种交通方式及其线路的节点位置,使城市聚集了大量人口,导致其交通总量远远大于农村,因此城市道路的交通密度大。

2.交通流空间上复杂多变、时间上呈周期变化

由于在城市路网中,临近学校、医院、办公、商业等交通集散以及各类交通枢纽周边区域能产生和吸引大量各种混合交通流,所以城市各类交通流在空间上表现为复杂多变、时间上呈现出高峰和平峰时段的周期变化。

3.各种交通流冲突矛盾突出

城市道路中经常行驶着中小型客车、公交车、大中型货车、摩托车、电动车、自行车等多种交通工具，速度快慢各不相同，人流和各类车流之间、车流和车流之间交叉冲突点多，相互干扰大，交通拥堵日趋严重，所以城市道路车速普遍比公路车速慢。

4.城市交通与城市总体规划和用地布局有直接关系

由于城市中不同性质的用地，如办公、学校、商业、医院、居住等对交通的吸引和产生量不同，所以城市道路既要满足城市总体机制中各功能用地的分界要求，又是联系各用地通达空间的分界线。道路布局应该遵从城市总体规划，要与毗邻道路的用地性质相协调，做到布局合理，尽可能减少交通。

第三节　道路运输的作用

道路运输（主要是公路运输）在国民经济中具有十分重要的作用，主要表现在以下几个方面：

1.对社会经济发展起着基础保证作用

公路运输既是保证社会生产、经济生活及其他各领域正常化的基本前提条件，又是促进社会经济发展的先决条件，对社会经济的发展起基础保障作用。

2.对国民经济发展起着重要桥梁作用

从宏观经济领域来看，在生产、分配、交通、消费4个环节中，运输是各环节得以连续运转的桥梁。从微观经济领域来看，在产、供、运、销4个环节中，运输不仅仅是其中重要的环节之一，而且是4个环节得以联系和互为整体的条件。在各环节都离不开运输活动为之提供的服务。

3.对人民生活水平的提高起着重要推动作用

在人们的日常生活中，运输不仅是生活的基本要求，而且是提高“衣、食、住”等要素水平的条件。随着人们生活水平和生活质量的日益提高，对“行”的要求也在不断地增添新内容。

4.对提高人们生活和生产效率起着重要促进作用

现代公路运输，尤其迅速发展的高速公路运输业的逐渐完善，能产生良好的时空效应，大大缩短时间和空间的“距离”，改变人们的时空观念，大量节省时间和缩小空间，减少中途积压资金，提高人们生活和生产效率。

5.在综合运输体系中起着重要纽带作用

在综合运输体系中，与人们生产和生活联系的铁路、城市轨道、水路、民航、港口和管道等运输方式均不能实现门到门的运输，只有公路运输可以。因此，公路运输承担着对其他各种运输方式集运、疏运、衔接等任务，使其他各种运输方式的运输得以联系贯通。

6.对国防建设发挥着重大作用

国防建设离不开现代交通运输系统，而现代公路运输也是形成快速可靠的军事后勤保障体系的一种主要运输方式，会极大地提高军队快速反应和军需供给能力，有力地保障国家安全、保证战争的胜利和边防的巩固。

第二章　道路运输设施与设备

道路运输系统由道路运输设施（线路及场站）、运输设备（车辆）、运输对象（旅客和货物）及劳动者（驾驶员）构成。

第一节　公路运输设施

公路是指连接城市、农村，主要供汽车行驶的具备一定技术条件和设施的道路。

一、公路线路及其分类

1.我国公路的行政分级

根据《中华人民共和国公路法》（2004 年修订），按照公路的作用和使用性质，我国公路可分为以下 5 个行政级别：

（1）国道——国家干线公路，具有全国性政治、经济意义的主要干线公路，包括重要的国际公路、国防公路、联接首都与各省、自治区首府和直辖市的公路，联接各大经济中心、港站枢纽、商品生产基地和战略要地的公路。

国道规划由国务院交通主管部门会同有关部门并与各沿线省、自治区、直辖市人民政府编制，报国务院批准。按照 2013 年 6 月颁布的《国家公路网规划（2013—2030）》，至 2030 年中国的规划国道由 12 条首都放射线、47 条北南纵线、60 条东西横线和 81 条联络线组成，总规模约 26.5 万 km。

普通公路国道的标志为红底白字，如图 2-2-1a）所示；高速公路国道的标志为绿底白字，如图 2-2-1b）所示。

（2）省道——省、自治区、直辖市干线公路，具有全省（自治区、直辖市）政治、经济意义，联接省内中心城市和主要经济区的公路，以及不属于国道的省际重要公路。

省道规划由省、自治区、直辖市人民政府交通运输主管部门会同同级有关部门并与各沿线下一级人民政府编制，报省、自治区、直辖市人民政府批准，并报国务院交通运输主管部门备案。

省道标志黄底黑字，如图 2-2-2 所示。

（3）县道——县级干线公路，是指具有全县（旗、县级市）政治、经济意义，联接县城和县内主要乡（镇）、主要商品集散地、以及不属于国道、省道的县际公路。

县道规划由县级人民政府交通运输主管部门会同同级有关部门编制，经本级人民政府审定后，报上一级人民政府批准。

县道标志白底黑字，如图 2-2-3 所示。

（4）乡道——乡级公路，是指主要为乡（镇）内部经济、文化、行政服务的公路，以及不属于县道的乡与乡之间与外部联络的公路。

图 2-2-1 国道标志

S203

图 2-2-2 省道标志

X08

图 2-2-3 县道标志

乡道规划由县级人民政府交通运输主管部门协助乡级人民政府编制，报县级人民政府批准。

（5）专用公路——是指专供或主要供厂矿、林区、油田、农场、旅游区、军事要地等内部使用或与外部联络的公路。

专用公路规划由专用公路主管单位编制，经其上级主管部门审定后，报县级以上人民政府交通运输主管部门审核。

2.我国的公路命名及编号

在我国公路体系中，国道的命名和编号由国家交通主管部门确定；省道、县道、乡道的命名和编号，由省（自治区、直辖市）人民政府交通主管部门确定。公路路线命名编号和编码规则依据《公路等级代码》（GB/T 919—2002）、《公路线路标志规则命名、编号和编码》（GB 917.1—2000）确定。

（1）公路路线代号。公路路线代码中，国道路线代码即为国道路线编号，代码结构为G×××。省道及省道以下公路路线代码由相应的公路路线编号和中国省级行政区划代码（GB/T 2260—2007）组配而成。代码结构如图 2-2-4 所示，其中 S、X、Y、Z、Q 分别表示省道、县道、乡道、专用公路和其他公路。

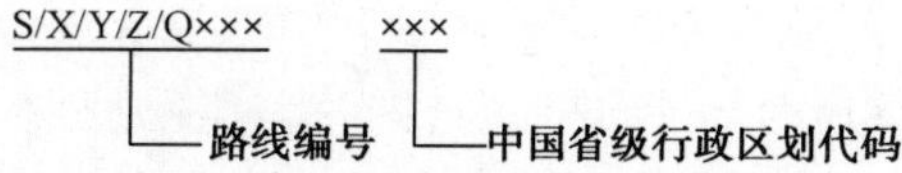

图 2-2-4 公路路线代码结构

（2）公路路线命名。公路路线的名称由路线的起讫点地名中间加连接符"—"组成。路线命名的简称采用起讫点地名的首位汉字或简称，如北京塘沽公路，简称"京—塘线"。

干线公路名称及简称不可重复，个别出现重复时，采用其他能表示路线起讫点地名特征的简称加以区别。路线起讫点若是两条公路的连接点或某居民区，应采用该点所在地名。

公路路线编号设定了编号区间。国道为 G101～G199、G201～G299、G301～G399；省道为 S101～S199、S201～S299、S301～S399；县、乡专用公路为 X/Y/Z/Q001～ X/Y/Z/Q999。

国家干线公路名称和编号示例 表 2-2-1

编号	路线名称		穿越的省（自治区、直辖市）的代码
	全 称	简称	
G101	北京（—承德—）沈阳	京沈线	11、13、21
G105	北京（—南昌—广州—）珠海	京珠线	11、13、12、37、41、34、42、36、44
G206	烟台（—徐州—合肥—景德镇—）汕头	烟汕线	37、32、34、36、44
G320	上海（—南昌—昆明—）畹町	沪畹线	31、33、36、43、52、53

3.我国公路的技术等级

为了满足经济发展、规划交通量、路网建设和功能等要求,公路必须分等级建设。

(1)公路设计的依据。根据交通行业标准《公路工程技术标准》(JTG B01—2014),我国公路技术等级按其功能和适应的交通量划分,交通量是指将公路上行驶的各种车辆折合成小客车的数量。

(2)公路的技术等级。公路根据功能和适应的交通量分为以下5个等级:

高速公路:专供汽车分向分车道行驶并应全部控制出入的多车道公路。高速公路的年平均日交通量宜在15000辆小客车以上。高速公路如图2-2-5所示。

一级公路:供汽车分向分车道行驶并可根据需要控制出入的多车道公路。一级公路的年平均日交通量宜在15000辆小客车以上。一级公路如图2-2-6所示。

二级公路:供汽车行驶的双车道公路。二级公路的年平均日交通量宜在5000~15000辆小客车。二级公路如图2-2-7所示。

图2-2-5 高速公路

图2-2-6 一级公路

图2-2-7 二级公路

三级公路:主要供汽车、非汽车混合行驶的双车道公路。三级公路年平均日交通量宜在2000~6000辆小客车。三级公路如图2-2-8所示。

四级公路:供汽车、非汽车混合行驶的双车道或单车道公路。双车道四级公路年平均日交通量宜在2000辆小客车以下,单车道四级公路年平均日交通量宜在400辆以下。四级公路如图2-2-9所示。

各级公路的技术指标必须满足表2-2-2所列要求。

图 2-2-8 三级公路

图 2-2-9 四级公路

各级公路主要技术指标 表 2-2-2

公路等级	高速公路			一级公路			二级公路		三级公路		四级公路
设计车速(km/h)	120	100	80	100	80	60	80	60	40	30	20
车道数	≥4			≥4			2		2		2(1)
车道宽度(m)	3.75			3.75		3.50	3.75	3.50	3.50	3.25	3.00
最大纵坡(%)	3	4	5	4	5	6	5	6	7	8	9
停车视距(m)	210	160	110	160	110	75	110	75	40	30	20

二、公路的主要结构物

公路的主要构筑物是指路基、路面、桥涵、隧道等。

公路最主要的结构物是路基、路面,应根据公路功能、等级和交通量,结合沿线地形地质及路用材料等自然条件进行设计。

1.路基

路基指路面下的土基,承受由路面传下来的荷载,须有足够的强度、稳定性和耐久性,由土质和石质材料组成,其典型断面形式主要有路堤、路堑和半填半挖路基 3 种。

(1)路堤:又称填方路基,指路线高于天然地面时填筑成的路基,如图 2-2-10a)所示。其断面主要由路基顶宽、边坡坡度、护坡道、取土坑或边沟、支挡结构等构成。

(2)路堑:又称挖方路基,指路线低于天然地面时开挖成的路基,如图 2-2-10b)所示,其断面主要由路基顶宽、边沟、排水沟、截水沟、弃土堆、边坡坡度、坡面防护等组成。

(3)半填半挖式路基:指横断面上部分为挖方、下部分为填方的路基,如图 2-2-10c)所示。通常出现在地面横坡较陡处,兼有路堤和路堑的结构特点。

2.路面

路面是在路基顶面之上用各种材料分层铺筑而成的结构层,供车辆在其上安全舒适地行驶。良好的路面必须具备:①足够的强度,以支撑行车载荷。②较高的稳定性,使路面在试用期内不致因水文、温度等自然因素的影响而产生幅度过大的变化。③一定的平整度,以保证车辆安全舒适的行驶。④适当的抗滑能力,避免车辆行驶和制动时出现滑移危险。

(1)路面按材料常用分类:沥青混凝土路面、水泥混凝土路面、沥青贯入路面、沥青碎石路面、沥青表面处治路面、砂石路面等多种类型。

(2)路面按力学常用分类:在路面结构设计时,主要依据路面结构在行车荷载作用下的力学特征,将路面分为柔性路面、刚性路面、半刚性路面3类。

(3)路面的结构:路面有单层式路面和多层式路面,目前等级道路一般采用多层式路面。多层式路面由面层、基层和垫层三部分组成,如图2-2-11所示。

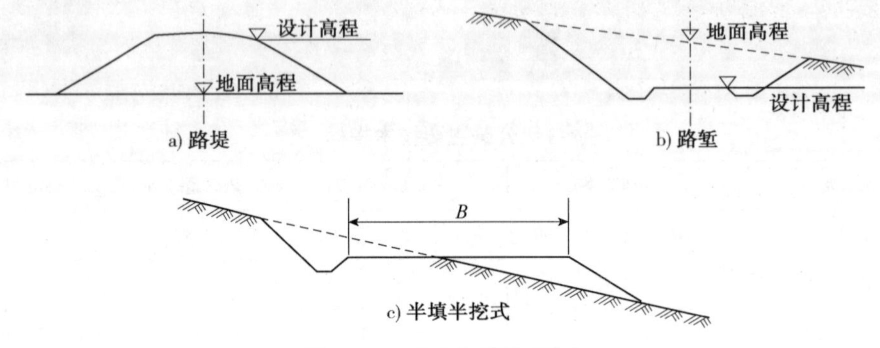

图2-2-10 路基典型断面形式

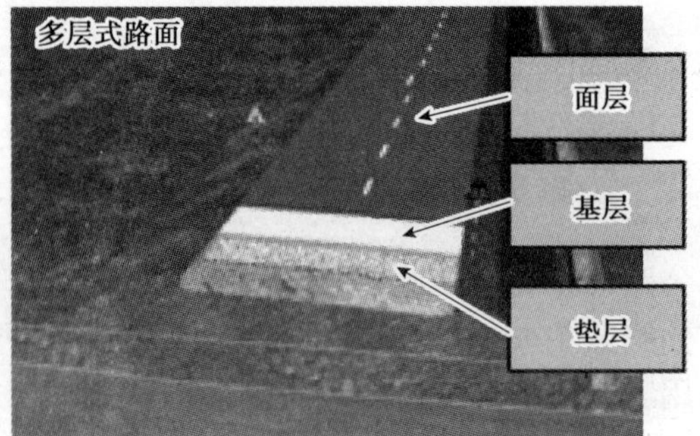

图2-2-11 路面结构示意图

3.桥涵

公路跨越江、河、铁路、沟谷和其他障碍物时所使用的结构物统称为桥涵。其中,当结构物为单孔,跨径 L_0>5m,或结构物为多孔,跨径 L_0>8m的称为桥梁,如图2-2-12a)所示。如果跨径小于以上条件时,则结构物称为涵洞,如2-2-12b)所示。

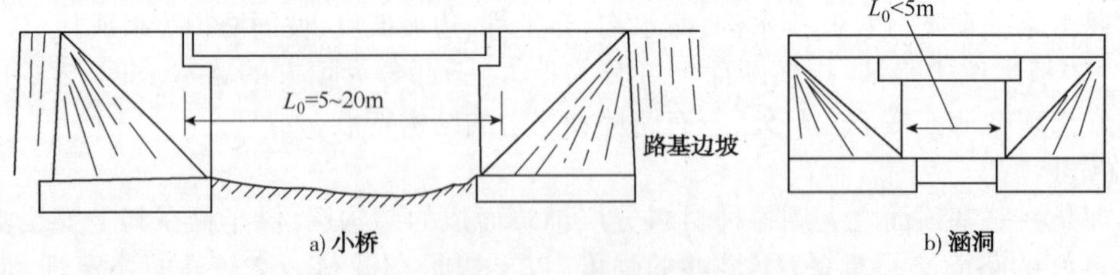

图2-2-12 桥梁和涵洞

桥梁的设置,尤其是特大、大桥的设置应根据公路的功能和等级,结合地形、河流水文、河床地质、通航要求等综合考虑,如图2-2-13和图2-2-14所示。

图 2-2-13 苏通长江公路大桥

图 2-2-14 世界最大跨的上承式拱桥支井河大桥

公路桥涵的分类依据有单孔跨径 L_0 或多孔跨径 L 两个指标。桥涵的分类标准见表 2-2-3。

公路桥涵分类 表 2-2-3

桥涵分类	多孔跨径总长 L(m)	单孔跨径 L_0(m)	桥涵分类	多孔跨径总长 L(m)	单孔跨径 L_0(m)
特大桥	$L>1000$	$L_0<150$	小 桥	$8\leqslant L\leqslant 30$	$5\leqslant L_0<20$
大 桥	$100\leqslant L\leqslant 1000$	$40\leqslant L_0<150$	涵 洞	—	$L_0<5$
中 桥	$30<L<100$	$20\leqslant L_0<40$			

4.隧道

公路穿过山岭、置于地层内或地面下的结构物叫隧道。尤其在山区,隧道占得比例很大。高速公路的隧道,为避免双向行车在一个隧道内断面过大,不利于安全,必须设计成上下行分开成两条隧道的形式,如图 2-2-15 所示。

a) 高速公路隧道

b) 设计独特的终南山隧道

图 2-2-15 隧道

(1)公路隧道的分类:公路隧道按长度(L)分为 4 类:$L>3000$m 为特长隧道;当 $3000\text{m}\geqslant L>1000$m 为长隧道;$1000\text{m}\geqslant L>500$m 为中隧道;$L\leqslant 500$m 为短隧道。

(2)公路隧道的设计:应根据公路功能和发展的需要,并遵循安全、经济、利于保护生态环境的原则,结合地形、地质、施工、运营管理等条件进行设计。隧道的位置必须选在地质稳定的地带,无法避免破碎带时应尽可能垂直通过。隧道的坡度应根据施工时渗水、坑口排水及通风排气等因素设计。

三、高速公路

我国《公路工程技术标准》(JTG B01—2014)规定:高速公路是为专供汽车分向分车道

行驶并应全部控制出入的多车道公路，一般能适应的年平均昼夜小客车交通量在15000辆以上。

1.高速公路的功能特征

与一般的公路相比，高速公路在功能上具有以下特征：

(1)实行交通限制。主要是指对行驶在高速公路的车辆种类及车速的限制。

(2)实行分隔行驶。对不同方向行驶的车辆采用中央分隔带隔开；对同方向行驶的车辆通过设置两条以上车道的方法来分隔同向行驶的快慢车或进行超车。

(3)行车速度高，通行能力大。我国的高速公路最高时速，各省根据道路所处地域的地形、海拔等自然条件不同而有不同的规定，一般在80~120 km/h之间。由于实行了交通限制和分隔行驶，行驶在高速公路的车辆速度快、相互干扰小，所以高速公路的通行能力远大于一般公路。

(4)立体交叉。原则上高速公路与一切道路相交时都设置为立体交叉。

(5)严格控制出入，实行全“封闭”。对进出高速公路的车辆加以严格控制，禁止非机动车和行人上路，通常通过匝道出入口对进入高速公路的车流量进行控制。

(6)高速公路线路采用较高的技术标准设计建设，沿线还设有完善的安全、服务、交通控制与管理等设施。

2.高速公路的沿线设施

高速公路沿线设施包括交通安全设施、服务设施、绿化设施等，是保证高速行车安全和调节驾驶员和乘客疲劳、方便旅客、保护环境不可缺少的重要组成部分。

1)交通安全设施

①防护栅：设在公路两侧及中央带的设施，用以防止高速公路车辆驶出车道或者闯入对向车道，使对乘客的伤害及车辆的损坏减少到最小。防护栅通常有刚性护栏和柔性护栏两类。刚性护栏多用混凝土、石料等制成防护壁形式，如混凝土栏杆、箱形梁式护栏等；柔性护栏包括钠导轨、钢缆等。防护栅既能挡住对向冲过来的车辆，又能对冲出防护栅的车辆有缓冲作用(如图2-2-16)。

②防眩设备：高速公路可采用植树防眩(既防眩光又美观，树木可以是常青树，树木之间植以草皮)或采用百叶板式和金属网式防眩栅等(如图2-2-17)。

③防噪声设施：通常采用的防噪设施有遮音壁、遮音堤、遮音林带等(如图2-1-18)。

图2-2-16　防护栅

图2-2-17　百叶防眩板

图2-2-18　遮音壁

④照明设施：高速公路的照明费用较高，一般郊外不设置照明，只有接近市区和所有立体交叉处才采用全照明或局部照明。

⑤道路标志标线：标志标线是高速公路最重要的安全管理设施之一。其内容务必简捷、直

观、清楚、明了、易读，使驾驶员在高速行驶中对标志标线表达的内容能做出准确的判读。

道路交通标志是用文字或符号传递引导、限制、警告或指示信息的交通安全设施。高速公路交通标志如图 2-2-19。

道路交通标线作用是管制和引导交通，可以与标志配合使用，也可单独使用。图 2-2-20a）、b）分别显示了高速公路标线对不同车速车辆的引导和对出服务区匝道车辆的引导。

a)

b)

c)

图 2-2-19　高速公路交通标志

a)

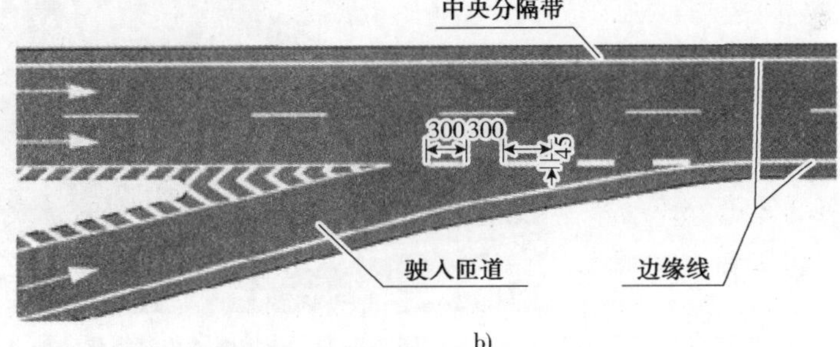

b)

图 2-2-20　高速公路交通标线

2）服务设施

服务设施包括服务区（加油站、休息室、小卖部、厕所等）、停车区（停车场、电话等）和辅助设施（养路站、园地等）。当高速公路收费管理时，还需要建收费站。

3）绿化设施

高速公路绿化有减噪、防护边坡、美化周围环境的效果，因此高速公路的线形与构造物应特别注意与周围优美景观及生态环境的协调，尽量减少施工痕迹或通过和谐的修复与绿化恢复天然景观。

中央分隔带应种植高约 1.2～1.4m 的常绿树木，既美化了路容，又可避免对向汽车灯光眩目，如图 2-2-21。但在弯道内侧种树时，不得妨碍行车视距的要求。两侧的边坡尽量设计成绿化防护，种植风景林和防护林，如图 2-2-22。

3.中国高速公路网络

2004 年国务院批准《国家高速公路网络规划》，明确国家高速公路网由 7 条首都放射线、9 条南北纵线和 18 条东西横线组成，总规模约 8.5 万公里，简称为“7918”网。鉴于此规划仍面临覆盖范围不全面、运力和网络效率仍不能适应中国经济的快速发展，2013 年 6 月国务院批准了《国家公路网规划（2013 年—2030 年）》，明确至 2030 年国家高速公路网由 7 条首都放射线、11 条北南纵线、18 条东西横线，以及 6 条地区环线、并行线、联络线等组成，总规划约 11.8 万 km，见图 2-2-23。

图 2-2-21 中央绿化带

图 2-2-22 边坡喷播植草绿化防护

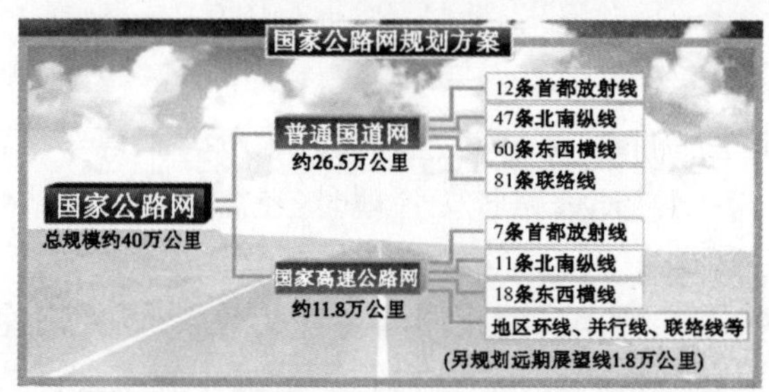

图 2-2-23 国家公路网规划(2013 年—2030 年)

(1)首都放射线(7 条)：北京—哈尔滨、北京—上海、北京—台北、北京—港澳、北京—昆明、北京—拉萨、北京—乌鲁木齐。

(2)北南纵线(11 条)：鹤岗—大连、沈阳—海口、长春—深圳、济南—广州、大庆—广州、二连浩特—广州、呼和浩特—北海、包头—茂名、银川—百色、兰州—海口、银川—昆明。

(3)东西横线(18 条)：绥芬河—满洲里、珲春—乌兰浩特、丹东—锡林浩特、荣成—乌海、青岛—银川、青岛—兰州、连云港—霍尔果斯、南京—洛阳、上海—西安、上海—成都、上海—重庆、杭州—瑞丽、上海—昆明、福州—银川、泉州—南宁、厦门—成都、汕头—昆明、广州—昆明。

第二节 道路车辆

目前道路车辆主要指的是各类汽车，在三级公路、四级公路，尤其是在乡村道路上还包括拖拉机、农用车、畜力车、人力车等。

一、汽车概述

1.汽车定义

汽车是指以汽油、柴油、天然气等为燃料或者以电池、太阳能等为新型能源，且由发动机提供动力的运输工具。

2.汽车分类

汽车分类的方式多种多样，按道路行驶条件分为公路用汽车和非公路用汽车，按所用动力装置分为汽油机汽车、柴油机汽车、电动汽车、太阳能汽车等，按用途一般分为轿车、客车、载货汽车、牵引车、专用运输车和特种车等。

随着汽车工业的发展，为了与国际通行标准衔接，依据国际标准（ISO 3833），我国也重新制定了有关汽车分类的标准《汽车和挂车类型的术语和定义》（GB/T 3730.1—2001）。该标准分别定义了汽车、挂车和汽车列车 3 个术语，并将汽车分为乘用车和商用车两大类。

（1）乘用车。乘用车是指在其设计和制造上主要用于载运乘客及其随身行李和/或临时物品的汽车，包括驾驶人座位在内最多不超过 9 个座位，它也可以牵引一辆挂车。乘用车可分为普通乘用车、活顶乘用车、高级乘用车、小型乘用车、敞篷车、仓背乘用车、旅行车、多用途乘用车、短头乘用车、越野乘用车和专用乘用车（如旅居车、防弹车、救护车等）11 类，其中前 6 类即为俗称的轿车。

（2）商用车。商用车包括客车、货车和半挂牵引车 3 类。客车可分为小型客车、城市客车、长途客车、旅游客车、铰接客车、无轨客车、越野客车和专用客车。货车分为普通货车、多用途货车、全挂牵引车、越野货车、专用作业车和专用货车。半挂牵引车则是指装备有特殊装置用于牵引半挂车的商用车。

图 2-2-24 为各种类型的汽车。

3.汽车参数

（1）整车整备质量：俗称自重，是指汽车在加满燃料、润滑油、冷却液及其他工作液，带齐随车工具、备胎等，不载人、不装货时的质量。

（2）载质量（或载客量）：是指汽车额定的装货质量或额定的载人数量。

（3）汽车总质量：是指汽车在满载情况下的最大总质量，是汽车的整备质量加上最大装载质量。

（4）轴荷：又称轴重，是指汽车静止时前、后轴所承受的载荷，分为前轴荷和后轴荷。

汽车主要尺寸参数包括总长（A）、总宽（B）、总高（C）、轴距（D）、轮距（E）、前悬长（F）、后悬长（L）、接近角（α）、离去角（β）等，如图 2-2-25 所示。

a)奥迪A7乘用车(轿车)

b)宇通ZK6119H客车

c)解放J6货车

d)东风加油专用汽车

e)半挂牵引车

f)中国重汽自卸汽车

g)梁山亚隆挂车

h)沃尔沃FH16汽车列车

图 2-2-24　各种类型的汽车

4.我国汽车产品编号

根据我国《汽车产品型号编制规则》(GB 9417—88),汽车产品型号由企业名称代号、汽车类别代号、主参数代号、产品序号、企业自定代号五部分组成,如图 2-2-26 所示。对于专用汽车及专用半挂车还应增加专用汽车分类代号。

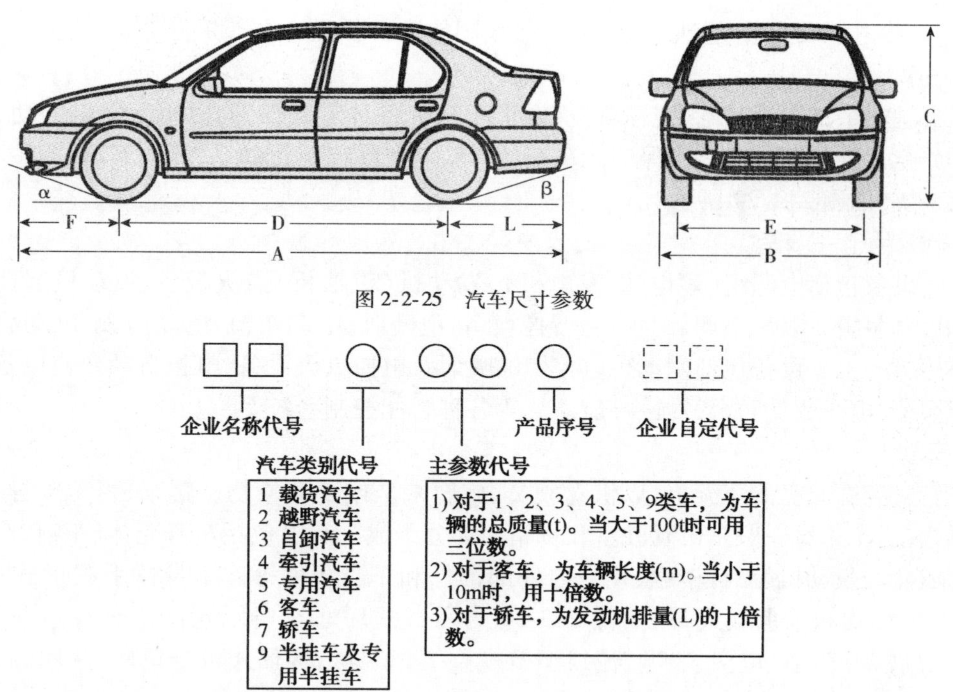

图2-2-25　汽车尺寸参数

图2-2-26　我国汽车产品型号

二、汽车构造

汽车由发动机、底盘、车身和电气与电子设备四大部分组成，如图2-2-27所示。

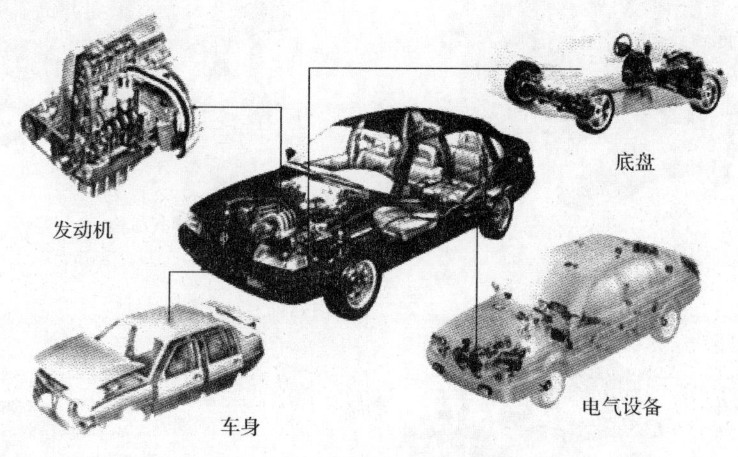

图2-2-27　汽车基本组成示意图

1.发动机

发动机是一种能够把其他形式的能转换为机械能的机器，主要包括内燃机和外燃机。

汽车发动机主要采用内燃机(如图2-2-28所示)，是汽车行驶的动力源。内燃机按使用燃料的不同主要分为汽油机、柴油机和其他燃料的内燃机。

汽车其他形式的动力装置还包括燃气轮机、斯特林发动机(外燃式发动机)、氢气燃料动力装置、车载电源动力装置、混合动力装置、太阳能动力装置等。

2.底盘

底盘是整个汽车的基础,支撑着发动机、车身等各种零部件,同时将发动机的动力进行传递和分配,使汽车产生运动,保证汽车正常行驶。底盘包括传动系、行驶系、转向系和制动系四大系统,如图 2-2-29 所示。

3.电气与电子设备

电气设备包括电源组(蓄电池、发电机)、发动机(汽油机)点火设备、发动机起动设备、照明和信号装置、仪表、空调、刮水器、音像设备、电喇叭、电动车窗、电动门锁、电动后视镜、电动座椅等。电子设备包括发动机电控燃油喷射及电控点火设备、电控自动变速设备、电子防抱死系统、电子驱动防滑系统、导航系统等各种智能控制系统。

4.车身

车身安装在底盘的车架上,以供驾驶员、旅客乘坐或装载货物。轿车、客车车身一般是整体结构,货车车身一般是由驾驶室和货箱两部分组成。车身包括车身壳体、车窗、车门、驾驶舱、乘客舱、发动机舱、行李舱、车身内外部饰件和车身附件等。车身按承载形式可分承载式、非承载式和半承载式车身,图 2-2-30 为承载式轿车车身示意图。车身造型经不断演变和发展,有厢型、鱼型、船型、流线型及楔型等,车身结构形式可分单厢、两厢和三厢等形式。

a)内燃机实物　　b)内燃机模型

图 2-2-28　车用内燃机

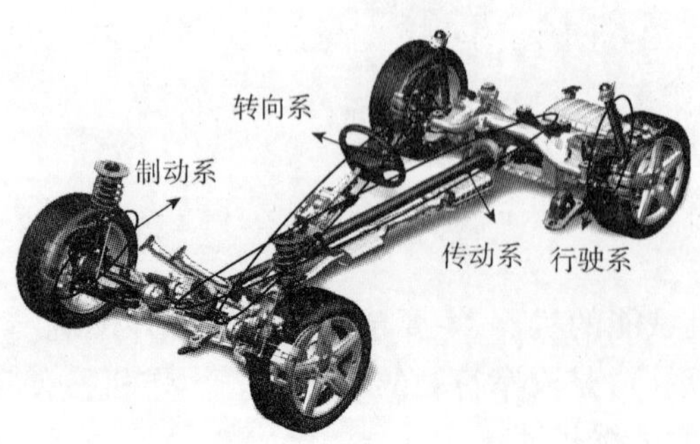

图 2-2-29　汽车底盘示意图

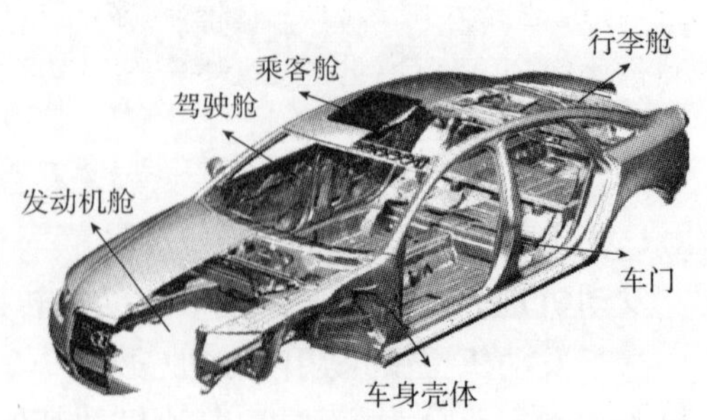

图 2-2-30　承载式轿车车身示意图

在一定使用条件下，汽车以最高效率工作的能力，称为汽车使用性能，它是决定汽车利用效率和方便性的结构特性表征。通常评定汽车的性能主要有动力性、燃油经济性、制动性、操纵稳定性、平顺性以及通过性等。

1.动力性

动力性是汽车首要的使用性能。汽车动力性是汽车克服行驶中的各种阻力，驱动汽车前进的性能。动力性是汽车各种性能当中最基本、最重要的性能之一。汽车的动力性直接影响汽车的平均速度，因而对汽车的运输效率有决定性的影响。汽车动力性主要用三个指标进行评价：最高车速、加速时间和最大爬坡度。

2.燃油经济性

汽车在一定的使用条件下，以最小的燃料消耗量完成运输工作的能力称为汽车的燃料(油)经济性。汽车的燃料经济性是汽车主要使用性能之一。汽车的燃料经济性常用一定工况下汽车行驶百公里的燃料消耗量或一定燃料能够使汽车行驶的里程作为评价指标。我国燃油经济性的评价指标为汽车行驶 100km 的燃料消耗量，单位为 L/100km，称为百公里耗油量。

3.制动性

汽车的制动性是指汽车在行驶过程中，按需要强制减速直至停车，或在下长坡时维持一定行驶速度的能力。汽车具有良好的制动性，是保证汽车行驶安全的需要，也是汽车动力性得以很好发挥的前提。汽车制动性主要包括 3 方面的评价：制动效能(用制动减速度和制动距离来评价)、制动效能的恒定性和制动时方向的稳定性。

4.操纵稳定性

汽车的操纵稳定性是指在驾驶者不感到过分紧张、疲劳的条件下，汽车能遵循驾驶者的操作按给定的方向行驶，且当遭遇外界干扰时，汽车能抵抗干扰而保持稳定行驶的能力。汽车操纵稳定性涉及的问题较为广泛，可以采用主观评价和客观评价的方法。

5.平顺性

汽车的行驶平顺性也称为乘坐舒适性，是指汽车在行驶过程中保持乘员所处的振动环境具有一定舒适度的能力。对于货车而言，还应包括保持货物完好的能力。平顺性主要讨论的是乘员处在振动环境中的反应，同样可以有主观评价和客观评价的方法。

6.通过性

汽车的通过性也称越野性，是指汽车能以足够高的平均车速通过各种坏路和无路地带(如松软地面、凸凹不平地面等)以及各种障碍(如陡坡、侧坡、壕沟、台阶等)的能力，可以分为支承通过性和几何通过性。汽车的通过性主要取决于地面的物理性质及汽车的结构参数和几何参数(如最小离地间隙、接近角、离去角、转弯半径、横向和纵向通过半径等)。

7.其他性能

以上 6 个方面的性能是基于汽车专业角度，而日常生活中还会经常涉及汽车的安全性、机动性、装卸方便性、环保性能、可靠性和耐久性等。

第三章　路政管理和运政管理

我国对道路实行路政管理和运政管理，其目的是保证道路完好、安全、畅通，维护道路运输市场秩序。路政管理和运政管理是道路运输安全、有序进行的有力保障。

第一节　我国公路管理体制的现状

1.总体情况

我国公路现行的公路管理体制是"统一领导、分级管理"，已经形成中央、省、地、县四级较为健全的公路管理体系。其基本模式是：

(1)交通运输部主管全国公路工作，主要从法律法规、宏观政策、国道规划、技术标准和业务上指导各地的公路工作。

(2)省、自治区、直辖市人民政府设立交通运输厅(局、委)，负责辖区内公路的建设、养护和管理，具体管理工作由交通运输厅(局、委)下设的公路局(处)、高速公路管理局等机构负责。

(3)各地市以下机构基本与省级机构对应设置，地市级、县级政府设交通运输局，在地市级交通运输局下设公路总段(局、分局、处)。

(4)县级设公路段(局、分局、站)。部分乡镇政府还设有交通运输管理站(所)，业务上接受县交通运输局领导。

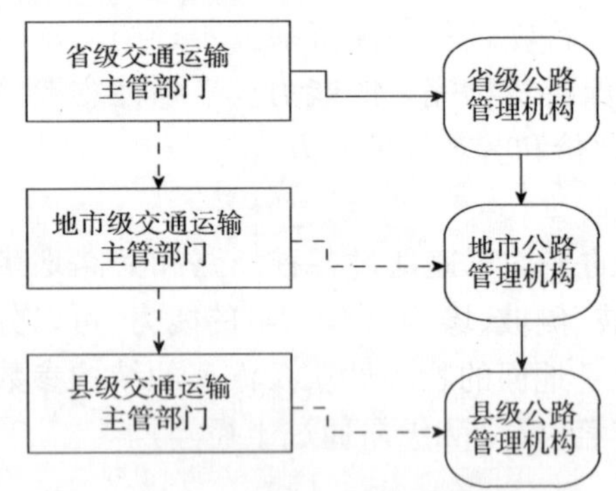

图 2-3-1　普通国省干线公路的条条管理模式

注：图中实线表示直属管理，虚线表示行业指导，无行政隶属关系。

2.国道和省道干线公路的管理体制

国道和省道(不包括高速公路)的建设、养护和管理的事权均以地方为主，但是各省(直辖市、自治区)的管理体制差别较大。按照省(直辖市、自治区)、地市与县公路管理机构之间的关系，全国国道和省道干线公路管理体制有条条模式、块块模式、条块结合模式 3 种形式。

(1)条条模式(图 2-3-1)：指省级公路管理机构直接负责国道、省道及部分重要县道的建设、养护和其他管理的模式。地市公路总段(局、分局、处)、县公路段(局、分局、站)的人、财、物由省公路局实行垂直管理。县乡道路以地(市)交通运输局为主实施规划、设计、建设和养护管理，省公路局给予技术指导和一定的资金补助。

(2)块块模式(图 2-3-2)：指省交通运输厅公路局只是在业务上对各地市公路管理机构实施归口管理和指导的模式。地市公路管理机构的人、财、物均受各地市交通运输局管理。

地市以下的公路管理体制由各地市人民政府确定，一般来说包括垂直管理和条块结合管理两种。

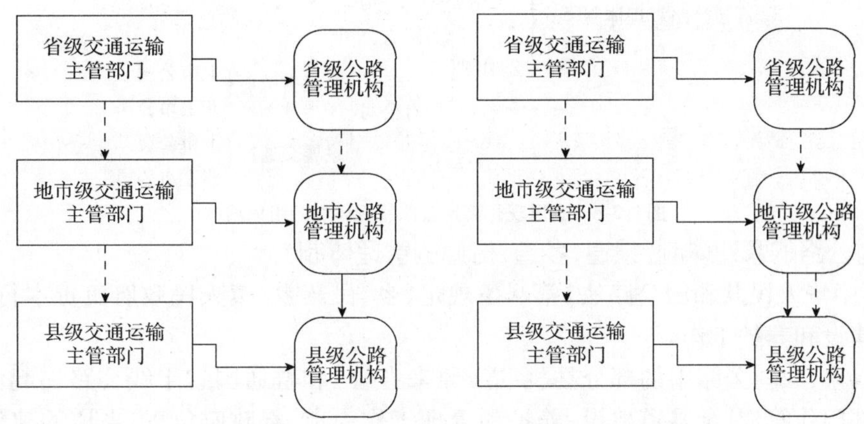

图 2-3-2　普通国省干线公路的块块管理模式

注：图中实线表示直属管理，虚线表示行业指导，无行政隶属关系。

(3)条块结合模式(图 2-3-3)：指省公路管理部门将国省干线公路的管理权下放到地市，但计划和财权仍在省公路管理机构的管理模式。地市公路管理部门包括人事权在内的行政领导权归属当地政府。县乡公路仍由地市、县交通运输主管部门负责。根据地市公路管理机构与县公路管理机构的关系，又可分为两种管理模式：一是地市公路管理机构对县公路管理机构实施计划、财权的管理，人事权则归属当地政府主管部门；二是地市公路管理机构对县公路管理机构的人、财、物实行垂直管理。

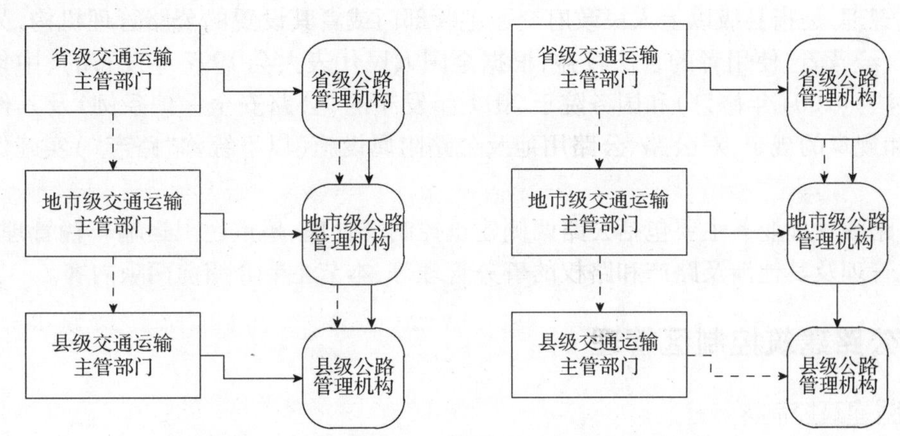

图 2-3-3　普通国省干线公路条块结合管理的两种模式

注：图中虚实线表示条块结合管理，实线表示直属管理，虚线表示行业指导。

3.高速公路的管理体制

我国高速公路管理的模式呈现多样化，各省采用的模式不完全相同，同一省份也存在多种形式。目前主要是以国有公路集团公司和高速公路管理局为主体，以非国有公司和上市公司为补充，多种模式并存的体制。

目前我国高速公路的管理模式如图 2-3-4 所示。

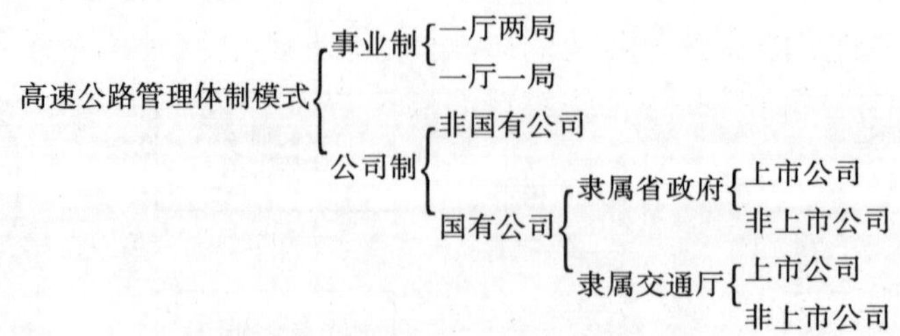

图 2-3-4　我国现行高速公路管理体制的组成结构

4.农村公路的管理体制（县道、乡道、村道的管理体制）

依据《中华人民共和国公路法》第八条规定，乡、民族乡、镇人民政府负责本行政区域内的乡道的建设和养护工作。

长期以来，农村公路中的部分县、乡道（原来省管）和普通国省干线公路一起由地市、县公路管理部门代管，其余县道建设、养护和管理工作由市、县政府负责，乡道的建设、养护和管理由乡镇政府负责。有些省份为了加强对农村公路的行业管理，在省公路机构专门设立农村公路管理处（科）或称地方道路管理处（科）。尽管我国村道总里程在公路网中占了很大比重，但是由于《中华人民共和国公路法》颁发时没有明确其身份，村道主要还是由村委会负责建设，养护工作局限于群众突击和季节性养护，路政管理也基本未开展。

第二节　公路路政管理

路政管理，是指县级以上人民政府交通主管部门或者其设置的公路管理机构，为维护公路管理者、经营者、使用者的合法权益，根据全国人民代表大会 1997 年发布的《中华人民共和国公路法》（2004 年修订）和国务院于 2011 年发布的《公路安全保护条例》及其他有关法律、法规和规章的规定，对公路、公路用地及公路附属设施（以下统称“路产”）实施保护的行政管理。

公路路政管理业务主要包括公路两侧建筑控制区管理、超重超限运输车辆管理、公路费收与税收管理及其他涉及路产和路权的事务管理等，本节主要介绍前两项内容。

一、公路建筑控制区管理

1.公路建筑控制区

公路建筑控制区（如图 2-3-5）是指根据法律规定在公路两侧一定的范围内禁止修建永久性建筑物和构筑物，原有的建筑物和构筑物不得扩建，埋设管线、电缆及修建临时性工程设施应经交通主管部门批准的划定区域。

公路建筑控制区和公路用地不同。公路用地是指公路两侧边沟（或者截水沟）以外不少于 1m 范围以内的公路实际占用的土地，是公路路产的一部分，属于国家建设用地，在公路建设之初已先行征为国有。而公路建筑控制区则是公路两侧对建筑物和构筑物建设进行控制管理的区域，对土地所属性质未加限制（即权属性质不变）。

2.公路建筑控制区的范围

公路建筑控制区的范围是指公路两侧边沟外缘以外禁止修建固定筑物和地面构筑物区域的水平宽度。它不仅要对一般建筑物和地面构筑物规定范围，对规划和新建的村镇、开发区也应规定范围。

图 2-3-5　公路建筑控制区

按《中华人民共和国公路法》和《公路安全保护条例》规定，公路建筑控制区范围从公路用地外缘起向外的距离标准为：国道不少于 20m；省道不少于 15m；县道不少于 10m；乡道不少于 5m。

高速公路的公路建筑控制区范围从公路用地外缘起向外的距离标准不少于 30m。

新建、改建公路的建筑控制区的范围，应自公路初步设计批准之日起 30d 内，由公路沿线县级以上地方人民政府依照《公路安全保护条例》划定并公告。

二、超限超重运输车辆的管理

1.超限运输与超重运输

我国对超重与超限运输车辆管理的法规依据和管理部门不同：

1）超重运输

超重货物运输是指实际装载的货物质量超过核定载重质量的运输车辆在公路运营的情况。

我国超重运输管理由公安交通管理部门负责实施，超重运输车辆的界定主要依据《中华人民共和国道路交通安全法》和《公路交通安全保护条例》的相关规定。公安交管部门根据国家标准和实际车辆的技术条件核定营运车辆是否超重并对其进行管理。

超重管理的主要目的是从汽车性能和行车安全角度出发，保证车辆的各项动力性能和承载性能，防止由于车辆原因造成交通事故，保护人民生命财产安全。

2）超限运输

超限货物运输是指装载货物的高度和宽度，超过相关法规规定限制的运输车辆在公路运营的情况。

我国超限运输管理由交通运输部门的路政机构负责实施，对于超限车辆的界定主要依据《中华人民共和国公路法》的相关规定。

图 2-3-6 所示为超载超限检测站。

2.超限超重对公路运输的影响

近年来，我国道路运输车辆超重现象极为普遍，有些严重的地区几乎所有的货运车辆都存在不同程度的超重运输行为。有的超重比例非常高，一辆汽车甚至装得比一个火车车皮还要多。车辆超限超重运输对交通安全、运输市场及汽车生产秩序造成了极大危害，而对道路的危害主要涉及车道宽度、桥涵高度和强度、路面磨损等具体问题(图 2-3-7、图 2-3-8)。

图 2-3-6　超载超限检测站

图 2-3-7　超高车撞坏涵洞

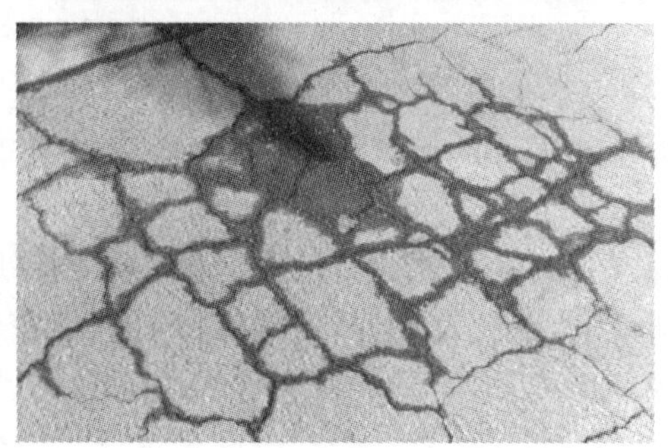

图 2-3-8　超重车压坏路面

第三节　道路运政管理

道路运政管理包括公路和城市道路的运政管理。其目的是为了维护道路运输市场秩序，保障道路运输安全，保护道路运输有关各方当事人的合法权益，促进道路运输业的健康发展。

我国道路运政管理由交通运输部门主管，各级运输管理机构具体负责，法规依据是《中华人民共和国道路运输条例》和交通运输部颁布的有关道路运输管理规定。

根据《中华人民共和国道路运输条例》规定，道路运政管理的范围包括道路客运管理、道路货运管理、道路运输相关业务管理 3 个方面。其中，道路运输相关业务包括站(场)经营、机动车维修经营、机动车驾驶员培训等。

一、道路客运管理

道路客运经营，是指用客车运送旅客、为社会公众提供服务、具有商业性质的道路客运活动，包括班车(加班车)客运、包车客运、旅游客运，分营业性和非营业性两种。

道路客运管理是指国家各级交通主管部门对道路客运经营的行政管理，主要任务包括道路客运市场需求管理和市场秩序管理两个方面。道路客运管理的法规依据是国务院 2004 年颁布的《中华人民共和国道路运输条例》(2012 年修订)和交通运输部颁布的《道路旅客运输及客运站管理规定》(2012 年修订)。

道路运输管理机构按其具体职能和任务不同,划分为决策层、中间层、执行层 3 个层次。以下从经营许可管理、客运车辆管理、客运经营管理、客运站经营管理、监督检查管理等方面进行介绍。

(一)经营许可管理

1.申请从事道路客运经营应具备的条件

(1)有与其经营业务相适应并经检测合格的客车。

(2)有符合从事客运经营的驾驶人员。

(3)有健全的安全生产管理制度,包括安全生产操作规程、安全生产责任制、安全生产监督检查、驾驶人员和车辆安全生产管理的制度。

(4)申请从事道路客运班线经营,还应当有明确的线路和站点方案。

2.申请从事客运站经营应具备的条件

(1)客运站经有关部门组织的工程竣工验收合格,并且经道路运输管理机构组织的站级验收合格。

(2)有与业务量相适应的专业人员和管理人员。

(3)有相应的设施、设备,具体要求按照行业标准《汽车客运站级别划分和建设要求》(JT/T 200—2004)的规定执行。

(4)有健全的业务操作规程和安全管理制度,包括服务规范、安全生产操作规程、车辆发车前例检、安全生产责任制、危险品查堵、安全生产监督检查的制度。

3.申请从事道路客运经营的途径

(1)从事县级行政区域内客运经营的,向县级道路运输管理机构提出申请。

(2)从事省、自治区、直辖市行政区域内跨两个县级以上行政区域客运经营的,向其共同的上一级道路运输管理机构提出申请。

(3)从事跨省、自治区、直辖市行政区域客运经营的,向所在地的省、自治区、直辖市道路运输管理机构提出申请。

4.申请从事客运站经营的途径

申请从事客运站经营的,应当向所在地县级道路运输管理机构提出。

(二)客运车辆管理

客运经营者应当依据国家有关技术规范对客运车辆进行定期维护,确保客运车辆技术状况良好。客运车辆的维护作业项目和程序应当按照《汽车维护、检测、诊断技术规范》(GB 18344—2001)等有关技术标准的规定执行。

客运经营者应当定期进行客运车辆检测,车辆检测结合车辆定期审验的频率一并进行。

机动车综合性能检测机构应当使用符合国家和行业标准的设施、设备,严格按照国家和行业有关营运车辆技术检测标准对客运车辆进行检测,如实出具车辆检测报告,并建立车辆检测档案。

县级以上道路运输管理机构应当定期对客运车辆进行审验,每年审验一次。

(三)客运经营管理

客运经营者应当按照道路运输管理机构决定的许可事项从事客运经营活动,不得转让、出租道路运输经营许可证件。

道路客运班线属于国家所有的公共资源。班线客运经营者取得经营许可后,应当向公众提供连续运输服务,不得擅自暂停、终止或者转让班线运输。

客运班车应当按照许可的线路、班次、站点运行,在规定的途经站点进站上下旅客,无正当理由不得改变行驶线路,不得站外上客或者沿途揽客。

客运经营者不得强迫旅客乘车,不得中途将旅客交给他人运输或者甩客,不得敲诈旅客,不得擅自更换客运车辆,不得阻碍其他经营者的正常经营活动。

严禁客运车辆超载运行。

(四)客运站经营管理

客运站经营者应当按照道路运输管理机构决定的许可事项从事客运站经营活动,不得转让、出租客运站经营许可证件,不得改变客运站用途和服务功能。客运站经营者应当维护好各种设施、设备,保持其正常使用。

客运站经营者和进站发车的客运经营者应当依法自愿签订服务合同,双方按合同的规定履行各自的权利和义务。

客运站经营者应当依法加强安全管理,完善安全生产条件,健全和落实安全生产责任制。客运站经营者应当对出站客车进行安全检查,采取措施防止危险品进站上车,按照车辆核定载客限额售票,严禁超载车辆或者未经安全检查的车辆出站,保证安全生产。

客运站经营者应当禁止无证经营的车辆进站从事经营活动,无正当理由不得拒绝合法客运车辆进站经营。

客运站经营者应当公布进站客车的班车类别、客车类型等级、运输线路、起讫停靠站点、班次、发车时间、票价等信息,调度车辆进站发车,疏导旅客,维持秩序。

(五)监督检查

道路运输管理机构应当严格按照法定职责权限和程序,对道路客运和客运站经营活动的监督检查。

道路运输管理机构及其工作人员重点在客运站、旅客集散地对道路客运、客运站经营活动实施监督检查。如管理需要,可以在公路路口实施监督检查,但不得随意拦截正常行驶的道路运输车辆,不得双向拦截车辆进行检查。

道路运输管理机构的工作人员实施监督检查时,应当有两名以上人员参加,并向当事人出示交通运输部统一制式的交通行政执法证件。

道路运输管理机构的工作人员可以向被检查单位和个人了解情况,查阅和复制有关材料。但应当保守被调查单位和个人的商业秘密。

道路运输管理机构的工作人员在实施道路运输监督检查过程中,发现客运车辆有超载行为的,应当立即予以制止,并采取相应措施安排旅客改乘。

二、道路货运管理

道路货物运输经营,是指为社会提供公共服务、具有商业性质的道路货物运输活动。道路货运包括营业性和非营业性两种。道路货运营业性活动包括货物的受理、仓储、运输、中转、装卸、交付等过程。

道路货运管理，是指国家交通主管部门对道路货运经营活动的行政管理，其核心内容是对道路货运市场进行管理，包括对货运市场的需求和监督管理。其中，交通运输部主管全国对道路货物运输和货运站的管理工作；县级以上地方人民政府交通运输主管部门负责组织领导本行政区域的道路货物运输和货运站管理工作。县级以上道路运输管理机构具体实施本行政区域的道路货物运输和货运站管理工作。

（一）道路货运类别

按行政管理类别，道路货运可分为道路普通货物运输、道路货物专用运输、道路大型物件运输、道路危险货物运输。

1.普通货物运输

普通货物运输是指在运输过程中没有特殊要求、无需采用特殊措施和方法的货物运输。而需要采用特殊措施和方法的货物运输，称为特种货物运输。

2.专用货物运输

专用货物运输是指使用集装箱、冷藏保鲜设备、罐式容器等专用车辆进行的货物运输、出租汽车货运、搬家货物运输等。

3.大型物件运输

交通部在1995年颁发的《道路大型物件运输管理办法》中规定，大型物件是指符合下列条件之一的货物：外型尺寸长度在14m以上或宽度在3.5m以上或高度在3m以上的货物；重量在20t以上的单体货物或不可解体的成组（捆）货物。

图2-3-9是一些大型物件和专用货物运输车。

图2-3-9　大型物件及专用货物运输车

4.危险货物运输

危险货物运输是指使用专用车辆，对按国家有关规定属于易燃、易爆、有毒、有腐蚀性、有放射性等危险货物，通过道路运输进行的经营或非经营性活动。

《道路危险货物运输管理规定》规定：凡从事营业性危险货物运输、装卸的经营业户和从事非经营性道路危险货物运输的企事业单位，都必须经设区的市级道路运输管理机构审查批准，除具备一般货物运输的开业条件外，还应具备危险货物运输的开业条件或运输条件。

（二）道路禁运、限运与凭证运输

1.道路禁运

道路禁运指货物是国家法令禁止流通或寄运的物品，如国家珍贵文物、武器、弹药、毒品等，没有国家监管部门的委托和批准任何道路运输单位和个人不能运输。

2.道路限运

道路限运指货物只能在限定的数量和区域内运输，一般有长期限运和临时限运两种类型。

3.道路凭证运输

道路凭证运输指货物是根据国家有关法规规定，须经指定的主管机关批准并出具证明方可运输，如剧毒品运输、爆炸品运输、烟草运输、麻醉药品运输等。

图 2-3-10 展示的是道路禁运、限运与凭证运输。

图 2-3-10　道路禁运、限运与凭证运输

（三）道路货运管理

与客运管理类似，道路货物运输的行政管理也包括经营许可管理、货运车辆管理、货运经营管理、货运站经营管理、监督检查管理等方面。各级交通管理部门都有直属的职能处室负责行使某一职能，具体管理内容可在交通运输部以及各省交通运输厅官方网站中查询。

各货运经营企业在国家运政机构的行政管理之下，按照科学的方法自行安排企业内部的生产组织，在多班运输、定点运输、定时运输、甩挂运输、集装箱运输和零担货物运输等多种方式中选择适宜的组织方式。

第四节　道路交通费收管理

道路费收管理包括公路与城市道路的费收管理，是指按照有关法律法规规定，经国家或省（自治区、直辖市）人民政府批准，由道路交通主管部门在向道路机动车所有者、使用者和道路运输企业提供道路交通基础设施并履行行政管理职能过程中所收取的有关费用。这些费用主要用于道路交通建设、维护、改造、更新和实行道路交通行政管理的专项资金。

目前,我国道路交通的费收主要有车辆通行费和车辆过渡费两种。

一、车辆通行费

车辆通行费是过路费、过桥费、过隧道费等的总称。

根据国务院2004年颁布的《收费公路管理条例》相关现定,车辆通行费是由收费站(如图2-3-11)向行驶通过收费道路、桥梁、隧道的机动车,按车型和里程(大型货车按计重收费)收取的费用,主要用于收费工程的偿还贷款,属于省级管理的交通规费。

a) 公路收费站

b) 桥梁收费站

c) 隧道收费站

图2-3-11　收费站

收费公路是我国改革开放后公路建设改革的新事物。收取车辆通行费是我国现阶段解决公路建设还贷问题的有效措施,对我国公路建设发展起了重要作用。但是,收费公路的建设必需符合国家规定,局限于高等级、上规模的公路和大型桥梁、隧道;收费站的设立必须按国家要求,由省级以上人民政府批准;收费时间以还清贷款为限,再长也不能超过国家规定年限;通行费由省级财政部门统一管理,必须用于收费公路的还贷和维修与管理。

1.设置收费站的条件

收费道路、桥梁、隧道的技术等级和规模符合以下条件之一时,可申请设置收费站:

(1)高速公路连续里程30km以上,但城市市区至本地机场的高速公路除外。

(2)一级公路连续单程50km以上。

(3)两车道的独立桥梁、隧道,长度800m以上;四车道的独立桥梁、隧道,长度500m以上。

等级为二级以下(含二级)的公路不得收费。

2.收费站的设置审批

各类收费站的设立必须由省级以上的人民政府批准。

(1)本地区公路收费站设置,应报经本省、自治区、直辖市人民政府审查批准。

(2)跨省、自治区、直辖市公路收费站的设置,应与有关省、自治区、直辖市人民政府协商确定;协商不成的,由国务院交通主管部门决定。

(3)同一收费公路由不同的交通主管部门组织建设或者由不同的公路经营企业经营的,按照"统一收费、按比例分成"的原则统筹规划,合理设置收费站。

3.收费站的位置和间距

收费站的位置和间距必须按国家规定,符合以下要求:

(1)高速公路以及其他封闭式的收费公路,除两端出入口外,不得在主线上设置收费站;但是,省、自治区、直辖市之间确需设置收费站的除外。

(2)非封闭式的收费公路的同一主线上,相邻收费站的间距不得少于50km。

4.车辆通行费的征收对象

车辆通行费征收对象为通行收费公路(含收费桥梁和隧道)的所有机动车辆。

5.车辆通行费的免收对象

车辆通行费的免收对象为军队车辆、武警部队车辆、公安机关在辖区内收费公路上处理交通事故、执行正常巡逻任务和处置突发事件的统一制式警车、经国务院交通主管部门或者省(自治区、直辖市)人民政府批准执行抢险救灾任务的车辆、进行跨区作业的联合收割机和运输联合收割机(包括插秧机)等。

6.通行费的收费期限

通行费的收费期限由省、自治区、直辖市人民政府按照下列标准审查批准。

(1)政府还贷公路的收费期限,按照用收费偿还贷款、有偿集资款的原则确定,最长不得超过15年。中西部省、自治区的政府还贷公路最长不得超过20年。

(2)经营性公路的收费期限、按照收回投资并有合理回报的原则确定,最长不得超过25年。中西部省、自治区的经营性公路收费期限,最长不得超过30年。

(3)转让政府还贷公路收费权,可以向省级人民政府申请延长收费期限,但延长的期限不得超过5年。转让经营性公路权益中的收费权,不得延长收费期限。

二、车辆过渡费

我国的车辆过渡费是指由交通主管部门,向乘渡船过渡口的车辆,按车型和吨位收取的属于省级管理的交通规费,主要用于公路渡口以渡养渡的经费开支。根据1990年交通部颁布的《公路渡口管理规定》,车辆过渡费的收费标准可根据各省内规定渡口的等级而定。

第四章　城市道路交通

城市交通是承担城市所需的运输任务的各交通方式的统称。各方式之间的衔接转换与协调配合,构成城市综合交通体系。城市交通常分为城市内部交通与对外交通。

城市内部交通,是指人和物的运动的发生与终止均产生于城市内部的交通,由城市中构建的综合交通体系共同承担。

对外交通,是指城市与该城市以外地区之间的交通,由设在市区内的市际交通设施,如铁路站场、港口码头、机场、长途客货运车站及出入城市的道路系统对城市交通产生影响。

目前,城市交通运输主要由城市道路系统和轨道系统承担。城市轨道交通已在第一篇相关章节介绍。本节主要介绍构成城市道路交通运输系统的重要组成部分,包括城市道路交通网络(城市道路、城市步行系统、城市道路交叉口、城市道路网布局、城市停车设施、城市交通管理设施)、城市交通方式和交通工具与城市交通规划、设计与管理。

第一节　城市道路交通网络

一、城市道路

城市道路是指城市中由专业部门建设和管理、在城市中组织生产和安排生活所必需的车辆、行人往来的各类各级道路的统称。它是连接城市各中心区、各类生产和生活聚集区、对外交通枢纽以及文化教育、风景游览、体育运动活动场所,并与郊区公路、铁路场站、港口码头、航空机场相贯通的交通纽带,也是布置城市公共管线、街道绿化和划分街区的基础,是组织城市交通运输的重要基础设施和组成部分。

根据《城市道路工程设计规范》(CJJ 37—2012),城市道路应按道路在道路网中的地位、交通功能以及对沿线的服务功能等,分为快速路、主干路、次干路和支路 4 个等级。

1.快速路

快速路(图 2-4-1)是采用中央分隔、全部控制出入、控制出入口间距及形式,单向设置不应少于两条车道,并设有配套的交通安全与管理设施的道路。快速路两侧不应设置吸引大量车流、人流的公共建筑物的出入口。

2.主干路

主干路是连接城市各主要分区,机动车和非机动车分道行驶的以交通功能为主的道路,如图 2-4-2。

3.次干路

次干路是与主干路结合组成干路网,以集散交通的功能为主,兼有服务功能的道路,如图 2-4-3。

a) 平地式

b) 高架式

图 2-4-1 城市快速路

4.支路

支路是联系各居住区、工业区，直接与两侧建筑出入口相接，解决局部地区交通，以服务功能为主的道路，如图 2-4-4。

图 2-4-2 城市主干路

图 2-4-3 城市次干路

图 2-4-4 城市支路

各级城市道路的设计速度应符合表 2-4-1 的规定。

各级道路的设计速度 表 2-4-1

道路等级	快速路			主干路			次干路			支路		
设计速度(km/h)	100	80	60	60	50	40	50	40	30	40	30	20

二、城市步行系统

步行是人们重要的出行方式，为了方便人们出行和保障出行安全，在道路系统中由人行道、人行横道、人行天桥、人行地道、步行街和步行道、城区中山边、林边和水边修建的绿道，与城市中的各类集散广场等构成完整的城市步行系统。

步行交通设施应符合无障碍交通的要求，规划步行交通系统时应以步行人流的流量、流向为基本依据，因地制宜，保障行人的交通安全性和连续性。

各步行设施的设置要求如下：

1.人行道

人行道指道路中用路缘石或护栏及其他类似的设施加以分隔，专供行人通行的道路。人行道的标高一般高于机动车道，按照行人通行的需要，沿人行道常栽有行道树、设置公共交通停靠站和停车亭等设施，人行道中还常设有供盲人行走的盲道。人行道实际净宽度最小不得小于 1.5m，如图 2-4-5 所示。

2.人行横道

人行横道是在机动车道中设置的专供行人横穿道路，用标线划定的为行人过街的地方。在人行横道行人有先行权，按《中华人民共和国道路交通安全法》第 47 条规定，机动车经过人行横道时应减速行驶，遇行人正在通过人行横道时应停车避让。

在城市的主干路和次干路的路段上，人行横道或过街通道的间距宜为 250~300m；当道路宽度超过 4 条机动车道时，人行横道应在车行道的中央分隔带或机动车道与非机动车道之间的分隔带上设置行人安全岛，如图 2-4-6 所示。

图 2-4-5　人行道

图 2-4-6　人行横道和行人安全岛

3.人行天桥及地道

人行天桥及地道是当单位时间横穿道路的行人数量超过相关规定时，为避免冲突，而将人流和车流彻底分离的立体交通设施，见图 2-4-7 和图 2-4-8。

图 2-4-7　长沙司门口人行天桥

图 2-4-8　南昌八一大道上人行地道

三、城市道路交叉口

城市中道路与道路相交的部分称为道路交叉口，是城市道路相交的节点，是路网中最容易产生延误和拥堵的关键部位。城市道路交叉口主要分为平面交叉和立体交叉两种类型。

1.平面交叉

平面交叉是指各相交道路中心线在同一高程相交的路口，如图 2-4-9 所示。平面交叉的形式取决于道路系统规划、交通量、交通性质和交通组织，以及交叉口用地和周围建筑的布局，常见形式有十字形、X 形、T 形、Y 形、错位交叉和复合交叉等几种。

2.立体交叉

立体交叉是利用跨线构造物使道路与道路或道路与铁路在不同高程处相互交叉的连接方式,简称立交桥。其特点是各相交道路上的车流互相不干扰,可以各自保持原有的行车速度通过交叉口。图2-4-10表示的是一座城市立体交叉。

立体交叉主要由正线(主线、被交线)、匝道、构造物(跨线桥或隧道)、出入口、变速车道等几部分组成,见图2-4-11所示。

图2-4-9 城市中十字形、Y形平面交叉口

图2-4-10 城市立体交叉

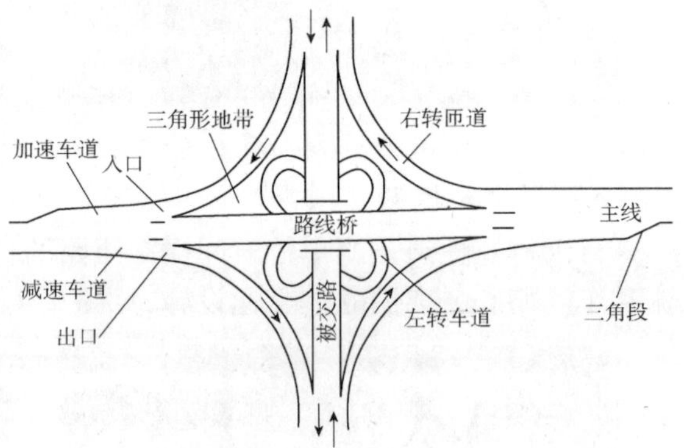

图2-4-11 立体交叉的组成

四、城市道路网布局

为了优化城市用地布局,提高城市的运转效能,提供安全、高效、经济、舒适和低公害的交通条件,城市道路网络的布局必须经过科学、合理的规划。

国内外常见的城市道路网布局结构形式可抽象地归纳为方格网式、环形放射式、自由式和混合式4种。前3种形式是城市道路网结构的基本类型,混合式道路网可由前3种结构形式组合而成。

1.方格网式路网

方格网式(又称棋盘式),是最重要的一种城市道路网布局类型,适用于地势平坦的地区。其几何图形多为规则的长方形,即每隔一定的距离设置平行的干道,在干道之间再设置次要的道路,将用地划分为大小合适的街区,如图2-4-12所示。

我国许多大城市(尤其是历史古城)的老城区路网均为此结构形式,如西安、南京、洛阳、太原、石家庄、开封、福州、苏州等城市。

2.环形放射式路网

环形放射式路网一般都因旧城中心区逐渐向外发展,由旧城中心向四周引出的放射形干道而形成。为了便于各分区之间的联系,在城市发展过程中逐渐增加一个或几个环城干道,便形成了环形放射式道路网,如图 2-4-13 所示。

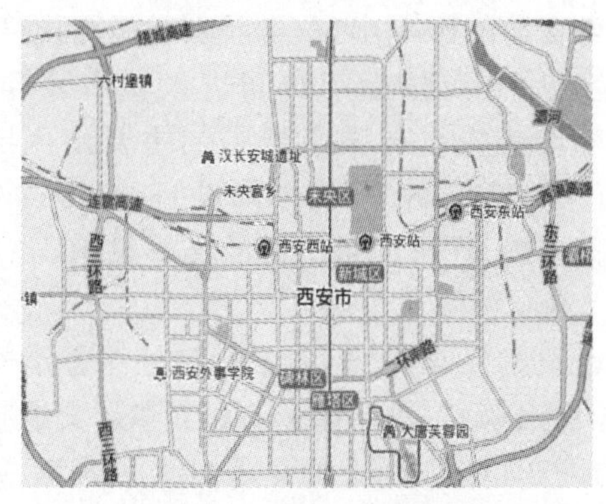

图 2-4-12　西安中心区方格路网

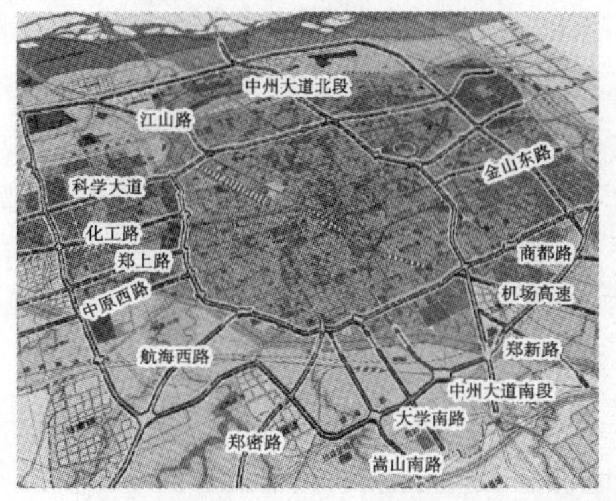

图 2-4-13　郑州中心城区环形放射性快速路网

放射式路网适用于大城市和特大城市,国内外许多城市都采用了环形放射式路网结构,取得了较好的效果,如巴黎、莫斯科、柏林、东京、成都、沈阳、武汉等,如图 2-4-14 所示。

3.自由式路网

自由式路网一般是由于城区地形起伏,为减少纵坡,结合地形选线,路线弯曲形成自由几何图形。在我国完全采用自由式路网的较少,部分山丘城市采用这种路网结构,如重庆、青岛等,如图 2-4-15。

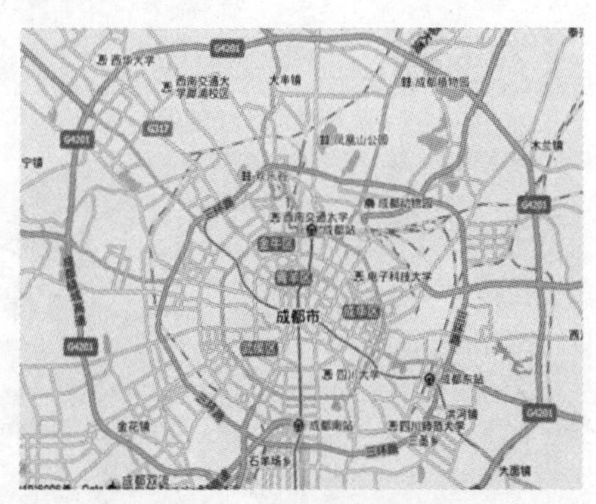

图 2-4-14　成都市环形放射式路网

图 2-4-15　重庆市自由式路网

4.混合式路网

混合式也称综合式,是由上述 3 种形式组合而成的一种结构型式,是一种扬长避短的较合理的型式。国内许多城市采用方格网和环形放射式的混合式路网,如北京、上海、南京、合肥、武汉等,保留着原有旧城的方格网式路网,随着城市的发展,为减缓市中心的交通压力又设置了环形和放射道路,从而构成混合式路网,如图 2-4-16 所示。

五、城市停车设施

城市停车设施是城市道路交通系统的组成部分之一。根据城市交通的停车要求,可以

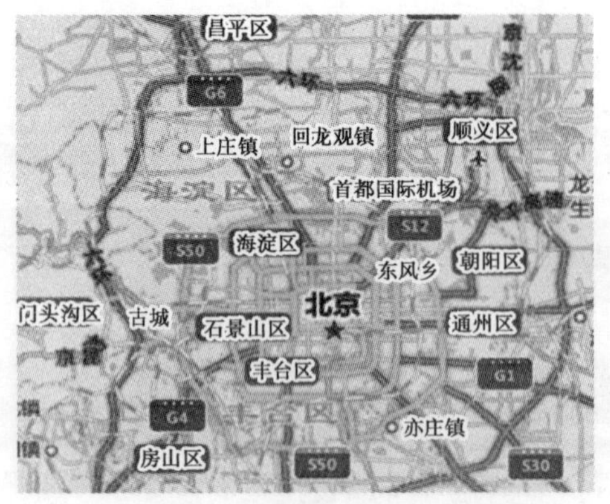

图 2-4-16　北京外围为环形放射而中心为方格式的混合式路网

将停车设施分为 6 种类型：

1.城市出入口停车设施

城市出入口停车设施是为外来或过境货运机动车服务的停车设施。其作用是从城市安全、卫生和对市内交通的影响出发，截流外来车辆或过境车辆，经检验后方可按指定时间进入城市装卸货物。这类停车设施应设在城市外围的主要出入干道附近，附有车辆检查站、车辆小修设施、旅馆、饭店、商店等服务设施，还可配备一定的文娱设施。

2.交通枢纽停车设施

交通枢纽停车设施是在城市对外客运交通枢纽（如长途汽车站、火车站）和城市客运交通换乘枢纽（如地铁—公交、轻轨—公交的换乘站）配备的停车设施，为疏散交通枢纽的客流、完成客运转换服务。这类停车设施一般都结合交通枢纽布置，如图 2-4-17a）。

a) 长沙火车站停车场

b) 大型集散场地停车场

c) 商业服务设施停车场

d) 生活居住区地下停车场

图 2-4-17　城市公共停车设施

3.大型集散场所停车设施

这类设施包括体育场馆、中心广场、大型公园以及交通限制区边缘干道附近的停车设施，这类停车设施的停车量大而且集中，高峰期明显，要求集散迅速。停车场以停放客车为主，并考虑自行车停车场地的设置，如图 2-4-17b）。

4.商业服务设施附近的社会公用停车设施

这类设施是在大型商业服务设施附近设置的社会公用停车场，其中包括一定规模的自行车停车场地，如图 2-4-17c）。

5.生活居住区停车设施

城市生活居住区停车设施是按城市政府公布的停车配建标准设置的相应规模的机动车、自行车停放场地，如图 2-4-17d）。

6.路边临时停车设施

为避免沿道路任意停车造成交通混乱，在那些需要经常停车的地点，由交通管理部门在道路面积内设置的路边临时停车位。

为保证城市道路交通正常运转和符合城市交通发展的需要，要设置足够数量的各类停车设施。目前，我国大多城市因停车用地太少，尤其是社会公共停车场严重不足导致停车泊位不能满足实际需要，占用车行道、人行道乱停车的现象十分普遍，已严重削弱了道路的通行能力，影响了城市道路系统的正常运转。

六、城市交通管理设施

中国城市的交通秩序主要是由各类交通设施引导和管理的。城市道路交通管理设施包括常规交通管理设施和智能交通管理设施。本章主要简单介绍常规交通管理设施，包括交通信号设备、交通标志、交通标线、交通隔离等。

1.交通信号设备

城市道路主、次干道交叉口由于交通流量大，一般都设置交通信号设备指挥交叉口交通。常见的信号设备有指挥信号灯、车道信号灯和人行横道信号等。

（1）指挥信号灯：由红、黄、绿 3 色信号灯组成，有水平排列和竖直排列两种。水平排列时，靠近路口内侧的为红灯，外侧为绿灯，中间为黄灯，如图 2-4-18a）；竖直排列时，上方为红灯，下方为绿灯，中间为黄灯。

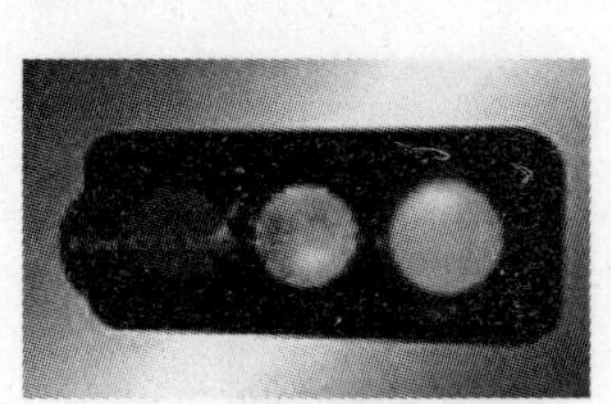

a) 指挥信号灯

b) 车道信号灯

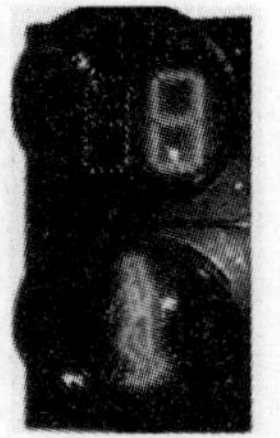

c) 人行信号灯

图 2-4-18　信号灯

（2）车道信号灯：由绿色箭头灯和红色箭头灯组成，设在具体车道上，只对本车道起作用。绿色箭头灯亮时，准许本车道车辆按指示方向通行；红色箭头灯亮时，禁止本车道车辆通行，如图 2-4-18b）所示。

（3）人行信号灯：有绿灯亮、红灯亮两种信号。绿灯亮时，准许行人通过人行横道；红灯亮时，禁止行人进入人行横道，但是已经进入人行横道的可以继续通过或者在道路中心线处停留等候，如图 2-4-18c）所示。

2.交通标志

交通标志是用图形、符号、颜色和文字向交通参与者传递特定信息的交通管理设施。我国现行的《道路交通标志标线》(GB 5768—2009)规定了道路交通标志的分类、颜色、形状、字符、尺寸、图形等一般要求,以及设计、制造、设置和施工的要求。交通标志适用于公路、城市道路和虽然属于单位管辖但允许机动车通行的场所。

《道路交通标志和标线》(GB 5768—2009)于 2009 年 7 月 1 日实施,规定警告标志 47 种、禁令标志 48 种、指示标志 36 种、指路标志 79 种、旅游标志 17 种、告示等 6 类主标志及 22 种辅标志,见图 2-4-19、图 2-4-20 所示(其中,警告标志为三角形的黄底黑边黑图案,禁令标志为圆形的白底红边黑图案,指示标志为方形的蓝底黑边白图案)。

图 2-4-19　警告和禁令标志

图 2-4-20　指示标志

因车速不同,我国城市采用的道路指示和指路标志的颜色、牌面大小、图形及字体的大小均与高速公路的标志不同。如高速公路的指示和指路标志牌面大、字大,且是绿底白字(见图 2-2-19);而城市道路的指示和指路标志牌面小、字小,且是蓝底白字(见图 2-4-21)。

3.交通标线

交通标线是由施划在路面上的各种线条、箭头、文字、立面标记和轮廓标等所构成的交通设施。我国现行的《道路交通标志标线　第 3 部分　道路交通标线》(GB 5768.3—2009)规定,道路交通标线可分为指示标线、禁止标线和警告标线 3 类,共 70 种。其作用是管制和引导交通,可以与标志配合使用,也可单独使用,见图 2-4-22 所示。

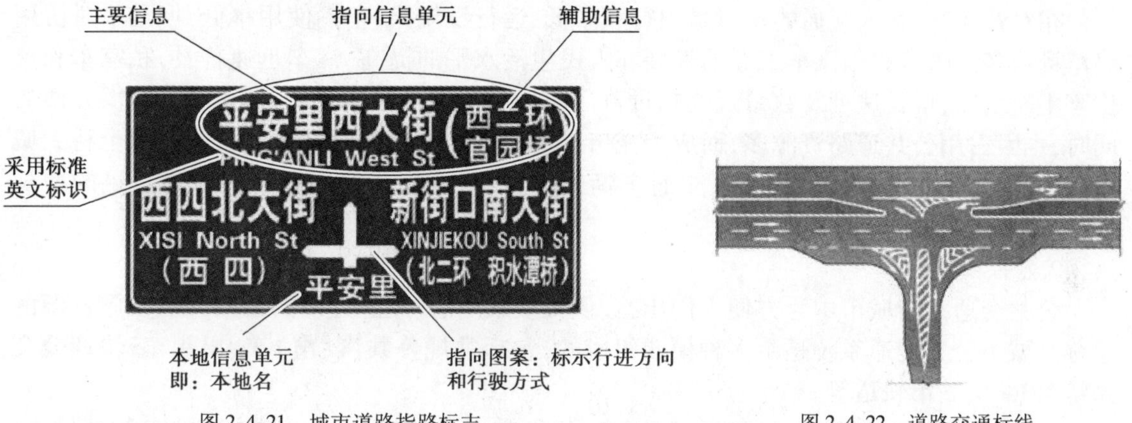

图 2-4-21　城市道路指路标志

图 2-4-22　道路交通标线

4.交通隔离

交通隔离是用来分隔行人与车辆、车辆与车辆的交通设施,防止车辆或行人越界,使交通流有序隔离,保证各类交通流分道行驶、各行其道、互不干扰。最常见的交通隔离是分隔对向行驶机动车的中央护栏(如图 2-4-23),以及分隔同向行驶的非机动车和机动车的机非隔离栏(墩)(如图 2-4-24)。

图 2-4-23　中央护栏

图 2-4-24　机非隔离栏(墩)

第二节　城市交通方式和交通工具

交通方式是指人们出行或运输时所采取的方法,它与交通工具有密切联系。研究交通方式的目的是要做到既满足城市人的交通需求,又合理解决城市交通问题。

一、城市交通方式

城市交通方式通常指城市人的出行方式。现代城市的主要交通方式按是否使用公共交通工具可分为私人交通、公共交通,按所选的交通工具方式又可分为步行、道路交通和轨道交通等。

1.私人交通

私人交通一般是指只为个人、自家或本单位(企业、学校、机关和团体)服务的交通行为。私人交通不面向社会提供服务,不以盈利为目的,是非营利性的交通方式。

相对营运车,私人交通的特点是出行频率低、运行没规律、车辆使用率低,但是平时占用停车场地多。随着我国汽车工业的发展和人民生活水平的提高,汽车迅速普及,私家车和单位车不断增加,增长速度及数量远远超过营运车。私人交通在给私人(或单位)提供方便的同时,也因占用公共道路资源多,而成为城市交通拥堵的主要原因之一。我国有多个特大城市先后出台了地方政策,限制私人交通车辆的增长,以抑制和控制城市中交通总量的增长速度。

2.公共交通

公共交通是指城市中为方便人们出行、供大众乘用的、经济方便的公共交通设施资源的总称。城市公共交通系统是由多种模式组成的,包括常规公共汽(电)车、出租车、快速公交系统(BRT)、城市轨道等。

相对于私人交通,公共交通出行频率高、运行有规律、车辆使用率高、行驶时载客量多、人均占用道路面积少、平时占用停车面积少、其拥有量可由城市交通部门调控。

当今世界各大城市(尤其是特大城市)都确立了优先发展公共交通的政策,大部分特大城市都建立了以轨道交通为骨干、常规公交为主力、出租车为补充的综合公共交通系统,并日趋完善。城市中公交出行比例提高,能使城市中的交通总量降低,所以优先发展公共交通也是大城市有效解决交通系列问题的唯一出路。

二、城市交通工具

城市交通工具是指城市中人们出行所乘用的用以代步的交通器具,主要是指客运交通工具。城市交通工具按动力形式可分为机动车和非机动车,按经营方式可分为私人交通工具和公共交通工具。

现代城市主要的客运交通工具有自行车、摩托车、乘用小汽车、出租车、公共汽车、无轨电车、有轨电车、地铁列车、轻轨列车、磁悬浮列车、快速有轨电车等(图2-4-25)。

1.自行车

自行车属非机动车,在城市道路上行驶时应走非机动车道。

2.摩托车

摩托车为机动车,分为轻便摩托车、普通两轮摩托车和三轮摩托车。驾驶摩托车应取得相应的机动车驾驶证,在城市道路上行驶时应走机动车道。

3.乘用小汽车

乘用小汽车包括轿车、小客车(俗称面包车)、乘用越野车和专用车。乘用小汽车长度不超过 6m,包括驾驶员在内的座位数不超过 9 个。

混合动力车　双层汽车

有轨电车　轻轨列车

地铁列车　出租车

图 2-4-25　几种主要的城市公共交通工具

4.公共汽车

公共汽车指在城市道路上循环固定路线,由车载动力源驱动,用以载乘旅客出行的营运客车。按驱动力和结构形式,公共汽车可分为以下 4 类:

(1)内燃机动力公共汽车:指完全以汽油或柴油为驱动力的公共汽车,是我国城市常规公交的主力,占公共汽车总拥有量的 90%以上。

(2)混合动力公共汽车:是一种采用传统动力,同时配以电动机、发电机和大容量电池作为动力系统的公共汽车。在混合动力系统中,内燃机仍是主动力,其主要作用是直接驱动汽车或带动发电机发电;电动机的主要作用是直接或协助内燃机驱动汽车;发电机的作用发电供给电动机电源或储进蓄电池;蓄电池用于储存电能。当汽车速度较低时,可以关停内燃机,由蓄电池供电,用电动机单独驱动,实现“零”排放。

(3)纯电动公共汽车:是一种以车载电源为动力,用电动机驱动的公共汽车,简称电动公交车。其核心部分是电源,在使用中的主要问题是电能的补充,因为蓄电池容量有限,电动公交车每行驶 100km 左右就要更换电池或充电。

(4)双层公共汽车:是一种车厢上有上、下两层的公交车。一般而言,一辆长 10m 的单层公交车可运载约 60 名旅客,而长度相近的双层公交车则能运载 130 名乘客。但因其车身过高,乘客上下车不方便,还影响城市中立交桥下的通过高度设计,所以不宜大量使用。

5.无轨电车

无轨电车是指采用外接电源和橡胶轮胎,在道路上不依赖固定轨道行驶的电动公交车。由于需要外接电力驱动,所以开通无轨电车线路需增设电线。无轨电车突出的优点是使用的电能来自发电厂,不依赖石油能源,比较环保,故无轨电车有“绿色公交”之称。

6.有轨电车

有轨电车是指采用外接电源和金属车轮,在固定无碴轨道上行驶的电动公交车。其优点与无轨电车相同,因需要循固定轨道行驶,则需要占用道路敷设固定轨道,且要经常维护,对其他方式交通有影响。随着小汽车、轻轨、地铁的普及,很多国家的有轨电车已完全消失,但在瑞士、德国、奥地利、比利时等国仍然保留了这种环保的公共交通工具并被现代化。

7.地铁列车

地铁列车是指以轨道和电网为基础设施,以编组地铁列车为载运工具的大运量轨道客运系统。此部分的相关知识在第一篇中做了详细介绍,不再重复。

8.轻轨列车

轻轨列车是指以轨道和电网为基础设施,以编组地铁列车为载运工具的中运量轨道客运系统,客运能力和造价在地铁和无轨电车之间,在一些大、中城市中使用。

9.出租汽车

出租汽车是指在城市道路上无固定线路和班次,经营者按乘客要求的目的地或路线运行,按行驶里程或包用时间计费的一种公共客运小汽车。出租车载客少,但可以随叫随到,或招之即来,能提供机动灵活的服务,是现代城市不可缺少的一种辅助公共交通工具。出租车的特点是颜色鲜艳、统一格式、需安装顶灯、收费计价器等。

第三节　城市交通的规划、建设和管理

规划、建设和管理好一个城市的交通系统是一个非常复杂的系统工程。要搞好这一系统工程,需要健全、完善的国家和地方交通法规、政策作为各类交通参与者共同遵守的规则并接受执法者的监督;需要科学地制定符合城市发展规模和定位的总体交通规划指导城市的交通建设;需要各种不间断地治理、优化城市交通网络的工程并实施优化交通组织方案以满足城市交通系统的正常运转。

在我国城市交通秩序管理中,最薄弱、最需要加强的是对“人”的管理。这里的“人”是对机动车驾驶人、非机动车骑行者、行人的统称,主要工作包括两个方面:一是通过各种方式和途径宣传国家和地方颁布的各类交通法律、政策和政令,使交通参与者自觉遵守;二是对违反交通法规的各类交通行为进行处罚,严重者追究刑事责任,营造人人交通守法的环境。

图 2-4-26 是公安交警依法对非法拼装货车和酒后驾车查验的场景。

我国大多数城市交通的规划、建设和管理工作,是由市政府下辖的城市发展与改革委员会、城乡规划局、城市建设委员会、公安局交通管理局、城市管理委员会、交通运输委员会、公路局等部门共同行使职能来完成,如图 2-4-27 所示。

面对当今世界全球化、信息化发展趋势,面对交通安全、污染和拥堵三大难题,以及信息

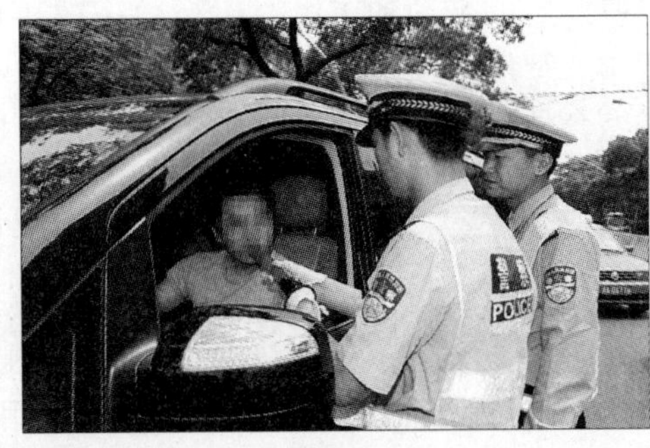

图 2-4-26　公安交警依法对非法拼装货车和酒后驾驶进行查验

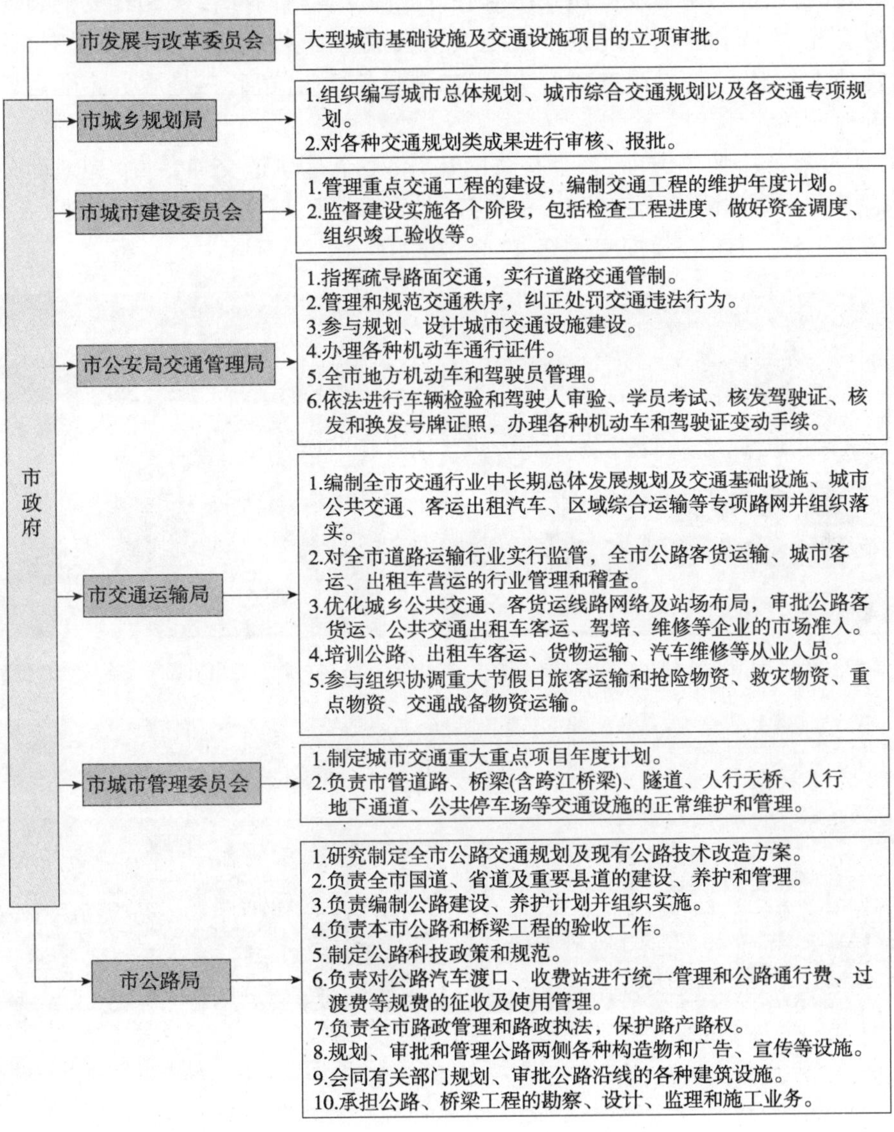

市政府	职能部门	职能
市政府	市发展与改革委员会	大型城市基础设施及交通设施项目的立项审批。
市政府	市城乡规划局	1.组织编写城市总体规划、城市综合交通规划以及各交通专项规划。 2.对各种交通规划类成果进行审核、报批。
市政府	市城市建设委员会	1.管理重点交通工程的建设，编制交通工程的维护年度计划。 2.监督建设实施各个阶段，包括检查工程进度、做好资金调度、组织竣工验收等。
市政府	市公安局交通管理局	1.指挥疏导路面交通，实行道路交通管制。 2.管理和规范交通秩序，纠正处罚交通违法行为。 3.参与规划、设计城市交通设施建设。 4.办理各种机动车通行证件。 5.全市地方机动车和驾驶员管理。 6.依法进行车辆检验和驾驶人审验、学员考试、核发驾驶证、核发和换发号牌证照，办理各种机动车和驾驶证变动手续。
市政府	市交通运输局	1.编制全市交通行业中长期总体发展规划及交通基础设施、城市公共交通、客运出租汽车、区域综合运输等专项路网并组织落实。 2.对全市道路运输行业实行监管，全市公路客货运输、城市客运、出租车营运的行业管理和稽查。 3.优化城乡公共交通、客货运线路网络及站场布局，审批公路客货运、公共交通出租车客运、驾培、维修等企业的市场准入。 4.培训公路、出租车客运、货物运输、汽车维修等从业人员。 5.参与组织协调重大节假日旅客运输和抢险物资、救灾物资、重点物资、交通战备物资运输。
市政府	市城市管理委员会	1.制定城市交通重大重点项目年度计划。 2.负责市管道路、桥梁(含跨江桥梁)、隧道、人行天桥、人行地下通道、公共停车场等交通设施的正常维护和管理。
市政府	市公路局	1.研究制定全市公路交通规划及现有公路技术改造方案。 2.负责全市国道、省道及重要县道的建设、养护和管理。 3.负责编制公路建设、养护计划并组织实施。 4.负责本市公路和桥梁工程的验收工作。 5.制定公路科技政策和规范。 6.负责对公路汽车渡口、收费站进行统一管理和公路通行费、过渡费等规费的征收及使用管理。 7.负责全市路政管理和路政执法，保护路产路权。 8.规划、审批和管理公路两侧各种构造物和广告、宣传等设施。 9.会同有关部门规划、审批公路沿线的各种建筑设施。 10.承担公路、桥梁工程的勘察、设计、监理和施工业务。

图 2-4-27　我国城市交通规划、建设和管理的职能示意图

技术迅速发展的带动和市民对出行效率改善的要求,传统的交通技术和管理手段已经远远不能适应。智能交通系统通过先进的信息技术、通信技术、控制技术、传感技术、计算器技术和系统综合技术有效的集成和应用,使人、车、路之间的相互作用关系以新的方式呈现,从而实现实时、准确、高效、安全、节能的目标。

2002 年,国家科学技术部将“智能交通系统关键技术开发和示范”作为重大项目列入国家科技攻关计划,项目包括共性关键技术和关键产品的技术开发、智能交通工程示范和相关基础研究四大类 16 个课题,并确定了北京、上海、天津、重庆、广州、济南、深圳、青岛、中山、杭州 10 个城市为首批全国智能交通系统应用示范工程试点城市。经过十几年的研究探索,中国城市智能交通系统的应用水平逐年提高。

以北京为例,北京的交通发展模式已从各行业独立运行向综合协调转变,实现全市综合交通运输的统筹、协调和联动。北京市交通委员会成立了交通运行监测调度中心(TOCC),其目的主要是 4 个服务:一是服务政府决策,二是服务行业监管,三是服务企业运营,四是服务百姓的出行。

TOCC 主要有 4 个监测方面,一个是路网运行,一个是轨道交通,一个是地面公交,一个是综合运输。在 4 个监测板块基础上,重点开展城市路网、高速公路、公共交通、出租车的运行监测及服务工作。TOCC 实况见图 2-4-28~图 2-4-30。

图 2-4-28　TOCC 链接庞大的北京交通指挥网络

图 2-4-29　进出机场车站客流信息传至平台

图 2-4-30　各分控中心提供实时数据

第五章 我国道路运输的成就、问题与展望

第一节 我国道路运输的发展和成就

我国公路运输与工业发达国家相比发展较晚。新中国成立以后,我国公路运输发展的历史可分为改革开放前、后两个阶段。

一、改革开放前的发展

新中国成立前我国的公路交通极为落后,1949 年全国公路通车里程仅 8.07 万 km,公路密度仅 0.8km/100km^2。新中国成立初期,公路交通经历一段时期的恢复后开始获得长足发展,1952 年公路里程达到 13.67 万 km。50 年代中后期,为适应经济发展和开发边疆的需要,我国开始大规模建设通往边疆和山区的公路,在东南沿海、东北和西南地区修建国防公路,公路里程迅速增长,1959 年达到 50 多万 km。

每一个中国人都应该特别铭记的是川藏公路、青藏公路的修建。1950 年,解放军奉命进军西藏,完成解放全中国的历史使命。当时进藏的交通极其艰难,毛主席指示部队“一面进军,一面修路”。11 万军民历时 5 个春秋,在平均 4000 多 m 海拔的世界屋脊修建了当时世界上最艰苦、最复杂、最具挑战性的两条公路,2000 多名官兵和民众付出了生命的代价。1954 年 12 月川藏公路北线和青藏公路建成通车,从此天堑变通途,遥远的高原打开了大门。西藏“唐蕃古道、人背畜驮、栈道溜索”的历史永远被定格在了 20 世纪 50 年代。两条通天大道的铺就成为西藏交通现代化建设的开端。图 2-5-1、图 2-5-2 为川藏公路。

图 2-5-1 拉萨庆祝川藏公路通车

图 2-5-2 崎岖的川藏公路

20 世纪 60 年代以后,我国在继续大力兴建公路的同时,加强了公路技术改造,有路面的道路里程及高级、次高级路面比重显著提高。

随着公路事业的发展,公路桥梁建设也得到发展,一批具有中国特色的石拱桥、双曲拱

桥、钢筋混凝土拱桥以及各式混凝土和预应力梁式桥建成。

在1949~1978年的30年间,尽管国民经济发展道路曲折,但全国公路里程仍基本保持持续增长。到1978年年底,全国公路里程达到89万km,平均每年增加约3万km,公路密度达到9.3km/100km^2。

新中国成立初期,我国的汽车工业非常薄弱。从那时到改革开放前,我国汽车工业的发展经历了创建阶段(1949—1965年)和成长阶段(1966—1980年)。

1953年7月15日,第一汽车制造厂在长春动工兴建。1956年7月13日,国产第一辆解放牌载货汽车驶下总装配生产线(图2-5-3),结束了中国不能制造汽车的历史。1951年国庆,大连制造的我国首台DL-1000型新式四轴有轨电车(图2-5-4)投入运营。1958年,我国生产出第一辆东风牌轿车(图2-5-5)。

图2-5-3 第一辆解放牌下线

图2-5-4 新中国第一辆有轨电车

图2-5-5 第一辆东风牌轿车

1966年以前,中国汽车工业共投资11亿元,形成了长春、北京、南京、上海和济南的一大四小5个汽车制造厂,年生产能力近6万辆、9个车型品种。1965年年底,全国民用汽车保有量近29万辆。

1966年后,建设三线汽车厂,以生产中、重型载货汽车和越野汽车为主,同时发展矿用自卸车。在此期间,一汽、北汽、南汽、上汽等5个老厂投入技术改造扩大生产能力,并承担包建和支援三线汽车厂的任务。地方发展汽车工业,几乎全部仿制国产车型;改装车生产多品种、专业化,生产厂点近200家。1966—1980年生产各类汽车累计163.9万辆。1980年,生产汽车23.2万辆,全国民用汽车保有量169万辆,其中载货汽车148万辆。

二、改革开放后取得的成就

改革开放后，国民经济持续高速发展，公路运输需求强劲增长，中央将交通运输事业尤其是公路的发展作为国民经济发展的全局性、战略性和紧迫性任务，中国道路运输系统尤其是公路基础设施的建设开始发生了历史性转变。

20 世纪 90 年代以后，尤其是进入 21 世纪以来，我国继续加大基础建设投资力度，公路建设获得了前所未有的大发展，“全面紧张”的交通状况在近几年内得到根本改变，取得了巨大的成就，举世瞩目。

1.公路里程迅速增加，公路技术等级和路面等级进一步提高

至 2013 年年末，全国公路总里程达 435.62 万 km，其中等级公路里程 375.56 万 km，占公路总里程的 86.2%。

各行政等级公路里程分别为：国道 17.68 万 km（其中普通国道 10.60 万 km）、省道 31.79 万 km、县道 54.68 万 km、乡道 109.05 万 km、专用公路 7.68 万 km。

全国农村公路（含县道、乡道、村道）里程达 378.48 万 km，比上年年末增加 10.64 万 km，其中村道 214.74 万 km，增加 8.52 万 km。全国通公路的乡（镇）占全国乡（镇）总数 99.97%，其中通硬化路面的乡（镇）占全国乡（镇）总数 97.81%、比上年年末提高 0.38 个百分点；通公路的建制村占全国建制村总数 99.70%，其中通硬化路面的建制村占全国建制村总数 89.00%、提高 2.54 个百分点。

2013 年年底，高速公路总里程 10.44 万 km，居世界第一。

2009—2013 年中国公路总里程见图 2-5-6，高速公路总里程见图 2-5-7。

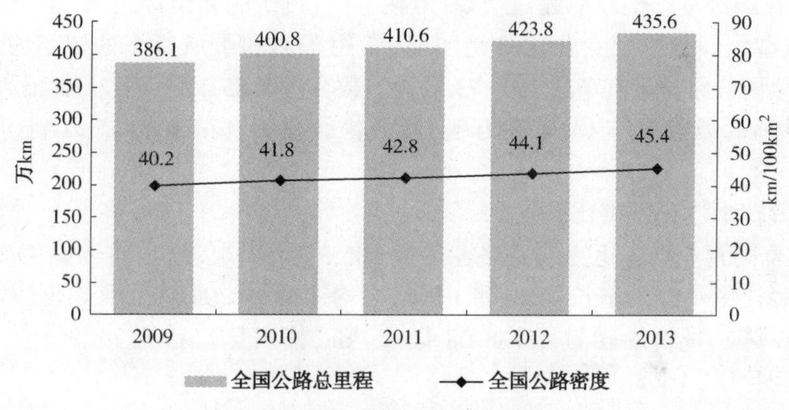

图 2-5-6　2009—2013 年中国公路总里程

2.路网结构进一步改善，公路运输结构调整取得新进展

2007 年，我国 20 世纪 90 年代制定的总规模 3.5 万 km 的“五纵七横” 公路干线网规划基本实现，对我国主要公路通道网的结构改善以及技术标准的升级和建设起到了非常重要的调控和指导作用，使公路网的通达率迅速提高。

近年来，通过政策引导和企业兼并重组，全国公路运输结构调整稳步推进。以资产为纽带，企业兼并、重组和改制步伐加快，涌现出一批诸如中远物流、中外运等大型运输企业，集约化、规模化、网络化经营水平和市场集中度明显提高，初步形成大型专业集团主导行业发

展方向的市场格局。经营结构也有所改善,旅游客运、现代物流、小件快运、连锁维修、汽车租赁等新型服务方式快速发展,进一步满足了社会不同层次的运输需求。

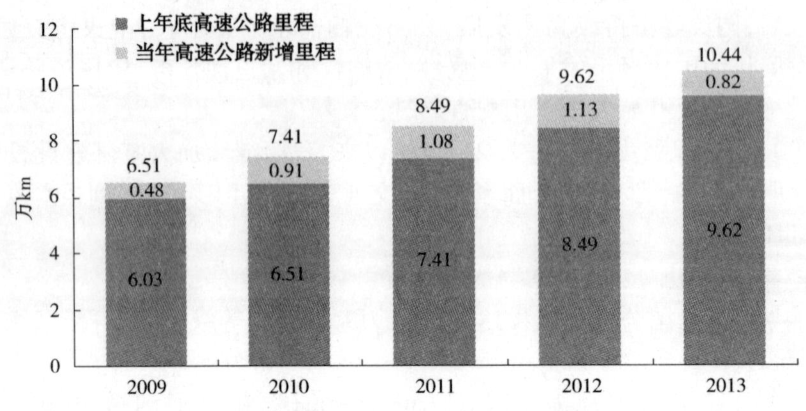

图 2-5-7　2009—2013 年中国高速公路总里程

3.汽车工业迅速发展

20 世纪 80 年代以后,在改革开放方针指引下,我国汽车工业进入全面发展阶段,主要体现为:老产品(如解放、跃进和黄河车型)升级换代,结束 30 年一贯制的历史;调整商用车产品结构,改变“缺重少轻”的生产格局;建设轿车工业,引进资金和技术,国产轿车形成生产规模;改革行业管理体制和企业经营机制,汽车品种、质量和生产能力大幅提高。

进入 21 世纪以来,我国的汽车工业尤其是轿车工业技术进步的步伐大大加快,新车型层出不穷;科技新步伐加快,整车技术特别是环保指标大幅度提高,电动汽车开发初见进展。

2013 年,我国汽车产销双双超过 2000 万辆,并且再次刷新全球纪录,连续五年蝉联全球第一。货车重型化、厢式化、专业化日趋明显,专用车辆和重型货车的数量有了较大增加。2013 年年底,全国公路营运汽车达 1504.73 万辆。载客汽车 85.26 万辆、2170.26 万客位,其中大型客车 29.90 万辆;载货汽车 1419.48 万辆,其中普通载货汽车 1080.75 万辆,专用载货汽车 46.21万辆。

4.公路运输的能力迅速增长

2013 年,全国营业性客运完成公路客运量 185.35 亿人次、旅客周转量 11250.94 亿人公里,按可比口径比上年分别增长 4.2% 和 1.0%,平均运距 60.70km;全国营业性货运车辆完成货运量 307.66 亿 t、货物周转量 55738.08 亿 t · km,按可比口径比上年分别增长 10.9% 和 11.2%,平均运距 181.16km。

5.运输市场秩序进一步规范,道路运输信息化水平明显提高

由于加强了公路运输市场的行业监管和社会监督,市场秩序得到明显好转,守法诚信经营的意识明显增强,违法违规行为明显减少,规范有序的市场环境正在逐步形成。

各地普遍实行了政务公开,推广应用了道路运政管理信息系统、卫星全球定位和导航系统、行车记录仪、联网售票系统等先进设备,加快普及了联网售票、电子屏幕显示、货运信息配载和汽车维修、综合性能检测等电子技术,有效提高了公路运输行业的管理能力和服务水平。

6.道路基础设施快速发展带动了相关行业的建设

我国道路基础设施的快速发展带动了与之相关行业的建设,公路桥梁的建设成就同样

令世人惊叹！截至2013年底，我国的舟山西堠门大桥主跨1650m，为世界第二大跨径的悬索桥（如图2-5-8），而润扬长江大桥和江阴长江大桥均为主跨超千米的悬索桥；苏通长江大桥主跨1088m，为世界第二大跨度的斜拉桥，而昂船洲大桥主跨达1018m，为世界第三大跨度的斜拉桥；重庆朝天门大桥主跨552m，为世界第一大跨拱桥（如图2-5-9所示），而卢浦大桥和虎门大桥航道桥在拱桥跨度排名中分列世界第二和第四。

图2-5-8　舟山西堠门大桥

图2-5-9　世界第一大跨拱桥朝天门大桥

第二节　我国道路运输存在的问题

尽管我国道路运输取得了很大的发展，但与公路运输发达国家相比，还存在着一定的差距，主要表现在以下几个方面。

一、公路等级低

2013年我国公路435.62万km的通车里程中，等级公路约占公路总里程的86.2%，但二级及二级以上公路里程为52.44万km，仅占公路总里程12.0%，三、四级公路约占公路总里程的74.1%，还有约13.8%的公路为等外级（图2-5-10）。

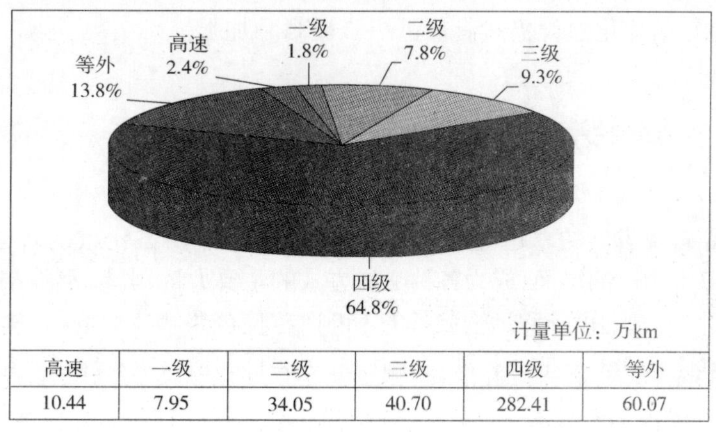

高速	一级	二级	三级	四级	等外
10.44	7.95	34.05	40.70	282.41	60.07

图2-5-10　2013年全国各技术等级公路里程构成

二、城市交通污染、拥堵日趋严重

环境保护部发布的《2013 年中国机动车污染防治年报》中的数据显示：2012 年全国机动车保有量达到约 2.24 亿辆，并已连续四年成为世界机动车产销第一大国。机动车尾气已成为我国环境污染的重要来源。机动车排放占城市大气污染物排放量 30%以上（北京等超大城市则已超过 50%），是造成城市灰霾、光化学烟雾污染的重要原因。机动车污染防治的紧迫性日益凸显。

在城镇化和机动化加快的双重压力下，我国城市面临着交通拥堵、交通安全、交通污染、能源紧张等多重压力。国家统计局统计显示，2013 年年末中国大陆总人口为 136072 万人，其中城镇常住人口 73111 万人，城镇化率达到了 53.7%。各收入阶层城市人口的快速增加，使得中国城市的交通总量迅速膨胀，我国汽车保有量已达 1.37 亿辆，全国有 31 个城市的汽车数量超过 100 万辆，其中北京、天津、成都、深圳、上海、广州、苏州、杭州等 8 个城市汽车数量超过 200 万辆，北京市汽车超过 500 万辆。越来越大的城市交通需求压力，考验着脆弱的城市交通系统，现阶段我国大多数城市的交通拥堵严重。

三、交通安全形势严峻

近十年来，我国道路交通事故的死亡绝对人数一直是世界第一。据世界卫生组织统计，中国每天有 600 人在道路交通事故中死亡，中国汽车拥有量是世界的 1.9%，死亡人数则是世界的 20%，而且中国交通事故的致死率也是世界最高的。

四、公路运输经济效益较低

从总体上看，公路运输有效供给仍显不足。其主要表现在：全国公路网络和运输站场的总体数量和结构还不能满足运输发展的需要，特别是公路运输站场的发展仍然落后于公路建设；公路运输的车辆管理、组织和经营结构仍欠合理；营运车辆空驶率高，能耗高，运输效率和服务水平低；城乡交通一体化的进程比较缓慢，城乡客运管理体制尚未理顺；公路运输的管理和经营水平、信息化建设仍然有待进一步提高和加强。

第三节　我国道路运输的展望

世界各国道路运输发展的总趋势是它在各种运输方式中所占比重越来越大，打破了一个多世纪以来以铁路为中心的局面，成为各种交通方式的主要力量，引起运输结构的根本改变。

近年来，我国交通基础设施和运输装备的不断改善使公路客货运输的平均运距不断延长，公路运输行业正处于快速发展的成长期，在国民经济运行和增长中发挥着日益重要的作用。

一、公路发展趋势

公路及其沿线设施是支撑公路运输的基础，未来公路发展的趋势是高速化、信息化、可持续发展。

1.高速化

随着新材料和材料制造工艺在公路建设中的应用，以及其他领域的技术支持和有效的管理调度，车辆在公路上行车速度将进一步提高，人们在路上耗时将逐渐减少。

在未来一段时间内，我国要大力加强等级公路的建设，特别要加快国道干线、国道、省道的建设。在经济发达地区和交通繁忙区段要继续修建高等级公路。在经济欠发达地区要提高公路网密度，提升公路等级，改善路况。

要更好地发展高速公路，加强国际之间的公路联系，构成国际高速公路网。

2.信息化

信息化指培育、发展以智能化工具为代表的新生产力并使之造福于社会的历史过程。2001 年，全国已初步实现了公路基础数据资源的计算机管理，建立了公路数据库，并实现了公路数据与地理信息系统相互查询，建立了不同比例的电子地图，为可视化、现代化、科学化的养护管理工作提供良好的平台。

2013 年“全国高速公路信息通信系统管理研究”项目已启动，省际的联网通信正在贯通。随着全国公路网管理平台提升为数字化全国公路平台、全国高速公路视频监控平台，我国道路运输正逐步具备大区域路网调度，并能及时提供出行信息、宏观决策数据分析。

3.可持续发展

公路的可持续发展的内涵有两点：一是要保护资源和生态环境，尽量降低修建公路给各地带来的负面影响；二是公路建设应从社会需求和经济发展的可持续性考虑，要以社会总体目标为发展目标。

二、汽车发展趋势

节能、环保、安全是汽车技术发展的三大主题方向。

1.车联网技术

车联网是指装载在车辆上的电子标签通过无线射频等识别技术，实现在信息网络平台上对所有车辆的属性信息，以及对静、动态信息进行提取和有效利用，并根据不同的功能需求对所有车辆的运行状态进行有效的监管和提供综合服务的系统(图 2-5-11)。

2.电动汽车技术

电动汽车是指从车载电源上获得电力，以电机驱动，满足道路安全法规对汽车的各项要求，并获准在正规道路上行驶的车辆。电动汽车相对传统汽车的优点主要有能源利用效率高、环境污染小、噪声低、结构简单、维修方便、使用成本低、使用范围广、汽车能源结构多样化等。图 2-5-12 为纯电动汽车。

3.无人驾驶汽车技术

无人驾驶汽车技术是利用车载传感器感知车辆周围环境，并根据感知所获得的道路、车辆位置和障碍物信息，控制车辆的转向和速度，从而使车辆能够安全、可靠地在道路上行驶。目前奔驰、宝马、奥迪、沃尔沃、雷克萨斯以及 IT 行业的巨头谷歌公司等 8 大品牌均在着手无人驾驶技术研发工作，且研发进程十分迅速，不少车型已接近量产。也许在不久的将来，驾驶员将不再需要任何驾驶技术，只是以一名乘客的身份坐在汽车里，便可自行到达目的地。届时汽车驾照也或将成为一段历史,尘封在我们这代人的记忆中。图 2-5-13 为无人驾驶汽车基本配置。

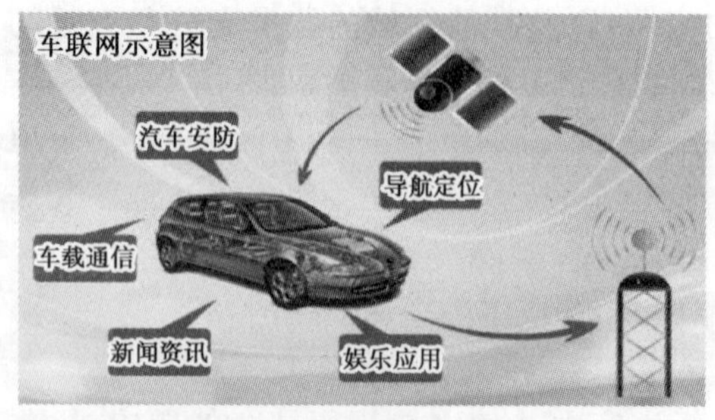

图 2-5-11 车联网示意图

图 2-5-12 纯电动汽车示意图

4.太阳能电动汽车技术

太阳能电动汽车技术是通过光电转换装置把太阳能直接转化为电能并对电动车进行供电,其使用成本低,节能环保。太阳能电动汽车如图 2-5-14 所示。此技术已经应用在福特 C-max、奔驰 E 级,奥迪 A8 等车型上。

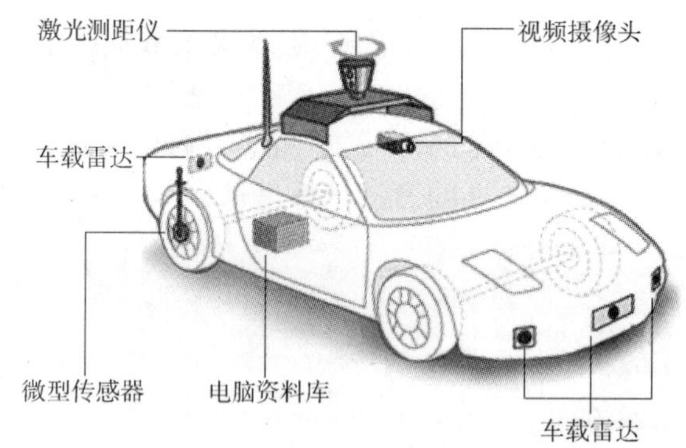

图 2-5-13 无人驾驶汽车基本配置

图 2-5-14 太阳能电动汽车

三、城市交通发展趋势

20 世纪 70 年代以来,以信息技术为突破口的新技术革命正以前所未有的气势冲击着人类社会生产和生活的各个方面。1993 年,美国政府率先提出兴建信息高速公路,其他国家纷纷响应,分别提出了本国或本地区的信息高速公路计划,这标志着人类跨进了信息社会。

未来的城市将变成高度信息化和全面网络化的城市。借助于联网的计算机多媒体系统,人们足不出户,就能进行工作、交友、购物、娱乐等活动。届时,以旅游、观光和享受大自然等为目的的出行比例将显著提高。城市产业结构进一步高级化,信息产业将从第三产业中独立出来成为第四产业。城市由传统的制造中心、贸易中心转变为信息流通中心、信息管理中心和信息服务中心。城市空间结构进一步演变,信息传递不再受地理和气候条件限制,空间距离对城市发展的约束降低为次要因素,使得生产要素的高度集聚效益弱化,超级城市走向裂解。小城镇及其组成的城中群显示出多方面的优越性。

与信息社会城市的基本特征相适应,城市道路运输将呈现出新的发展趋势。

(1)城市道路运输与信息通信业将高度结合。通信将和交通运输一样成为城市社会经济、生活联系的主要手段。信息社会中,人们之间的一些交往已不再需要空间的位移。由于信息的充分性,产品的不合理运输也大为减少。

(2)城市道路运输强度有所降低。办公家庭化的实现,使得上下班出勤人数与次数大为减少。目前困扰城市的工作出行量集中的难题会明显缓解。产业结构高级化和空间结构合理化,又会减少城市货物的运输强度。不仅城市产品更加轻薄短小,而且产品运输量在空间上得到更加有效的分散。

(3)城市道路运输将实现智能化。计算机和自动控制技术将广泛应用于城市道路、车辆及其管理部门,使得城市交通技术水平和管理水平进一步提高,迈向智能化的新阶段。

(4)城市公共交通体系更加完善、服务更加人性化。在进入现代城市发展阶段后,各国城市(尤其是大城市)将加快构建以城市轨道交通为主体、大容量快速公交(BRT)和常规公共交通为骨干的城市公共交通体系。交通领域新技术给人们带来更加高科技、人性化的服务,越来越多的城市人将会选择更绿色、环保的交通出行方式。

第三篇　水路篇

本篇学习目标

通过本篇学习,主要获取关于水路运输以下相关知识:

1.掌握水路运输的基本概念与特点;

2.了解水路运输的运营特性;

3.掌握航道、航标、港口等水路运输基础设施的功用;

4.掌握运输船舶的类型、性能、构造及功用;

5.了解水路运输组织管理的流程要素;

6.掌握我国水路运输的发展现状与发展趋势。

延伸阅读

[1] 中国水运报.

[2] 中国交通报.

[3] 中国水运.

[4] 水运工程.

[5] 船舶与海工.

[6] 中国海事.

[7] 中国船舶信息中心网站:http://www.csic.org.cn/.

[8] 中国水运网:http://www.zgsyb.com/.

[9] 交通运输部网站:http://www.moc.gov.cn.

[10] 中国海事服务网:http://www.cnss.com.cn/.

[11] 国内水路运输管理条例,中华人民共和国国务院令第 625 号.

[12] 连义平.综合交通运输概论[M].成都:西南交通大学出版社,2009.

[13] 杨浩.交通运输概论[M].北京:中国铁道出版社,2009.

[14] 胡思继.交通运输学[M].北京:人民交通出版社,2002.

[15] 李学蚺.港航工程与规划[M].北京:人民交通出版社,1993.

[16] 陈旭梅.智能运输系统[M].北京:中国铁道出版社,2007.

[17] 王润琪.交通运输工程概论[M].北京:中国林业出版社,2012.

[18]《现代交通运输概论》编委会.现代交通运输概论[M].北京:中国铁道出版社,2012.

第一章 水路运输概述

第一节 水路运输的概念与特点

一、水路运输的概念

水路运输简称水运，是利用船舶、排筏或其他浮运工具，在江、河、湖、海以及人工水道上运送旅客和货物的一种运输方式。

水运是世界许多国家最重要的运输方式之一，有着悠久的历史。人类还在石器时代，就以木作舟在水上航行。最早的水路运输工具是独木舟和排筏，后来出现木船。帆船出现于公元前4000年。15~19世纪是帆船的鼎盛时期。

中国是水路运输发展较早的国家之一。公元前2500年已经制造舟楫，商代有了帆船。公元前500年前后中国开始人工凿运河。公元前214年建成了连接长江和珠江两大水系的灵渠。后来开凿的京杭运河则沟通了钱塘江、长江、淮河、黄河和海河五大水系。唐代对外运输丝绸及其他货物的船舶直达波斯湾和红海之滨，往来航线被誉为海上丝绸之路。明代航海家郑和率领庞大船队七下西洋，历经亚洲、非洲30多个国家和地区。

水运是我国综合运输体系中的重要组成部分，在国民经济中有着不可替代的作用。

二、水路运输的特点

1.水路运输的优点

1)投资少，能源消耗少，单位运输成本低

除人工运河外，水运几乎都是利用“天然航道”进行运输的，不占用农田，不需要修建专门的通道，只需修建港口、码头、导航设施和购置运输船舶，设备建设和养护费用比铁路要少得多，一般只有铁路的10%左右。

船舶在水上航行所受到的阻力比火车运行所受到的阻力小，运载能力大，所以，运输同样重量的货物至同样的距离，水运的能源消耗少，运输成本较其他各种运输方式都低。水路运输的运输成本约为铁路运输的1/25~1/20，是公路运输的1/100。因此，水运是最低廉的运输方式。

2)运载能力大

水运的载运工具主要是船舶。船舶自重与其载重的比值为8%~25%，而铁路货车的自重与载重之比为25%~40%，因此可供装运货物的舱位及载重量均是各种运输工具最大的。目前国际上最大的油船每次可装运原油60万t；矿石船的载重量高达35万t；最大的集装箱船可装运集装箱8000~10000TEU。

水运航道的通过能力也相对较高。一条水道的年货运量一般超过一条铁路的年货运量。特别是海洋运输利用天然通道,若条件许可,可随时改造为最有利航线。在内河运输中,美国最大顶推船队的运载能力达到5万~6万t,我国顶推船队的运载能力为3万t,在运行条件良好的航道,通过能力几乎不受限制。如长江上游的干流航道,其单向年通过能力为3300万t,而宜昌以下的长江中下游,其通过能力超过3亿t,是上游的10倍还多。

3)可装运超大型货物

铁路和公路两侧都有各种设备及建筑物,为保证安全,铁路和公路运输对于所运输的货物在长、宽、高方面都有一定的限制。而船舶在水域上航行,净空限制小,可以装运体积巨大的货物和大宗散货、石油等物资。

4)续航能力强

一艘商船(以商业行为为目的,运载货物和旅客的船舶)具有能够独立生活的各种设备,如发电空调设备、制造淡水设备、储藏粮食的粮仓、储藏食品的冷库和储藏燃料的油槽等。这些设备可使船舶能够携带足够的粮食、食品、淡水和燃料,能够独立生活,可航行数十日,行程达上万海里,这是其他任何交通运输工具不可比拟的。

2.水路运输的缺点

1)受自然条件的制约大

水运受海洋与河流的地理分布、地质、地貌、水文、气象等条件的明显制约与影响。水运航线无法在广大陆地上任意延伸,所以水运要与铁路、公路、航空或管道运输配合,并实行联运。

2)连续性和通达性较差

许多地区缺乏通航的江河水系。一些水系自成体系,互不通航,有些港湾水深不够,无法停靠大船,需要转驳倒载。这些都将影响水路运输的连续性和通达性。

3)速度慢

船舶体积大,水流的阻力随航速的增加而迅速增加。例如,当航速从5km/h增加到30km/h时,船舶所受到的阻力将增大到原来的35倍,因此船舶的航速一般较低。目前一般船舶速度为30km/h左右,冷藏船的速度为40km/h左右,集装箱船的速度为40~60km/h,速度远低于铁路、公路、航空等其他运输方式。

第二节 水路运输的分类与组成

一、水路运输的分类

水路运输按其航行的区域,大体上可划分为远洋运输、沿海运输和内河运输3种形式。远洋运输通常是指除沿海运输以外所有的海上运输。沿海运输是指利用船舶在沿海区域各地之间的运输。内河运输是指利用船舶、排筏和其他浮运工具,在江、河、湖泊、水库及人工水道上从事的运输。

二、水路运输系统的组成

一般说来，水路运输的主要对象是旅客和货物，而为了输送他们就需要有船舶和港口，所以水路运输系统的主要组成是船舶和港口。船舶是运送旅客和货物的水上交通工具。现代港口是水陆运输工具的汇集点，是交通运输的枢纽，它所担负的工作就更为繁杂。在一般情况下，港口所在地的规划建设部门要统一研究附近海、河岸线的充分与合理使用，由航务工程部门负责港区码头的勘测设计与施工，而港口机械制造部门则需在码头泊位装备各种先进的装卸机械，使来港车船能在最短时间里将货物卸下或装上，以加速运输工具的周转。

为保证水上运输工作的顺利进行，还有许多部门密切协同，相互支援。如有船舶的燃料、淡水和生活物资的供应部门，通信导航部门，业务代理与理货公司，甚至还有发生海难后的救援打捞机构等等。所有上述各系统汇合起来组成了完整的水运系统。

水路运输的主要技术设施和设备包括船舶（驳、舟、筏等）、航道、港口、通信与导航设备等。

第三节　水路运输的运营特性

一、河运的运营特性

内河运输相比其他运输方式（特别是公路运输）而言，因运能大，能耗小等原因而具有不同的运营特性。

1）造价不高且回收周期短

以一般内河运砂船为例，2000t 的造价约 200~300 万元，一般 2~3 年可收回成本。

2）通航城市有限

因河道受气候影响，且很多城市内河并不具备通航条件，所以通航的城市有限。

3）内河客运市场萧条

受道路运输、铁路运输的快速发展影响，内河客运市场越来越小，很多航线完全停航。

二、海运的运营特性

海路运输的运营，由于具有国际性，易受国际政治、经济、法律及外汇的影响，远较其他运输方式的运营困难，主要表现在以下 5 个方面：

1）投资额巨大且回收期长

海运公司订造或者购买船舶需巨额资金。如新造一艘运能为 3500TEU 的大型集装箱船，造价为 5000 万~6000 万美元。船舶是固定资产，折旧期较长（一般多以 20 年为准），而且也没有移作其他用途的可能。

2）受实体经济及外贸兴衰的影响

2008 年全球金融危机以来，国际航运企业亏损经营，很多企业选择船舶停航。因需求萎缩,运价普降,整个航运业处于低迷的状态。一些没有长期合约的中小航运企业面临大面积亏损;而手握长期合约的船公司,因长期合约运价已高出市场运价一倍,租家要求重估合同运价或减少合同兑现率,也面临运价大幅下跌的困境。

3)国际化经营且竞争激烈

海洋运输经营具有国际化的特征,船舶航行于公海,需争取各国货载的运送。由于世界运输船吨位严重过剩,同行业间竞争激烈,同时,还需要面对其他运输方式的竞争。

4)舱位无法储存

海运企业运输服务,不能像一般企业可随意减产或增产,即海上运输无法将货物及旅客舱位储存,如定期班轮开航,客、货运量不能满载,剩余之舱位即损失;反之,如超过客、货载量,亦无法预先储备舱位,剩余货物也只能超载容纳。

5)受国际法律的约束

海运企业经营系属世界性商务活动,除各国的海运法规外,对于国际公约与国际惯例需予以尊重,以适应国际海运市场。主要包括:①国内法,如我国对外国籍船舶的管理规则,美国的海上货物运送条例、海运法等;②国际公约,如联合国海上货物运输公约等;③国际惯例,如国际商会联运单证统一规则。

第二章　水路运输基础设施

水路运输基础设施主要包括航道、航标、港口及其附属设施。

第一节　航　　道

航道是供船舶航行的水道，以组织水路运输为目的所规定或设置的船舶航行通道。随着运输生产与科学技术的发展，船舶尺度的增大，船舶运行密度的增加和纵横水运网的逐步形成，现代水上航道已不仅是天然航道，而是包括人工运河、进出港航道以及保证航行安全的航行标志系统和现代通信导航设备系统在内的工程综合体。

一、航道的种类

航道分为内河航道、海上航道和人工航道。

1.内河航道

内河航道大部分是由天然水道加上用于引航的航标等设施构成的。与海上航道不同，内河航道的通行受到航道水深、通行时间和通行方式的影响。因此在进行综合规划时，还应考虑航道分级和航道标准化。航道分级有利于从安全角度对船舶进行管理；航道和过船建筑物的标准化则是实现船型及港口设备标准化，形成现代化高效运输系统的前提条件。大多数内河自然水道还须考虑航运、发电、灌溉、防洪和渔业的综合利用与开发，在发展内河航运时还应注意与其他国民经济部门协调配合。

我国的内河航道主要有长江水系、珠江水系、黑龙江水系、黄河水系、淮河水系、钱塘江水系、赣江水系、湘江水系及海河、闽江和东南沿海各独自入海的水系。

2.海上航道

海上航道属自然水道，其通过能力几乎不受限制。每一海区的地理、水文情况都反映在该区的海图上。船舶每次的运行都是根据海图，结合当时的气候条件、海况和船舶本身的技术性能进行计算并在海图上标出。经过人们千百年来的努力和探索，加上现代化导航技术的应用，全世界各国地区间的海上航道已基本为人们所了解和掌握。

随着船舶吨位的增加，一些海峡或狭窄水道会限制一些船舶的通航。如位于新加坡、马来西亚和印尼之间的马六甲海峡，为确保安全，防止海上污染，三国限定通过海峡的油船吨位不得超过 22 万 t。

3.人工航道

人工航道是指由人工开凿，主要用于船舶通航的河流，又称运河。人工航道的开凿可以使船舶缩短航行路程，降低运输费用，方便人们生产和生活，扩大船舶航行的范围，进而形成一定规模的水运网络。一些著名的国际通航运河对世界航运的发展和船舶尺度的限制影响

图 3-2-1　京杭大运河

很大,其中主要有苏伊士运河、巴拿马运河、基尔运河和京杭大运河等。

我国的京杭大运河(如图 3-2-1 所示)是世界上里程最长、工程最大的运河,也是最古老的运河之一,从开凿至今已有 2500 多年的历史。它与长城、坎儿井并称为中国古代的三项伟大工程,并且使用至今,是中国古代劳动人民创造的一项伟大工程,是中国文化地位的象征之一。大运河南起余杭(今杭州),北到涿郡(今北京),途经今浙江、江苏、山东、河北四省及天津、北京两市,贯通海河、黄河、淮河、长江、钱塘江五大水系,全长约 1797km,对中国南北地区之间的经济、文化发展与交流,特别是对沿线地区工农业经济的发展起到了巨大促进作用。2014 年 6 月 22 日,第 38 届世界遗产大会宣布,中国大运河项目成功入选世界文化遗产名录,成为中国第 46 个世界遗产项目。正是由于这种特殊的重要作用,2000 多年来人们一直在对大运河进行整治和扩建。

二、航道的航行条件

海上航道的通过能力除受恶劣气候条件限制外一般不受限制。影响内河航道通行能力的因素较多,如航道的深度、宽度、转弯半径、水流速度、潮汐及季节性水位变化,过船建筑物尺度以及航道的气象条件及地理环境。这些因素对港口建设、船型选择及运输组织往往具有决定性影响。为了保证船舶正常安全航行和获得一定的运输效益,航道必须具备一定的航行条件。

1.要有足够的航道深度

航道深度是河流通航的基本条件之一,是限制船舶吨位和通过能力的主要因素,是全航线中所具有的最小通航保证,取决于航道上关键性的区段和浅滩上的水深。航道深浅是决定船舶吃水量和载重量的主要因素。增加航道深度,可以航行吃水更深、载重量更大的船舶,但会使整治和维护的费用增高。因此,设计航道深度时,应全面考虑各种因素,一般可按以下公式计算:

最小通航深度=船舶满载吃水+富余水深

其中富余水深应根据河床土质、船舶类型、航道等级确定。一般沙质河床可取 0.2~0.3m,砾石河床则取 0.3~0.5m。

2.要有足够的航道宽度

航道宽度视航道等级而定。通常单线航行的情况极少,双线航行最普遍,在运输繁忙的航道上还应考虑三线航行。航道宽度一般可按以下公式计算:

航道宽度=同时交错的船队或船舶宽度之和+富余宽度

其中富余宽度一般采用“同时交错的船队或船舶宽度之和”的 1.5~2.5 倍。

3.要有适宜的航道转弯半径

航道转弯半径是指航道中心线上的最小曲率半径。一般航道转弯半径不得小于最大航行船舶长度的4~5倍。若河流转弯半径过小,将造成航行困难,应加以整治。受自然条件限制,航道转弯半径最低不得小于船舶长度的3倍,且航行时要特别谨慎,以防止事故发生。

4.要有合理的航道许可流速

航道许可流速是指航线上的最大流速。船舶航行时,上水行驶和下水行驶的航线往往不同,下水就流速大的主流行驶,上水则尽量避开流速大的水区而在缓流区内行驶。船舶航行速度与流速关系如下:

下水(顺水)航行时: 航速=船舶静水速度+流速

上水(逆水)航行时: 航速=船舶静水速度-流速

航道上的流速不宜过大,否则不经济。比较经济的船舶静水速度一般为9~13km/h,即2.5~3.6m/s之间。因此,航道上的流速以不大于3m/s为宜。

5.要有符合规定的水上外廓

水上外廓是保证船舶水面以上部分通过所需要的高度和宽度。水上外廓的尺度按航道等级来确定,通常一、二、三、四级航道上的桥梁等建筑物的净空高度取20年一遇的洪水期最高水位来确定,五、六级航道则取10年一遇的洪水期最高水位来确定。

航行对航道的上述要求中,最主要的是航道水深。无论江河湖海和水库,只要有足够的水深,船舶航行一般没有大的问题。上述这些自然条件,通常人为改变的部分较少,更多的还是尽量去适应,即在大多数情况下总是根据航道条件设计港口、选择船舶和组织运输。此外,航行还要考虑航道的冰冻期及水下障碍等情况。

三、航道的等级

根据我国《内河通航标准》(GB 50139—2014),我国内河航道分为7级:

(1)Ⅰ级航道:可通航3000t内河船舶的航道。

(2)Ⅱ级航道:可通航2000t内河船舶的航道。

(3)Ⅲ级航道:可通航1000t内河船舶的航道。

(4)Ⅳ级航道:可通航500t内河船舶的航道。

(5)Ⅴ级航道:可通航300t内河船舶的航道。

(6)Ⅵ级航道:可通航100t内河船舶的航道。

(7)Ⅶ七级航道:可通航50t内河船舶的航道。

第二节 航 标

一、航标的概念与主要功能

1.航标的概念

航标即助航标志,是用以帮助船舶定位、引导船舶航行、表示警告和指示碍航物的人工标志。

2.航标的主要功能

为了保证进出口船舶的航行安全,每个港口、航线附近的海岸均有各种助航设施。航标的主要功能是:①定位,为航行船舶提供定位信息。②警告,提供碍航物及其他航行警告信息。③交通指示,根据交通规则指示航行方向。④指示特殊区域,如锚地、测量作业区、禁区等。

永久性航标的位置、特征、信号、灯质(如灯火的颜色、高度、射程)等已载入各国出版的航标和海图。

二、航标的分类

按照工作原理分类,航标分为视觉航标、音响航标与无线电航标。

按照设置地点分类,航标分为内河航标与海区航标。内河航标是设在江、河、湖泊、水库航道上的助航标志,用以标示内河航道的方向、界限和碍航物,为船舶航行指示安全航道。海区航标建立在沿海和河口地段,引导船舶沿海航行及进出港口航行。

1.内河航标

内河航标的主要作用是准确标出江河航道的方向、界限、水深和水中障碍物,预告洪汛,指挥狭窄和急转弯水道的水上交通,引导船舶安全航行。

内河航标一般分为三等。在航运发达的航道上设置一等航标,由岸标和浮标交互组成,夜间全部发光,保证船舶昼夜都能从一个航标看到次一个航标。在航运较为发达的河段上设置二等航标,密度较一等的稀,夜间只有主航道上的航标发光,亮度也较弱。在航运不太发达的河段上设置三等航标,密度稀,夜间不发光,船舶只能利用航标和天然物在白天航行。

内河航标的种类很多,各国不尽相同。我国目前分为三类,即航行标志、信号标志和专用标志,共计 19 种。

(1)航行标志,用于标示内河安全航道的方向和位置等,有过河标、接岸标、导标、过河导标、首尾导标、桥涵标 6 种。

(2)信号标志,用于标示航道深度、架空电线和水底管线位置,预告风讯,指挥弯曲狭窄航道的水上交通,有水深信号杆、通行信号杆、鸣笛标、界限标、电缆标、横流浮标、风讯信号杆等 7 种。

(3)专用标志,用于指示内河中有碍航行安全的障碍物,有三角浮标、浮鼓、棒形浮标、灯船、左右通航浮标、泛滥标等 6 种。

我国确定江河左、右岸的原则是:面向江河下游,左手一侧的河岸为左岸,反之为右岸。左岸的航标,标顶漆白色,标杆漆黑白相间的横纹,夜间发白光或绿光;右岸航标,标顶漆红色,标杆漆红白相间的横纹,夜间发红光。

当船舶由下游驶向上游时,左舷(即河流右岸)应是红浮标,右舷应是白浮标。见到接岸标,船舶应贴近该岸航行;遇过河标,则应转向另一岸航行;在狭窄航道航行时,信号台发出准许通行的信号才能通过;浅水航道处的信号杆标示了该处最浅水深为 3.6m,若船舶吃水超过此数值,则应停驶,采取减载措施,减少船舶吃水深度,然后通过。

我国内河航标的详细管理办法及技术规范见中华人民共和国交通部颁布的《内河航标管理办法》(交通部令 1996 年第 2 号)、《内河航道维护技术规范》(JTJ 287—2005)等规范和标准。

2.海区航标

海区航标是指在海上的某些岛屿、沿岸及港内重要地点所设的航标。航标白天以形状、颜色,夜间以灯光颜色、时间长短、次数来区别各自的作用。海区航标分为视觉航标、音响航标、无线电航标三种。

(1)视觉航标,是白天以形状、颜色和外形,夜间以灯光颜色、发光时间间隔、次数、射程及高度来显示,使驾驶人员通过直接观测迅速辨明水域、确定船位、安全航行,使用最多最方便的航标。常见的视觉航标有灯塔、灯桩、立标、浮标、灯船和各种导标。

①灯塔,海上航行的重要航标,设在港口附近和海上某些岛屿的高处。大的灯塔夜间能照射 20~30n mile,小的能照射 5~6n mile。

②灯船,设于不能设置灯塔而又很重要的航道进出口附近(如上海长江口)。灯船涂有红白两色,灯光射程一般为 10n mile。

③浮标,用锚碇泊于水中的航标,设在港口附近及进出港航道上,用于表示航道、浅滩和障碍物等,发光的称灯浮标。浮标又分方位标志、侧面标志、中线标志、专用标志等。

(2)音响航标,是能发出规定响声的助航标志。它可在雾、雪等能见度不良的天气中向附近船舶表示有碍航物或危险,包括雾号、雾笛、雾钟、雾锣、雾哨、雾炮等,通常指雾号(即下雾时按照规定的识别特征发出的音响信号),一般听程仅为几海里。根据工作原理雾号又分为气雾号、电雾号与雾情探测器。气雾号用压缩空气驱动发声,电雾号以电能驱动发声,雾情探测器能自动测量能见度和开启电雾号。

(3)无线电航标,是利用无线电波的传播特性向船舶提供定位导航信息的助航设施,包括无线电指向标、无线电导航台、雷达应答标、雷达指向标和雷达反射器等。

三、航标自动化的发展趋势

水运事业发达的国家,在较好地实现了航标设备自动化、灯塔自动化、灯船自动化和大型浮标自动化的基础上,逐步开展了某水域乃至全国的以航标监测监控为主要内容的航标系统自动化,并着手建立航标数据库和组建某水域乃至全国的航标信息系统,以便逐步实现航标管理自动化。

1.航标设备自动化

航标设备自动化是航标自动化的基础,是实现航标系统自动化和航标管理自动化的前提。目前,航标设备(视觉航标、音响航标、无线电航标和航标能源)都较普遍地实现了自动化。比如,灯器用日光开关,根据环境光照度开启和关闭光源;闪光器自动生成所需的闪光灯质;换泡器自动更换损坏的灯泡;雾情探测器根据环境能见度自动开闭电雾号;大型灯器自动调整设置的旋转速度,主副灯自动切换;雷达信标根据询问雷达的信号自动产生同频的响应编码信号;无线电导航系统具有良好的智能特性,能自动检测故障和信号的完好性,几套柴油发电机组根据工作周期或故障自动切换等。

2.航标系统自动化

航标系统自动化是航标自动化的重要组成部分,也是获得航标动态信息的重要手段。它包括数据采集、数据传输和数据处理等 3 个主要内容。航标系统自动化主要是对某水域航标的工作状态和工作参数及浮标的位置进行集中监测和监控,从而形成航标监测监控系统。在航标监测监控系统中,对地处偏远海岛、水域的灯塔、灯船和重要位置的浮标进行集中遥测,可实现航标的无人或少人值守,减少航标的维护费用,并使航标管理人员从艰苦的工作和生活条件下解脱出来。对重要位置的浮标进行位置监测的系统,又称浮标离位报警系统。这个系统常采用的监测手段是岸基雷达监视系统和卫星系统。

3.航标管理自动化

航标管理自动化是航标自动化发展的高级阶段,主要是用计算机对航标设备、航标工作状态、航标人员和航标经费(人、财、物)进行科学化管理。航标管理自动化以航标设备自动化和航标系统自动化为基础,以航标数据库为核心,以智能化管理软件为主要内容,以计算机网络为基本结构,组成某水域乃至全国的航标信息系统或航标信息网。

第三节 港口

港口是具有水陆联运设备和条件,供船舶安全进出和停泊的运输枢纽,水陆交通的集结点和枢纽,工农业产品和外贸进出口物资的集散地,船舶停泊、装卸货物、上下旅客、补充给养的场所。港口是联系内陆腹地、海洋运输和国际航空运输的一个重要衔接点。

港口由水域和陆域两大部分组成。水域是供船舶进出港,以及在港内运转、锚泊和装卸作业使用的,因此要有足够的水深和面积,水面基本平静,流速和缓,以便船舶的安全操作。陆域是供旅客上下船,以及货物的装卸、堆存和转运使用的,因此必须有适当的高程、岸线长度和纵深,以便在这里安置装卸设备、仓库和堆场、铁路、公路,以及各种必要的生产、生活措施等。图 3-2-2 是一般海港的平面布置示意图。

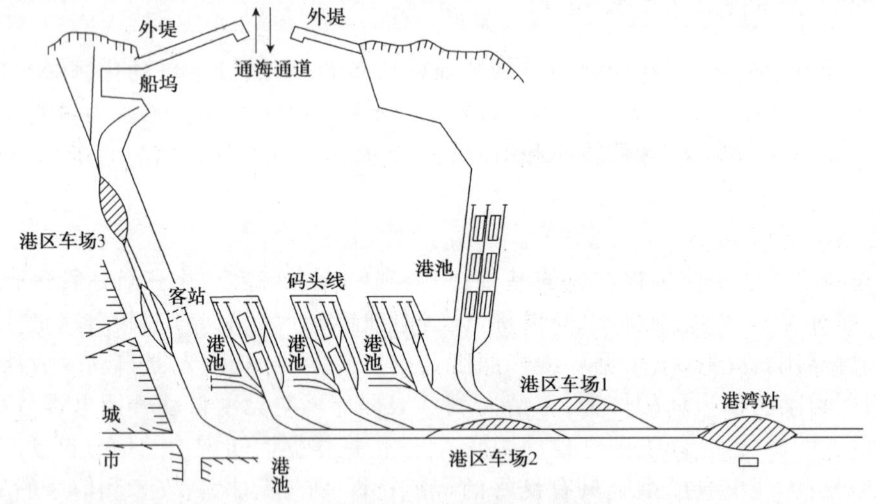

图 3-2-2 一般海港的平面布置示意图

一、港口的作用及分类

1.港口的作用

港口是一个国家或地区的门户,交通运输的枢纽,对外贸易的重要出入口。港口具有运输、工业和商业等多种功能,是一个国家和地区的重要经济资源。世界上的发达国家一般都有自己的海岸线和功能较为完善的港口。港口的作用主要有以下4个方面:

(1)物流服务。港口首先应该为船舶、汽车、火车、飞机、货物、集装箱提供中转、装卸和仓储等综合物流服务,尤其是提高多式联运和流通加工的物流服务。

(2)信息服务。现代港口不但应该为用户提供市场决策的信息及其咨询,而且还要建成电子数据交换(EDI)系统的增值服务网络,为客户提供订单管理、供应链控制等物流服务。

(3)商业功能。港口的存在既是商品交流和内外贸存在的前提,又促进了它们的发展。现代港口应该为用户提供方便的运输、商贸和金融服务,如代理、保险、融资、货代、船代、通关等。

(4)产业功能。建立现代物流需要具有整合生产力要素功能的平台,港口作为国内市场与国际市场的接轨点,已经实现从传统货流到人流、货流、商流、资金流、技术流、信息流的全面大流通,是货物、资金、技术、人才、信息的聚集点。

2.港口的分类

港口因其地理位置和服务对象的不同,可以分成以下几类:

1)按用途分类

(1)商港。主要供旅客上下和货物装卸转运的港口,又可分为一般商港和专业商港。一般商港即为用于旅客运输和装卸转运各种货物的港口,如上海港、天津港等;专业港是指专门进行某一种货物(或以此种货物为主)装卸的港口,如秦皇岛港(主要以煤炭和石油装卸为主)。

(2)渔港。专为渔船服务的港口。渔船在渔港停靠,并卸下捕获物冷藏加工,同时进行淡水、冰块、燃料及其他物资的补给,如舟山的定海港。

(3)工业港。固定为某一工业企业服务的港口,专门负责该企业原料、产品及所需物资的装卸转运工作,如大连地区的甘井子码头等。

(4)军港。专供停泊舰艇并取得舰艇所需的各种补给的港口。

(5)避风港。供大风情况下船舶临时避风的港口。避风港一般很少有完善的停靠设施,通常仅有一些简单的系靠设备。

2)按地理位置分类

(1)海港。在自然地理条件和水文气象方面具有海洋性质,而且是为海船服务的港口。海港又可细分为海湾港、海峡港、河口港。海湾港是指位于海湾内,常有岛屿等天然屏障作保护,不需要或只需要较少的人工防护即可防御风浪侵袭的港口,如旅顺港;海峡港是指处于大陆和岛屿或岛屿与岛屿之间的海峡地段上的港口,如湛江港;河口港是指位于入海河流河口地段的港口,如上海港。

(2)河港。位于沿河两岸,并且具有河流水文特性的港口,如武汉港。

(3)湖港与水库港。位于湖泊和水库岸边的港口。

3)按潮汐的影响分类

(1)开敞港。港内水位潮汐的变化与港外相同的港口。

(2)闭合港。与开敞港正好相反,在港口入海处设有闸,将港内水域与外海分开,使港内水位不随海上潮汐的变化而变化(以保证在低潮时,港内仍有足够的水深)的港口。

(3)混合港。兼有开敞港和闭合港特性的港口。

4)按航行范围分类

(1)国际性港。主要停泊来自于世界各国港口的船舶。

(2)国家性港。主要停泊往来于国内港口的船舶。

(3)地区性港。主要停泊往来于国内某一地区港口的船舶。

二、港口水域设施

港口水域是指港口界线以内的水域面积。它一般需满足两个基本要求:船舶能安全地进出港口和靠离码头;能稳定地进行停泊和装卸作业。港口水域主要包括码头前水域、进出港航道、船舶转头水域、锚地等几部分。

1.码头前水域(港池)

码头前水域内要求风浪小,水流稳定,具有一定的水深和宽度,能满足船舶靠离装卸作业的要求。按码头布置形式,码头前水域可分为顺岸码头前的水域和突堤码头间的水域。港池的大小按船舶尺度、靠离码头的方式、水流和强风的影响、转头区布置等因素确定。

(1)开敞式港池。港池内水面随水位升降变化,不设闸门或船闸。它是海、河港口的一种最普通的形式,是相对于封闭式港池而言的。

(2)封闭式港池。一种建筑在潮差很大的地区,用闸门或船闸与港池外水域分隔开的港池。优点是:使港池内的水面保持在一个比较稳定的高水位上,因而在建设港池时可以减少土方开挖量和码头建筑物的高度;可以减少泥砂淤积;保证船舶靠泊的稳定和改善货物装卸作业条件。缺点是:船舶进出港口(港池)要过闸,不大方便;要相应增加一部分管理费用。

(3)挖入式港池。在岸上开挖出来的港池。在地形条件适宜或岸线不足时可建这种港池。优点是:可延长码头岸线,多建泊位;掩护条件较好。缺点是:开挖土方量较大;在含砂量大的地方易受泥砂回淤的影响;在寒冷地区封冻时间较长。

2.进出港航道

进出港航道指船舶进出港区水域并与主航道连接的通道。一般设在天然水深良好,泥砂回淤量小,尽可能避免横风、横流和受冰凌等干扰的水域。其方向一般顺水流呈直线形布置。根据船舶通航的频繁程度可分别采用单行航道或双行航道。

3.船舶转头水域

转头水域又称回旋水域,指船舶在靠离码头、进出港口需要转头或改换航向时专设的水域。其大小与船舶尺度、转头方式、水流、风速、风向有关。转头水域一般可与港内航行水域合并在一起布置。

转头水域的深度,在海港最小水深一般按大型船舶乘潮进出港口的原则考虑;在内河港最小水深一般不小于航道控制段最小通航水深。

4.锚地

锚地是专供船舶(船队)在水上停泊及进行各种作业的水域,如装卸锚地、停泊锚地、避风锚地、引水锚地及检疫锚地等。装卸锚地为船舶在水上过驳的作业锚地;停泊锚地包括到离港锚地,供船舶等待靠码头、候潮和编解使用的锚地;避风锚地指供船舶躲避风浪时的锚地;检疫锚地为外籍船舶到港后进行卫生检疫的锚地,有时也和引水、海关签证等共用。

三、港口陆域设施

港口陆域是指港口范围内的陆地面积，一般包括装卸作业地带和辅助作业地带两部分，并包括一定的预留发展地。装卸作业地带布置有仓库、货场、铁路、道路、站场、通道等设施；辅助作业地带布置有车库、工具房、变(配)电站、机具修理厂、作业区办公室、消防站等设施。

1.港区生产设施

(1)生产性建筑物：为水运企业实施主要生产工艺过程的建筑物。在港口中，生产性建筑物有码头、仓库、货场、客运站、铁路、道路等；在修造船企业中，生产性建筑物有船坞、船台、轮机车间、船体车间等。

(2)生产辅助建筑物：为水运企业辅助生产服务的建筑物，如港口的流动机械库、修理厂(所)、供应站、航修站、变电所、候工室、作业区办公室、消防站、通信建筑及港务管理办公建筑等。

(3)港区作业调度室：港口日常装卸作业、生产的指挥中心。调度室一般设在港口装卸作业最中心的位置，并装设有与各有关方面联系的有线和无线电话及各种先进的电子装置。

2.港口集疏运设施

(1)港区道路：港内通行各种流动机械、运输车辆和人行的道路。港区道路联系码头、仓库、货场、前后方之间和港内与港外之间的交通，为减少行车干扰，便利消防，一般布置成环行系统。在主要装卸区车辆、机械行驶较多的地区，路面多铺设混凝土和沥青混凝土。

(2)港口铁路：在港口范围内专为港口货物装卸、转运的铁路线路及设备，一般由港口车站、港区车场、码头线和库场货物线等组成。在作业量不很大，距路网上编组站较近时，港口车站可与之合并；如作业量较小，车流性质较单纯时，港口专用线可直接与路网上的编组站或其他车站相连接。

3.码头、泊位

(1)码头：供船舶停靠、装卸货物和上下游客的水工建筑物，是港口的主要组成部分。码头按用途可分为一般件杂货码头、专用码头(渔码头、油码头、煤码头、矿石码头、集装箱码头等)、客运码头、供港内工作船使用的工作船码头以及为修船和造船工作而专设的修船码头、舾装码头。

(2)泊位：是指一艘标准船型停靠码头所占用的岸线长度。泊位长度一般包括船舶的长度 L 和船与船之间的必要安全间隔 d。d 值的大小根据船舶大小而变化，一个万吨级泊位为15~20m。泊位的数量与大小是衡量一个港口或码头规模的重要标志。一座码头可能由一个或几个泊位组成，视其布置形式和位置而定。

4.港区仓库

专供进出港口的货物临时或短期存放保管的建筑物称为仓库。它是港口的重要组成部分，其主要作用是便利货物储存、集运，加快车、船周转，提高港口通过能力，保证货运质量。为了流动机械、车辆能在库内作业、通行，仓库的建筑结构要求跨度大、净空高、库门宽。港区仓库按存放货物的种类分为件货仓库、散货仓库、危险品仓库及冷藏库等；按其位置分为前方仓库和后方仓库；按其特点分为专用仓库、通用仓库、单层仓库与多层仓库等。

前方仓库是设在码头前方第一线与船舶装卸作业直接相关的建筑物。其容量一般要与泊位通过能力相适应。后方仓库是与前方仓库相对而言的,位于港区的后方,距离码头泊位比较远的建筑物。堆存时间较长的货物通常保管在后方仓库(场)。为加快车、船周转,避免港口堵塞,卸在前方仓库(场)的货物如超过堆存期限,物资部门仍未提货,港口会将其转到后方仓库(场)堆存保管。后方仓库的容量要根据货物集散的速度和港口所在地区的要求而定。

5.港区货场

在港内堆存货物用的露天场地称为货场。它的性质和作用与仓库相同。凡不需进库的货物一般在货场存放。货场有件杂货场和散杂货场两类。件杂货场一般都需要进行铺砌,所用材料视货物种类和装卸设备类型而异,有混凝土、沥青混凝土、块石、碎石等。根据场地所在位置,货场也有前、后方之分。场地要有一定的坡度,便于排水;要留有通道,便于车辆、装卸机械通行和消防。

6.港口机械

港口装卸机械是完成港口货物装卸的重要手段,用于完成船舶与车辆的装卸、货物的堆码、拆垛与转运等。港口流动的装卸机械有较大型的轮胎起重机、履带式起重机、浮式起重机和各种装卸搬运机械(如叉式装卸车、单斗车、牵引车)等;固定装卸机械有门座起重机、岸边起重机、集装箱起重机和各种连续输送机械(如带式输送机、斗式提升机、气力输送机、螺旋输送机和油气管道)等。

7.港口给排水和供电

港口给水系统是为船舶和港口的生产、生活、环境保护与消防提供用水,且根据不同用途提供不同的水量、水压和水质。

港口排水系统的任务是及时地排除港区的生产水、生活污水及地面雨水,对有害的污水进行净化处理,达到环境保护的要求后排放,以防止对环境水域的污染。

港口供电对象主要是装卸机械、维修设备、港口作业辅助设施,以及照明、通信与导航设施等。

8.船舶基地

为了保证生产与安全,港口需要配备有各种辅助船舶,如拖船、供水船、燃料供应船、起重船、垃圾船、巡逻艇、搜救船等。船舶基地主要用于各种辅助船舶的停泊与维护。

综上所述,港口的设施数量是非常庞大的,犹如一个独立的小城市。然而就生产作业来说大体上可归纳为船舶航行作业、装卸作业、货物存储以及集疏运四大部分。船舶航行作业部分包括港内外航道、锚地、港池和船舶回转水域,还有保证安全航行的通信、导航设施;装卸作业部分包括码头、水上装卸锚地以及各种装卸设备。货物存储部分主要包括陆域上的仓库和堆场以及库场的机械设备。对于有旅客运输的港口,在陆域上还必须特别注意建设客运站等设施。集疏运部分除了水路外主要就是铁路与公路。

四、港口的水工建筑物

水工建筑物是指建筑物的大部分处于水中,或经常与水接触。这类建筑物要遭受海水的侵蚀等有害作用,因此对它们的结构和材料有特殊的要求,应该异常坚固又经久耐用。根据各种不同的用途,港口水工建筑物可分为防波堤、码头建筑物、护岸建筑物、修船和造船水工建筑物四大类。

1.防波堤

防波堤是位于港口水域外围,用以抵御风浪、保证港内有平稳水面的水工建筑物。这种建筑物在水域外围的深海中,要经受巨大的波浪和冲击力,因此要建造的既稳定又坚固,规模往往也很大。突出水面、伸向水域与岸相连的防波堤称突堤。立于水中与岸不相连的防波堤称岛堤。堤头外或两堤头间的水面称为港口口门。口门数和口门宽度应满足船舶在港内停泊、进行装卸作业时水面稳静及进出港航行安全、方便的要求。有时,防波堤也用于防止泥沙和浮冰侵入港内。防波堤内侧常兼作码头。

在港口工程中,防波堤按其断面形状及对波浪的影响可分成以下6种,如图3-2-3所示。

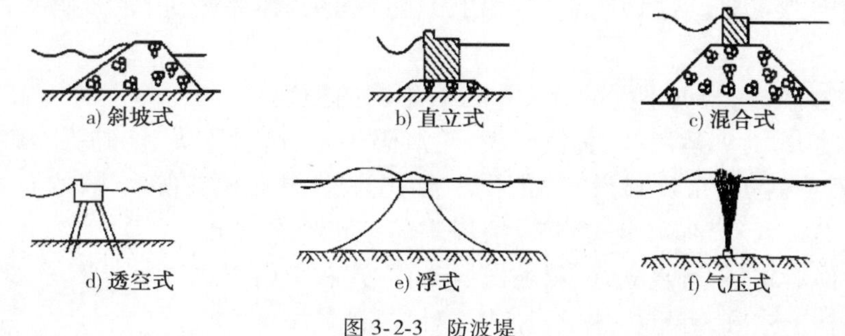

图3-2-3 防波堤

(1)斜坡式防波堤。斜坡式防波堤对地基承载力的要求较低,可就地取材,施工较为简易,不需要大型起重设备,损坏后易于修复。波浪在坡面上破碎,反射较轻微,消波性能较好。这类防波堤一般适用于软土地基。缺点是材料用量大,护面块石或人工块体因重量较小,在波浪作用下易滚落走失,须经常修补。

(2)直立式防波堤。直立式防波堤可分为重力式和桩式。重力式一般由墙身、基床和胸墙组成,墙身大多采用方块式沉箱结构,靠建筑物本身重量保持稳定,结构坚固耐用,材料用量少,其内侧可兼作码头,适用于波浪大及水深而地基较好的区域。缺点是波浪在墙身前反射,消波效果较差。桩式一般由钢板桩或大型管桩构成连续的墙身,板桩墙之间或墙后填充块石,其强度和耐久性较差,适用于地基土质较差且波浪较小的区域。

(3)混合式防波堤。混合式防波堤是由直立和斜坡棱体共同组成,一般上部是直立墙,下部是斜坡棱体,适用于水较深的区域。防波堤建设日益走向深水,大型深水防波堤大多采用沉箱结构。在斜坡式防波堤上和混合式防波堤的下部采用的人工块体的类型也日益增多,消波性能愈来愈好。

(4)透空式防波堤。透空式防波堤由桩基制成类似桥墩一样的独立支墩,墩上支承着以钢筋混凝土制成的空箱桥。波浪传来时主要是由空箱桥起到阻抗反射作用,只有较少的波能从桥板下或桥墩间传入港内,波能大部分集中在水表层,越往下越小,传入的波能对港内的影响已经不大。

(5)浮式防波堤。浮式防波堤是一列或几列由金属或钢筋混凝土制成的浮筒用锚固定住位置组成的。这种防波堤能将表层水的波浪反射回去,其道理与透空式相同。其优点是更适合于水位变化或地质条件不好的区域。缺点与透空式相同。另外,由于锚位可能移动,不十分牢靠,因此在一些海港尚处于试验阶段。

(6)气压式防波堤。气压式防波堤是在港口入口处海底敷设一条带有小孔眼的管子,当有巨浪侵入港口时即灌入高压气体,使这些气体从小孔眼喷出,形成一道气泡幕,用以抵消波浪。目前这种形式在我国还未广泛使用,但发展前途很大。

2.码头建筑物

码头是港口的主要组成部分,码头建筑物也是港口的主要水工建筑物,供船舶停靠、装卸货物和上下旅客。直立式码头是各港口广泛采用的码头类型,便于船舶停靠和机械直接开到码头前沿,以提高装卸效率。内河水位差较大的地区也可采用斜坡式码头,斜坡道前方设有趸船作码头使用。这种码头由于装卸环节多,机械难以靠近码头前沿,装卸效率低。在水位差较小的河流、湖泊中和受天然或人工掩护的海港港池内也可采用浮码头,借助活动引桥把趸船与岸连接起来。这种码头一般用做客运码头、卸鱼码头、轮渡码头以及其他辅助码头。

码头的类型较多,根据不同的分类方法有不同的类型。

(1)按用途分,有客运码头、货运码头、轮渡码头、工作船码头、渔码头、修船码头等。而货运码头中又可分为件杂货码头、散货码头、油码头、集装箱码头等。

(2)按平面布置分,有顺岸式码头、突堤式码头和墩式码头等。

(3)按断面形式分,有直立式、斜坡式、半直立式和半斜坡式等。

(4)按结构形式分,有重力式、板柱式、离桩板梁式等。

另有主要用作浮码头使用的趸船。趸船是一种无动力装置的矩形平底船,通常固定在岸边,用于装卸货物或供行人上下,也被用作商业、娱乐及水上学校等。

3.护岸建筑物

港口陆域和水域的交接地带,除停靠船舶的码头岸线外,其他未被利用的天然岸坡因经常遭受着潮汐、水流和波浪的作用,若边坡土质比较松软,非常容易被冲刷而引起坍塌,进而影响陆域及其上面建筑物的安全,同时也会影响水域的深度。因此要对这些岸边进行加固,须修建护岸建筑物。最常见的护岸建筑物有护坡和护墙。护坡用块石或混凝土板铺砌而成;护墙是用混凝土制成的挡土墙。

4.修船和造船水工建筑物

修船和造船水工建筑物有船台滑道型和船坞型两种。待修船舶通过船台滑道被拉拽到船台上,修好船体水下部分以后沿相反方向下水,再于修船码头进行船体水上部分的修理和安装或更换船机设备。新建船舶在船台滑道上组装并油漆船体水下部分后下水,在舾装码头安装船机设备和油漆船体水上部分。

船坞分为干船坞和浮船坞。

(1)干船坞,为一低于地面、三面封闭一面设有坞门的水工建筑物。待修船舶进坞后,关闭坞门,把水抽干,修好船体水下部分后灌水,使船起浮,打开坞门,使船出坞。新建船舶在坞内组装船体结构,油漆船体水下部分和安装部分船机设备后出坞,然后进行下一步工作。

(2)浮船坞,由侧墙和坞底组成。修船时先向坞舱灌水使坞下沉,拖入待修船舶后,排出坞舱水,使船舶坐落坞底进行修理。在浮船坞新建船舶和干船坞相似。浮船坞可系泊在船厂附近水面上,也可用拖船拖至他处使用。船台滑道和船坞均要求有坚固的基础以承受船体传下的巨大压力,在软弱地基上修建时一般采用桩基础。在透水性土上修建大型船坞时,一般采用减压排水式结构,用打板桩或采取人工排水设施降低地下水位,减少空坞时地下水对坞底板产生的巨大浮托力和坞墙的侧压力。

五、我国十大港口

1.上海港

上海港位于长江三角洲前缘,居于我国18000km大陆海岸线的中部,扼长江入海口,地处长江东西运输通道与海上南北运输通道的交汇点,是我国沿海的主要枢纽港,也是我国对外开放、参与国际经济大循环的重要口岸。2013年,上海港货物吞吐量完成7.76亿t,较2012年同比增长5.5%;集装箱吞吐量完成3361.7万TEU,较2012年同比增长3.3%。全港货物吞吐量连创历史新高,集装箱吞吐量继续保持世界第一。

2.宁波舟山港

宁波舟山港位于浙江省东北海岸,港区涉及宁波市和舟山市。2006年1月1日宁波港和舟山港正式合并。2013年全球10大港口货物吞吐量统计,宁波舟山港成为全球首个8亿t港,货物吞吐量达到8.1亿t,继续保持全球第一;而集装箱吞吐量亦达到1732.68万TEU,位列全球第六。

3.天津港

天津港位于渤海湾上的海河入海口,处于京津城市带和环渤海经济圈的交汇点上,是环渤海港口中与华北、西北等内陆地区距离最短的港口,北京和天津市的海上门户,也是亚欧大陆桥的东端起点。天津港是中国最大的人工海港,我国对外贸易的重要口岸。

4.广州港

广州港地处珠江入海口和我国外向型经济最活跃的珠江三角洲地区中心地带,濒临南海,毗邻香港和澳门,东江、西江、北江在此汇流入海。通过珠江三角洲水网,广州港与珠三角各大城市以及与香港、澳门相通,由西江联系我国西南地区,经伶仃洋出海航道与我国沿海及世界诸港相联通。

5.苏州港

苏州港地处长江入海口的咽喉地带,背靠经济发达的苏、锡、常地区,东南紧邻上海,由原国家一类开放口岸张家港港、常熟港和太仓港三港合一组建成的新兴港口,3个港口相应成为苏州港的张家港港区、常熟港区和太仓港区。苏州港是上海国际航运中心集装箱枢纽港重要组成部分,江苏省最重要的集装箱干线港之一,长江三角洲对外开放的重要依托,长江中上游地区和西部大开发的重要平台。该港是江海河联运,内外贸货物运输、装卸与仓储多功能综合性港口。

6.青岛港

青岛港位于山东半岛南岸的胶州湾内,始建于1892年,具有117年历史,是我国重点国有企业,中国第二个外贸亿吨吞吐大港,太平洋西海岸重要的国际贸易口岸和海上运输枢纽。港内水域宽深,四季通航,港湾口小腹大,地理环境优越。它主要由大港、中港和黄岛港组成。各港码头均有铁路相连,环胶州湾高等级公路与济青高速公路相接,腹地除山东外,还包括华北等。青岛港是晋中煤炭和胜利油田原油的主要输出港,也是我国仅次于上海、深圳的第三大集装箱运输港口。

7.大连港

大连港位居西北太平洋的中枢，港阔水深，冬季不冻，万吨货船畅通无阻，是正在兴起的东北亚经济圈的中心，该区域进入太平洋、面向世界的海上门户。大连港交通十分便利，哈大铁路正线与东北地区发达的铁路网连接。公路有全国最长的沈大高速公路与东北地区的国家公路网络相连接。经东北铁路网和公路网，大连港还连接着俄罗斯和朝鲜，通过西伯利亚大铁路成为欧亚大陆桥的起点。

8.唐山港

唐山港位于河北省唐山市东南沿海，是我国沿海的地区性重要港口，能源、原材料等大宗物资专业化运输系统的重要组成部分。唐山港分为曹妃甸港区、京唐港区和丰南港区。

9.秦皇岛港

秦皇岛港地处渤海之滨，扼东北、华北之咽喉，是我国北方著名的天然不冻港。这里海岸曲折，港阔水深，风平浪静，泥沙淤积很少，万吨货船可自由出入。秦皇岛港是世界第一大能源输出港，是我国"北煤南运"大通道的主枢纽港，担负着我国南方"八省一市"的煤炭供应，占全国沿海港口下水煤炭的50%。

10.营口港

营口港是辽宁沿海经济带上的重要港口，沈阳经济区的唯一港口，也是东北地区及内蒙古东部地区最近的出海港。该港现辖营口、鲅鱼圈、仙人岛和盘锦四个港区，形成陆域面积30多km^2，共有包括集装箱、滚装汽车、煤炭、粮食、矿石、大件设备、钢材、成品油及液体化工品和原油9个专用码头在内的61个生产泊位，最大泊位为20万吨级矿石码头和30万吨级原油码头，集装箱码头可停靠第五代集装箱船。

第三章　水路运输载运工具

水路运输载运工具主要指利用螺旋桨、喷射水流在水中的推力而在水上行驶的载运工具,如各种螺旋桨船舶、水翼船、气垫船等。

运输船舶是指载运旅客与货物的船舶,通常又称为商船。在几千年的船舶发展史中,船舶类型大致经历了舟筏、木帆船及蒸汽机船 3 个阶段,目前正处于以柴油机为主要动力的钢船时代。随着世界经济的发展,现代运输船舶已形成了种类繁多、技术复杂及高度专业化的运输船舶体系。

第一节　船舶的种类

运输船舶可按用途、航行区域、航行状态、推进方式、动力装置和船体材料及船体数目等进行分类。按用途可分为货船、客船和其他船舶等。

一、货船

货船是专门运输各种货物的船。它包括以下几种类型:

1.杂货船

杂货船(如图 3-3-1 所示)是装载一般包装、袋装、箱装和桶装普通货物的船。杂货船在运输船中占有较大的比重。一般所说的万吨级货船,是指它的载重量在 1 万 t 左右或 1 万 t 以上,而其总载重量和满载排水量则还要大得多。

图 3-3-1　杂货船

万吨杂货船一般都是双层甲板船,有 4~6 个货舱,每个货舱的甲板上有货舱口,货舱口上装有能起重 5~20t 的吊货杆。有些船上还备有起吊重货的重型吊杆,起重能力可达 60~

150t。为了提高装卸效率,有些货船还装有回转式的起吊车。

货船按机舱位置的不同,有中机型船、尾机型船和中后机型船。中机型船的机舱位置在船体中央部分;尾机型船的机舱设在船的尾部;中后机型船的机舱设在偏尾部。

近年来发展出一种多用途的干货船,既可运载一般的包装杂货,又可装运散货和集装箱货等。这种货船比装运单一货物的一般杂货船适应性大、运输效率高。

2.散货船

散货船(如图3-3-2所示)是专门用来装运糖、盐、谷物、煤、矿砂等散装货物的船舶,与杂货船不同的地方是它运输的货物品种单一,货源充足,装载量大。依照不同的散货品种,这类船舶装卸时可采用大抓斗、吸粮机、装煤机、皮带输送机等专门的机械,运输效率高,装卸速度快。

图3-3-2 散货船

散货船驾驶室和机舱都设在尾部,货舱口比杂货船的货舱口大,有较多的压载水舱,作为空载返航时压载之用。散货船都为单甲板船,甲板下面两舷与舱口边做成倾斜的顶边舱,可以限制散货向左右两舷移动,以保持船的稳定性。

运输单一货物的散货船存在一个问题,就是货运是单向的,在回程时免不了有空载返航的损失。为了提高船舶的利用率,于是出现了矿-油和矿-油-散货等两用和三用船。多数的散货船在结构上都采取了独特的设计,以适应运输不同货物的需要。

3.集装箱船

集装箱船(如图3-3-3所示)是用于载运集装箱的专门运输船舶。根据国际标准化组织(ISO)公布的统一规格,集装箱一般都使用20ft和40ft两种,其中20ft集装箱被定为统一标准箱(TEU)。集装箱船可分全集装箱船和半集装箱船两种。全集装箱船是将全部货舱及上甲板都用于装载集装箱;而半集装箱船是只有部分舱室用于装载集装箱,其余货舱则用来装运件杂货。

集装箱船在结构与船型上与杂货船有明显不同,船型尖瘦,航速高(一般在20~37kn),舱口尺寸大(舱口宽度占船宽的70%~80%,便于装卸)。机舱及上层建筑位于船尾,以便有更多的甲板和货舱面积用于堆放集装箱,主甲板之下的船舱内一般可堆码3~9层集装箱,而主甲板之上则可堆码2~4层集装箱。船上一般不设装卸设备,而由码头上的专用机械设备操作,以提高装卸效率。集装箱的船舷采用双层船壳,以平衡大舱口对抗扭强度的不利影响，且通过压载调整船舶的重心高度以确保船舶具有足够的稳定性。

集装箱船具有装卸效率高、航行速度快、经济效益好等优点，因而得以迅速发展。它按载箱数量分为第一代、第二代、第三代等，载箱数大致分别为 1000TEU、2000TEU 及 3000TEU。现已发展到第五代、第六代集装箱船，载箱数为 5000TEU 以上。

4.油船

油船（如图 3-3-4 所示）是专门运载石油类液货的船舶。它在外形上和布置上很容易与一般的干货船区别开来。油船上层建筑和机舱设在尾部，上甲板纵中部位布置纵通全船的输油管和步桥。石油分别装在各个密封的油舱内，装卸石油时用油泵和输油管输送，不需要起货吊杆和起货机，甲板上也没有大的货舱开口。

图 3-3-3　集装箱船

图 3-3-4　油轮

油船各油舱内装有蒸汽加热管路。当温度低时，石油的黏度增加，不容易流动，有了加热管为舱内的石油加温，就可使石油流动，便于装卸。

油船的机舱多设在尾部，可以避免桨轴通过油舱时可能引起的轴隧漏油和挥发出可燃气体引起爆炸的危险。此外，机舱设在尾部，烟囱排烟时带出的火星向后吹走，也不致落入油舱的通气管内而引起火灾。

油船船体结构通常是单层甲板、单层低结构，但目前也有双层低结构的。油船的干舷很小，满载航行时甲板离水面很近。

在液货船中，还有专门运载液化气的运输船。这种船舶上装有特殊的高压液舱，先把天然气或石油气体液化，再用高压泵打人液舱内。液舱一般分薄膜液舱和环型液舱。液化天然气在运输途中要蒸发，可把这部分蒸发的天然气送到锅炉去燃烧。除此之外，还有少数散装植物油、化工液货等的船舶，和油船一起统称为液体货船。

5.滚装船

滚装船（如图 3-3-5 所示）是专门装运以载货车辆为货物单元的运输船舶，英文名为 Roll on and Roll off Ship（Ro-Ro Ship）。装船或卸船时类似于汽车与火车渡船，载货车辆从岸上通过滚装船的跳板开到船上，到港后再从船上经跳板开到岸上。

滚装船具有纵通全船的主甲板和多层车辆甲板，不设舱口和装卸设备。主甲板下通常是纵通的无横舱壁的甲板间舱，净空高，适用于装车。各层甲板之间用斜坡道或升降平台连通，便于车辆在多层甲板间行驶。上层建筑位于船首或船尾，且首尾设有跳板，供车辆上下船用。机舱设在尾部甲板下面，多采用封闭式。主甲板以下两舷多设双层船壳。主甲板两侧还设有许多通风筒排放车辆产生的废气。

滚装船的最大优点是船和码头都不需要设置装卸设备,载货汽车可以自行上船或下船,速度快,效率高。另外,滚装船对货种的适应性强,除可装运各种车辆外,还可装运集装箱、钢材、管材和重型机械设备等长大件货物。这种船适用于装卸繁忙的短程航线,也有向远洋运输发展的趋势。滚装船的载重量一般为6000~26000t,航速18~20kn(最高可达25kn)。

图3-3-5 滚装船

6.载驳船

类似于集装箱运输方式的,还有载驳船。载驳船也称子母船,是专门装运以载货驳船为货物单元的运输船舶。其运输方法是先将货物或集装箱装载在规格统一的驳船(子船)上,再把驳船装上载驳船(母船)。到达目的港后,将驳船卸到水中,由拖船或推船将其分送内河各地。载驳船则再装载另一批等候在锚地的满载货驳开航驶向新的目的港。驳船的装卸方式有三种:利用尾部门式起重机、尾部驳船升降平台或浮船坞原理装卸驳船。目前,比较常见的载驳船有"拉希"(LASH)型和"西比"(Sea-bee)型两种,分属上述装卸方式中的前两种。"拉希"型载驳船的载重吨位为30000~40000t,航速18节;"西比"型载驳船的载重吨位为38000t,航速20kn。

载驳船的最大优点是装卸效率高,运输成本比其他货船低。载驳船不受港口水深影响,不需占用码头泊位,不需装卸机械。采用载驳船装运货驳的运输方式,已经成为目前实现海河直达运输的有效方法。

7.冷藏船

冷藏船是专门运输鲜活易腐货物的船舶,可装运新鲜的鸡、鸭、鱼、肉、蛋、水果、蔬菜和冷冻食品等。冷藏船就像一座水上活动的冷库。

冷藏船按所装货物的品种不同,要求不同的冷藏温度。专用的冷藏船航速较高,船的吨位不大,通常在数百吨到数千吨。有些客船上也兼带冷藏鲜货。

二、客船

客船(如图3-3-6所示)是用来载运旅客及其行李并兼带少量货物的运输船舶。纯粹载客不装货物的船舶是很少的。以载客为主兼运一部分货物的船舶叫做客货船。

客船首先是安全可靠,既有良好的适航性和居住条件,又有较快的航行速度。

客船都是用于定期定点的航线，有远洋客船、近海客船、沿海客船和内河客船之分。远洋客船的排水量一般都在万吨以上；近海客船的排水量为5000～10000t；沿海客船的排水量一般在5000t以下；内河客船更小些。

图3-3-6　客船

为了保证旅客的安全，客船在船体结构上必须设双层底，配备有足够的救生设备（如救生艇、救生筏、救生圈和救生衣等）。对防火要求也有严格的规定，例如要求较高的客船上的舱室设备、家具和床上用品等需经防火处理。此外，客船上还有完善的通信、照明设备，有的还设有空气调节系统。对于要求较高的客船，为了使船舶在海洋中航行平稳，船上装有减摇水舱或减摇鳍等。

客船的造型美观大方，上层建筑庞大，有的多达七到八层甲板（一般的内河船舶也有五层甲板）。上层建筑物内除有住舱外，还有供旅客用的餐厅、浴室、盥洗室、诊疗室、阅览室和小卖部，并有宽敞的甲板走廊供旅客活动。大型的远洋客船还设置休息室、文娱活动室、体育活动室、电影放映室、露天游泳池和室外运动场等。

客船与其他交通工具比较，具有客运量大、费用低、比较安全、旅客活动面积大等优点。近年来远程航空客机迅速发展，渐渐取代了远洋客船的地位，远洋客船的客运量已有所下降，客船逐渐转向为短程运输和旅游观光服务，由此新型豪华旅游船、汽车客船、滚装客船和小型高速船等发展起来。

1.海洋客船

海洋客船主要包括远洋、近海与沿海几种形式。这类船舶一般吨位大、航速高、设备齐全。在航空运输兴起之前，国际邮件主要靠这类船舶输送，故又称为邮船。远洋客船的吨位一般在2万～3万t，最大的可达7万t（均为重量吨）：航速约29kn左右，最高可达36kn。近海、沿海客船的吨位在1万t左右，航速为18～20kn。

2.旅游船

旅游船在20世纪60年代兴起，供旅游者旅行、游览之用。其船型与海洋客船相似，但吨位较小。船上设备齐全，能为旅客提供疗养、娱乐等综合服务。

3.内河客船

内河客船指运行在江河湖泊上的客船。其载客量较小，速度较低，设备也较海洋客船简单。

4.汽车客船

汽车客船是20世纪60年代以后兴起的船种。它除载客外，还能同时载运一定数量的旅客自备汽车。这种客船在船舯或船艉设置跳板，以供旅客自备的小型客车驶进船上的车库。

5.小型高速客船

小型高速客船主要有水翼船和气垫船，多用于沿海及内河的短途航行。

水翼船（如图3-3-7所示）是一种依靠装在船体下的水翼上、下压强差产生的升力来支持船体全部或部分升离水面而高速航行的船舶。目前，水翼船的航速可达40~60kn，排水量为100~300t，最多可设有300个客位。如波音公司开发的民用水翼船渡轮（JetFoil 929型），属全浸式水翼船，水翼可以收起，以进入浅水的地区。船身长90ft，以铝合金制造，净重约100t，载客量可达250人，航速达45kn。推进的动力来自两部劳斯莱斯 Allison 501k 燃气发动机，用喷水器推进。

图3-3-7　水翼船

气垫船（如图3-3-8所示）又叫“腾空船”，是一种利用高压空气在船底与水面间形成气垫，使船体部分或全部垫升而实现高速航行的船舶。气垫通常是由持续不断供应的高压气体形成。气垫船主要用于水上航行和冰上行驶，还可以在某些比较平滑的陆地和浮码头登陆。气垫船是高速船的一种，行走时因为船身升离水面，水阻降低，以致航行速度比同样功率其他船舶快。目前，气垫船的航速为60~100kn，最大可达130kn，客位为100~200个。气垫船亦可用非常缓慢的速度行驶，在水面上悬停。

图3-3-8　气垫船

三、其他船舶

1.渡船

在交通运输船中,除了上述的大型船舶以外,还有作为短途运输的渡船。渡船用于江河两岸或海峡、河口、岛屿间的运输,航程较短,船上的设备也比较简单。

渡船按用途可分为旅客渡船、列车渡船和汽车渡船。

城市的过江渡船,有的一小时内要来回好几次,靠离码头时间极短。还有航行于市区和岛屿之间的短途客船(如上海市和崇明岛之间的客船),航程仅几小时,船上只设旅客座位,不设铺位。双体旅客渡船是一种比较新型的渡船,是由两条相同尺寸的船体中间用联桥结合起来的,每个片体各装一个主机和推进器,行驶时同时运转。

列车渡船在我国使用的时间较早。如行驶在粤海铁路琼州海峡的跨海火车渡船"粤海铁1号",2002年7月正式下水,2003年1月投入运营。"粤海铁1号"总长165.4m,宽22.6m,排水量为12400t,载重量4200t。主甲板上敷设4股轨道,可以载货运列车车辆40节或客运列车车厢18节,旅客1360人。船的头部和尾部都装有螺旋桨,靠离码头操纵灵活。首尾和两舷有平衡水舱,用以调节纵倾和横倾。图3-3-9为从上海南到海口的K511次列车被推送进"粤海铁1号"火车轮船的场景。

图3-3-9 K511次列车正被推送进"粤海铁1号"

汽车渡船是载运汽车专用的船舶。这种船舶通常是首尾对称的方形船,驾驶室设在舷侧高处,便于驾驶人员观察和控制。其甲板宽敞平坦,两端有跳板,在靠岸时放下跳板,使汽车能迅速上下。大型的汽车渡船可载配汽车数百辆。这类渡船航线较长,航速较快,兼可载运旅客。

2.驳船

驳船是一种专供沿海、内河、港内驳载和转运物资的吨位不大的船舶。船上设备比较简单,本身没有起货设备。其载重量从几十吨到几百吨,大型的货驳也有数千吨级的。驳船一般为非机动的,本身没有推进装置(少数有推进器的驳船称为机械驳),移动或航行时需要用拖船拖带或推船顶推。驳船用于驳运大型货船上装卸的货物,或者组成驳船船队运输货物。

按装货方式的不同,驳船可分为货物装在货舱内的舱口驳和货物装在甲板上的甲板驳。根据驳船装运的货物品类的不同,又可分为一般的货驳和专用的油驳、矿砂驳、泥驳、牲畜驳和化学品驳等。

驳船船队可以航行于狭窄的水道和浅水航道,并可按运输货物的品类随机编组,适应内河各港口货物运输的需要。驳船的优点是船的结构和设备简单、造价低、管理维修费用低、船的利用率高等。因此,驳船在内河运输中占有重要地位。在我国长江干线和其他内河航线的货物运量中,驳船运输占有较大的比例。

3.液化气船

液化气船分为液化石油气(LPG)船、液化天然气(LNG)船和液化化学气(LCG)船。液化气船的液舱结构与其他货船的货舱结构不同,采用的是全封闭金属罐。

通常采用常温加压方式运输的液化气体,装载于固定在船上的球形或圆筒形的耐压容器内;而采用冷冻方式运输的液化气体,装入耐低温的特种钢材制成的薄膜形或球形容器中,外面包有绝热材料,并装有冷冻系统。加压式适用于小型船舶,载重量在4000t以上的船舶以冷冻方式较多。此外,还有一种低温低压式液化气船,又称半冷冻式液化氙船,采用在一定压力下使气体冷却液化的方式运输。

液化气船的吨位一般在6万~13万m^3(通常用货舱容积的立方米数表示)。大型远洋液化气船的航速为19~20kn,近海液化气船的航速均在15~18kn范围以内。

4.液体化学品船

液体化学品船是用于载运各种液体化学品如醚、苯、醇、酸等的专用运输船舶。液体化学品大多具有剧毒、易燃、易挥发和腐蚀性强等特点,因而运输此类化学品的船舶对防火、防爆、防毒和防腐蚀等有很高的要求。液体化学品船因载运货物的品种多,所以货舱分隔多、货泵多,而且按规定须设双层底。除双层底外,货舱区均为双层壳结构,有透气系统和温度控制系统,根据需要还设有惰性气体保护系统。货舱区与机舱、住舱及淡水舱之间均由隔离舱分隔开来。

根据所运载货物的危险性大小,液体化学品船分为Ⅰ、Ⅱ、Ⅲ级。Ⅰ级船危险性最大,其货舱容积要求小于1250m^3;Ⅱ级船则应小于3000m^3;Ⅲ级船装载危险性较小的液体化学品。

5.拖船和推船

拖船和推船是专门用于拖曳或顶推其他船舶、驳船队、木排或浮动建筑物的机动船。其本身不载旅客和货物,是一种多用途的工作船,被称为水上的"火车头"。

拖船多为单甲板船,且尺度较小,船型短而宽。船上除了有一般的航行设备外,在拖船的后部还装有专门的拖曳设备。衡量拖船能力大小是主机的功率和拖力,目前我国干线运输拖船的功率达1500kW。

推船一般呈方形,装有顶推架,用缆绳或机械钩合装置连接驳船。顶推设备和连接装置装于推船首部。为便于驾驶,推船驾驶台较高。目前我国长江干线上常见的推船功率为1900kW。

第二节　船舶尺度和性能

一、船舶的主要尺度

船舶的主要尺度是表示船体外形大小的基本量度,有船总长 L、型宽 B、型深 H 和吃水 T,如图3-3-10所示。

（1）船总长 L，指船舶首端至尾端的最大水平距离。

（2）型宽 B，指沿船体设计水线自一舷的肋骨外缘量至另一舷的肋骨外缘之间的最大水平距离，一般在船长的中点处。

（3）型深 H，指在船长中点处，沿舷侧自龙骨上缘量至上甲板下缘的垂直距离。

（4）吃水 T，指在船长中点处，从龙骨上缘量至设计水线的垂直距离。

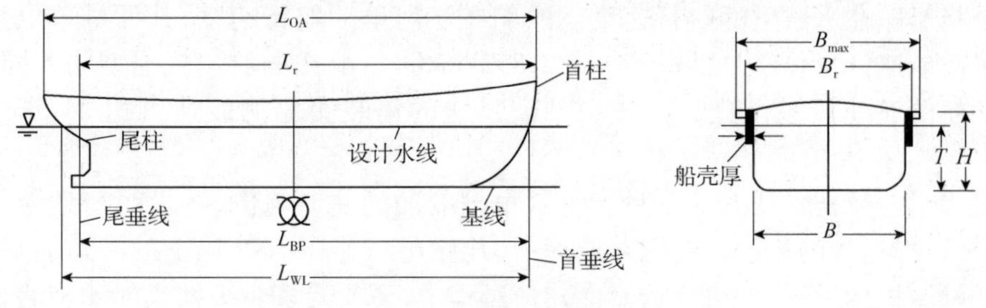

图 3-3-10 船舶的主要尺度

二、船舶的技术营运性能

船舶的技术营运性能包括船舶的航行性能、船舶的重量性能、船舶的容积性能、船舶的航速与船级等。

1.船舶的航行性能

船舶为了完成运输生产任务，经常在风浪、急流、险滩等航行条件极为复杂的情况下工作。因此，要求船舶必须具有良好的抗风浪能力，能够有效控制船舶的航行性能（主要包括浮性、稳性、抗沉性、快速性、适航性和操作性）。

（1）浮性。指船舶在各种装载情况下，保持一定浮态的性能。

（2）稳性。指船舶受到外力的作用后，离开平衡位置而倾斜，当外力消除后能够自行恢复到原来平衡位置的能力。

（3）抗沉性。指船舶破损浸水后仍保持一定浮性和稳定性的能力。

（4）快速性。指主机以较小的功率消耗而达到较高航速的性能。

（5）适航性。指船舶在多变的海况中运动的性能。

（6）操作性。指船舶能保持或改变航向的能力。船舶保持航向不变的能力叫航向稳定性；船舶改变其航向的能力叫回转性。

2.船舶的重量性能

船舶的重量性能是指船舶的载重量和排水量，计算单位是 t，可表示为重量吨位和排水量吨位。

（1）重量吨位。即船舶载重量，表示船舶在营运过程中所允许装载的重量。船舶的重量吨位可用于对货物的统计；租船时作为计算月租金的依据；表示船舶的载运能力；也可用于计算新船造价及旧船售价。重量吨位可分为总载重吨位和净载重吨位。

（2）排水量吨位。指船舶在空载、满载或不满载时所排开水的吨数，分为空船排水量、满载排水量和实际排水量 3 种。

3.船舶的容积性能

船舶容积性能以船舶的容积吨位来表示。船舶的容积吨位是各海运国家为船舶注册而规定的一种以 t 为计算和丈量的单位，是将船舶内部封闭容积以 2.83m^3($100ft^3$)为 1t 折算所得到的吨位数，一般用于船舶注册登记，又称注册吨位。

4.船舶的航速与船级

航速是指船舶在水域里的航行速度。船舶在江河里的航行速度，其计量单位是 km/h，船舶在海里的航速计量单位是"kn"(1kn = 1.852km/h)。船舶的航速依船型的不同而不同，散货船和油轮的航速较慢，一般为 13 ~ 17kn；最快的集装箱船的航速可达 24.5kn，相当于 45km/h。

船级是表示船舶技术状态的一种指标。根据船舶的注册吨位，将船舶划分为不同的级别，便于客户选择适当的船舶。在国际航运中，凡注册总吨在 100t 以上的海运船舶，需由船级社或船舶检验机构批准，方可建造。在建造过程中，还要受某船级社或船舶检验机构的监督。建造完毕，需由船级社或船舶检验机构对船舶的各项技术指标和性能进行鉴定，确定船级，发给船级证书。船级证书的有效期是 4 年，期满后需重新鉴定。船舶入级可保证船舶航行安全，有利于国家对船舶进行技术监督，便于船舶的营运，也便于保险公司确定船、货(客)的保险费用。世界上比较著名的船级社有英国劳埃德船级社(创建于 1760 年，是世界上历史最悠久、规模最大的船级社)、德国劳埃德船级社、挪威船级社、法国船级局、日本海事协会、美国航运局、中国船级社(前身为中华人民共和国船舶检验局)等。

第三节　船舶的组成与基本构造

运输船舶由船体构造、动力装置、船舶设备及船舶系统等部分组成。

一、船体构造

船体是指主甲板以下部分，它是一个直接承受静水压力、浮力、波压力、冲击力、货载及本身重量等各种外力的空间结构。为了使船舶行驶时所受的阻力最小，船体做成流线型曲面，两端多为尖楔形或匙形。船体前端叫船首，后端叫船尾。

一般货船的中部较肥，首部与尾部较瘦。船体中部的舱容大，适宜于作货舱和机舱。首尾部常用作压载水舱和放置锚链或舵机等。船体左右两侧叫船舷。船体顶盖为一全通连续甲板，称为主甲板。主甲板架在横梁上，它是承载船舶纵向强度的重要构件，同时也支撑压在甲板上的负荷。除主甲板外，大型船舶内还有起分隔作用的第二、第三甲板。船体构造中，主船体和上层建筑是其主要部分。

1.主船体

主船体是被外板和连续的上甲板全部包起来的水密结构，主船体的空间又被舱壁、甲板和平台分隔成不同用途的舱室。主船体由首端、中部和尾端构成。

2.上层建筑

船舶主甲板以上，由一舷伸至另一舷的围壁建筑物称为上层建筑。上层建筑位于水密的连续甲板以上,包括船楼和甲板室。

上层建筑作为驾驶室、工作室、船员和旅客的住室和生活用舱室或安装船舶上某些设备之用。上层建筑承受风浪的局部压力和局部载荷,当它超过一定长度时其结构应加强。

二、动力装置

船舶动力装置是保证船舶推进及其他需要提供各种能源的全部动力设备的总称。或者将它扩大为满足船舶航行、各种作业、人员生活和安全等需要所设置的全部机械、设备和系统的总称。船舶动力装置由推进装置、辅助装置、管路系统、甲板机械及自动化设备组成。

1.推进装置

推进装置也称主动力装置,是为保证船舶正常航行而设置的所有设备的总称,也是船舶动力装置中最主要的部分。它包括主机、传动设备、轴系和推进器。主机发出动力,通过传动设备及轴系驱动推进器产生的推力,使船舶克服阻力航行;再通过改变主机的转数和轴系的转动方向,控制船舶航行的快慢和进退。根据主机形式不同,船舶动力装置可分为蒸汽动力装置、燃气动力装置及核动力装置等几种。燃气动力装置的主机是采用直接加热式(内燃式),燃烧产生物即是工质。目前民用船舶使用内燃机最普遍。柴油机具有热效率高、起动迅速、安全可靠、重量轻、功率范围大等优点。在大中型民用船舶上使用的柴油机有大型低速和大功率中速两大类。船舶动力装置由于工作条件的特殊性,要求可靠、经济、机动性好、续航能力强等。

2.辅助装置

辅助装置是产生除推进装置所需能量以外的其他各种能量的设备,包括船舶发电站、辅助锅炉装置和压缩空气管路系统。它们分别产生电能、蒸汽和压缩空气供全船使用。

3.管路系统

船舶管路系统是指为某一专门用途而设置的输送流体(液体或气体)的成套设备。

4.甲板机械

甲板机械是指为保证船舶航向、停泊及装卸货物所设置的机械设备,如锚泊机械、操舵机械和起重机械等。

5.自动化设备

自动化设备用以实现动力装置的远距离操纵与集中控制,以改善船员工作条件,提高工作效率及减少维修工作量。它主要由对主、辅机及其他机械设备进行遥控、自动调节、监测、报警等设备组成。

三、船舶设备

为了操纵船舶、装卸货物和安全救护,船舶配备有舵、锚、系缆、起货和救生设备,统称为船舶设备。

1.舵设备

舵设备是控制船舶航行方向的装置。它主要由舵、舵机、传动装置及操纵装置等部分组成。驾驶人员操纵舵轮或手柄,或由自动舵发出信号,通过传动装置带动舵机,由舵机带动舵的转动控制船首方向，使船舶保持航向或回转。

2.锚设备

锚设备是船舶锚泊时所用装置和机构的总称，由锚、锚链、锚链制动装置，锚机和锚链舵等组成。锚利用它在海底的抓力(一般为锚重的 4~5 倍)以及锚链与海底表面的摩擦力制动船舶，主要用于船舶在海上锚地固定船位，同时也可作为船舶制动、控制船身和掉头的辅助手段。

3.系缆设备

系缆设备是用来将船舶系在码头的系船柱上或其他所需要的位置上的设备。系缆设备主要包括缆索、带缆桩、导缆孔、导缆器及绞缆机等。缆索一般采用柔软的钢索或麻索，近年较多的改用尼龙索。带缆桩是用铸铁或钢板焊接成的柱子，固定在甲板上，供挽牢缆索用。为了把缆索从带缆桩引出船外，在舷墙上开孔，称为导缆孔。为使缆索按照需要改变方向，在甲板上或舷墙上设有导缆器。为了收缆时卷起缆索，设有缆索卷车。在船舶靠码头过程中，缆索一端套在码头系船柱上，用船上绞缆机或锚机绞紧缆索，使船向码头靠拢。因此，在船上布置缆设备时常与锚设备、拖带设备一并考虑。

4.起货设备

起货设备是船舶自备的、用于装卸货物的装置和机械，主要包括吊杆装置、甲板起重机和其他装卸机械。

5.救生设备

救生设备是装在船上供船舶失事时船上人员自救和营救落水人员的设备。常用的救生设备有救生艇、救生筏、救生圈和救生衣等。

除以上这些船舶设备外，船舶大多还配备消防和堵漏设备等。它们都是保证船安全航行所必须装置的设备。

四、船舶系统

为了保证船舶安全运转和船员、乘客生活需要，船舶上设有船底水排泄系统、压载系统、灭火系统、生活用水系统、通风系统、冷暖系统等，统称船舶系统。特殊船舶还有特殊系统，如油船的输油系统，冷藏船的冷却系统。船舶系统主要用来输送船上自用的液体和气体，如淡水、海水、热水、污水、蒸汽、空气等。其设备包括管道、泵及其他附件。

为船舶系统与船舶设备所配置的动力装置，称为辅机。

此外，船舶还有助航仪器、索具、信号等设备。

第四章　水路运输组织管理

第一节　水路运输组织概述

水路运输组织就是对船舶生产活动的计划安排,主要包括规划航线系统、为航线选配适当的船舶或船队、协调各方面的工作、确定拖(推)船与驳船工作配合方式以及制定船舶运行时刻表。

一、船运生产过程与航次

1.船运生产过程

航运生产过程即是船舶将货物从发货港运至目的港的过程。一个完整的航运生产过程应包括船舶装卸前的准备工作、船舶在发货港装货、船舶载货从发货港航行至目的港、船舶在目的港卸货等几项作业。这些作业的顺序都是固定不变的。我们称船舶完成一次整个的运输生产过程为一个生产周期。

在航运生产中,用航次来表示船舶运输的生产周期。生产周期的主要特征是它的延续时间。完成一个生产过程所需的延续时间越短,即生产周期越短,意味着在某一定时间内其产量越高。只有了解航次中各项作业的构成及其时间定额,不断优化航运生产工艺,改进航运生产组织工作,才能有效地缩短生产周期,提高生产效率。

2.航次

1)航次的概念

在船舶运输生产中,将船舶从事货物和旅客运输的一个完整运输生产过程(即一个生产周期)称为一个航次。对于客船、货船和驳船而言,一个航次的时间是指自上一航次终点港卸空所载货物(或下完旅客)时起,至本航次终点港卸空货物(或下完旅客)时止的时间。

航次所包括的作业有:①基本作业,包括装卸货物或上下旅客、船舶航行。②辅助作业,包括装卸货物前的准备工作,包括办理文件、编解船队等。③服务作业,包括供应燃料、物料、淡水、食品、备品等作业。

2)航次的分类

根据船舶运输生产组织的特征,航次可分为简单航次和复杂航次。简单航次是指船舶在两个港口间完成一次货物(旅客)运输完整过程的航次。复杂航次是指船舶在多个港口间完成的航次,即船舶不仅运输从始发港到终点港的货物(旅客),还在中途一个或几个港口装或卸部分货物(上或下旅客)或加减驳船。

另外,在水路运输生产中还有一种往返航次的概念,它是指船舶在两个或两个以上港口间从事客、货运输,船舶到达终点港卸完货或下完客以后又重返回始发港的航次。根据运行组织形式,往返航次又分为以下3种:一是单向运输货物的往返航次,是指船舶在两港之间实现单向货物运输任务,而回程空载的航次。大多数散货船及石油运输船的运输组织都采用这种往返航次。二是双向运输的简单往返航次,是指船舶在两港之间运行,往返两程都重载的简单航次。船舶在这一航次中完成两个运输生产周期。三是双向运输的复杂往返航次,是指船舶在两港之间运行,往返两程都重载的复杂航次。船舶在这一航次中完成两个运输生产周期。大多数班期航线的运输组织都采用这一类航次。

二、船舶配载与积载

船舶配载与积载是货物装船之前一项细致、复杂而又十分重要的工作,是保证船货安全、合理使用船舶、正确组织装卸、顺利完成货物运输的重要环节。

1.船舶配载

船舶配载是指为船舶的具体航次选配货载,即船舶公司根据货物托运人提出的货物托运计划,对所属船舶的具体航次确定应装运的货物品种、数量及体积。配载的结果要编制成一张航次装货清单。

为船舶的具体航次选配货载时,应遵循以下原则:

(1)要认真贯彻执行国家的运输政策,做到急需物资、重点物资、支农物资优先运输。

(2)要适应船舶的结构、设备与营运性能的要求,且要尽量充分利用船舶的载重量和载货容积。

(3)要为积载创造有利的条件,对忌装货、到中途港的重货和要求特殊装载的货物,选配的数量不要过于集中,以利于正确的选配舱位,保证船舶安全及货运质量。

(4)要有利于加速车、船、货物的周转,应力求减少港内移泊,便于按作业流程组织港口生产,缩短货物和船舶在港停留时间。

2.船舶积载

船舶积载是指对货物在船上的配置位置与堆装方式做出合理的安排,即船上大副或港口有关部门在配载的基础上根据装货清单确定货物在各货舱、各层仓配装的品种、数量与堆码位置与堆装工艺。积载的结果则要编制一个计划积载图,即用一个简单的示意图把船舶计划装载的各票货物的名称、装货单号、卸货港、包装形式、件数、吨数、体积及货位详细的标示出来。这个图又称货物积载图。

积载工作必须保证船舶安全,货物完好,满足船舶必要的航行技术性能要求,装卸方便及良好的营运经济效果。因此,安全、优质、快速、经济是对船舶积载的总的基本要求,具体应做到:

(1)充分利用船舶的装载能力。

(2)确保船体强度不受破坏和损伤。

(3)保证船舶具有适度的稳定。

(4)保证船舶具有适当的吃水差。

(5)保证货物的运输质量。

(6)满足中途港卸货顺序的要求。

(7)便于装卸和缩短船舶在港停泊时间。

(8)正确合理的舱面积载。

船舶配载与积载是既紧密联系又互有区别的两个阶段的工作。配载是积载的前提和依据,应为记载创造便利的条件;积载是配载的继续和具体实施,要保证配载计划的完成。

第二节　船舶运行组织

船舶运行组织就是根据一定时期内的企业的客货运输任务、国家的运输政策以及船舶、港口、航道等技术营运条件,综合考虑水运生产各环节及其他有关运输方式间的协调配合,对船舶运行活动所做出的合理安排。

船舶运行组织的主要内容包括:制订航线系统,为各航线选配适当的船舶或船队,协调各环节的工作,确定推船与驳船工作配合的方式以及制订船舶运行时刻表等。

一、船舶运行组织形式

1.航次形式

(1)航次形式的概念。航次形式是指船舶运行没有固定始发港和终点港,船舶仅为完成某一项运输任务,按照航次计划运行的一种船舶运行组织形式。采用航次形式时,船舶完成一个航次后,便可到达它能够到达的任一港口,运输它适合运输的货物,开始另一个航次。

(2)航次形式的特点。航次形式的优点是机动灵活,对航线形式起补充和调整的作用,是船舶运输组织不可缺少的一种形式。它的缺点是由于它的不定期性,不利于与港口工作的协调和配合,不利于组织联合运输。同时,由于它所运输的货物种类、数量、发送港、发送期限以及船舶的运行方向等主要取决于货主的运输申请书,因此,常常会造成船舶空驶,导致船舶的使用效率降低。

(3)组织航次形式的条件。主要有以下 3 种情况:①运输计划的要求。如制订计划时,对于一些小批量的货物,不需要开辟固定航线,在规划航线和配船论证结果中,就会安排运送特种货物的航次。②满足临时发生的运输需要。如防汛物资、救灾物资、急需的支农物资、急需的城市供应物资以及季节性的农产品运输。③其他情况。如对封冻的河流,在航期开始及结束时,也可能临时采用航次形式;在船舶调动航线时,为充分利用船舶,也可临时安排一次任务。

2.航线形式

(1)航线形式的概念。航线形式是指船舶在固定的港口之间运行,为完成一定的运输任务,选配适合具体条件的一定数量的船舶,并按一定的工艺过程组织船舶生产活动的一种船舶运行组织形式。航线形式是由航次形式在具有稳定的运输需要的航区形成和发展起来的,是一种独立的组织形式。航线形式的组织条件,首先是要有大量而稳定的货流(客流)。

(2)航线形式的主要优点有:①有利于吸引货源(旅客),组织货流(客流),保证货物(旅客)的及时送达。②有利于组织几种运输方式之间的联合运输。③有利于各生产环节协调配合，保证有条不紊的工作，保持正常、稳定的生产秩序，以缩短船舶泊港时间，提高运输效率。④有利于工作人员熟悉航道航行条件，确保航行安全，缩短航行时间。⑤有利于船员安排生活。⑥有利于对船舶的调度领导和管理。

(3)航线形式的分类。航线形式有多种分类方法，按船舶航行区域分为内河航线、沿海航线和远洋航线，按船舶运行状态分为定期航线(班船航线)和一般航线，按航线有效期分为全年或全航期有效航线和季节性航线，按航线港口数分为简单航线和复杂航线。

3.船舶运行组织方法的选择

在国际航行中，根据贸易与市场需要，可组织船舶以航线形式或航次形式运行。在国内的沿海及内河运输中，航线形式是船舶运输的基本组织形式，而航次形式则是一种辅助的、但不可缺少的运行组织形式。

二、船舶运行组织特点

1.货船运行组织特点

由于货船是一个刚性单体，吃水较深，船体较短，故抗风浪性能和操纵性能好。货船可单独生产，运行组织简单，但在整个停泊时间内，动力部分不能充分利用，影响其经济性等。因此，根据货船的技术营运性能特点，其一般适用于：

(1)海洋、海区、湖泊、水库以及河面开阔和水深的下游航段。

(2)要求快速运送的贵重货物、鲜活货(牲畜、家禽、禽蛋、水果、蔬菜等)和急需物资的运输。

(3)港口装卸效率较高、水深较大、港口间距离较长的航线。

如果其他条件不考虑，一般将载重量大、航速高的船舶安排在距离长、装卸定额高的航线，将更为经济。所谓“大船大线”是航线配船的最一般的原则。

2.顶推(拖带)船队运行组织特点

根据顶推(拖带)船队的技术营运特点，其一般适用于：

(1)水浅、风浪小的内河航道。

(2)价格较低、运输速度要求不高的大宗货物的运输。

(3)货源不稳定、批量悬殊的多点运输。

(4)运输距离较短、装卸效率较低的港口。

3.客船运行组织特点

客船运行组织的原则是安全、准时、舒适、方便地运送旅客。其运营特点是：

(1)需要定期、定时发船，便于旅客掌握发船规律。

(2)在主要港口，船舶的到发时间安排应考虑与其他运输方式的衔接，方便旅客。

(3)在长距离的客运航线以及旅游、休闲航线上，应配置设备较完善、航速较高的船舶。在短距离的地方性客运航线上，考虑旅客自带物品较多的特点，所配备的船舶应有较多可供堆放物品的空间。

(4)市郊和市内客运航线，为了方便旅客，一般要求发船密度较大，可以采用载客量较小的船舶。并根据客流在时间上、方向上的不平衡性，有针对性地予以调整。

第三节　港口作业组织

一、船舶在港作业组织

1.船舶在港作业过程

从船舶到达港口到船舶离开港口,必须经过如下的8个作业过程:

(1)联检。由海关、边防、卫生、港监组成的联合检查。

(2)进港。在港口导航设备和引航员的引航下(有时还需要拖船的帮助),通过入港航道进入港口。

(3)待泊。在锚地等待指泊。

(4)靠泊。泊位确定以后在引航员和拖船的帮助下,由港口的系缆工人将船舶系在码头的系缆桩上,完成靠泊。

(5)船舶卸货。船舶卸货之前需要办妥有关的手续。港口需要做好卸货前的一切准备工作,在船舶卸货的同时进行船舶的供给补充。

(6)移泊。船舶的装货和卸货之间可能需要移泊,移泊的过程仍然是在引航员和拖船帮助下进行。

(7)船舶装货。货物装船之前,必须办妥有关的手续,并做好装货前的各项准备工作。在货物装船之前或同时,还要进行理货。

(8)联检出港。装船完毕,联检合格后引航出港。

2.组织船舶在港作业应注意的问题

(1)组织各项作业按顺序连续进行,并尽可能缩短这些作业的延续时间。

(2)组织船舶在港的各项作业尽可能平行进行,如在装卸作业的同时完成船舶供应工作及船舶修理等。

(3)重点组织好船舶的装卸作业,缩短装卸时间。

综上所述,组织船舶在港作业的目标就是最大限度地缩短船舶在港的停泊时间。

二、港口生产过程

港口装卸企业的生产过程主要是货物的换装过程,也就是人们按照预定的目的,在车、船到达后,在港内运用劳动工具进行装卸等各项作业,使货物在不同运输方式之间完成换装的组织过程。

1.港口生产过程的组成

港口企业的生产过程由生产准备过程、基本生产过程、辅助生产过程、生产服务过程4个方面组成。

(1)生产准备过程是指基本生产活动之前所进行的全部技术准备和组织准备工作,即:编制出装卸作业计划,并且根据计划完成货操作过程,装卸工艺的确定,装卸地点、库场、接运的确定与准备,装卸机械的准备以及货运文件的准备等。

(2)基本生产过程是指货物在港内的装卸过程,又称货物的换装过程,即货物从进港到离港所进行的全部作业的综合,包括卸船、装船过程,卸车、装车过程,库场作业过程以及港内运输等。

(3)辅助生产过程是保证基本生产过程正常进行所必需的各种辅助性生产活动,如装卸机械的维修与保养、装卸工具的加工制造与管理、港口各项设施的维修及动力供应等。

(4)生产服务过程是保证基本生产和辅助性生产过程所进行各种服务活动。为基本生产服务的有理货业务、仓储业务和计量业务;为船舶服务的有技术供应、生活必需品供应、燃料和淡水供应、船舶的检验与修理、压舱污水处理等;为货主服务的有货物鉴定、检验包装等。

2.生产过程组织的主要任务和基本原则

1)主要任务

(1)保持港口畅通,加速车、船、货的周转。

(2)保证按期、按时、安全、优质地完成车、船装卸任务,特别是重点船和货的装卸。

(3)充分合理运用港口能力和一切技术手段,完成生产任务,使物化劳动和活劳动消耗减少到最低程度。

(4)保证与港口生产过程有密切关系的其他部门(铁路、航运、外贸、货主等)之间的组织合作与全面协调。

2)基本原则

为了从生产过程中取得最佳的经济效益,组织生产过程必须保证生产过程符合连续性、协调性、均衡性、经济性的原则。

(1)保证生产过程的连续性,是指保证关键作业及主导工序的连续不间断进行。如一艘海船中有若干舱口,在作业过程中应保证重点舱装卸作业的连续性。在辅助生产过程和生产服务过程与基本生产过程之间还应尽力组织平行作业或合理安排顺序,避免发生作业中断。

(2)保证生产过程的均衡性,是指在相同的间隔时间内下达的任务均衡,同时也包括各个阶段、各个工序所完成的任务相同或稳步上升。组织好港口生产过程的均衡性是生产过程组织水平的集中体现。

(3)保证生产过程的协调性,是指港口生产各主要环节之间,作业线上各工序之间,在生产能力上,也即在人员、设备等各个方面配合得当。同时还要保证装卸作业与各种运输工具之间配合得当。

(4)保证生产过程的经济性,是指在组织港口生产过程中不仅要考虑效率和数量,而且还要全面考虑经济效果。例如,在船舶停留时间相等的条件下,应该尽量采用装卸成本低的装卸工艺方案。

三、港口装卸作业组织

货物的装卸是港口最基本的业务。港口根据装卸货物的品种、数量、重量等情况,配置各种类型的装卸机具和员工。货物装卸作业分为码头岸上作业和船上作业两个环节。岸上作业主要包括货物在码头前沿的搬运、堆码垛和装卸机械将货物在码头岸上与船上之间的起吊和放下等工序;船上作业是指船舶到达港口以后,由港口的码头工人操作船上装卸机械,在甲板上或船舱里整理货物或摘挂吊钩,以及打开舱盖或关上舱盖等。为保证各主要环节时间的衔接和生产率的一致性,装卸作业组织部门应编制出作业组织程序,确定出各作业环节应配备的工人数、配机台数、工具的种类和数量等,并组织装卸工人按规定工序按时、按质、按量地完成任务。

港口是交通运输枢纽,设计港口装卸工艺的目的是经济合理地完成货物在不同运输工具之间的换装。货物在港口换装有两种形式:直接换装和间接换装。直接换装是指货物从一种运输工具直接换装到另一种运输工具。间接换装是指货物经过港口的仓库或堆场储存之后再换装至其他运输工具。在直接换装作业中,货物只经过一个操作过程,而在间接换装作业中,货物要经过两个以上的操作过程。一般来说,操作过程越多,港口为了完成货物换装所耗费的人力、物力越大。因此直接换装是最为简单的作业形式,在生产作业组织中应该尽可能地采用。但是车船直取作业时车船在港停时较长,故采取何种作业方案要根据具体情况确定。

第五章　水路运输发展现状与展望

改革开放以来,我国的水运事业得到了巨大发展,水路客运量、货运量都有了较大幅度的增长。目前,我国的商船已航行于世界100多个国家和地区的400多个港口,已基本形成了一个具有相当规模的水运体系,在国民经济发展中起到了非常重要的作用。

第一节　我国水路运输发展现状

一、我国港口发展现状

经过50多年的建设,我国港口已初步形成码头种类齐全、布局日趋合理的总体格局。我国部分海港的技术装备和管理水平已接近世界先进水平,河港达到发达国家20世纪90年代水平。港口功能已由以装卸、集散货物为主的运输功能逐步扩展到仓储、加工和商贸等多个领域。港口发展为振兴港口城市乃至整个地区经济做出了重大贡献。

1.港口货物吞吐量

2013年我国港口完成货物吞吐量117.67亿t,比上年增长9.2%。其中,沿海港口完成75.61亿t,内河港口完成42.06亿t,分别增长9.9%和7.9%。

2.港口旅客吞吐量

2013年全国港口完成旅客吞吐量1.85亿人次,比上年下降4.8%。其中,沿海港口完成0.78亿人次,内河港口完成1.07亿人次,分别下降1.2%和下降7.3%。

3.港口外贸货物吞吐量

2013年全国港口完成外贸货物吞吐量33.60亿t,比上年增长9.9%。其中,沿海港口完成30.57亿t,内河港口完成3.03亿t,分别增长9.7%和11.8%。

4.港口集装箱吞吐量

2013年全国港口完成集装箱吞吐量1.90亿TEU,比上年增长7.2%。其中,沿海港口完成1.70亿TEU,内河港口完成2053万TEU,比上年分别增长7.4%和5.3%。

5.港口液体散货吞吐量

2013年全国港口完成液体散货吞吐量9.48亿t,比上年增长4.6%;干散货吞吐量69.10亿t,增长9.8%;件杂货吞吐量11.67亿t,增长9.6%;集装箱吞吐量(按重量计算)21.85亿t,增长10.3%;滚装汽车吞吐量(按重量计算)5.57亿t,增长4.5%。

6.规模以上港口货物吞吐量

2013年全国规模以上港口完成货物吞吐量106.49亿t,比上年增长8.9%。其中,完成煤炭及制品吞吐量21.73亿t,石油、天然气及制品吞吐量7.58亿t,金属矿石吞吐量16.70亿t,分别增长8.9%、2.6%和11.4%。

二、我国内河运输现状

航道是航运发展的基础。在20世纪50年代，国家对航道建设进行恢复与整治。2013年年末，我国内河航道通航里程12.59万km。等级航道6.49万km，占总里程51.6%。其中，三级及以上航道10201km，五级及以上航道2.76万km，分别占总里程8.1%和21.9%。

各等级内河航道通航里程分别为：一级航道1395km，二级航道3043km，三级航道5763km，四级航道8796km，五级航道8600km，六级航道19190km，七级航道18113km，等外航道6.10万km。各水系内河航道通航里程分别为：长江水系64254km，珠江水系16163km，黄河水系3488km，黑龙江水系8211km，京杭运河1437km，闽江水系1973km，淮河水系17338km。

我国内河航道总里程虽居世界第一，但航道等级低，航道总里程中千吨级以上航道仅占7%。而美国千吨级以上航道占比高达61%，欧洲干线航道及其主要河流均已实现千吨级船舶畅通无阻。从航道等级看，中外差距悬殊。因此，今后我国内河航道建设的主要任务是：不断提高主要航道技术等级，改善通航条件，按照全国水运主通道总体布局规划，大力发展"两纵三横"共5条水运主通道。"两纵"是沿海南北主通道，京杭运河淮河主通道；"三横"是长江及其主要支流主通道，西江及其主要支流主通道，黑龙江松花江主通道。

三、我国船舶发展现状

新中国成立后的六十多年，我国水路运输船舶迅速发展。2013年年末，全国拥有水上运输船舶17.26万艘（其中内河运输船舶15.91万艘、沿海运输船舶1.10万艘、远洋运输船舶0.25万艘），比上年末减少3.4%；净载重量24401.03万t，增长6.8%；平均净载重量1414.11 t/艘，增长10.5%；载客量103.30万客位，增长0.8%；集装箱箱位170.16万TEU，增长8.1%；船舶功率6484.66万kW，增长1.5%。

四、我国水路客运量与货运量现状

我国2013年全国完成水路客运量2.35亿人次、旅客周转量68.33亿人公里，按可比口径比上年分别增长3.0%和2.9%，平均运距29.03km；全国完成水路货运量55.98亿t、货物周转量79435.65亿t·km，按可比口径比上年分别增长10.4%和4.8%，平均运距1419.04km。

在全国水路货运中，内河运输完成货运量32.39亿t、货物周转量11514.14亿t·km；沿海运输完成货运量16.47亿t、货物周转量19216.14亿t·km；远洋运输完成货运量7.12亿t、货物周转量48705.37亿t·km。

台湾海峡两岸间海上运输完成客运量156.77万人次，货运量5988.09万t，比上年分别下降4.6%和4.2%；集装箱运量204.04万TEU，比上年增长8.5%。

第二节　我国水路运输发展展望

一、港口现代化

作为全球综合运输系统节点的港口，效率、服务质量及水平是生存发展的关键因素。港口现代化主要表现在泊位深水化、码头专业化、装卸机械自动化、信息网络化等方面。

1.泊位深水化

为了适应现代运输技术的发展,尤其是船舶大型化、高速化对港口靠泊条件和装卸设备的要求,以及出于保持或争取成为世界级大港的目的,当前世界各国有条件、有能力的港口先后加强了港口建设,扩大港口生产规模,建造深水泊位。

2.码头专业化

船舶运输的历史始终贯穿着专业化运输由低级到高级的不断发展过程。船舶运输的几次重大工艺变革,均与专业化的发展有关。与船舶运输的专业化相适应,港口也相应建起了适应专业化船舶运输的专业化码头。

3.装卸机械自动化

现代高科技的发展给港口装卸机械向自动化方向发展奠定了基础。目前,世界第一大港——荷兰鹿特丹港,是世界上最先进的港口,该港出于商业竞争和树立大港形象的需要,建设了全球自动化程度最高的散货码头和集装箱码头。

4.信息网络化

现代信息技术在港航管理中的应用不断增强,如港航管理信息系统、电子数据交换等。

二、船舶现代化

船舶现代化主要表现在船舶大型化、船舶专业化、船舶高速化、船舶自动化等方面。

1.船舶大型化

船舶大型化可以发挥大型船舶的规模经济、增强竞争实力、改善装卸性能及提高港口生产效率。

2.船舶专业化

船舶专业化是随着经济建设速度的不断加快、运输需求的迅速增长而逐渐发展起来的。船舶专业化改善了各种运输工具之间的换装作业,加速了货物的整个运输流程和船舶周转。

3.船舶高速化

在航线与发船间隔时间一定的条件下,航速与配船数呈反比关系,即航速越高,航线上需配备的船舶数就越少。短途客船在高速化方面发展较快,特别是在海湾、陆岛、岛岛之间等具有地理优势及其他运输工具无法或难以竞争的地区发展尤为迅速。

4.船舶自动化

由于造船工艺、航海技术及自动化技术发展的不断加快,船舶自动化程度越来越高。

第四篇　航 空 篇

本篇学习目标

通过本篇学习，主要获得航空运输以下相关知识：

1.了解航空运输的特点和适用场合；

2.理解航路、航线和航班等航空运输概念；

3.掌握航空运输企业的组织管理方式；

4.理解飞机飞行原理和民用飞机的性能、民用机场的构成与设施。

5.了解空中交通管理的概念和方法。

延伸阅读

[1] 王细洋.航空概论[M].北京:航空工业出版社,2004.

[2] 赖怀南,彭巍编.公共航空运输概论[M].北京:中国民航出版社,2003.

[3] 孙继湖.航空运输概论[M].北京:中国民航出版社,2009.

[4]《新航空概论》编写组.新航空概论[M].北京:航空工业出版社,2010.

[5] 刘得一.民航概论[M].北京:中国民航出版社,2005.

[6] 2013 年民航行业发展统计公报,中国民用航空局,2014(6):http://www.caac.gov.cn/I1/K3/201406/P020140623612275082363.pdf.

第一章 航空运输概述

航空是指在地球周围稠密大气层内的航行活动。民用航空是指使用各类航空器从事除了军事性质(包括国防、警察和海关)以外的所有航空活动。民用航空包括航空运输和通用航空。使用航空器(飞机、直升机等)运送人员、货物、邮件的运输方式,称为航空运输。通用航空是指在航空运输之外的所有民用飞行活动,如农业植保、林业消防、摄影、勘探、观测与巡视、搜索与救援、新闻播报等方面的飞行活动。

航空运输是现代旅客运输(尤其是远程旅客运输)的重要方式,也是国际贸易中贵重物品、鲜活货物和精密仪器运输的主要方式。

第一节 航空运输分类

以地域分类,航空运输可分为国内航空运输和国际航空运输。所谓国内航空运输,是指运输的出发地点、经停地点和目的地点均在一个国家境内的运输。所谓国际航空运输,是指无论运输有无间断或者有无转运,运输的出发地点、经停地点和目的地点,有一项不在国内的运输。

以对象分类,航空运输可分为航空旅客运输、航空旅客行李运输和航空货物运输。航空旅客行李运输,既可附属于航空旅客运输,亦可看作一个独立的运输过程。航空邮件运输是特殊的航空货物运输,一般情况下优先进行。

第二节 航空运输特点

航空运输是实现国际快捷交往和全球一体化的基础,发展迅速。与其他运输方式相比,航空运输具有以下主要特点:

1.运输速度快

航空运输在各种运输方式中速度最快,这是航空运输的最大优点。航空运输速度包括空中飞行速度和地面作业速度。现代喷气式飞机的飞行时速能达到900km/h左右。随着科学技术的不断进步,速度更快的新型飞机将不断地投入公共航空运输。另外,飞机通常在两点之间做直线飞行,运输路程短。

地面作业速度是在始发站、中转站、目的站所进行的出发作业、中转作业和到达作业的速度。例如,为旅客办理乘机手续的速度,货物、邮件、行李装卸速度和处理速度等。过长的地面作业时间已经成为制约航空运输发挥优势的障碍,并导致航空运输速度快的优点在短途运输中难以体现。因此,如何加快地面作业速度,减少旅客、货物在地面的停留时间,是一个亟待解决的问题。

高速铁路的发展，使航空运输受到了冲击，尤其是在中距离运输方面。

2.运输成本高

比较不同的运输方式，航空运输的成本最高。这是因为与运输量无关的某些固定成本，以及与运输量关系很小的某些变动成本，占全部航空运输成本的比例较大。主要是飞机价格昂贵，维护成本和燃油费用高，机场建设和运行成本也高，而运输量偏小。例如，波音747-200型全货机的业务载荷为110t左右，波音747-400型客机可以乘坐400多名旅客，与铁路运输、水上运输方式相比载运量是很低的，导致单位运输成本偏高，直接表现在运价高于其他运输方式。

3.安全舒适

航空运输飞机往往飞行在1万m以上高空，这个区域为大气的平流层，其特点是空气水平运动，云雨等现象基本绝迹。飞机在此区域飞行非常平稳。现代客机客舱宽敞，旅途时间短，使得航空旅行成为一种愉快的体验。

4.国际性

航空运输具有鲜明的国际性，主要表现在：在服务、运价、技术标准、经营管理和法律法规的制订实施等方面，都要受国际统一标准的制约和国际航空运输市场的影响。航空运输业的国际性，是全球经济一体化进程加快的重要原因。在全球经济一体化的形势下，国家间的商品和服务的交换活动日益频繁，劳动力在国际自由和快速地流动，国际旅游业蓬勃发展。这一切都离不开航空运输业。

5.资金、技术、风险的密集性

航空运输业是一个高投入的产业，运输设施与设备价值高、人力成本高，运营成本非常高。由于技术要求高，设备操作复杂，各部门间互相依赖程度高，因此其运营过程中风险性非常大。

6.自然垄断性

由于投资巨大，资金、技术、风险高度密集，投资回收周期长，运输主体资格限制较严，市场准入门槛高，加之历史的原因，使得航空运输业在某种程度上形成自然垄断。

另外，航空运输受气象条件、航路等因素限制，准时率较低。机场远离市区，需要其他交通方式配合，运输的可及性较差。

第二章　航空运输设施与设备

第一节　飞　　机

一、概述

用于航空运输的航空器，主要是飞机。直升机在一定的场合也能用于人员与货物的运输。

在地球大气层内飞行的飞行器称为航空器。任何航空器都需要产生升力以克服自身重力才能升空飞行。按照产生升力的原理，可将航空器分为两类，即靠空气静浮力升空飞行的航空器（习惯上称为轻于空气的航空器）和靠航空器与空气相对运动产生升力升空飞行的航空器（习惯上称为重于空气的航空器）。航空器分类如图4-2-1所示。

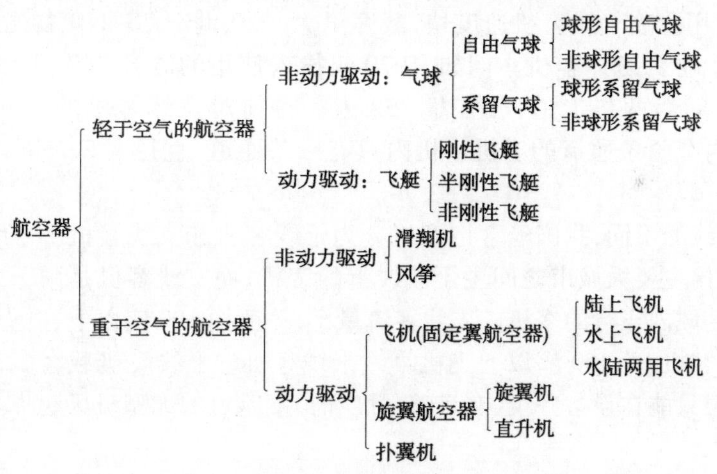

图4-2-1　航空器分类

重于空气的航空器包括有动力驱动的和无动力驱动的。动力驱动的航空器按照机翼形式又可分为固定翼航空器、旋翼航空器和扑翼机。固定翼航空器由固定的机翼产生升力。旋翼航空器包括直升机和旋翼机，由旋转的机翼产生升力。

飞机是最主要的、应用范围最广的航空器，其特点是装有提供拉力或推力的动力装置、产生升力的固定机翼、控制飞行姿态的操纵面。以动力驱动的旋翼作为主要升力来源，能垂直起降的重于空气的航空器称为直升机。直升机装有一副或几副类似于大直径螺旋桨的旋翼，由动力装置驱动，能在静止空气和相对气流中产生向上的升力。旋翼受自动倾斜器操纵又可产生向前、向后、向左或向右的水平分力，使直升机既能垂直上升下降、空中悬停，又能向前后左右任一方向飞行。直升机可以在狭小的场地上垂直起飞和降落,无须跑道。

二、飞机分类

飞机按用途可分为军用飞机和民用飞机两大类。军用飞机是按各种军事用途设计的飞机,主要包括歼击机(战斗机)、截击机、歼击轰炸机、强击机(攻击机)、轰炸机、反潜机、侦察机、预警机、电子干扰机、军用运输机、空中加油机和舰载飞机等。民用飞机泛指一切非军事用途的飞机,分为用于航空运输的航线飞机和用于通用航空的通航飞机两大类。

1.航线飞机

航线飞机又称运输机,分为运送旅客的客机和专门运送货物的货机,以及由客机改装成的客货混装的飞机。航线飞机是航空运输的主体,其中客机又占了最大部分。航线飞机的吨位大,产值高。

客机按航程的远近可以分为远程客机、中程客机和短程客机。依据国际上通常的标准,航程在3000km以下者为短程客机,3000~8000km为中程客机,在8000km以上为远程客机。有时把航程在5000km以内的飞机称为中短程客机,5000km以上者称为中远程客机。一般而言,飞机航程越远,起飞重量越大,设备也越先进。

客机按发动机类型,可分为活塞式飞机和喷气式飞机。1958年以前航线上主要使用的是活塞式飞机,之后大量地使用喷气式飞机。活塞式飞机速度慢,效益低,目前只在短航程上有少量使用。喷气式客机速度快,载客量大。20世纪70年代初出现了机身加宽、载量增大的客机,称为宽体客机。例如,1970年投入使用的波音747,机体宽5.96m,每排有10个座位,中间为两条走道,载客量352人。目前对宽体客机的定义是机身直径在3.75m以上,机内有两条通道的客机。机内只有一条通道、直径在3.75m以下的客机称为窄体客机。

按照所飞航线的不同,我国经常把客机分为干线客机和支线客机。干线客机是指使用于国际航线和国内主要大城市之间主干航线上的客机;而支线客机是用于大城市和中小城市之间,在一定区域内飞行的客机。支线客流量小,一般把100座以下、航程在3000km以内的飞机划为支线客机,而100座以上飞机算做干线客机。干线飞机载客多,设备先进,是航空运输的主力,但只能在设备齐全、有足够强度和长度跑道的大型机场起降。

2.通航飞机

通用航空使用的都是小型飞机,起飞重量不超过50t,一般可分为公务机、私人用飞机、农业用机、教练机、体育竞赛飞机等。

三、飞机结构

飞机自诞生以来,结构形式虽然在不断变化,但到目前为止,除了极少数特殊形式的飞机之外,主要组成部分是相同的。飞机的主要组成部分有机翼、机身、起落架、尾翼、动力装置、操纵系统和机载设备,如图4-2-2所示。

1.机翼

机翼的主要功用是产生升力,并起一定的稳定和操纵作用。通常在机翼上还装有副翼、襟翼、起落架、发动机、油箱等。机翼的平面形状多种多样，常见的有矩形翼、梯形翼、后掠翼、三角翼、双三角翼、箭形翼、边条翼等。现代飞机一般都是单翼机，但历史上也曾流行过双翼机、三帆翼和多翼机。

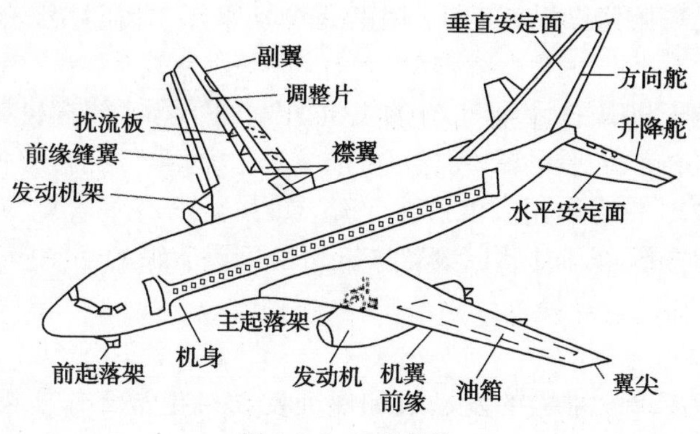

图 4-2-2　飞机结构

翼剖面（简称翼型）是用平行于飞机机身对称平面的切平面切割机翼所得的剖面（如图4-2-3）。最早飞机所采用的翼型就是平板和弯板。后经实践的反复证明，才了解流线型的翼型能提高飞机的飞行性能。

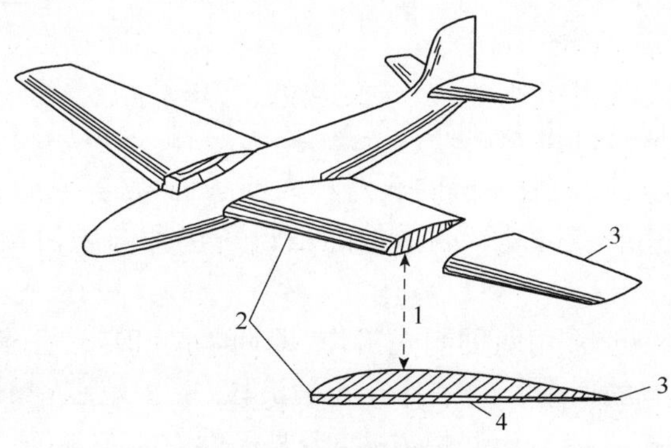

图 4-2-3　翼剖面

1-翼剖面；2-前缘；3-后缘；4-翼弦

2.机身

机身用来装载人员、物资和各种设备，它还把飞机其他部分连接起来组成一个整体。早期飞机仅有一个连接各部件的构架。后来为了减少阻力，发展出流线外形的机身，并用以装载货物、人员和设备等体积较大的承载物。如果飞机足够大，能将人员、货物、燃油等全部装在机翼内部，则可以取消机身，成为机翼式飞机，简称飞翼。

3.起落架

起落架用于起飞、着陆滑跑和滑行停放时支撑飞机，一般由承力支柱、缓冲器、带刹车的机轮（或滑橇、滚轮）和收放机构组成。在低速飞机上用不可收放的固定式起落架以减轻重量，在支柱和机轮上有时装整流罩以减少阻力。陆地上或舰上起落的飞机采用机轮，冰上或雪上起落的飞机用滑橇代替机轮，浮筒式水上飞机则代之以浮筒。

4.尾翼

尾翼是安装在飞机后部，起稳定和操纵作用的部件。尾翼一般分为垂直尾翼和水平尾翼。垂直尾翼简称垂尾，由固定的垂直安定面和可动的方向舵组成，主要起方向稳定和方向操纵的作用。根据垂尾的数目，飞机可分为单垂尾、双垂尾、三垂尾和四垂尾飞机。水平尾翼简称平尾，由固定的水平安定面和可动的升降舵组成，主要起纵向稳定和俯仰操纵的作用。有的飞机为了提高俯仰操纵效率，采用的是全动平尾，即平尾没有水平安定面，整个翼面均可偏转。

水平尾翼一般位于机翼之后，但也有的飞机把“水平尾翼”放在机翼之前，这种飞机称为鸭式飞机。此时，将前置“水平尾翼”称之为“前翼”或“鸭翼”。有一种特殊的V字形尾翼，兼起垂直尾翼和水平尾翼的作用。没有水平尾翼（甚至没有垂直尾翼）的飞机称为无尾飞机。这种飞机的俯仰操纵、方向操纵、滚转操纵均由机翼后缘的活动翼面或发动机的推力矢量喷管控制。

5.动力装置

飞机动力装置包括产生推力的发动机和保证发动机正常工作所需的附件和系统，如发动机的起动、操纵、固定、燃油、滑油、散热、防火、灭火、进气和排气等装置和系统。

6.操纵系统

飞机的操纵系统包括驾驶杆（盘）、脚蹬、拉杆、摇臂或钢索、滑轮等。为了改善操纵性和稳定性，现代飞机操纵系统中还配备有各种助力系统（包括液压式和电动式）、增稳装置和自动驾驶仪。

7.机载设备

飞机的机载设备包括飞行仪表、通信、导航、环境控制、生命保障、能源供给等设备，以及与飞机用途有关的一些设备，如战斗机的武器和火控系统、旅客机的客舱生活服务设施等。

用于与地面电台或其他飞机进行联系的通信设备包括高频通信系统、甚高频通信系统和选择呼叫系统。

（1）高频通信系统，一般采用两种制式工作，即调幅制和单边带制，以提供飞机在航路上长距离的空对地或空对空的通信。它工作在短波波段，频率范围一般为2~30MHz。

（2）甚高频通信系统，一般采用调幅方式，主要提供飞机与地面、飞机与飞机之间近距离视线范围的话音通信。它工作在超短波波段，频率范围一般为113~135.975MHz。

（3）选择呼叫系统。选择呼叫指地面塔台通过高频或甚高频通信系统对指定飞机或一组飞机进行联系。当被呼叫飞机的选择呼叫系统收到地面的呼叫后，指示灯亮、钟响，提示飞行员与地面进行联系。

飞机导航主要依赖于无线电导航系统，其设备有甚高频全向无线电信标/测距仪系统、无方向性无线电信标系统以及仪表着陆系统等。

（1）甚高频全向无线电信标系统（VOR）是一种近程无线电导航系统，由地面发射台和机载设备组成。地面设备通过天线发射从VOR台到飞机的磁方位信息，机载设备接受和处理该信息，并通过有关指示器指示出飞机到VOR台的磁方位角。测距机是为驾驶员提供距离信息的设备，由机载测距机和地面测距信标台配合工作。一般情况下，地面测距台与VOR台安装在一起，形成极坐标近程定位导航系统。它是通过询问应答方式来测量距离的。

（2）无方向性无线电信标系统也称为导航台，是用来为机上无线电罗盘提供测向信号的发射设备。根据要解决的导航任务，导航台可以设置在航线上的某些特定点、终端区或机场。航线上导航台可以引导飞机进入空中走廊的出、入口，或到某一相应的导航点以确定新的航向。终端区的导航台用来将飞机引导到所要着陆的机场，并保证着陆前机动飞行穿云下降，也用来标志该机场的航线出口位置。机场着陆导航台用来引导飞机进场，完成机动飞行和保持着陆航向。

(3)仪表着陆系统是应用最广泛的飞机精密进近和着陆引导系统。地面发射两束无线电信号实现航向道和下滑道指引，建立一条由跑道指向空中的虚拟路径。飞机通过机载接收设备，确定自身与该路径的相对位置，使飞机沿正确方向飞向跑道并且平稳下降高度，最终实现安全着陆。仪表着陆系统能在低天气标准或无目视参考的天气下，引导飞机进近着陆。

四、民用飞机主要性能

不同用途的飞机，对飞机性能的要求有所不同。现代民用飞机主要性能指标如下：

1.速度性能

反映飞机速度性能的指标主要有两个，即飞机的最大平飞速度和巡航速度。最大平飞速度是指飞机作水平直线飞行，当飞机的阻力与发动机的最大可用推力相等时，飞机所能达到的最大飞行速度。飞机飞行在不同的高度所受到的阻力和发动机的推力是不相同的，因此，飞机在不同高度上有不同的最大平飞速度。在 11km 左右的高度上，飞机的最大平飞速度最大。巡航速度是指飞机飞行 1km 发动机消耗燃油最少时的飞行速度。显然，当飞机以巡航速度飞行时最省油。

飞机不可能长时间地以最大平飞速度飞行，因为一方面会损坏发动机，另一方面消耗的燃油也太多。因此对需作长途飞行的飞机而言，更注重的是巡航速度。

2.爬升性能

爬升性能主要指飞机的最大爬升速度和升限。飞机起飞后，在爬升过程中，单位时间内所能上升的最大高度即为最大爬升速度。其值越大，上升到预定高度的时间越短。

飞机的爬升高度要受到发动机推力的限制，因为高度越高，发动机的推力就越小。升限指飞机能够上升的最大高度。当飞机爬升到某一高度，发动机的推力只能克服平飞阻力时，飞机就不能再继续爬升了，这一高度称为飞机的理论升限。通常使用的概念是实用升限，即飞机还能以 0.5m/s 的垂直速度爬升时的飞行高度。提高升限主要依靠改善发动机性能或减轻飞机重量。

3.续航性能

续航性能主要指航程和续航时间(航时)。航程是指飞机起飞后，爬升到平飞高
再由平飞高度下降落地，且中途不加燃油和润滑油，所获得的水平距离的总和
航程是指飞机一次加油在空中所能飞行的水平距离。飞机的航程既取决
飞机单位飞行距离耗油量，也和其业务载重量有关。飞机的最大
量和飞机单位飞行距离耗油量最小的情况下飞行所获得的
油在空中所能持续飞行的时间。

4.起降性能

飞机的起降性能包括飞机起飞离陆速度、离陆距离、飞机着

在地面滑跑的飞机，当其前进速度所产生的升力略大于飞机的起飞重量，就能够离陆起飞。离陆距离包括起飞滑跑距离和起飞爬升距离两部分。起飞滑跑距离是指飞机从松开刹车沿跑道向前滑跑至机轮离开地面所经过的距离。起飞爬升距离指机轮离开地面到升高至规定的安全高度，飞机沿地平线所经过的距离。飞机发动机的推力越大，最小平飞速度越小，其离陆距离也就越短。

飞机着陆速度分为着陆进场速度和着陆接地速度。着陆进场速度是指飞机下滑至安全高度进入着陆区时的速度。着陆接地速度（又称为着陆速度）即为飞机在着陆区接触陆地时的速度。着陆距离可分为着陆下滑距离和着陆滑跑距离。着陆下滑距离指飞机开始下滑着陆至机轮接触地面时所经过的距离。着陆滑跑距离指从机轮着地开始滑跑至刹车时止所经过的距离。

第二节　飞机飞行原理

一、升力

飞机的升力主要是通过机翼和空气的相对运动产生的。空气是一种流体。飞机升力的产生涉及流体的两个重要定理：连续性定理和伯努利定理。

流体的连续性定理阐述了流体在流动中流速和管道切面之间的关系。流管面切变小，流速增大；反之，流管切面变大，流速减小。例如，在河床浅而窄的地段，河水流得比较快；在河床深而宽的地段，河水流得比较慢。

流体在流动中，不仅流速和管道切面相互联系，而且流速和压力之间也相互联系。伯努利定理阐述的流体流速和压力之间的关系可通过相关实验来说明。流速大的地方，气体的压力小；流速小的地方，气体的压力大。

那么飞机机翼是如何使气体流速发生变化而产生升力的呢？德国数学家库塔和俄国空气动力学家茹科夫斯基分别用环量的概念解释和计算了翼型产生升力的机理及其大小，称为库塔-茹科夫斯基升力定理。

为了理解翼型的升力是如何产生的，我们首先看一个大家知道的现象。在乒乓球、足球等运动的过程中，弧圈球（或香蕉球）飞行的轨迹常常飘离其初始运动方向而飞向对手意想不到的地方去。这是因为，当物体（如乒乓球）在空中既作平移运动又做旋转运动时，有垂直于平移运动方向的力产生（升力），而这正是产生"飘飞"的原因（参见图 4-2-4）。做旋转运动的球体因空气具有黏性将带动周围空气跟着旋转起来从而产生了环流，也就是具有了环量；环流再与远前方来流（有时也称为远前方直匀流）相叠加，自然会在物面上产生速度差以及压力差，因而产生出图 4-2-4 上的升力 L。

当翼型只作平移运动并没有旋转时，升力是如何产生的呢？观察低速气流绕平板翼型[illegible]流动，远前方来流 V_∞ 以 $V_\infty=0$ 流过平板翼型时，不会产生升力。现突然将迎角由零值增[illegible]一个小正 α 值，立刻观察到有如图 4-2-5a）所示的流动现象发生，从尖前缘和尖后缘处[illegible]产生分离旋涡（附着涡）和起动旋涡。但这个流动图画很快产生变化，变成图 4-2-5b）[illegible]况，起动涡很快向后流走。由于空气具有黏性，在尖后缘处气流不能继续绕过后缘向[illegible]着后缘起动旋涡向后流去的同时，沿上下翼面流动的气流将在后缘处平滑地汇合后向后流走,但前缘局部分离旋涡仍然存在。

图 4-2-4　旋转球体在空中的运动

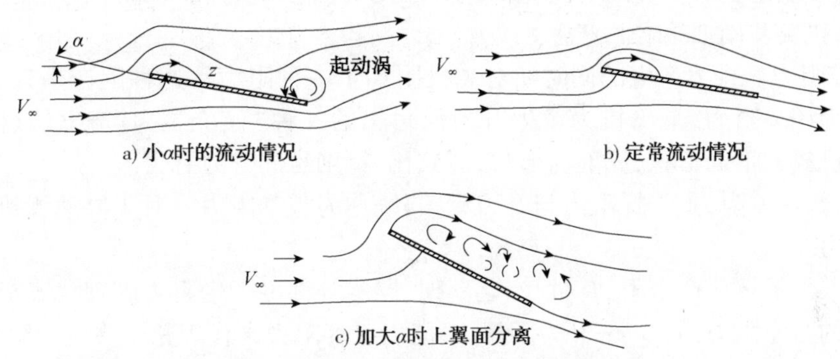

图 4-2-5　低速气流绕 $\alpha \neq 0$ 平板的流动

观察这些现象,库塔-茹科夫斯基提出这样的假说:尽管翼型没有旋转,但围绕翼型仍有环量存在,它是在运动刚开始瞬间从后缘产生分离形成的,并为主流向后带走的"起动旋涡(逆时针旋转)"的反作用而形成。空气相对机翼流动时,空气与飞机表面之间存在黏滞阻力。贴近机翼上表面的气流速度较小,贴近机翼下表面的气流速度较大,二者在机翼尾部汇合时产生涡流,即起动涡流。据角动量守恒定律,在涡流出现角动量的同时,必然同时出现另一个角动量,它与涡流所产生角动量的方向相反。这个角动量由围绕机翼流动的"环流"产生。环流速度与原来速度叠加,导致上方流速大,下方流速小。这一速度差异使上下翼面产生了压力差,从而使翼型上产生了升力。

机翼升力的产生主要靠上表面吸力的作用,而不是靠下表面正压力的作用,一般机翼上表面形成的吸力占总升力的60%~80%左右,下表面的正压形成的升力只占总升力的20%~40%左右。

二、阻力

飞机在飞行中会有阻力,阻力是与飞机运动方向相反的空气动力。按阻力产生的原因可分为如下四种。

(1)摩擦阻力。空气的物理特性之一就是黏性。当空气流过飞机表面时,由于黏性,空气同飞机表面发生摩擦,产生一个阻止飞机前进的力,这个力就是摩擦阻力。摩擦阻力的大小,决定于空气的黏性,飞机的表面状况,以及同空气相接触的飞机表面积。空气黏性越大、飞机表面越粗糙、飞机表面积越大,摩擦阻力就越大。

(2)压差阻力。人在逆风中行走,会感到阻力的作用。这种由前后压力差形成的阻力叫压差阻力。飞机的机身、尾翼等部件都会产生压差阻力。高速行驶的汽车后面之所以会扬起尘土,就是由于车后涡流区的空气压力小,而吸起灰尘的缘故。压差阻力和物体的形状有很大关系。如果在平板的前面加一个圆锥体,压差阻力可减小到原来平板的1/5;如果前后都加圆锥体,则压差阻力可减小到原来平板的1/20~1/25。

(3)干扰阻力。飞机的各个部件,如机翼、机身和尾翼等,单独放在气流中产生的阻力的总和并不等于把它们组合成一架飞机时所产生的阻力,而后者往往大于前者。所谓"干扰阻力"指的就是飞机的阻力和单独各个部件阻力代数和的差值,是由于各个部件组合在一起时,流动相互干扰产生的额外阻力增量。这种阻力容易在机身和机翼、机身和尾翼、机翼和发动机短舱、机翼和副油箱之间产生。

(4)诱导阻力。升力产生的同时还对飞机附加了一种阻力。这种因产生升力而诱导出来的阻力称为诱导阻力,是飞机为产生升力而付出的一种"代价"。其产生的过程较复杂。诱导阻力同机翼的平面形状,翼剖面形状,展弦比,特别是同升力有关。

摩擦阻力、压差阻力、干扰阻力与升力无关,统称为零升阻力。对于高速飞机,还会有波阻等其他阻力。

飞机上不但机翼会产生阻力,机身、起落架、尾翼等都可产生阻力。现代飞机在巡航时,机翼阻力大约占总阻力的25%~35%,因此不能以机翼阻力来代表整个飞机的阻力。

三、飞机的操纵性

1.飞机的重心和机体轴

飞机各部件、燃料、乘员、货物、弹药等重量的合力作用点,叫作飞机重心。重力作用点所在的位置,称为重心位置(图4-2-6)。

飞机在空中的运动,无论怎样错综复杂,总可以分解为飞机各部分随飞机重心一起的移动和飞机各部分绕飞机重心的转动。飞行员在空中操纵飞机,就是通过油门的增大或减小来改变发动机推力大小,并通过操纵驾驶杆来操纵舵面,改变作用于飞机的空气动力和力矩,以保持或者改变飞机重心的移动速度和飞机绕其重心的转动角速度。

图4-2-7所示为飞机机体轴。飞机绕机体纵轴的转动,称为滚转运动。飞机绕机体竖轴的转动,称为偏航运动。飞机绕机体横轴的转动,称为俯仰运动。

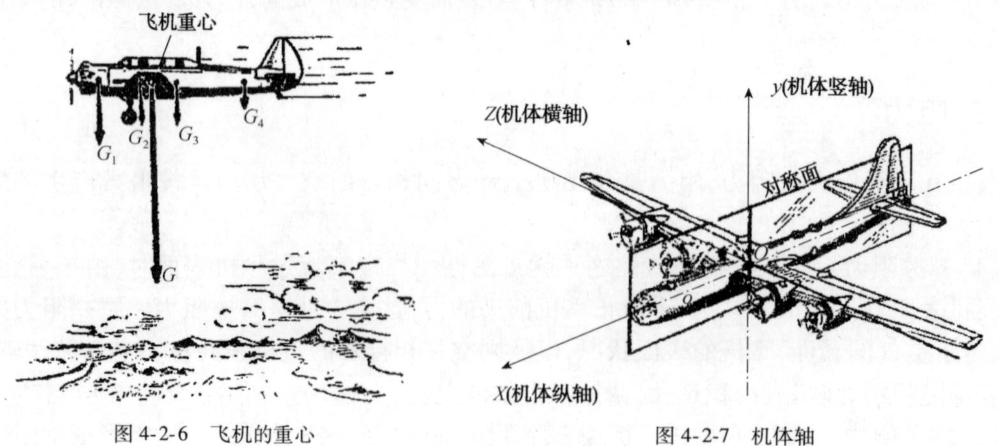

图4-2-6 飞机的重心

图4-2-7 机体轴

2. 飞机操纵

飞机除了能作稳定的飞行，并且有适当的机构保证这种稳定飞行之外，还应具有良好的操纵能力。实际上，飞机如果不稳定，虽然很困难，还能勉强飞行。然而飞机如果不能操纵，则是根本不能飞行的。

一架飞机在稳定飞行时，倘若驾驶员用不大的力加在驾驶杆或脚蹬上，改变某一个操纵面的偏转角度，飞机很快的做出反应，改变其飞行状态，这架飞机的操纵就是灵敏的，或者是好操纵的。倘若反应很慢，则是操纵不灵敏，或不好操纵的。倘若没有反应，或者反应错误，则是不能操纵的。

飞机的操纵是通过三个操纵面——升降舵、方向舵和副翼来进行的，如图 4-2-8 所示。转动这三个操纵面，在气流的作用下，就会对飞机产生操纵力矩，使其绕横轴、竖轴和纵轴转动，以改变飞行姿态。

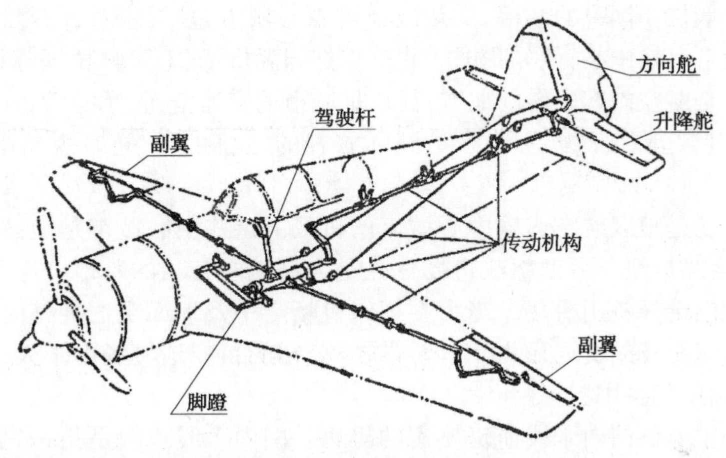

图 4-2-8　操纵系统

现代的超声速飞机，多以全动式水平尾翼代替只有升降舵可以活动的水平尾翼。因为全动式水平尾翼的效能比升降舵的效能高得多，可以改善飞机超声速飞行的纵向操纵性。

第三节　机　　场

机场也称航空站或者航站，是供飞机起飞、着陆、停驻、维护、补充给养及组织飞行保障活动所用的场所。机场是航空运输网络中的节点，是航空运输的起点、终点和经停点。机场可实现运输方式的转换，是空中运输和地面运输的转接点。

一、机场分类

机场按使用性质分为军用机场、民用机场和军民合用机场。民用机场主要包括商业运输机场和通用航空机场。商业运输机场可以按照如下方式进行分类。

1.国内机场和国际机场

按航线业务范围，商业运输机场分为国内机场和国际机场。

国内机场指供飞国内航线的飞机使用的机场。国际机场是指国际航线出入境并设有海关、边防检查（移民检查）、卫生检疫、植物检波和商品检验等联检机构的机场。国际机场又分为国际定期航班机场、国际定期航班备降机场和国际不定期航班机场。国际定期航班机场，指可安排国际通航的定期航班飞行的机场；国际定期航班备降机场，指为国际定期航班提供备降的机场；国际不定期航班机场，指可安排国际不定期航班飞行的机场。

2.枢纽机场、干线机场、支线机场

按在航空运输系统中的作用，商业运输机场分为枢纽机场、干线机场和支线机场

枢纽机场指国际、国内航线密集的机场，旅客可以很方便地中转到其他机场。枢纽机场可以分为门户机场、大型枢纽机场、中型枢纽机场及小型枢纽机场。

门户机场一般位于国家的政治、文化或经济中心城市，是国家对外开放的大型机场，是国家或地区的航空运输中心，例如我国的北京首都国际机场、上海虹桥国际机场和浦东国际机场。这种机场是航空旅客中转的地方，往往是城市的交通枢纽，承担着占全国很大比例的旅客吞吐量及飞机起降架次。它必须是国际旅客的枢纽机场，同时也是国内旅客的枢纽机场。

大型枢纽机场是地区航空运输中心城市的机场。这些中心城市是地区政治、文化和经济中心，是地区运输枢纽。大型枢纽机场往往是大型航空公司的基地。这些航空公司常在大型枢纽机场周围选择备用机场。当大型枢纽机场空中及地面交通拥挤时，可以使用备用机场缓解大型枢纽机场的交通压力。有时，航空公司的目的地机场由于天气等原因航班随机不能着陆，必须使用备用机场。

干线机场是主要供国内干线航班使用的机场。国内干线一般是指跨三省以上、航程在800km以上、由干线飞机（通常座级在100座以上）飞行的航线。

支线机场是主要供支线航班使用的机场。支线一般指省内或跨邻省飞行、航程在800km以下、由支线飞机（通常座级在100座以下）飞行的航线。

3. Ⅰ、Ⅱ、Ⅲ、Ⅳ类机场

按机场所在城市的地位和性质，商业运输机场分为Ⅰ、Ⅱ、Ⅲ、Ⅳ类机场

Ⅰ类机场指全国政治、经济、文化中心城市的机场，是全国航空运输网络和国际航线的枢纽。其运输业务量特别大，除承担直达客货运输外，还具有中转功能。北京首都机场、上海浦东/虹桥机场、广州白云机场即属于此类。

Ⅱ类机场指省会、自治区首府、直辖市和重要经济特区，以及开放城市、旅游城市或经济发达、人口密集城市的机场。此类机场可以全方位建立跨省、跨地区的国内航线，是区域或省区内航空运输的枢纽，有的可开辟少量国际航线。也可称为国内干线机场。

Ⅲ类机场指国内经济比较发达的中小城市，或一般的对外开放和旅游城市的机场，能与有关省区中心城市建立航线。Ⅲ类机场也可称为次干线机场。

Ⅳ类机场指支线机场及直升机机场。

4.始发/目的地机场、经停（过境）机场、中转（转机）机场

按旅客乘机目的，商业运输机场可分为始发/目的地机场、经停（过境）机场、中转（转

机)机场。

除以上四种类别的划分标准外,从安全飞行角度考虑还应为预定着陆机场安排备降机场。备降机场是指在飞行计划中事先规定的,当预定着陆机场不宜着陆时,飞机可以前往着陆的机场。起飞机场也可以是备降机场。备降机场由民航局事先确定。如太原机场、天津机场和大连机场均为首都机场的备降机场。

二、机场构成

机场主要由飞行区、候机楼区及进出机场的地面交通系统构成,如图 4-2-9 所示。

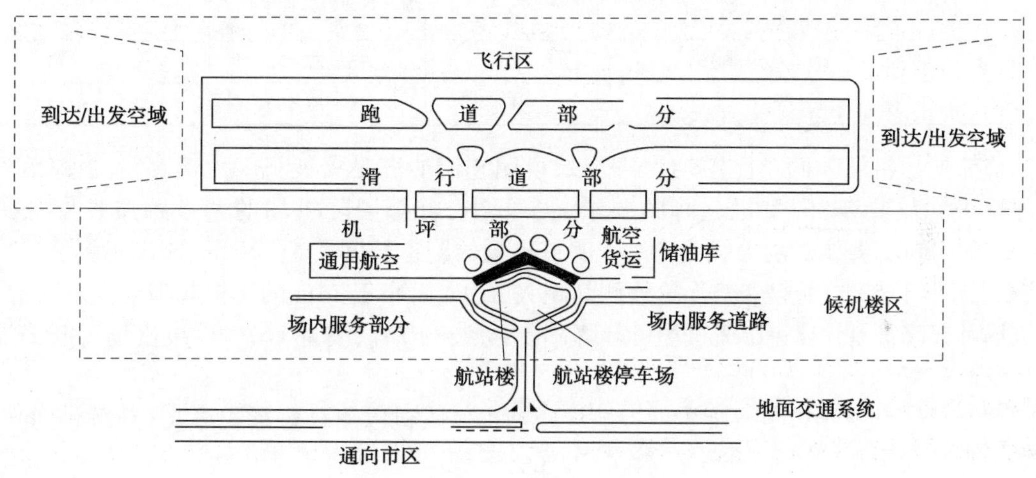

图 4-2-9 机场构成

1.飞行区

飞行区分空中部分和地面部分。空中部分指机场的空域,包括飞机进场和离场的航路。地面部分包括跑道、滑行道和停机坪,以及一些为维修和空中交通管制服务的设施和场地,如机库、塔台、救援中心等。

1)跑道与飞行区等级

跑道是供飞机起飞和着陆使用的特定场地。跑道的基本参数包括基本尺寸、方向和跑道号、道面和强度。跑道的附属区域有跑道道肩、安全带和净空道。跑道的性能及相应的设施决定了起降的飞机等级。

飞行区等级常被用来指称机场等级。飞行区等级由第一要素代码(等级指标Ⅰ)和第二要素代字(等级指标Ⅱ)组成,用以确定跑道长度或所需道面强度,即所能起降机型的种类和大小。第一要素代码即飞机基准飞行场地长度。基准飞行场地长度是指在标准条件下(即海拔高度为零,气温为15℃,无风,跑道坡度为零),以该机型规定的最大起飞全重为准的最短跑道长度或最小起飞距离。第二要素代字选择可供使用的最大飞机的翼展或主起落架外轮外侧边间距要求较高者决定。依据跑道的这两个要素,确定飞行区等级。飞行区基准代码与代字参见表 4-2-1。需要注意的是,飞行区等级不唯一取决于机场跑道长度宽度,还与道面强度、道面摩擦力等相关。

增加跑道长度有利于在气象不佳条件下降落或降落时刹车反推失效或错过最佳地点的情况下避免冲出跑道，亦有利于在紧急中断起飞的情况下利用剩余跑道长度减速刹车。增加跑道宽度有利于在滑跑偏离跑道中心线的情况下有较大修正余地，避免飞机冲出跑道。

飞行区基准代码与代字（单位：m） 表 4-2-1

第一要素		第二要素		
代码	基准飞行场地长度 L	代字	翼展长度 FL	主起落架外轮外侧间距 S
1	$L<800$	A	$FL<15$	$S<4.5$
2	$800\leqslant L<1200$	B	$15\leqslant FL<24$	$4.5\leqslant S<6$
3	$1200\leqslant L<1800$	C	$24\leqslant FL<36$	$6\leqslant S<9$
4	$L\geqslant 1800$	D	$36\leqslant FL<52$	$9\leqslant S<14$
		E	$52\leqslant FL<65$	$9\leqslant S<14$

首都国际机场的两条跑道均为 4E 级，说明它们能满足翼展长度大于 52m，主起落架外轮外侧间距大于 9m 的飞机起降的要求。实际上，首都国际机场的两条跑道长度分别为 3200m 和 3800m。如机场等级为 3D，说明该机场的跑道长度大于 1200m，能满足翼展长度大于 36m 而小于 52m，主起落架外轮外侧间距大于 9m 而小于 14m 的飞机起降要求。通常，4E 级机场可起降波音 747；4D 级机场可起降图 154、波音 757、波音 767；4C 级机场可起降波音 737、麦道 82。

跑道导航设施等级是按配置的导航设施能提供飞机以何种进近程序飞行而划分的。它反映了飞行安全和航班正常率保障设施的完善程度。

（1）非仪表跑道，供飞机用目视进近程序飞行的跑道。

（2）仪表跑道，供飞机用仪表进近程序飞行的跑道。根据是否提供下滑引导，仪表跑道又可进一步分为非精密进近跑道和精密进近跑道。

非精密进近跑道指装有目视助航设备和为直线进入至少提供方向引导的非目视助航设备的仪表跑道。其代字为 P。

Ⅰ类精密进近跑道，装备仪表着陆系统和（或）微波着陆系统以及目视助航设备，能供飞机在决断高度低至 60m 和跑道视程低至 800m 时着陆的仪表跑道。代字为 CATⅠ。

Ⅱ类精密进近跑道，装备仪表着陆系统和（或）微波着陆系统以及目视助航设备，能供飞机在决断高度低至 30m 和跑道视程低至 400m 时着陆的仪表跑道。代字为 CATⅡ。

Ⅲ类精密进近跑道，装备仪表着陆系统和（或）微波着陆系统的仪表跑道。系统可引导飞机直至跑道，并沿道面着陆及滑跑。它又根据对目视助航设备的需要程度分为 A、B、C 等 3 类，分别以 CATⅢA、CATⅢB、CATⅢC 为代字。

跑道配置导航设备的标准，应根据机场性质、地形和环境、当地气象、起降飞机类型及年飞行量等因素综合确定。

2）滑行道

滑行道指飞行区中供飞机地面滑行使用的通道，它从机坪开始连接跑道两端。在交通繁忙的跑道中段设有一个或几个跑道出口和滑行道相连，以便降落的飞机迅速离开跑道。

滑行道的宽度由使用机场最大的飞机的轮距宽度决定。滑行道的强度要和配套使用的跑道强度相等或更高，因为在滑行道上飞机运行密度通常要高于跑道，飞机的总重量和低速运动时的压强也会比跑道略高。

滑行道在和跑道端的接口附近有等待区，地面上有标志线标出。这个区域是为了飞机在进入跑道前等待许可指令而设的。等待区与跑道端线保持一定的距离，以防止等待飞机的任何部分进入跑道，成为运行的障碍物或产生无线电干扰。

3）机坪

机坪是飞机停放和旅客登机的地方。机坪又分为停放机坪和登机坪。飞机在登机机坪装卸货物、加油，在停放机坪过夜、维修和长时间停放。机坪的面积要足够大，且应标出运行线，以便飞机按照进出和停放。登机坪也是候机楼区的一部分。

2.候机楼区

候机楼区包括候机楼建筑本身、候机楼外的登机坪和旅客出入车道，是地面交通和空中交通的结合部。登机坪是旅客从候机楼上机时飞机停放的机坪。这个机坪要求能使旅客尽量减少步行上机的距离。按照旅客流量的不同，登机坪有如图4-2-10所示的几种布局形式。

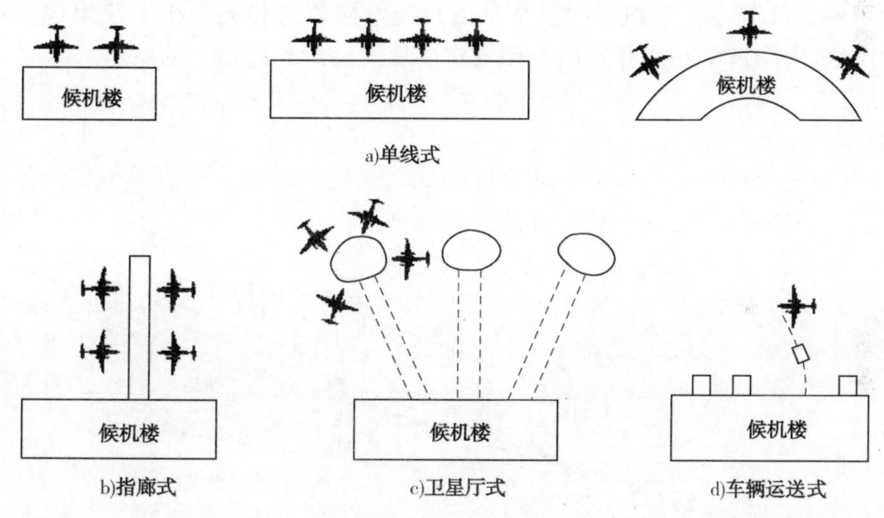

图4-2-10 登机坪的布局

在登机的停机位需要一定的设施帮助驾驶员把飞机停放在准确的位置，以便登机桥能和机门连接。登机桥是一个活动的走廊，可以伸缩，并且有液压机构调整高度，以适应不同的机型。当飞机停稳后，登机桥和机门相连，旅客就可以通过登机桥直接从候机楼进出飞机。

3.进出机场的地面交通系统

进出机场的地面交通系统通常包括机场进入通道、停车场和内部道路及道路周边机场管辖的区域。其功能是把机场和城市连接起来，将旅客和货邮及时运进或运出航站楼。机场是城市的交通中心之一，进出机场的地面交通系统的状况直接影响空运业务。从城市进出机场的通道是城市规划的一个重要部分。大型城市为了保证机场交通的通畅，修建了市区到机场的专用公路或高速公路，乃至地铁或高架铁路。

三、机场设施

飞机起飞和着陆阶段是飞行事故多发阶段。机场导航设施、灯光系统、跑道标志组成一个完整系统，以保证飞机的安全起飞和着陆。

1.机场导航设施

机场导航设施也称为终端导航设施，其作用是引导飞机安全、准确地进近和着陆。机场导航设备分为非精密进近设备和精密进近设备。

非精密进近设备通常是指装置在机场的甚高频全向信标和测距台（VOR-DME）。无方向性信标台（NDB）及机场监视雷达也是导航系统的一部分，它们把飞机引导至跑道平面，但不能提供在高度方向上的引导。

精密进近设备能给出准确的水平引导和垂直引导，使飞机穿过云层，在较低的能见度和云底高下，准确地降落在跑道上。精密进近系统有仪表着陆系统（Instrument Landing System，ILS）、精密进近雷达系统以及卫星导航着陆系统，其中仪表着陆系统使用最广泛。

仪表着陆系统的地面系统由航向台（Localizer）、下滑台（Glide Slope）和指点信标 3 个部分组成，如图 4-2-11 所示。飞机上的系统是由无线电接收机和姿态指引仪组成。它的任务是给驾驶员指示出跑道中心线并给出按照规定的坡度降落到跑道上的航路。

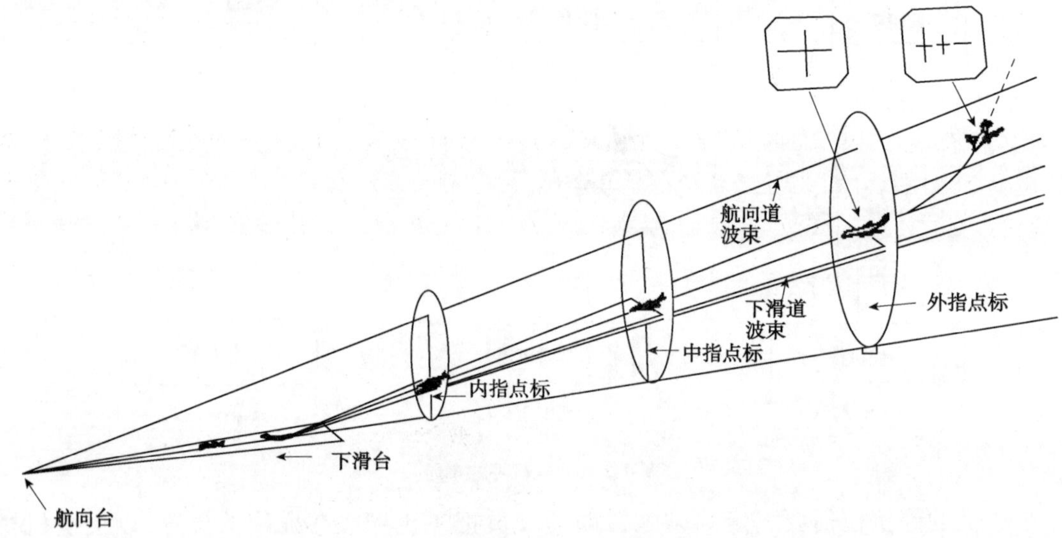

图 4-2-11　仪表着陆系统

（1）航向台，一个甚高频发射台，为飞机提供航向引导。航向台位于跑道中心线的延长线上，通常距跑道端 300~500m。它发射两个等强度的无线电波束，称为航向信标波束，使用的频率为 108.10~111.95MHz。两个波束分布在沿跑道中心线的两侧，使用两种调幅频率。飞机通过检测接收到的这两种波束的强弱，判断着陆方向是否正对跑道。

（2）下滑台，也称下滑通信标台，向飞机提供垂直导航。和航向台的波束相似，下滑道信标波束也是两个强度相等的波束，分布在与地平面成 3°的下滑道的上、下两侧，上侧是以 90Hz 调幅，下侧是用 150Hz 调幅。飞机下降坡高于下滑道，则 90Hz 的电波强，仪表指针向下，驾驶员应使飞机机头向下；反之，如 150Hz 电波强，则飞机应升高。当两束波强度相当，飞机则保持正常的3°坡度下降，平稳地降在跑道上。

(3)指点信标。为了使驾驶员在降落时准确知道飞机所在位置，仪表着陆系统一般设置3个指点信标，使用75MHz电波，每个信标信号有自己的编码。外指点标距跑道端5n mile，飞机飞越它时，驾驶舱内相应的蓝灯闪亮并有400Hz的声音信号。中指点标的位置距跑道端0.5n mile，飞机飞越它上空时琥珀色的灯闪亮，并有1300Hz的声音信号提醒驾驶员注意。这时飞机的高度约为60m。内指点标的位置离跑道端只有300m，飞机通过它时高度为30m（这是Ⅱ类仪表着陆的决断高度），驾驶舱的白灯闪亮，并有3000Hz声音警告信号。

按着陆的最小能见度，仪表着陆系统区分为3类。标准仪表着陆系统为Ⅰ类，可以在跑道目视距离为800m以上、决断高度60m时使用。Ⅱ类仪表着陆系统可在跑道目视距离为360m、决断高度为30m以上的情况使用。Ⅲ类仪表着陆系统没有决断高度限制，但是根据跑道目视距离不同分为3个类别：Ⅲa类对应目视距离为200m使用，Ⅲb类对应目视距离为50m使用，Ⅲc类则可在视程为0时使用。从经济角度考虑，Ⅰ类仪表着陆系统目前被广泛使用，Ⅱ类仪表着陆系统只在大城市的繁忙机场使用（如北京、上海），Ⅲ类仪表着陆系统只在世界上少数机场使用（装有Ⅲ类仪表着陆系统接收仪表的飞机也很少）。

由于使用仪表着陆系统对能见度有一定的要求，因而在装有ILS的机场都要装置跑道目视距离（RVR）测试仪，以准确测出目视距离。塔台管制员以此来决定飞机能否在此机场降落。

2.机场灯光系统

夜间或能见度很低的白天，飞机在机场进近降落时，无论是仪表飞行还是目视飞行，都需要地面灯光助航。机场灯光系统包括跑道灯光（包括着陆区灯、跑道边灯、中线灯、跑道端灯）、滑行道灯光、机坪灯光、进近灯光（顺序闪灯、红色进近灯、白色校验灯）等，如图4-2-12所示。

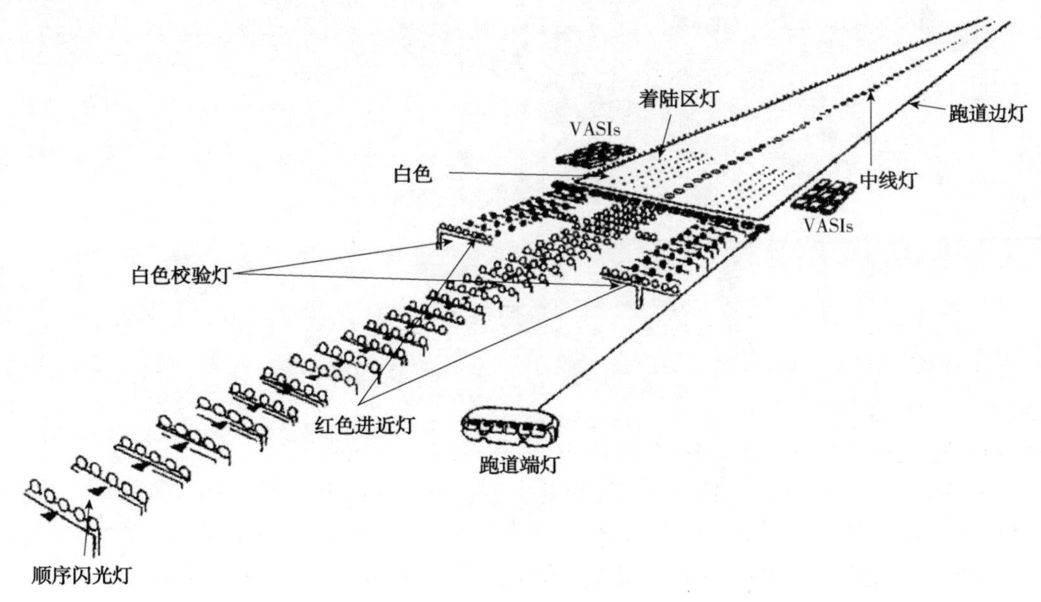

图4-2-12　跑道灯光系统

3.机场其他设施

（1）测量基准点。即机场的地理位置基准点，是由国家的测绘机构测定出准确的地理经度和纬度（精确到秒）该点作为这个机场的地理坐标点，通常选在空港主跑道的中点。

（2）标高校核位置。机场的标高，指它的海拔高度。由于飞机在起飞时都要进行高度表设定，因此要设置一个专门位置，为飞机在起飞前校核高度，这个位置在停机坪的一个指定位置，在停机坪高度变化不大时，整个机坪都是校核位置。

机场的其他设施还包括供油设施、应急救援设施、动力与电信系统、环保设施、旅客服务设施、保安设施、货运区及航空公司区等。基地航空公司（或分公司）基地所在的机场，应相应安排停机坪、机库、维修车间和航材库等。

第三章　航空运输组织管理

航空运输是一个复杂的生产过程,需要地面保障和空中服务等多方面工作的密切配合,通过各生产体系中有关部门的综合协调共同完成。

第一节　空中交通管理

就像汽车在公路上行驶需要交通警察提供指挥与服务一样,飞机在空中飞行也需要有专门的机构为它提供指挥与服务。空中交通管理(Air Traffic Management,ATM)的任务是有效地维护和促进空中交通安全,维护空中交通秩序,保障空中交通畅通。其主要内容包括空中交通服务(Air Traffic Service,ATS)、空中交通流量管理(Air Traffic Flow Management,ATFM)和空域管理(Air Space Management,ASM)。

一、空中交通服务

空中交通服务是指对航空器的空中活动进行管理和控制的业务,包括空中交通管制服务(Air Traffic Control Service,ATC)、飞行情报服务(Flight Information Service,FIS)和告警服务(Alerting Service)。

1.空中交通管制服务

空中交通管制服务是 ATS 的主要工作,其任务是:防止航空器和航空器相撞及航空器和障碍物相撞,维护和加快空中交通的有序流动。它包含区域管制服务、进近管制服务和机场管制服务 3 部分。区域管制服务是在航路上对飞机的管制,包含高空区域管制和中低空区域管制;进近管制服务是在飞机离场或到场时的管制;机场管制服务是在机场内对飞机的管制。按照管制手段的不同,空中交通管制服务可分为程序管制和雷达管制。

1)程序管制

程序管制是指依照空中交通管制规则、机场和航路的有关规定,利用无线电导航设施进行管制的方法。

通常驾驶员在起飞前向空中交通管制单位提交飞行计划。飞行计划是由航空器使用者在飞行前向空中交通服务单位提供的有关预定飞行的规定资料。飞行计划的内容包括飞行任务性质、航空器呼号、航班号、航空器型别、特殊设备、真空速或马赫数、起飞机场、预计起飞时间、巡航高度层、飞行航线、目的地机场、预计飞行时间、航空器国籍和登记标志、航空器携油量、备降机场等。

管制员根据飞行计划,结合当时空中情况,向驾驶员发出飞行许可和有关指示。飞行中驾驶员用无线电向管制员报告位置和高度。当发现航空器之间的间隔小于最低标准时,管制员立即指示航空器改变飞行高度或指挥它在某一报告点上空盘旋等待。在飞行繁忙的机场,尤其是天气不好时,为安排着陆服务,常常要采用等待程序。

程序管制的主要职责是为飞机配备安全间隔。

2)雷达管制

雷达管制是通过在机场和航路上安装监视雷达,包括一次雷达和二次雷达,使用雷达信息提供空中交通管制服务。一次雷达系统中的发射机和天线向空中发出高能脉冲波,脉冲波遇到物体被反射回来,通过天线和接收机接收后,在显示器上显示为一个个亮点。二次雷达系统发射的脉冲波则与飞机上安装的应答机相互作用。应答机接收到地面二次雷达发出的询问信号后,很快发出回答信号,这些信号被地面二次雷达天线接收,经过译码,在显示这架飞机的亮点旁显示出飞机的识别号码和高度。空中交通管制员根据这些雷达显示,结合飞行计划和飞行进程表,能够很快判明飞机的位置,向空中的飞机发出指令,实施管理。

与程序管制相比,管制员通过雷达可以“看到”飞机,更快地做出准确判断,并迅速缩小飞机之间的间隔,使机场跑道空域和航路的利用率大为提高。

2.飞行情报服务

飞行情报服务是向飞行中的航空器提供有益于安全和有效地实施飞行的建议和情报。飞行情报的主要内容包括:重要气象情报;使用的导航设备的变化情况;机场和有关设备的变动情况(包括机场活动区内的雪、冰或者有相当深度积水的情况);可能影响飞行安全的其他情报。空中交通管制服务和飞行情报服务是紧密联系在一起的,管制员在管制空域内对航空器提供空中交通管制服务的同时穿插提供飞行情报服务。

3.告警服务

告警服务是当航空器处于被搜寻和救援状态时,涉及向有关单位发出通知,并给予协助的服务。凡遇下列情况,空中交通管制单位应当提供告警服务:没有得到飞行中的航空器的信息而对其安全产生怀疑:航空器及所载人员的安全有令人担忧的情况;航空器及其所载人员的安全受到严重威胁,需要立即援助。对空中发生特殊情况的航空器提供告警服务是管制员的职责之一。

二、空中交通流量管理

为防止和纠正在航路、机场区域内出现航空器过度集中超过规定限额的现象,必须对航空器的运行采取适当控制措施。空中交通流量管理的任务是:在空中交通流量接近或达到空中交通管制的可用能力时,适时地进行调整,保证空中交通量最佳地流入或通过相应区域,尽可能提高机场、空域可用容量的利用率。

按空间划分,空中交通流量管理分为航路流量管理和终端区流量管理。前者主要针对航路中、管制区之间、各个航路汇集节点(导航点)以及地区航路网的整体流量问题。后者主要对机场及其走廊口区域的飞机到达和出发进行排序,确保在安全前提下使到场飞机充分发挥各自的飞行性能,尽量减少飞机之间的相互影响和飞机延误。

按级别划分,空中交通流量管理包括战略流量管理、预战术流量管理和战术流量管理3个管理阶段。战略级流量管理,是指针对过去的实施情况并结合未来一定时间范围内的综合信息(飞机、机场、航空公司、旅客、管制员、旅客服务部门、气象部门及其他)对未来流量管理做出战略性计划。预战术级流量管理,是指根据战略性计划并结合信息网络所提供的预测信息,预先调配流量。战术级流量管理,是指根据战略性计划结合信息网络所提供的实时信息,实时调度流量。

空中交通流量管理的主要方法包括地面等待策略、终端区排序、改航、航班时刻优化,以及协同流量管理等。其中,地面等待、终端区排序、改航和航班时刻优化是传统流量管理的主要方法;协同流量管理是一种安全、高效和公平的流量管理机制,旨在利用协同决策技术与方法改进流量管理策略,以提高流量管理的有效性和公平性。

地面等待策略是空中交通流量管理的主要方法,是针对由于天气等原因突发引起的机场供需不平衡时,而采取的一种空中交通流量管理方法。该方法旨在将昂贵的空中等待转化为相对低廉的地面等待,以达到最小化延误成本和最大化安全性的目的。一般来讲,按照涉及机场数量分类,地面等待问题可分为单机场地面等待问题和多机场地面等待问题;按照受约束限制元素分类,可分为单元受限地面等待问题和多元受限地面等待问题;按照所研究问题的特性分类,又可分为确定性地面等待问题和随机性地面等待问题。

终端区排序主要目的是针对终端空域的进、离港航班,依起飞、下降和终端进离场等阶段,提供最佳的航班间隔排序及交通流量管理,以供 ATC 参考;对终端内的飞机进行排序,可以高效地为飞机安排合理、科学的起降次序和时间,并降低管制人员的工作负荷。

改航问题是空中交通流量管理的重要组成部分。在空中交通管理系统的运行中,空域单元(机场、航路、区域等)往往受到各种实际因素的影响(恶劣天气、军航活动、重大事件等),造成其可用时间、空间资源与服务能力的下降,从而对航空运输造成不可估量的损失。改航策略针对上述情况,目的在空域资源受限或管制服务能力下降时,实施改航策略以避让受限单元,从而保持空中交通安全、有序和畅通。

航班时刻优化是制定科学合理的航班时刻表,提高机场及空域资源的利用率,减少空中交通冲突和拥挤,增加飞行流量和社会效益。通过综合考虑机场、航路、航线、扇区、终端区容量限制,以及飞机的飞行性能、管制规则及管制员等因素,研究航班时刻优化理论与方法是实现空中交通流量科学管理的基础和前提。

三、空域管理

空域又称可航空间,是航空器在大气空间中的活动范围。空域管理是指在给定空域结构内,根据不同用户的需要,通过时间和空间的划分,以最大限度地利用空域资源。

1.空域管理的目标

首先,最大限度利用空域,即在给定的空域结构内通过"实时性",有时根据不同空域使用者(民航、军航)的短时要求,将空域分隔开,以求实现对可用空域的最大利用。其次,使空域要有足够的灵活性。例如,若军航申请某一划定范围进行临时性训练,空域管理机构在与有关各方协商后,可以批准这样的申请。在该任务完成后,此空域即被撤销。再次,建立起能与周边国家航线网络相衔接的航路布局。

2.空域分类

空域分类是指将连续空域划分为若干个不同类别的空域。不同类别的空域对航空器的使用条件要求不同,管制单位对在不同类别空域内活动的航空器提供的空中交通服务类别也不相同。

根据对在其中飞行的航空器提供空中交通管制服务与否,可以把空域划分为管制空域和非管制空域两种。国际民航组织把管制空域划分为 A、B、C、D、E 类,在各类管制空域中分别提供不同的服务等级、飞机速度的限制、飞机之间的距离及无线电通信。非管制空域则划分为 F、G 两大类。非管制空域是指民航或军事当局需要控制的区域以外的空域,但并不意味着不需要控制或没有控制,只是因为空中交通不多,把它留给通用航空使用。

我国的空域体制尚未和国际接轨,原则上民航管制空域只包括机场区、主要航路的航路区,在这些区域之外全部是军事管制区域,而且是绝对管制区。民航飞行管制区分为 A、B、C、D 四类管制空域,对应的管制单位分别为区域管制室、进近管制室和塔台管制室。

A 类空域(高空管制空域):在我国境内,高度 6600m 以上划分为若干个高空管制空域。在此空域内航空器必须按照仪表飞行规则飞行,并接受空中交通管制。

B 类空域(中低空管制空域):在我国境内,高度 6600m 以下与最低高度层以上的空间划分为若干个中低空管制空域。在此空域内的航空器可以按照仪表飞行规则飞行,如果符合目视飞行规则的条件,经飞机驾驶员申请,并经中低空管制室批准,也可以按照目视飞行规则飞行,并接受空中交通管制服务。

C 类空域(进近管制空域):通常是指在一个或者几个机场附近的航路汇合处划设的便于进场、离场飞机飞行的管制空域。它是中低空管制空域与塔台管制空域之间的连接部分。其垂直范围通常在 6000m(含 6000m)以下与最低高度层以上的空间,水平范围通常为半径 50km 或走廊进出口以内、除机场塔台管制范围以外的空间。在此空域内的航空器可以按照仪表飞行规则飞行,如果符合目视飞行规则的条件,经飞机驾驶员申请,并经中低空管制室批准,也可以按照目视飞行规则飞行,并接受空中交通管制服务。

D 类空域(塔台管制空域):通常包括起落航线,第一等待高度层以下、地球表面以上的空间和机场活动区。此空域允许航空器按照仪表飞行规则飞行或者按照目视飞行规则飞行。

A、B、C、D 类空域对飞行的限制程度按照字母顺序递减。不同类型的空域垂直相邻时,在共同飞行高度层中的飞行应当遵守限制较少的空域类型的要求,并提供适合该类空域要求的服务。

目前我国的空域管理体制不能充分利用空域,是对空域资源的浪费。随着改革的深入,我国空域管理体制的改革已提上议事日程。

3.航路与航线

航路是由国家统一划定的具有一定宽度的空中通道。在这个通道上空中交通管理机构要提供必要的空中交通管制和飞行情报服务。划定航路的目的是维护空中交通秩序,提高空间利用率,保证飞行安全。

航线是指经过有关部门批准开辟的连接两个或几个地点的航空交通线。航线明确了飞机飞行的具体方向、起讫与经停地点。

根据空中交道管制的需要,规定了航路的宽度和高度。航路各段的中心线,自该航路上的上一个导航设施或交叉点开始,至另一个导航设施或交叉点为止。各段中心线连接起来成为航路的中心线。航路的宽度,通常为航路中心线两侧各 10km 的平行边界线以内的空域,根据导航性能的定位精度,可调整航路的宽度。航路的高度下限为最低高度层,上限与巡航高度层上限一致。

理论上,航空器可以在地球上任意两点之间实现直线飞行。但考虑到空中交通服务、国家安全以及环境因素等,上述理想航路无法实现,最终所建立的航路只能是理想和现实之间的折中。航路沿途应有备降机场、导航设备和监视雷达,保证飞机准确地在航路上飞行。目前我国建立的航路,主要有北京—上海、北京—广州—深圳、上海—广州、广州—昆明等。

航路和航线的建设,应当充分考虑所经地区的地形、气象特征以及附近的机场和空域,充分利用地面导航设施,方便航空器飞行和提供良好的空中交通服务。航路和航线的建设和使用应当有利于提高航路和航线网的整体运行效率,根据运行的主要航空器的最佳导航性能划设。中高密度的航路或者航线应当划设分流航线,航路或者航线的交叉点应当保持最少,并避免在空中交通密度较大的区域出现多个交叉点,交叉点不可避免时应当通过飞行高度层配置减少交叉飞行冲突。

4.飞行间隔

空中交通管理的主要任务之一是防止航空器在空中相撞。当空中同一区域航空器很多时,要防止航空器相互的危险接近和相撞,就必须保证任何两个航空器之间有足够的距离。由于航空器的航向、速度、高度不同,因此必须对航空器在空中相互距离有一套国际通用的规定。间隔标准是指航空器之间在纵向、横向和垂直方向必须隔开的最小距离,分为垂直间隔和水平间隔两类。例如,高度 6000m 以下时,垂直间隔 300m 为一高度层,6000 ~ 11400m 时,600m 为一高度层;高度层从地面开始向上编号,偶数高度层供向东(真航角在 0° ~ 179°)的飞机飞行,奇数高度层供向西(真航角在 180° ~ 359°)的飞机飞行。水平间隔与飞机大小、速度和空中交通管制所使用的雷达的有效性有关。重型飞机产生的尾涡流对后随飞机会造成危害。当飞机组合无涡流危害且飞机在雷达覆盖范围内时,两架同向飞机的最小间隔为 9.26km;当飞机在雷达天线 74km 以内时,这一间隔可减少到 5.56km。

第二节　航空公司生产组织管理

航空公司也就是航空运输企业,它们掌握航空器并从事生产运输。其他类型的航空企业如油料、航材、销售等,都是围绕着航空运输企业开展活动的。航空公司运输生产的组织与管理主要包括航班计划、市场销售、飞行组织与实施等。

一、航班计划

1.航班计划主要内容

航班指飞机由始发站按规定的航线起飞,经过经停站至终点站或不经经停站直达终点站的运输飞行。航班有正班飞行、加班飞行和专包机飞行。

航班从起飞到下一次着陆之间的飞行路段称为航段。直达航线只有一个航段,非直达航线则有两个或两个以上航段,如乌鲁木齐—武汉—广州航线就是由乌鲁木齐—武汉、武汉—广州两个航段所组成。由于各地区的地理位置和经济环境不同,空运业务量的大小也有区别,因此有必要将航线分解为航段。通过航段运量统计可观察每个航段上空运业务量的大小和运输能力的利用情况，以便更准确地反映航空运输生产状况，为规划航线、安排航班、调配运力提供统计信息。

航班计划是规定正班飞行的航线、机型、班次和班期时刻的计划。正班飞行是按照对外公布的班期时刻表进行的航班飞行。正班飞行的航线、机型、班次和班期时刻，实际上就是航空公司向社会承诺提供的航空运输服务产品。从这个意义上说，航班计划是航空公司最重要的生产作业计划，是组织与协调航空运输生产活动的基本依据。从飞机调配、空勤组排班，到座位销售、地面运输服务组织，航空公司运输生产过程的各个环节，都要依据航班计划进行组织和安排。

航班计划主要内容包括航线、机型、航班号、每周班次、班期、时刻。

2.航班计划编排

航空运输具有较强的季节性，航空公司一般每年编制两期航班计划：夏秋航班计划和冬春航班计划。航班计划提前10个月左右开始编制；提前半年做出航班计划草案，报民航局审核；执行前2个月左右进入销售系统；在执行前1个月左右以班期时刻表的形式向社会公布。

航班计划的编制，应综合考虑航空运输的外部环境和内部条件，即：国际国内政治经济形势；各航线的市场需求状况；主要竞争对手的发展情况；有关机场的情况；原有航线的成本与效益情况；企业的长远发展战略目标；企业的航空运输能力；上期计划和上年同期计划的有关数据及执行情况；各驻外办事处与各业务部门对上期航班计划执行情况的意见反馈等。

对于原有航线，应根据市场需求、经营状况和企业运力情况决定是否进行调整。运量增长较大、效益好的航线，不仅要继续执飞，还应考虑是否需要增加运力投放（增加航班或使用较大机型）；运量不足、效益差，且无望扭转的航线，或由于国际形势变化难以保证飞行安全的航线，应考虑停飞；对于旅客和货物的流向有了较大变化的航线，则应当考虑航线延伸、增加或减少经停点、与其他航班的衔接等，以适应市场需求的变化。

对于准备开辟的新航线，要进行充分的调查研究，摸清技术上的可行性和经济上的合理性（包括航班的经济效益和对公司整个航线网络的贡献），提出开航报告，报请主管部门批准后才能列入航班计划。

无论开辟新航线还是调整原有航线，最重要的依据都是航空运输需求，尤其要注意摸清旅客、货物航空旅行的原始出发地和最终目的地。

二、市场销售

市场销售是航空公司市场销售部门以及销售代理根据航班计划，在公布的订座期限内进行航班座位销售。市场销售是航空公司回收投资的主要环节。销售渠道有以下4类：

1.本企业的销售部门

本企业的销售部门是指航空公司设在市区和空港的销售网点。近年来，也有航空公司通过自己的网站直接销售客票，这种方式可以节省佣金，降低成本。

2.旅游代理

机票是旅行社安排旅行计划的核心内容之一。旅行社和航空公司签订协议，代理销售旅游计划中的客票，既方便了旅行社，也为航空公司提供了稳定的客源，提高了运载率。

3.销售代理

在民用航空比较发达的国家,民航运输销售的绝大部分是代理企业销售的。销售代理企业受民航运输企业的委托,在约定的经营范围内以委托人的身份处理航空运输(包括客、货运输)销售及相关的业务。

销售代理业的出现,更加方便旅客购票,也使航空运输公司集中力量于运输服务,减少了大量销售方面的经费和成本。销售代理企业成为航空运输企业的直接大宗客户,通过佣金赢得利润。

4.航空企业之间的代理销售

航空企业之间的代理销售的方式最早出现在联程航空运输上。一个航空公司为了在它没有航线的地区和在这一地区有航线的航空公司的航班衔接,代销后者的机票。这样既方便了旅客,也扩大了两家航空公司的运输业务。干线公司和支线航空公司合作一般采用这种形式,双方互利互惠;对于国际航线和国内航线的衔接,这种形式显得也十分重要,由于一般经营国际航线的公司没有在另外国家经营国内航线的权力,通过这种代理方式可以把两家航空公司的航班衔接起来,提高旅行的服务质量,并保证了双方的客源。

三、飞行的组织与实施

飞行的组织与实施过程主要包括旅客乘机阶段、运输飞行阶段、旅客离港阶段。

四、航空货物运输

航空货物运输包括急快件货物运输(如商业信函票证、生产部件、急救用品、救援物资以及紧急调运物品等运输)、易腐货物运输,(如鲜花、海鲜、应时水果等运输)和常规货物运输。

航空货物运输需要通过吨位控制提高载运率。换言之,货运既要考虑货物的体积,还要考虑货物的重量。因此,吨位控制的任务是通过舱位预订与分配提高货舱的载运率,避免吨位浪费、超售和装运过载。

航空货运可以用全货机或客货混装型飞机运输,两者吨位控制和配载管理的原则不完全相同。采用全货机方式运输时,吨位控制和配载过程比较单一,主要控制货物体积(不能超高、超长)、形状(易于固定),不能超重。客货混装方式运输,由于必须首先考虑运送旅客,因此货运吨位控制和配载要在保证客运的前提下,按照飞机的配载要求,控制货物的重量和位置,保证飞机飞行平稳安全,充分提高飞机载运率。

第三节　国际国内航空运输管理

一、国际民用航空运输管理机构

国际民用航空运输管理机构负责制定国际民用航空运输活动的行为规范,协调各国民用航空运输业务关系,以保障航空运输安全和有序地发展。目前具有较大影响的国际民用航空运输管理机构主要是国际民用航空组织、国际民用航空运输协会和国际机场理事会。

1.国际民用航空组织

国际民用航空组织(International Civil Aviation Organization,ICAO)的任务是制定和监督执行有关航空运输飞行安全和维护国际航空运输市场秩序的标准,促进发展与和平利用航空技术,以保证飞行安全,在尊重主权的基础上公平发展国际航空事业。1944 年 11 月 1 日至 12 月 7 日,52 个国家在美国芝加哥举行国际民用航空会议,签订了《国际民用航空公约》(简称《芝加哥公约》),并决定成立过渡性的国际民用航空组织。1947 年 4 月 4 日《芝加哥公约》生效,国际民用航空组织正式成立,同年 5 月 13 日成为联合国的一个专门机构,总部设在加拿大的蒙特利尔。

国际民用航空组织是政府间的国际组织、联合国的专门机构。国际民航组织是各主权国家以自己本国政府的名义参加的官方国际组织,取得国际民航组织成员资格的法律主体是国家。根据《芝加哥公约》,国际民航组织的宗旨和目的主要有以下几点:①保证国际民用航空安全、有序地发展;②鼓励和平用途的航空器设计和操作技术;③鼓励发展用于国际民用航空的航路、机场和航行设施;④满足世界人民对安全、正常、有效和经济的航空运输的需要,防止因不合理的竞争而造成经济上的浪费;⑤保证缔约国的权利充分受到尊重,每一缔约国均有经营国际空运企业的公平机会;⑥避免缔约各国之间的差别待遇;⑦促进国际航行的飞行安全。

国际民航组织由成员大会、理事会和秘书处三级框架组成。目前,中国是该组织的一类理事国,并在蒙特利尔设有中国驻国际民航组织理事会代表处。

2.国际航空运输协会

国际航空运输协会(International Air Transport Association,IATA)是一个由世界各国航空公司所组成的大型非政府国际组织,总部设在加拿大蒙特利尔,执行机构设在瑞士日内瓦。国际航协的基本职能包括:国际航空运输规则的统一,业务代理,企业间的财务结算,技术合作,参与机场活动,协调国际航空客货运价,航空法律工作,帮助发展中国家航空公司培训高级和专门人员。

国际航空运输协会的会员分为正式会员和准会员两类。正式会员向直接从事国际航班经营的航空公司开放,而准会员身份只向经营国内航班的航空公司开放。

3.国际机场理事会

国际机场理事会(Airports Council International,ACI),成立于 1991 年 1 月,是机场的行业协会,非营利性组织,总部设在瑞士日内瓦。其宗旨是加强各成员与全世界民航业各个组织和机构(包括政府部门、航空公司和飞机制造商等)的合作,并通过这种合作促进一个安全、有效与环境和谐的航空运输体系的建立。

二、国际航空公约

开展国际航空运输业务,会涉及领空主权、国家关系、航空法律、运价、航线权、航班等问题,需要通过国际性民航组织来协调。

第一次世界大战之后,各国政府考虑到本国安全和利益,对其领土之上的空间提出了主权要求。1919 年 10 月通过的《国际民用航空公约》(又称《巴黎公约》)确立了领空主权原则。1944 年 12 月在美国芝加哥修订的《国际民用航空公约》(又称《芝加哥公约》)中，进一步明确了领空主权的原则。该公约认为，国家领空主权是"缔约各国承认每一个国家对其领土之上的空气空间具有完全的和排他性的主权"。

为保护本国的安全和利益，对于建立空中交通秩序、保障航行和旅客安全的呼声日益高涨。在世界各国政府的共向努力下，先后通过了一系列国际性航空公约，具有重大影响的有：

《巴黎公约》，第一次确立了领空主权原则，规定了无害通过领空的权利和限制以及国际航线的规则和条件，并对航空器的分类、国籍登记、适航性、出入境、机组人员执照以及禁运物品等做了具体的规定。

《哈瓦那公约》，1928 年 2 月在古巴哈瓦那通过，就国际性航空运输和造成的地面损害赔偿问题达成共识，做出了明确规定。

《华沙公约》，1929 年 10 月通过，对航空运输凭证和管辖权等做出了规定。

《芝加哥公约》，于 1947 年开始执行，对国家领空主权和保证国际航行安全等做了进一步明确的规定，对航行技术、行政管理、运输经营等国际性问题做了详细阐述。它已成为一部被广泛接受的航空法典。

《日内瓦公约》，1948 年 6 月在瑞士日内瓦通过，全称《关于国际承认航空器权利的公约》，规定了航空器的拥有权、转让权、租赁权、抵押权、典当权等。

《东京公约》，1963 年 9 月在日本东京签订，全称《关于在航空器内犯罪和犯有某些其他行为的公约》，为制止航空器内的犯罪行为制定了国际性的制裁依据。

《海牙公约》，1970 年 12 月在海牙通过，全称《关于制止非法劫持航空器的公约》，就共同打击劫机犯罪活动达成协议。

《蒙特利尔公约》，1971 年 9 月在加拿大蒙特利尔通过，全称《关于制止危害民用航空安全的非法行为的公约》，对共同制止和打击危害航空运输和旅客安全的非法行为制定了更为详细的规定。

三、中国民用航空运输管理体制

在改革开放的 30 余年里，中国民航经历了三次大的体制改革，逐步建立和不断完善中国民用航空运输业的管理体系，形成了目前的民航局、民航地区管理局、民航省(区、市)安全监督管理局三级政府监管体制。

中国民航局下设 7 个地区管理局，包括民航华北、东北、西北、华东、中南、西南和新疆管理局。每个地区管理局下面按照省、直辖市和自治区范围分别设有若干省(区、市)民航安全监督管理局(简称安监局)。

第四章　我国航空运输发展现状与展望

第一节　我国航空运输发展现状

航空运输是我国改革开放以来增长最快的交通运输方式。近年来，我国航空运输业发展迅猛，在促进国民经济发展、促进国际交往和国际旅游、提高国家行政管理效率等方面发挥了重要作用。

1.航空运输量高速增长

图 4-4-1 和图 4-4-2 分别为 2009—2013 年民航运输总周转量和旅客运输量的发展数据对比，不含香港、澳门、台湾（下同）。

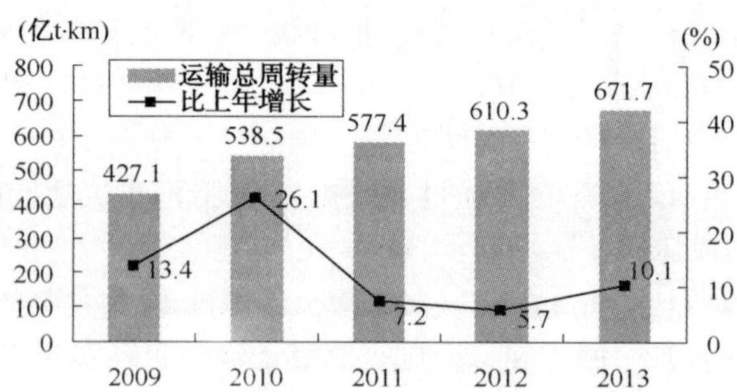

图 4-4-1　2009—2013 年民航运输总周转量

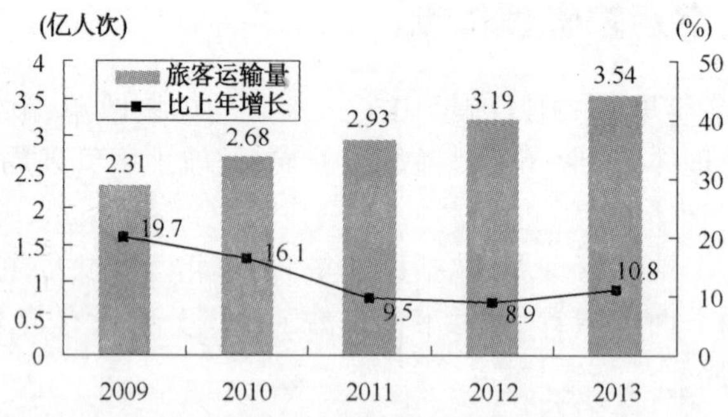

图 4-4-2　2009—2013 年民航旅客运输量

2.形成布局合理的航空网络

截止到 2013 年年底，定期航班国内通航城市 188 个，国际定期航班通航 50 个国家的 118 个城市，按重复距离计算的航线里程为 634.22 万 km。以北京、上海、广州、深圳和成都等为中心，以跨省区航线为骨干辐射状相互连接的多中心全国干线航空网已经形成。部分省区还形成了以省会或主要城市为中心，以地方航线为主体，并通过干线与全国航空网相连放射状的地区航空网。例如，新疆以乌鲁木齐为中心，地区航线呈放射状通达阿克苏、阿勒泰、和田、喀什、库尔勒、塔城、伊宁、富蕴、库车和且末等地，并有通达北京、上海等干线与全国航空网相连。西藏形成了以拉萨，林芝、昌都、阿里、日喀则为支线的航空运输网络，国际航线已通达亚、非、欧、澳和北美洲的主要城市。

3.飞机更新，运力增加，维修基地建设加快

为适应航空运输发展需要，近年来中国民航新增了波音、空客新系列飞机。截止到2013年年底，全国共有运输航空公司46家，民航全行业运输飞机在册架数2145架，比上年增加204架。中国民航的飞机已经达到了世界先进水平，运输能力大大增加，且增长速度在世界上也是少有的。为应对飞机的增加、运力的提高，北京、广州、上海、成都先后成立了飞机维修工程有限公司，引进了国际先进的技术和管理。与此同时，我国正在研制大型客机C919，将在2015年年底首飞。

4.机场建设加快，配套设施逐步健全

近年来，我国新建和改扩建了几十个机场。截止到2013年年底，我国境内民用航空（颁证）机场共有193个，其中定期航班通航机场190个。在航路建设方面，配套设施工程建设加快。基本完成了国际航路以及北京、太原、西安、成都、昆明一线以东地区的国内干线航路的建设，重点航路实现了二次雷达全程覆盖。仪表着陆系统、气象自动观测系统得到了广泛应用，空域方案得到了优化。

5.空管一体化改革完成

我国空管系统“政事分开、运行一体化”改革工作已经完成，形成了民航总局、地区管理局、各省市区监管办三级空管行业管理体制，以及总局空管局、地区空管局、空管分局（站）三级运行体系，实现了空管系统的一体化管理和运行。建立健全了政府空管监管体制，实现政府管理职能与系统运行职能分离；建立垂直管理的空管系统，统一运行指挥，实现运行一体化；通过理顺空管系统自身管理体制和运行机制，提高了民航空管系统运行效率和保障能力。

6.飞行高度层垂直间隔缩小

2007年11月22日北京时间零时起，中国民航在8400m以上、12500m以下的空域实施缩小飞行高度层垂直间隔的规定，飞机的巡航高度层由过去的7个增加到13个，空域环境进一步优化。空中交通管制员可以灵活选择更加优化的飞行高度层，以减少航空器地面延误和空中等待，加大空中飞行流量。这一调整还实现了我国与周边国家和地区飞行高度层的顺畅衔接。

7.国际航空合作进一步扩大

中国民航高票连任国际民航组织一类理事国。中国已与100多个国家签订航空运输协定。国内航空公司与更多的国外航空公司签订协议，在联运、代码共享、餐饮服务等方面进行合作。随着国际航空运输业迅速发展和竞争与合作的日益加深，国际航空联盟已成为推动国际航空运输业发展的重要力量。国内多家航空公司加入天合联盟或星空联盟，为旅客提供更多新体验和更高品质的服务。

8.强化管理、培训人才，民航企业素质不断提高

中国民航从培训管理人员入手，加强了全员培训，用现代化科学管理理论以及先进的航

空科技对管理者和各类从业人员进行了系统的培训。

第二节　我国航空运输发展展望

随着我国经济的发展以及国际经济联系的增加,航空运输还有很大的发展空间。中国幅员辽阔、资源丰富、人口众多,从社会经济发展及改革开放总趋势看,航空运输总周转量的迅速增长将是必然的趋势。

目前,国内航空运输业在满足社会发展和经济增长方面还存在不足之处,主要问题包括专业技术人才短缺、空域资源紧张、缺乏国产民用大型客机、基础设施滞后、管理水平不高等。

我国航空运输业未来的发展战略目标是:确保飞行安全,争取飞行正常,提高服务质量;采用先进机型,提高运输能力和竞争能力;扩建、改建和新建机场;增强机务维修能力,充实配套设施;提高人员素质,实现经营管理现代化。

第五篇　管 道 篇

本篇学习目标

通过本篇学习，主要获得管道运输以下相关知识：

1.掌握管道运输基本概念与特点；

2.了解管道运输基本设施与设备，主要包括输油、输气及固体料浆管道设施与设备；

3.理解管道运输系统的规划与管道运输生产组织管理方式与技术手段；

4.了解我国管道运输的成就与未来发展方向。

延伸阅读

[1] 王绍周.管道运输工程[M].北京：机械工业出版社，2004.

[2] 张其敏，孟江.油气管道输送技术[M].北京：中国石化出版社，2008.

[3] 黄春芳.原油管道输送技术.北京：中国石化出版社，2007.

[4] 杨筱蘅.输油管道设计与管理[M].青岛：中国石油大学出版社，2006

[5] 李玉星，姚光镇.输气管道设计与管理(第 2 版)[M].青岛：中国石油大学出版社，2009.

[6] 国际石油经济.

[7] 管道技术与设备.

[8] 水力采煤与管道运输.

[9] 管道运输网：http://www.c-gd.com.

第一章　管道运输概述

第一节　管道运输基本概念

管道运输是指用加压设施加压流体(液体或气体)或流体与固体混合物,通过管道输送到目的地的一种运输方式。管道运输是大宗流体货物运输最有效的方式。管道运输的原理是通过压力差,使管内的流体从高压处向低压处流动。

管道运输的分类方式有多种:

(1)按输送介质可分为原油管道、成品油管道、天然气管道、油气混输管道、固体物料浆体管道。也可以笼统地分为输油管道、输气管道和固体料浆管道三大类。

(2)按敷设方式可分为埋地管道、架空管道、水下管道。

(3)按其在生产中的作用,油、气管道又分矿场集输管道、长距离输送干线管道、分配管道。

第二节　管道运输特点

管道运输多用于输送流体货物,如原油、成品油、天然气及固体煤浆等。它与其他运输方式相比,主要区别在于驱动流体的输送工具是静止不动的泵机组、压缩机组和管道。管道运输的主要优点有:

(1)运量大,劳动生产率高。一条管径为720mm的管道年输原油量约2000万t,相当于一条铁路的全部运量;一条管径为1220mm的管道年输量可达1亿t以上,而每100km的操作人员仅为铁路运输的一半,为公路汽车运输的1/9。

(2)运费低、能耗少。据国外资料,管道运输成本约为铁路输送成本的22%。在美国,长输管道输油的能耗约为铁路运输的1/7~1/12。

(3)投资省,占地少。管道大部分埋设于地下,占地少,受地形地物的限制少,一般不需绕行,可以缩短运输距离。投资与施工周期在铁路的一半以下,占地只有铁路的1/9。

(4)较安全可靠、对环境污染小。由于深埋地下、密闭输送,能够长期连续稳定运行,不受气候和其他交通事故的影响。管道运输的油气损耗小,无噪声,对环境污染小。

(5)易于全面实现自动化管理。现代化管道运输系统的自动化程度很高,劳动生产率高。便于管理,易于实现远程集中监控。

而管道运输的局限性主要体现在以下几个方面:

(1)只能输送特定的物料。管道运输系统只能输送特定的物料,例如石油、天然气、特定的粉状或粒状物料(精矿、矿石、煤或其他固体物料),运输功能比较单一,输送对象比较局限。

(2)只能进行定向定点运输。铁路和公路可以进行双向不定点多种物资的运输。而管道不论是输送石油、天然气、粉粒状物料,对物料的质量均有严格的要求。特别是粒状物料的浆体管道运输,对粒状物料的粒度、密度、输送浓度和输送流速均有严格的要求。

(3)管道运输系统的输送能力不易改变。每个管道运输系统的输送能力一经确定,输送系统的设备和管道就是确定的,不能改变的。如果要增加输送能力,就必须增加设备和管道等,通常是很困难的。

(4)浆体输送需进行脱水处理。浆体管道输送物料到达终点后,需进行脱水(过滤甚至干燥),才能供用户使用。

第二章　管道运输设备

第一节　输油管道运输设备

一、输油管道的组成

长距离输油管道由输油站和管线两大部分组成，如图5-2-1所示。输送轻质油或低凝点原油的管道不需加热，油品经一定距离后，管内油温等于管线埋深处的地温，这种管道称为等温输油管道，它无须考虑管内油流与周围介质的热交换。对易凝、高黏油品，不能采用这种方法输送，当油品黏度极高或其凝固点高于管路周围环境温度时，就必须考虑加热输送的办法。因此，热油输送管道不仅要考虑摩擦阻力的损失，还要考虑散热损失。

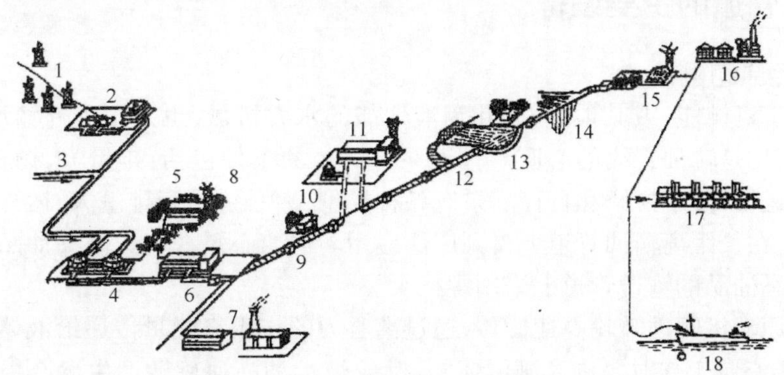

图5-2-1　长距离输油管道示意图

1-井场；2-输油站；3-来自油田的输油管；4-首站罐区和泵房；5-全线调度中心；6-清管器发放室；7-首站锅炉房；8-微波通信塔；9-线路阀室；10-维修人员住所；11-中间输油站；12-穿越铁路；13-穿越河流；14-跨越工程；15-车站；16-练厂；17-火车装油栈桥；18-油船码头

1.输油站

沿管道干线为输送油品而建立的各种作业场站统称为输油站。按其所处的位置不同可分为首站、中间站、末站。中间站按其任务不同又可分为中间泵站、加热站、热泵站、分(合)输站等。

(1)首站。输油管道的起点称为首站，其任务是接收来自油田、炼油厂或港口的油品(集油)，经计量后加压向下一站输送。首站主要由油罐区、计量系统和输油泵组成。对于加热输送管道，还需设置加热炉等加热设备。

(2)中间站。输油管道沿途设有中间输油站，其任务是对所输送的油品加压、升温(热输管道)，也可称中间泵站。中间泵站的主要设备有输油泵、加热炉、阀门等。中间泵站数量的确定原则是各泵站提供的总扬程与消耗的总能量平衡。

(3)末站。输油管道的终点称为末站,其任务是接受输油管道送来的全部油品,供给用户或以其他方式转运。末站有较大的油罐区、较准确的计量装置以及油品转输设备等。

输油站包括生产区和生活区两部分。生产区内又分为主要作业区和辅助作业区。主要作业区的设备包括输油泵房、加热系统、站控室、油罐区、阀组间、计量间和清管器收发装置等。辅助作业区包括供电系统、供热系统、供水系统、排污与净化系统、车间与材料库、机修间、油品化验室与通信设备等。生活区是供泵站工作人员及家属居住用的设施。

2.管线

长距离输油管道的线路(即管线)部分包括:管道本身,沿线阀室,通过公路、江河、山谷的穿(跨)越构筑物,管道阴极防腐保护设施,通信设施与自控线路等。

长距离输油管道由钢管焊接而成,一般埋地敷设。为防止土壤对钢管的腐蚀,管外都包有防腐绝缘层,并采用阴极保护措施。管道沿线每隔一定距离设有截断阀室。其作用是一旦发生事故可以及时截断管内油品,防止事故扩大并便于抢修。通信系统是长距离输油管道的重要设施,用于全线生产调度及系统监控信息的传输,通信方式包括微波、光纤与卫星通信。

二、输油管道的主要设备

1.输油泵与原动机

泵是一种将机械能(或其他能)转化为液体能的水力机械,也是国内外输油管道广泛采用的原动力设备,是输油管线的心脏。输油泵应满足的条件包括:排量大,扬程高,效率高,可长时间连续运行,便于检修和自控。泵有各种类型,离心泵具有排量大、运行平稳、易于维修等优点,因此在长距离输油管道上得到广泛应用。但离心泵在输送高黏油品时效率较低,因此在一些高黏油品的输送管道上采用螺杆泵。

离心泵由原动机驱动叶轮高速旋转,通过离心力的作用将能量传递给液体,其结构如图5-2-2所示。离心泵工作时泵内充满液体,其叶轮被带动高速旋转产生离心力,一方面使叶轮中心压力降低将液体吸入泵内,另一方面叶轮槽中的液体因此被甩向外围而流出,通过泵的不断吸入和压出,完成液体输送。

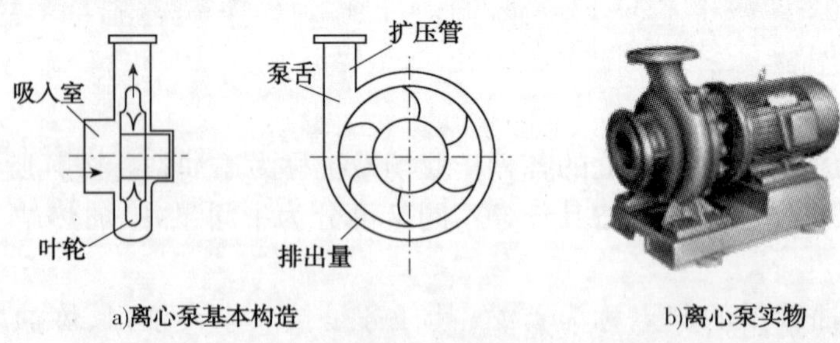

图5-2-2 离心泵

输油泵的原动机主要有电动机、柴油机和燃气轮机。使用何种原动机需根据泵的性能参数、原动机的特点、能源供应情况、管道自控及调节方式等因素确定。电动机在输油管道上应用最多,它比柴油机价廉、轻便、体积小、维护管理方便、工作平稳、便于自控、防爆安全性好。但它依赖于庞大的输配电系统,一个大型输油泵站的电功率可达 10000kW 或更大。在供电不能满足要求的地区,可采用柴油机驱动离心泵。当功率较大时,柴油机的体积、质量很大,故其主要适用于缺乏电源而机组功率不大的中、小型管道。缺乏电源时,大型管道上一般选用燃气轮机。燃气轮机单位功率的质量和体积都比柴油机小得多,可以用多种油品与天然气作燃料,运行安全可靠,便于自控,故在输油管道上的应用日益增多。其主要缺点是效率较低。

2.加热系统

在原油输送过程中对原油采用加热输送的目的是使原油温度升高,防止输送过程中原油在输油管道中凝结,减少结蜡,降低动能损耗。因此,加热系统是加热输送管道的关键设备,也是主要的耗能设备。通常采用加热炉为原油提供热能。加热炉一般由 4 个部分组成:辐射室(炉膛)、对流室、烟囱和燃烧器(火嘴)。按油流是否通过加热炉炉管,加热方法分为直接加热和间接加热两种方式。

直接加热式加热炉设备简单、投资小,应用很普遍,如图 5-2-3 所示。但油品在炉管内直接加热,一旦断流或偏流,容易因炉管过热使原油结焦,甚至烧穿炉管造成事故。

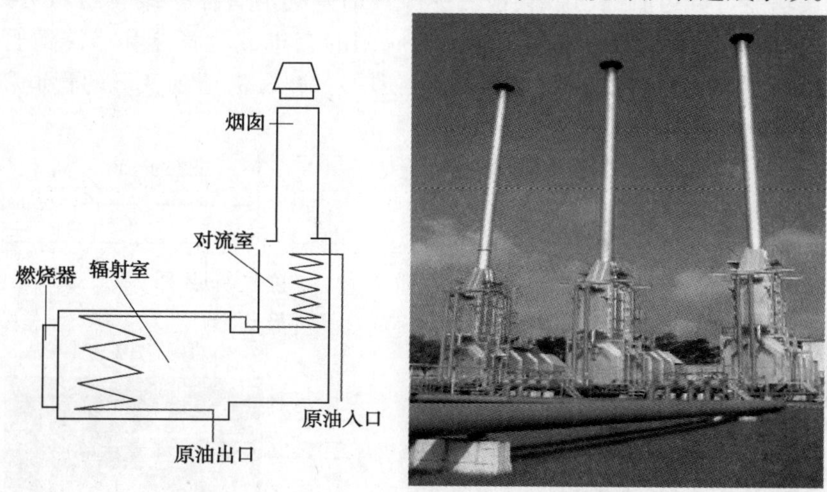

图 5-2-3　直接加热炉

间接加热系统由热媒加热炉、换热器、热媒罐、热媒泵、检测及控制仪表组成。热媒加热炉的结构与直接加热炉相似,只是炉管内加热的是热媒而不是管输的油品,被加热的热媒进入管壳式换热器与管输的油品换热,从而加热油品。热媒是一种化学性质较稳定的液体,不结焦,对金属无腐蚀,黏度较小。间接加热系统的优点是安全、可靠,但系统复杂,不易操作,造价亦较高。

3.储油罐

油罐是 19 世纪 60 年代发展起来的一种储存石油及其产品的设备,如图 5-2-4。油罐按建造方式可分为地下油罐、半地下油罐和地上油罐;按建造材料分为金属油罐和非金属油罐;按罐的结构形式分为立式圆柱形油罐、卧式油罐、双曲率形油罐。在立式圆柱形油罐中,非金属油罐有砖砌油罐、预应力钢筋混凝土油罐等;金属油罐则有锥顶油罐、悬链式无力矩顶油罐、拱顶油罐、浮顶油罐及套顶油罐等类型。

一般应用较广的是钢质金属油罐，安全可靠，经久耐用，施工方便，投资小，可储存各种油品。非金属油罐大都建造在地下或半地下，多用于储存原油或重油，容积较小，易于搬迁，抗腐蚀能力强，但易渗漏，不适合储存轻质油品。

4.管道系统

输油系统一般采用有缝或无缝钢管，大口径者可采用螺旋焊接钢管。无缝钢管壁薄、质轻、安全可靠，但造价高，多用于工作压力高、作业频繁的主要输油管线上。焊接钢管又称有缝钢管，是目前输油管路的主要用管，制造材料多为普通碳素钢和合金钢，制造工艺有单面焊和双面焊两种。

5.清管设备

油品在运输过程中，管道结蜡使管径缩小，造成输油阻力增加，能力下降，严重时可使原油丧失流动性，导致凝管事故。处理管道结蜡有效而经济的方法是机械清蜡，即从泵站收发装置处放入清蜡球或其他类型的刮蜡器械，利用泵输送原油在管内顶挤清蜡工具，使蜡清除并随油输走。

清管器按功能可分为清蜡、封堵、检测 3 类。前两类清管器按结构也可分为皮碗式、球式、泡沫式和机械清管器 4 种。我国目前普遍应用的有机械清管器和泡沫清管器两类。机械清管器结构如图 5-2-5 所示，它刮蜡效果好，使用寿命长，但遇到变形的管道和障碍物时通过能力较差，且较笨重。

图 5-2-4 储油罐

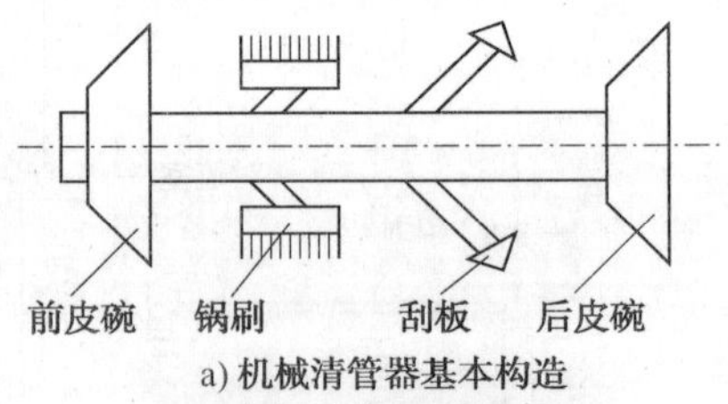

a) 机械清管器基本构造

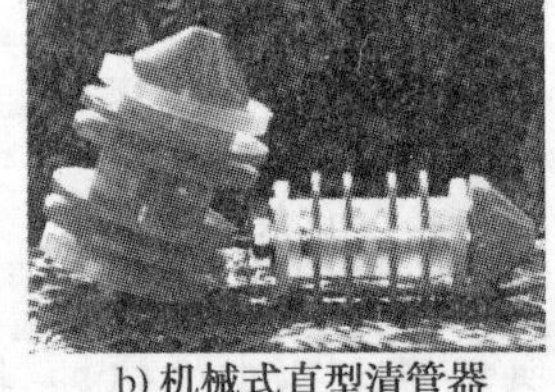

b) 机械式直型清管器

图 5-2-5 机械式清管器

6.计量系统

为保证输油计划的完成，加强输油生产管理，长输管线上必须对油品进行计量，以及时掌握油品的收发量、库存量及耗损量。现代管道运输系统中，计量系统不仅仅用于油品的计量，还是监测输油管运行的中枢。计量系统包括流量计、过滤器、温度及压力测量仪表、标定系统及排污管等 5 个部分。

三、管道输油工艺

管道输油工艺是指实现管道油品输送的技术和方法，即根据油品性质和输量，确定输送方法和流程、输油站类型和位置，选择主要设备，制定运行方案和输量调节措施。

1.多种油品的顺序输送

在同一管道内按一定顺序连续输送多种油品的输送方式称为顺序输送。输送成品油的长距离管道一般采用这种输送方式。这是因为成品油的品种多,采用顺序输送可大大降低输油成本。在用同一条管道输送几种不同品质的原油时,为避免不同原油的掺混,也会采用顺序输送。

顺序输送的一个最大问题是,在两种油品交替时,由于其性质不同,在接触界面处将产生一段混油。对此,应采取相应的技术措施予以处理,以减少经济损失。

2.易凝高黏原油的输送工艺

易凝高黏原油包括含蜡量较高的易凝原油(含蜡原油)和胶质沥青含量较高的高黏重质原油(俗称稠油)等。易凝高黏原油常采用降黏和减阻等方法输送,主要有:

(1)加热输送。加热油品,可以提高蜡和胶质在油中的溶解度,显著降低其黏度,改善流动性。因此,传统上常采用加热的方法输送易凝高黏原油。

(2)高速流动。这种方法是利用油品在管道中高速流动时产生的摩擦热,使油品保持在一定的温度范围内输送。

(3)稀释输送。在重质原油(稠油)中掺入低黏油品,是传统的重质原油输送方法,其工艺简单、效果可靠。用作稀释剂的低黏油可以是轻质原油、原油的轻馏分油或天然气凝析液。一般来说,除非稀释油掺入量较大,重质原油稀释后仍需加热输送,但加热温度可大大降低。

(4)改性输送。在较低温度下含蜡原油流动性差,是因为其中的蜡结晶析出,并相互联结形成海绵状的蜡晶结构。因此,改善蜡晶结构就可以改善含蜡原油的低温流动性。添加降凝剂是目前最成功的含蜡原油改性输送技术。

(5)用水分散。这种方法是使原油以很小的液滴分散于水中进行输送,具体又分水悬浮和乳化降黏两种。水悬浮是将易凝油品注入温度远低于凝固点的水中,形成凝油粒与水组成的悬浮液,输送时摩擦阻力仅略大于水。乳化降黏方法是将表面活性剂水溶液加入高黏油中,在一定条件下形成水包油型乳化液,可显著降低高黏油的黏度。上述方法的关键是如何保证悬浮液或乳化液的稳定。

(6)水环输送。其原理是在管壁附近形成稳定的水环,把高黏重质原油与管壁隔开,从而起到减阻作用。其关键技术是如何保持水环的稳定性。目前,这一技术主要适用于输送距离不长的重质原油。

第二节 输气管道运输设备

一、输气管道的组成

长距离输气管道一般由干线输气管道、首站、压气站(也叫压缩机站)、中间气体接收站、中间气体分输站、末站、清管站、干线截断阀室、线路上各种障碍物的穿(跨)越段等部分组成。此外,还包括通信与仪表自动化两个辅助系统。

就管网的角度而言,输气管道系统则主要由矿场集气管网、干线输气管道(网)、城市配气管网以及与此相关的站、场等设备组成。这些设备从气田的井口装置开始，经矿场集气、净化及干线输送，再经配气管网送到用户，形成一个统一的、密闭的输气系统，如图5-2-6所示。

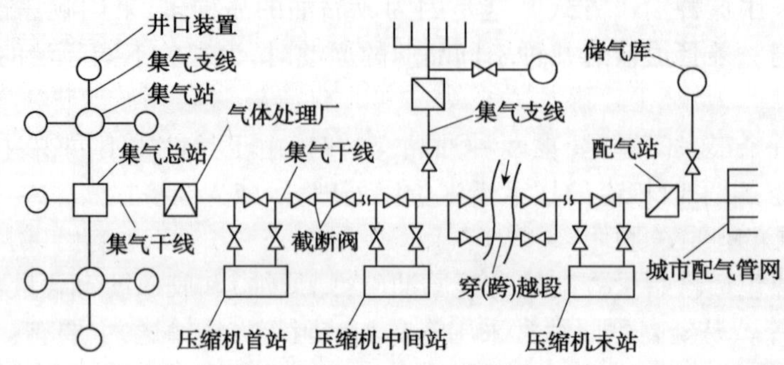

图5-2-6 输气管道系统示意图

二、输气管道的主要设备

1.矿场集气

集气过程指从井口开始，经分离、计量、调压、净化和集中等一系列过程，到向干线输送为止。集气设备包括井场、集气管网、集气站、天然气处理厂、外输总站等。

一般气田的集气有单井集气和多井集气两种流程。单井集气方式下的每一口井场除采气树外，还有一套独立完整的节流(加热)、调压、分离、计量等工艺设施和仪表设备。多井集气方式下，主要靠集气站对气体进行节流、调压、分离、计量和预处理等工作，井场只有采气树。集气站将气体通过集气管网集中于总站，外输至净化厂或干线。

2.输气站

输气站又称压气站，其核心设备是压气机和压气机车间，任务是对气体进行调压、计量、净化、加压和冷却，使气体按要求沿着管道向前流动。长距离输气管道沿途每隔一定距离(一般为110~150km)设置一座中间压气站(或称压缩机站)。首站是第一个压气站。当地层压力大至可将气体送到第二站时，首站也可不设压气机车间。压气站也可按作用分为压气站、调压计量站、储气库3类。

压气机(或称压缩机)是提高气体压力以输送气体的机器。它是干线输气管道的主要工艺设备，同时也是压气站的核心部分。压气机可分容积型和速度型两大类。前者通过压缩体积、增大密度提高气体压力；后者则通过提高气体速度并使其从很高的速度降低，使动能转化为压力能。输气管线上的压缩机主要是容积型的活塞式往复压缩机和速度型的离心式旋转压缩机。

往复式压缩机的优点是排出气体的压力稳定、调节性能好、效率高、对压缩机制造材料要求不高，但结构复杂、易损件多、运转中振动和噪声较大，多适用于升压要求高、输气量低的线路。离心式压缩机的优点是结构紧凑、排气均匀连续、可直接串联运行、振动小、易损件少、机内无须润滑油、不污染输送气体、转速高、节能、维修工作量小，但对流量小、压力要求高的输送要求难以满足，效率较低。在管径和流量不断增长的今天，离心式压缩机发展很快，在输气干线上占据了绝对优势。

输气压缩机组的原动机主要是燃气轮机和燃气发动机，在某些情况下也采用电动机和蒸汽轮机。

3.干线输气

干线是指从矿场附近的输气首站开始到终点配气站为止。干线管路与压气机站组成一个统一的动力系统。干线上压缩机站的数量可根据管线起终点最大供气量、压缩机站最大出站压力、全线管长、末段管线长度、压缩机性能、输送介质等因素初步确定，再根据地形、地址、水、电、交通等条件最终确定。

输气管道输送的介质是可压缩的，其输量与流速、压力有关。而一般而言，在各种影响因素中，管径对流量影响最大。总的来说，高压、大管径是长距离输气管道发展的方向。

4.城市配气

城市配气指从配气站（即干线终点）开始，通过各级配气管网和气体调压所按用户要求直接向用户供气的过程。配气站是干线的终点，也是城市配气的起点与枢纽。气体在配气站内经分离、调压、计量和添味后输入城市配气管网。城市配气管网形式可分树枝形和环形两类；按压力则可分高压、次高压、中压和低压四级。不同级别管网上的管道等设施的强度不同。城市一般均设有储气库，可调节输气与供气间的不平衡。

第三节 固体料浆管道运输设备

一、料浆管道的组成

用管道输送各种固体物质的基本措施是将待输送固体物质破碎为粉粒状，再与适量的液体配置成可泵送的浆液，通过长输管道输送到目的地后，再将固体与液体分离送给用户。目前料浆管道主要用于输送煤、铁矿石、磷矿石、铜矿石、铝矾土和石灰石等矿物，配制浆液主要用水，还有少数采用燃料油或甲醇等液体作载体。

料浆管道的基本组成部分与输气、输油管道大致相同，但还有一些制浆、脱水干燥设备。以煤浆管道为例，整个系统包括煤水供应系统、制浆厂、干线管道、中间加压泵站、终点脱水与干燥装置，如图 5-2-7 所示。它们也可分为 3 个不同的组成部分：浆液制备厂、输送管道、浆液后处理系统。

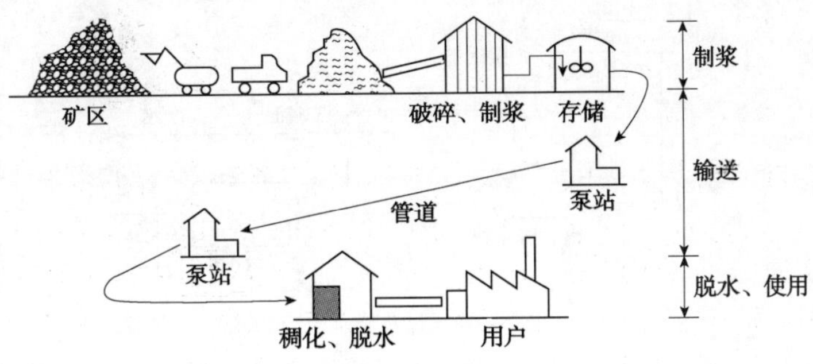

图 5-2-7 煤浆管道系统示意图

二、料浆管道的主要设备

1.浆液制备系统

以煤为例，煤浆制备过程包括洗煤、选煤、破碎、场内运输、浆化、储存等环节。为清除煤中所含硫及其他矿物杂质，一般要采用淘选、浮选法对煤进行精选，也可采用化学法或细菌生物法。

从煤堆场用皮带运输机将煤输送至储仓后，经振动筛粗选后进入球磨机进行初步破碎，再经第二级振动筛筛分后进入第二级棒磨机掺水细磨，所得粗浆液进入储浆槽，由提升泵送至安全筛筛分，最后进入稠浆储罐。在进行管输前，为保证颗粒粗细和浓度符合质量要求，可用试验环管进行检验。不合格者可返回储罐重新处理。

煤浆管道首站一般与制浆厂合在一起。首站的增压泵从制浆厂的外输罐中抽出浆液，经加压后送入干线。

2.管道和中间泵站

泵站和把每一个泵站连接起来的管道，是浆体输送的核心部分。中间泵站的任务是为煤浆补充压力能，停运时则提供清水冲洗管道。泵站内除设置主泵及其备用泵以外，还有很多辅助设施。输送煤浆的泵也可分容积式与离心式两种，泵的选用要结合管径、壁厚、输量、泵站数等因素综合考虑。泵站间的距离则由管道水力计算结果和泵的功率大小决定。

3.后处理系统

煤浆的后处理系统包括脱水、储存等部分。管输煤浆可脱水储存，也可直接储存。脱水的关键是控制煤表面的水含量。

浆体的稠化是脱水的头道工序。稠化的主要设备是浓缩池，固体颗粒在池中靠重力下沉。稠化后的浆体，尚须进一步脱水才能使用。在多数情况下，脱水采用离心分离器或过滤器。图 5-2-8 描述了一般的煤浆脱水流程：浆液先进入受浆罐或储存池，然后再用泵输送到振动筛中区分为粗、细浆液；粗浆液进入离心脱水机，脱水后的煤粒可直接输送给用户；排出的废液输入浓缩池与细粒浆液一起，经浓缩后再经压滤机压滤脱水，最后输送给用户。

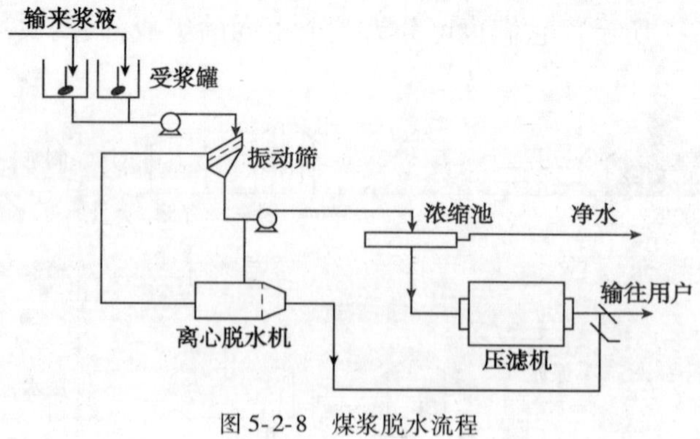

图 5-2-8　煤浆脱水流程

第三章　管道运输组织管理

第一节　管道运输系统规划

由于管道本身的输送能力受到地形、温度等诸多外在因素的限制,因此在初期规划时就必须妥善考虑。如果规划时未详加注意,则在兴建完成之后将造成难以弥补的缺陷,严重地影响输送安全。

规划过程对整个管道运输系统而言是非常重要的。在规划时,规划人员可以发现几乎每一条管道都有其独特的问题存在。规划人员必须事先了解各项可能影响管道输送的问题,并找出解决问题的方法。管道规划工程师除了要了解施工技术、材质及管道设备之外,更需要具备地质学、地理学、污染、资源保护及区域科学等方面的知识。

一般而言,管道运输系统的规划过程如图 5-3-1 所示。首先,需要确定的是管道运输的货物来源及需求,并且明确地了解问题的范围。其次,规划工程师必须确定规划目标(如追求成本最小化或采用自动化)及限制条件(如安全规定、法令规章的限制、运送的物品等)。至于管道系统模式的建立则以需求模式为主,并须考虑管道供给的技术特性。路线的规划则需考虑地质及地理方面的因素。最初的路线选择可由地图及空中侦测来决定。管道路线所经地区应考虑地表是否平坦或崎岖不平,所需穿越的地上物是森林、农业区、草原、果园或特殊的地上物;地质上还要考虑是否有腐蚀区、巨石、沙丘、主要河流、湖泊、池塘、沼泽、山崖等诸多因素;已有的许多设施亦应加以考虑,如电力路线、公路、铁路、工业区、军用设施、水坝及水库。凡是极端的地形或障碍都应尽量避免,因为这些因素都会使管道系统的建造成本提高。地震区亦应避开,如果无法避开,则系统必须装上检测阀和地震时极易断裂的连接环,以期使损害及清管费用降至最低。另外,还有一点必须特别注意,即必须做好自然环境影响评估,若有野生动物保护区在管道运输系统线路上,则要严加注意,不可破坏生态环境。

另外,必须收集各种资料以供建立模式时确定参数使用。最重要的资料是有关管道运输系统所经路线的空中照相图,这些图片可供分析路线上的地形特性、气候特性和土地使用情形。其他如土壤性质方面的资料也必须收集。总之,所收集的资料愈详细,所建立的管道运输系统模式也就愈能加以校正以符合实际需要,将来也就愈能在运输服务上达到最大效益。

模式建立后,所要进行的是对整个运输系统模式的测试与评估,评估的重点在于此系统是否能提供满足需求的运量及符合外在的限制条件。整个运输系统的评估项目包括运量、安全性、效用性、经济上的因素、环境的冲击、财务问题以及政策上是否能被接受等诸多问题。如果一条管道运输系统无法达成评估项目的条件要求,则必须重新建立新的替选方案。

如果评估通过，则必须透过工程兴建、财务预算以及政策支援等，才能完成整个管道运输系统计划。而在执行这一庞大计划的过程中，最重要的是必须确实遵守法令规范，尤其要关注对环境的影响。

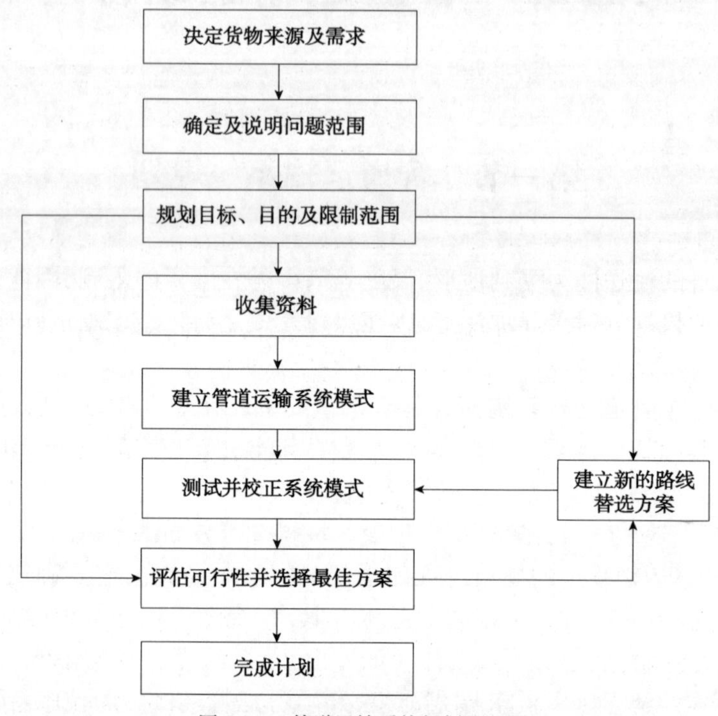

图 5-3-1　管道运输系统规划流程图

第二节　管道运输生产管理概述

管道运输生产管理是指在管道运行过程中利用技术手段对管道运输实行统一指挥和调度，以保证管道在最优化状态下长期安全而平稳地运行，从而获得最佳经济效益。它包括管道输送计划管理、管道输送技术管理、管道输送设备管理和管道线路管理。前两项又合称为管道运行管理，是生产管理的中心环节。

1.管道输送计划管理

根据管道所承担的运输任务和管道设备状况编制合理的运行计划，以便有计划地进行生产。管道输送计划管理首先是编制管道输送的年度计划，根据年度计划安排管道输送的月计划、批次计划、周期计划等。然后根据这些计划安排管道全线的运行计划，编制管道站、库的输入和输出计划，以及分输或配气计划。另一方面，根据输送任务和管道设备状况，编制设备维护检修计划和辅助系统作业计划。

2.管道输送技术管理

根据管道输送的货物特性，确定输送方式、工艺流程和管道运行的基本参数等，以实现管道生产最优化。管道输送技术管理的内容包括随时检测管道运行状况参数，分析输送条件的变化,采取各种适当的控制和调节措施调整运行参数,以充分发挥输送设备的效能,尽可能地减少能耗。对输送过程中出现的技术问题,要随时予以解决或提出来研究。管道输送技术管理和管道输送计划管理都是通过管道的日常调度工作实现的。

3.管道输送设备管理

对管道站、库的设备进行维护和修理,以保证管道的正常运行。管道输送设备管理的内容主要包括:对设备状况进行分级,并进行登记;记录各种设备的运行状况;制定设备日常维修和大修计划;改造和更新陈旧、低效能的设备;保养在线设备。

4.管道线路管理

对管道线路进行管理,以防止线路受到自然灾害或其他因素的破坏。管道线路管理内容主要包括:日常的巡线检查;线路构筑物和穿越、跨越工程设施的维修;管道防腐层的检漏和维修;管道的渗漏检查和维修;清管作业和管道沿线的放气、排液作业;管道线路设备的改造和更换;管道线路的抗震管理;管道紧急抢修工程的组织等。

第三节　管道运行管理

管道运行管理是指用制定管道运行计划的方法,以及运用管道运行状况分析和调度等手段,充分发挥管道和设备的输送效率,实现管道安全、平稳、经济的最优化运行,它是管道生产管理的主要组成部分。近代的油、气管道一般都采用油品顺序输送工艺和全线密闭输送工艺。为了达到最好的经济效益,就要持续不断地提高管道运行管理的水平。

管道运行管理,需要准确的资料档案,即应有能正确反映全线客观条件的资料,如全线及泵站的竣工图和竣工后的更改记录;需要先进、可靠的设备,如要有良好的调度设备和通信设备,以及显示各泵站运行参数及流程的电视屏幕,还要有电子输出设备以便随时记录各站的运行参数;需要训练有素的调度人员,他们对管道及各站的设备、流程要熟悉了解,具有掌握现代化设备的知识和能力,具有丰富的运行管理经验。

管道运行管理包括分析运行资料、编制运行计划和运行调度 3 个基本步骤。

(1)分析运行资料。对委托管道承运的油品种类和数量,交付输送的时间和地点,油品的特性,以及管线各泵站收、发油品应具备的条件等进行分析和研究,编制出年度轮廓计划,并做好完成管道年度任务的技术准备。

(2)编制运行计划。在分析运行资料的基础上,编制出指令性强的全线运行计划和各站的运行计划。在编制成品油月份或旬的全线运行计划时,要标明各批油品的名称、编号、特性和输量;标明各批油品到达各站的时间和进入的油罐;明确各批油品输送的顺序和分输时间、分输量;确定各批油品的运行参数;标明有无清管作业和计划性停输作业。在编制月或旬的各站运行计划时,要明确各站进油任务、倒罐流程;安排倒罐作业、启泵和停泵或倒换泵的作业、流量计标定和清管器接收与投入作业以及各旬的设备维修计划等。

(3)运行调度。运行调度是指按运行计划进行全线指挥、调整、监管等工作,以保证完成输送任务。调度人员先对运行计划进行核对,并作适当修改,然后根据计划下达调度指令。全线运行情况均反映到调度室,由调度室进行全面监视。顺序输送时跟踪各批油品界面的准确位置,预报分输站切换流程和分输的时间,跟踪清管器的运行位置等。一旦发生事故,调度人员应负责立即处理,采取措施,下达指令,更换运行参数,以减少事故对计划的影响。

第四节　管道生产管理的技术手段

管道运输线路长,站、库多,输送的货物易燃、易爆、易凝或易沉淀,且在较高的输送压力下连续运行。这样,就要求管道生产管理应具有各种可行的监控技术手段,主要有管道监控、管道流体计量和管道通信等。

1.管道监控

管道监控是指利用仪表和信息传输技术测试全线各站、库和线路上各测点的运行工况参数,作为就地控制的依据,或输给控制室作为对全线运行工况进行监控和管理的依据,是实现密闭输送工艺,保证管道安全、平稳和最优化运行所必需的手段。管道监控系统一般由调度中心、远传通道和监控终端三大部分组成。

管道监控的主要任务是:收集、处理、显示和记录管道系统的运行状态和工艺参数;按输送计划、动态工况分析结果,选择最优运行方案;协助调度人员迅速准确地开关阀门和启停设备,以实现选定的输送工艺流程;调节流量、压力和温度等运行参数;预测、分析和处理事故;进行起点站、终点站和分输站的油、气交接以及账务结算等。

2.管道流体计量

管道流体计量是指对管道运输的流体货物流动量的测量工作。其任务是:向交运和承运双方提供货物运输量的数据;为实施输送计划、分析运行工况、控制总流量和分输量的平衡提供重要依据;在油品顺序输送中,为批量切换和转换提供依据;为计算输油和输气成本提供依据;监测管道输送过程中的漏失量。

3.管道通信

管道通信是管道运输借以传递各种信息,以及进行业务联系和控制管道运行的工具。管道运输具有全线联合作业的特点,即管道的各个环节要密切配合、协调一致,才能完成管道运输作业,这就必须通过通信系统进行统一调度和集中监视。同时,在管道维护和抢修过程中,组织人员、调运器材、协调操作等也缺少不了通信联络。

管道通信系统主要由区段通信、干线通信和移动通信 3 部分组成。区段通信是指管道各区段内部的通信。每个区段的通信系统不仅要满足本区段的通信需要,而且也是干线通信网的组成部分。干线通信是管道运输部门各级管理机构之间及其与调度中心之间的通信。干线通信网沟通总部、大区中心和调度中心。移动通信是为满足收集和传递管道沿线和各种监视信号的需要,以及为满足管道维护工作的需要所使用的无线电通信系统。

第四章　我国管道运输发展现状与展望

第一节　我国管道运输发展现状

我国是最早使用管子输送流体的国家。据历史史料记载,秦汉时代我国就已经用打通了竹节的竹子连接起来输送卤水,随后又用于输送天然气。此事发生在素有盐都之称的四川自贡,其地下资源丰富,有卤水和天然气。

我国第一条长距离输油管道始建于1958年,于1959年1月正式投入生产,年输油能力53万t,全长147km,管径150mm,将克拉玛依油田的原油输送到独山子炼油厂。20世纪60年代以后,随着我国石油工业的蓬勃发展,大庆、胜利等油田的建设,输油管道得到了较大发展,并形成了以(大)庆铁(岭)、铁(岭)大(连)、铁(岭)秦(皇岛)、东(营)黄(岛)和鲁(山东临巴)宁(江苏仪征)五大干线为主的全国原油长输管道系统。成品油管道方面,如20世纪60年代建于世界屋脊青藏高原上,穿过永久冻土带等地质条件极为复杂地区的格尔木—拉萨长距离顺序成品油管道,全长1080km,管径150mm,主要用于输送汽油和柴油。又如,于1998年12月开工、2002年6月建成的兰成渝成品油管道,是一条大口径、长距离、高压力、大落差、自动化程度高、多介质顺序密闭输送的成品油管道,全长1250 km,年输油能力达500万t。

我国第一条长距离输气管道于1963年建成,长度55km,直径426mm,将四川南部的天然气输送到重庆市。从20世纪60年代中后期到80年代末,川渝地区输气管道建设经历了一个较快发展阶段,其境内输气管道总长度已达3000km。从20世纪80年代开始,我国其他地区也相继建成了一些输气管道。如河南濮阳至沧州的中沧线是国内第一次采用压气设备的输气管道,于1985年4月开工,1986年4月建成,全长361.89km,设计压力5.1Mpa,年输送能力为6亿m^3。南海崖13-1气田至香港海底输气管道是20世纪90年代国内最长、世界第二长的海底输气管道,全长778km,年输气能力为29亿m^3,1993年10月开工,1994年4月完工。还有国内自动化程度较高的鄯乌线(鄯善至乌鲁木齐)输气管道,1995年9月开工,1997年3月正式供气,全长301.6km。此外,于1996年3月开工、1997年9月建成的靖边至北京的陕京线,是国内第一条长距离、大口径和高度自动化的输气管道,全长918.42km,设计压力6.4MPa,年输送能力不加压时达13.2亿m^3。

我国在发展石油、天然气管道运输的同时,也发展了固体浆料管道输送。1996年建成了从贵州省瓮福磷矿区兴隆坝选厂到杨柳坪的磷精矿输送管道,管径228.6mm,长45.6km,年运磷精矿200万t。1997年建成了从山西太钢尖山铁矿到太原钢轨公司的铁精矿输送管道,管径229.7mm,长102km,年运精矿200万t。1998年建成了从辽宁省鞍钢调军台铁矿到鞍山钢铁公司的铁精矿输送管道,管径243mm,长约20km,年运精矿约310万t。2008年建成的包钢厂区和白云鄂博铁矿之间包钢铁精矿管道全长145km，年输送能力为550万t。昆钢大红山铁精矿管道在2012年建成时，其敷设复杂程度世界第一，输送压力世界并列第一，管线全长171km，年输送能力230万t。2012年建成的攀钢白马铁精矿输送管道，全长100km，年输送铁精矿300万t。另外，正在建设中的2012年由陕煤化集团投资的从神木至渭南的神渭输煤管道工程，全长727km，设计年输煤能力1000万t。

经过几十年的建设，到2008年年末全国输油(气)管道里程达5.83万km，其中输油管道3.07万km、输气管道2.76万km。目前，我国已经形成了东北、华北、中原、华东和西北广大地区四通八达、输配有序的石油、天然气管网运输体系。全国100%天然气、90%以上的石油通过长输管道源源不断地输向炼油厂、化工厂及海运码头。“八五”期以后，我国的长输管道建设有了新突破，油气长输管道以每年400余km的建设速度递增。东北、华北、华东管网进一步完善。长输管道建设不仅在陆地上有所发展，而且也向海洋、沙漠中延伸。2008年建设的重点管道工程有川气东送、西气东输二线、永唐秦(永清—唐山—秦皇岛)、榆林—济南等天然气管道；曹妃甸—天津等原油管道；兰郑长、郑州—安阳汤阴、长岭—株洲等成品油管道。截止到2010年年底，管线总里程已从“十五”期末的4.4万km增加到7.8万km，比2005年年底增长78.4%，年均增长12.3%。2010年，管道输油(气)能力为49189万t，比2005年增长58.5%，年均增长9.6%。中国已逐渐形成了跨区域的油气管网供应格局。

总的来说，我国自20世纪50年代建成新疆克拉玛依至独山子输油管道以来，随着大庆、胜利、四川、华北、中原、青海、塔里木和吐哈等油气田的相继开发建设，油气管道运输经历了初始发展(1958—1969年)、快速发展(1970—1987年)、稳步发展(1988—1995年)和加快发展(1996年至今)4个阶段，管线总里程已从1958年的0.02万km增加到2009年的6.91万km。至2013年年底，我国油气管网格局初步形成，总里程达10.62万km，覆盖31个省、市、自治区和特别行政区，与原油进口通道建设相匹配的原油主干管网已经初步形成。天然气管道建设取得突破性进展，西气东输二线东段工程顺利建成投产，标志着中亚—西气东输二线全线贯通送气，来自中亚的管道天然气直达珠三角，延伸向香港。

第二节　我国管道运输发展展望

虽然我国管道运输得到快速发展，但存在的问题也不容忽视，主要体现在以下几个方面。

(1)管道运输在我国综合运输体系中的地位仍然较低。与其他运输方式相比，我国管道运输由于起步较晚，虽然发展较快，但在货物运输市场中的份额仍明显落后。从货运量和货物周转量来看，2012年铁路、公路、水路和管道货运量分别为39.0亿t、322.1亿t、45.6亿t和5.3亿t，货物周转量分别为29187.1亿t·km、59992.0亿t·km、80654.5亿t·km和3149.3亿t·km，管道货运量和货物周转量分别仅占1.49%和1.82%，与美国管道运输周转量占货物总周转量20%的比重相比，差距巨大。

(2)油气管道总里程较少，总体运力不足。以天然气管道为例，2008年我国天然气干线管道总里程仅为3.2万km，管输能力约800亿m^3/年。而美国天然气管道干线里程达50万km，输气能力为4545亿m^3/年。除资源不足外，局部管输瓶颈也是造成我国天然气供需紧张的原因之一。

(3)管道网络化程度仍然较低。我国原油管道主要分布在东部、西北和长庆油田周边地区，区域孤立运行，互不联通。我国天然气管道由于联络线较少，联通程度也不够，可用于灵活调剂的富余能力仅30亿~120亿m^3/年。天然气、成品油支线网络建设更不能满足市场需求。以天然气为例，我国天然气市场基本沿主干线开发，只有少量支线，而美国天然气支线里程达到320万km。

(4)与管道建设配套的天然气调峰设施建设滞后。地下储气库等调峰设施是天然气管网必须配套的设施，它不仅能起到稳定供气的作用，还能充分发挥管输能力，提高管道输送效率。在天然气长距离输送中，地下储气库具有十分显著的社会和经济效益。储气库能降低输气管道投资的30%，降低输气成本的15%~20%，降低输气压缩机功率的15%。根据天然气市场发育成熟的欧美国家和地区的经验，因季节差异形成的调峰需求一般为消费量的15%左右。我国2009年时已建成的地下储气库工作气量还不到18亿m^3，仅为调峰需求量的1/3。2009年年底我国南方许多城市出现的“气荒”问题，充分暴露了与天然气管网配套的地下储气库等调峰设施的不足。如果不抓紧解决，这种调峰矛盾将更加突出。

(5)成品油管道运输比例低。美国有约15万km的成品油管道，成品油管道运输比例达到47%(水运23%，公路29%)，管道运输是成品油输送的主要方式。我国成品油管道的发展明显滞后于欧美地区，2008年年底全国成品油管道里程约为1.3万km，不到美国的1/10，成品油一次运输的管输比例只有20%，成品油运输仍以铁路运输为主。由于资源产地与市场分布不均衡，造成油品调运不及时和不灵活。近年来，虽然加快了成品油管道的建设，但由于我国成品油供应和需求增长较快，管道建设依然不适应市场发展的需要。

(6)管道安全隐患突出。我国现有油气管道中的60%已运行20年左右，特别是东部一些原油管网已经运行了30年以上，存在管线老化、自动化程度低、通信设施落后、储存设施超期服役等问题，进入事故多发期，需要不断进行调整改造。此外，自然灾害和人为破坏等因素造成的管道安全隐患也十分突出，油气管道的控制与运行形势日益复杂，加强管道运输安全保障迫在眉睫。

(7)政府监管体制和法规体系不健全。油气管道运输具有自然垄断的特点，政府的监管必不可少。目前，我国对油气管道运输的监管体制及其法律法规建设相对滞后，与管道发达国家相比，在管道运营、市场准入、安全、环保及管道运输费用和服务等方面尚未建立全面完善的监管制度。

针对上述所存在的问题，国家已从政策和审批等方面出台了有利于管道建设的政策和规定，逐步完善我国管道运输网络体系。同时，在管道建设技术方面也有了很大的进步和发展。例如，管道勘察、选线已经应用航空遥感和卫星定位技术，管道设计采用了先进的计算机辅助设计，管道施工的开沟、布管、焊接、下沟回填实现了自动化一条龙施工作业。我国已具备了在国际市场上进行长距离输送管道及其配套工程的设计、施工能力，年管道建设能力由20世纪70年代的400多km提高到现在的2500km。这将是我国管道运输大发展的重要保障。

我国未来输油管道建设由沿海、沿江各炼厂向内地延伸，并逐步替代成品油火车运输，建成东北—华北、西北—西南、西北—华中、华东—华中、华南—西南、长江三角洲、珠江三角洲、鲁苏皖、浙闽沿海等跨越省区干支相连的输油网络。同时，随着中国石油企业“走出去”战略的实施，中国石油企业在海外的合作区块和油气产量不断增加，海外份额油田或合作区块的外输原油管道也将得到发展。

我国输气管道发展总的方向是利用国内外资源，建设跨区域的输气管道网络系统。到2020年新建包括进口周边国家天然气资源的跨国管道、陆上管道、海底管道在内的输气管道2.5万km。2014年5月21日，《中俄东线供气购销合同》签署。根据合同，从2018年起俄罗斯开始通过中俄天然气管道东线向中国供气，输气量逐年增长，最终达到每年380亿m^3，累计合同期30年。从全世界来看，中国天然气产业整体水平还很低，但随着中国国民经济的持续发展，工业化程度的不断提高，对清洁能源的需求不断增大，发展空间很大，这也给天然气管道运输业的发展提供了良机。目前，我国只有300多个城市铺设了天然气管道。随着西气东输三线、西气东输四线等几条主要干线的规划建设，我国地区管道和城市燃气管道建设将进入一个高速增长期，此后将形成以西气东输，川气东输，青海、长庆气东输，海气登陆，以及进口天然气为核心的跨越东北、京津冀鲁晋、长江三角洲、中南、中部、西北、西南、东南沿海各省、直辖市、自治区的跨区域管网系统，形成资源多元化、供应网络化、纵横交错、调度灵活的供气格局。

到2020年，中国长距离油气管道的建设里程将至少达到10万~15万km，由于中国的油气资源分布不均，进口油气量越来越大，需要加大投资建设油气管道的力度。因此，我国在“十二五”期之后还将迎来修建跨国油气管线的高潮。

第六篇　综 合 篇

本篇学习目标

通过本篇学习,主要获得交通运输综合化与智能化发展的相关知识,具体如下:

1.了解综合运输的内涵与多式联运的定义与特征;

2.熟悉国际多式联运的组织形式;

3.了解集装箱的标准化,以及集装箱多式联运的业务流程及交接方式;

4.了解交通枢纽的特点、城市客运综合交通枢纽的内涵及智能交通运输系统的组成。

5.了解基于交通运输开展的邮政运输,特别是当前发展迅猛的快递。

延伸阅读

[1]《交通运输工程学报》.

[2]《交通运输工程与信息学报》.

[3]《武汉理工大学学报(交通科学与工程版)》.

[4] 罗仁坚.中国综合运输体系的理论与实践.北京:人民交通出版社,2009.

[5] 徐键,张胜.大型综合交通枢纽设施布局规划设计.上海:上海市政工程设计研究总院,2010.

第一章　综合运输概述

当代世界交通运输业的发展呈现两大趋势：一是随着世界新技术革命的发展，交通运输业广泛采用新技术，以提高运输工具和设备现代化与运输管理信息化水平；二是由于运输方式的多样化、运输过程的统一化，各种运输方式朝着分工协作、协调配合、建立综合运输体系的方向发展。

第一节　综合运输的基本概念

综合运输这个概念主要来自于苏联，是计划经济体系的产物，但其思想适合于全球的经济制度。我国1956年在国务院颁布的《国家科学发展十二年规划》中提出开展综合运输研究，主要任务是进行综合运输网发展规划研究。2001年我国首次制定综合交通运输体系发展规划，在《国民经济和社会发展第十一个五年规划纲要》中指出："统筹规划、合理布局交通基础设施，做好各种运输方式相互衔接，发挥组合效率和整体优势，建设便捷、畅通、高效、安全的综合运输体系。"

综合运输是生产力发展到一定阶段的产物，是有效利用铁路、公路、水运等各种运输方式，扬长避短、相互协作、共同组织高效率运输生产的一种运输形式。综合运输的关键就是科学合理地利用各种运输方式，并使之协调地组成一个系统。

综合运输体系是指在社会化的运输范围内和统一的运输过程中，按照各种运输方式的技术经济特点，形成分工协作、有机结合、布局合理、联结贯通的交通运输综合体。交通运输业是五种运输方式的简单总和，体现运输业的"全"。综合运输体系体现的则是各种运输方式的"协"——运输过程的协作、运输发展的协调和运输管理的协同。它立足于各种运输方式的有机联系，是五种运输方式联合起来，协作配合，有机结合，联结贯通。从交通运输建设来看，为了提高交通运输总体效率和效益，各种运输方式要统筹规划，协调发展，合理布局；从交通运输的组织管理来看，在统一的运输市场中运输组织结构联合，动作协同。

由于各国的情况不同，综合运输体系没有具体固定的结构模式。形成的模式取决于所贯彻的发展理念以及与这种理念相配合发展政策、使用成本政策。不同发展理念和政策下所形成的不同发展组合（结构模式）。这些模式构成不同的社会资源消耗总量、社会总运输成本和系统效率水平，同时对人们的生活方式、满足物质享乐的程度及社会、经济、环境的可持续性产生不同的影响。

综合运输体系的内涵主要体现在以下几个方面：

发挥比较优势、合理利用资源。不同运输方式具有不同的技术经济特征和适应不同层次的需求，交通运输的发展应根据资源条件和需求引导的要求，充分发挥各种运输方式的比较优势，进行规划布局和优化组合，在有效满足运输需求的情况下，实现资源的最合理利用和节约。

各种运输方式之间、基础设施与使用系统之间要协调发展和有机配合。各种运输方式在布局和能力衔接上要协调发展，各种运输方式的运行使用系统与交通网络供给系统要形成有机匹配，实现系统整体高效用和高效率。

连续、无缝衔接和一体化运输。交通基础网络在物理上要形成一体化连接，运行使用系统在运输服务、市场开放、经营合作、技术标准、运营规则、运输价格、清算机制、信息以及票据等方面要形成一体化的逻辑连接，运输全过程实现一体化的运输服务。

现代先进技术的应用、智能化。以先进技术、信息化、智能化提高系统整体发展水平和管理及服务水平，实现能力供给增加、安全保障性提高以及经济、环保等发展目标。

第二节　我国综合运输的发展

我国的综合运输发展可以分为 3 个阶段。

第一个阶段是从 20 世纪 50 年代至 70 年代末，主要是对综合运输认识的初级阶段，并力图在实践中使用。该时期是我国的计划经济时期，各种运输方式按照计划经济的模式发展。交通运输整个行业基础非常薄弱，网络基础设施规模小、密度低，运输装备数量不足、技术落后，整体发展水平低下，铁路的发展和运输占绝对主导地位。交通运输发展的主要任务是增加数量、扩大覆盖面、支持工业布局开展和巩固国防需要，除少数干线外，主要以通达为目标，线路技术等级普遍比较低。它的主要方向是在运输通道布局和运输径路优化基础上，重点通过改善运输组织技术实现运能节约和运输效率提高。

第二个阶段主要是从 20 世纪 80 年代到 90 年代末，是综合运输研究基础的起步阶段，重点探讨和宣传综合运输的思想，贯穿贯彻在交通运输大发展中。20 世纪 80 年代，我国交通运输总体落后，基本网络尚未形成，网络规模小，结构层次低，运输能力全面紧张，严重制约着国民经济快速发展。这一时期的综合运输研究重点在推动各种运输方式加快发展以及解决能源等大宗物资运输的问题，在发展政策、运输网络建设规划、煤炭铁水联运、港口集疏运系统建设等方面的具体实际工作中取得了许多重要成果，对我国交通运输事业的发展做出了积极贡献。在交通网规划与建设的实际工作中，一定程度上体现了促进各种运输方式共同发展、协调配合的思想，对综合运输的内涵、定义等进行了一定的思考，但尚未形成比较系统的理论。这一阶段的主要特征是：强调综合发展、综合利用，并在制定交通运输发展战略和发展规划，以及发展政策中体现；增强国家大通道的运输能力，构建由多种运输方式组合的运输通道；鼓励运输服务的市场化，以高质量的运输服务满足市场竞争中的运输需求。

第三个阶段是进入 21 世纪以后，进一步完善了运输网络系统，加强各种运输网络的衔接，促进运输网络的协调发展，调整完善交通运输体系结构，促进运输方式相互衔接，提高运输系统的整体效率。针对交通运输一体化建设，从运输组织与效能上，对交通资源的有效配置进行了改革；在可持续发展方面，对交通运输结构的优化进行了改革；在运输服务方面，衔接各种交通运输方式。

综合运输是涉及国民经济各部门和各种运输方式，涉及技术经济和组织管理问题的应用科学。其研究对象为:运输业与国民经济的关系,各种运输方式的技术经济特点及其组织运用,多种运输方式的联运以及运输技术发展方向等。当前的研究内容大致可分为3个方面:运输体系的综合发展;各种运输方式的综合利用;运输技术发展方向和先进技术的应用。

根据我国交通运输现状基础、未来社会经济发展对交通运输的需求、资源和环境条件以及世界科技发展趋势,未来我国现代综合运输体系建设发展的主要思路应是:

(1)以加快发展为主题,在发展中进行结构优化;

(2)充分发挥各种运输方式的优势,发展综合运输网络系统;

(3)以多种运输方式共存互补的方式,建设综合运输大通道;

(4)以较高起点进行干线基础设施规划与建设,加快交通运输现代化;

(5)以可持续发展和需求管理的新理念,建设符合中国国情的综合运输体系;

(6)以干支线路协调和区域协调的发展思想,完善综合运输网络布局;

(7)统一政策、规划和体制管理,实现运输"一体化";

(8)积极推进交通运输信息化、智能化的进程,发展集约型交通;

(9)以宏观调控和市场化相结合的思想,实现资源的合理配置。

与传统运输体系相比,综合运输体系具有更高的经济效益和社会效益,更加适应当代经济多样化、国际化、信息化、网络化和持续稳定发展的要求。

第三节　综合运输与现代物流的关系

现代物流是指根据客户的需求,以最经济的费用,将货物从供给地向需求地转移的过程。物流过程包括运输、储存、加工、包装、装卸、配送和信息处理等环节,其任务是在尽可能降低物流成本的基础上为顾客提供最好的服务。现代物流业是一个由运输、仓储、包装、信息等多个行业组合成的复合型产业,现代物流业的发展需要多个行业共同推进。

一、综合运输是现代物流的基础和保障

一方面,综合运输体系是现代物流赖以生存和发展的基础,综合运输能够充分发挥各种运输方式的比较优势,提供一体化、集约化高效运作的运输服务,为现代物流业的发展提供重要的保障。另一方面,运输是物流的中心环节,综合运输系统是物流大系统的一个极为重要的子系统,物流的整个输入输出过程都要依靠交通运输来实现商品的空间转移,没有现代化的综合运输体系,就没有现代化的物流。

现代化综合运输要求交通运输业在行业内形成自己的专业化分工,建设公路、铁路、管道、水运和航空联运的立体交通运输网络,发展高速货物运输、集装箱化运输和集约化的仓储等物资流通体系,使得每个企业都能够通过这个社会化网络以低成本构建自己的供应链,实现自己的物流活动计划。综合运输的发展为现代化物流及其管理的社会化提供基础条件。

二、现代物流能够促进综合运输的进一步发展

现代物流要真正实现快捷、准时、经济、高效的服务理念,在很大程度上取决于运输过程

的系统化、合理化和高效化,为综合运输的发展提供动力。现代物流的发展要求各种运输方式之间加强协作、协调、协同,充分发挥各自的优势,不断提高综合运输效率,这在客观上会促进综合运输体系的进一步发展。

现代物流系统的形成与发展体现的是一种对时间成本节约的追求,通过准点供货以满足生产企业"零库存"生产的要求。运输活动是物流活动中的重要一环,现代化物流货物转移与储存的快捷化必然要求交通运输过程的系统化和高效化。现代化物流服务的提供必须依赖完备的、高效的交通运输网络和先进的信息手段、管理技术来实现。

现代物流客户对物流成本最小化、服务最优化的需求,要求交通运输方式多样化、结构合理化,促进各种交通运输组合的不断优化,推动综合运输的发展。目前,运输成本是物流成本中最大的项目。美国、日本、欧洲等发达国家和地区运输成本在物流总成本中所占的比重都相当大,我国的运输成本在物流总成本中所占的比重远远高于国外。通过各种交通运输方式的有机组合,实现运输过程的系统化、合理化和高效化,降低我国社会的运输成本,是降低物流成本、提高物流经济效益的关键环节。同时,发展现代化综合运输也是满足物流顾客多样化服务要求、提高物流服务质量的重要一环。现代物流顾客需求的变化和发展为交通运输过程的系统化、合理化和高效化提供了重要的推动力。

第二章 综合交通枢纽

第一节 交通枢纽概述

构建网络设施配套衔接、技术装备先进适用、运输服务安全高效的综合交通运输体系，是交通运输领域的新方向，对促进经济长期平稳较快发展、全面建成小康社会具有十分重要的意义。2012 年 7 月 24 日国务院正式印发《“十二五”综合交通运输体系规划》，提出：全面推进综合交通枢纽建设，建成 42 个全国性综合交通枢纽。国内已有多个城市提出建设与城市功能相匹配，可持续发展、高标准、现代化的综合交通运输体系，支持经济繁荣和社会进步的交通发展目标。

一、交通枢纽的概念

1.交通枢纽

交通枢纽（transportation junction）又称运输枢纽，是几种运输方式或几条运输干线交会并能办理客货运输作业的各种技术设备的综合体。一般由车站、港口、机场和各类运输线路、库场以及运输工具的装卸、到发、中转、联运、编解、维修、保养、安全、导航和物资供应等项设施组成，是综合运输网的重要环节。它主要受制于地理位置，地形、水文等自然条件，经济条件（如生产和贸易的结构及水平、工业企业的分布等），历史交通线和既有交通网的基础，运输技术的发展，大宗客货流的集散等条件。

根据运输方式的不同，交通枢纽可分为：铁路公路河海枢纽，如上海、天津、汉堡、纽约；铁路公路内河枢纽，如广州、重庆、莫斯科、法兰克福；铁路公路航空枢纽，如北京、郑州、成都、巴黎；单纯内河公路枢纽，多为中小城市。由同种运输方式，两条以上干线组成的枢纽为单一交通枢纽，由两种以上运输方式的干线组成的是综合交通枢纽。

交通枢纽的功能不仅是实现旅客或货物的集散，而且成为提供客货运输全程服务的中心和物流的后勤基地，以及物流、资金流和信息流的集散地。

交通枢纽既受政治、经济、人口中心、工业区、游览区、疗养中心等发展的影响，反过来也对地区之间的联系、地区和城市的发展起到促进作用。大城市、大工业中心、大型海港或河港往往形成交通枢纽。

2.综合交通枢纽

以一种及一种以上城市对外交通为主体，涵盖两种及两种以上城市公共交通（地面公交、轨道交通等）设施，融合多种换乘方式的交通综合体称为综合交通枢纽。

综合交通枢纽根据主体设施组成可分为单一主体模式和多主体模式。单一主体模式有航空综合枢纽、铁路综合枢纽、公路综合枢纽等；多主体模式有空铁综合枢纽、公铁综合枢组、公空综合枢纽、空铁公综合枢纽等。

二、交通枢纽的特点

(1)交通枢纽是多种运输方式的交汇点,是大宗客货流中转、换乘、换装与集散的场所,也是各种运输方式衔接和联运的主要基地。

(2)交通枢纽是同一种运输方式多条干线相互衔接,进行客货中转及对营运车辆、船舶、飞机等进行技术作业和调节的重要基地。

(3)从旅客到达枢纽到离开枢纽的一段时间内,为他们提供舒适的候车船、机环境,包括餐饮、住宿、娱乐服务,货物堆放、存储场所,包括包装、处理等服务办理运输手续,货物称重,路线选择,路单填写和收费旅客购票,检票运输工具的停放、技术维修和调度。

(4)交通枢纽大多依托于一个城市,对城市的形成和发展有着很大的作用,是城市实现内外联系的桥梁和纽带。

三、主要交通枢纽介绍

1.北京交通枢纽

北京是中国北方的交通枢纽中心,交通路网发达。公路方面,以北京为中心向四面呈辐射状的国道共有12条,分别可到沈阳、天津、哈尔滨、广州、珠海、南京、福州、昆明等地。北京高速公路发展迅速,以八达岭高速公路为主的快速路网构成了北京完善的交通网络。铁路方面,北京是中国北方最大的铁路枢纽,京秦铁路、京哈铁路、京沪铁路、京九铁路、京广铁路、京原铁路、京包铁路、京承铁路、京通铁路等中国主要铁路干线都汇集北京,9条干线经环线和联络线联结,形成了以北京市区枢纽站为中心,由多条向外放射线路和环线组成的铁路网络。航空方面,北京是我国主要的航空运输中心,民航运输能力处于领先地位。北京首都机场位于北京的东北方向,距市中心天安门广场25.35km,是我国地理位置最重要、规模最大、设备最齐全、运输生产最繁忙的大型国际航空港之一,是亚洲第一大国际机场,已开通200多条国际国内航线,通往世界主要国家及地区和国内大部分城市。北京首都机场不但是北京的空中门户和对外交往的窗口,而且是中国民用航空网络的辐射中心、我国大陆三大航空枢纽港之一。市内交通方面,北京市城区的路网结构以矩形环状为主(如图6-2-1所示),道路多以此为依托,与经纬线线平行网状分布。市内交通系统先后依托城市扩展,建设了二、三、四、五和六环路,总长度超过五百公里的北京新"七环路"已经形成半圆。全市立交桥共有381座,京哈、京沈、京津塘、京石、八达岭、京承、京开等多条高速公路流经北京。

2.上海交通枢纽

上海已形成由铁路、水路、公路、航空、轨道等5种运输方式组成的,具有超大规模的综合交通运输网络。上海港是中国最大的枢纽港之一,共有35个客运站,长途班线1611条,可抵达全国14个省市的660个地方。上海市已形成了由地面道路、高架道路、越江隧道和大桥以及地铁、高架式轨道交通组成的立体市内交通网络。铁路方面有上海南站、上海火车站,上海虹桥火车站三大火车站。上海虹桥火车站是上海最大、最现代化的铁路客运站。上海虹桥综合枢纽全球范围首开高铁与机场融合之先河，是目前全球最大的综合交通枢纽。图 6-2-2 为上海轨道交通枢纽简图。

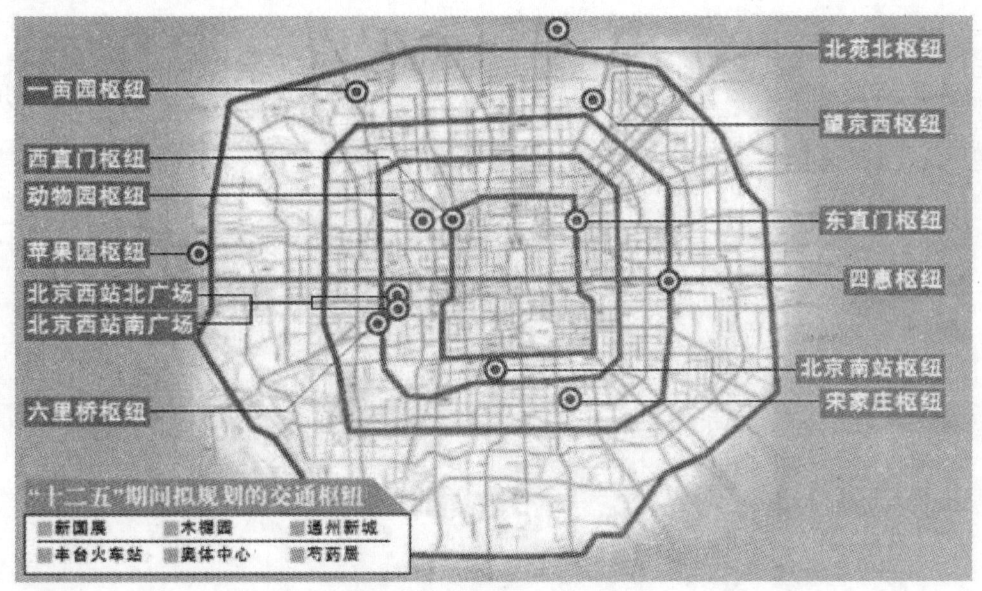

图 6-2-1　北京城区交通枢纽

3.广州交通枢纽

广州是华南地区的海陆空交通中心，为华南最大的交通枢纽。海运方面，广州港是中国第三大港口，珠江三角洲及华南地区主要物资集散地和最大的国际贸易中枢港，现已与世界 170 多个国家和地区的 500 多个港口有贸易往来。内河航运方面，沿东、西、北江航道沟通广东省各地和广西壮族自治区，与 100 多条河道相连。铁路方面，有京广复线、广茂线、广梅汕线、广深线、广九准高速铁路、广珠澳铁路、武广客运专线汇集广州，构成了四通八达的铁路网络。公路方面，已形成以广州市区为中心，105、106、107、324、205 国道为骨架，以三道环线为系带，连接各条国道，贯通广东省内 97%以上的县、市、镇，并接邻近省市的公路网络。经过广州的重要高速公路有广清高速（广州—清远）、京珠高速（北京—珠海）、广惠高速（广州—惠州）、广深高速（广州—深圳）、广佛高速（广州—佛山）、广三高速（广州—佛山三水）、广肇高速（广州—肇庆）以及广河高速（广州—河源）、广深沿江高速（广州—深圳）、广明高速（广州—高明）、珠三角外环高速。航空方面，广州白云国际机场是中国大陆三大国际航空枢纽机场之一，旅客吞吐量居中国第二位、世界第十九位，在中国民用机场布局中具有举足轻重的地位。市内交通方面，广州市公交运力很强，有公共汽车、电车、专线车、地铁等公交线路，并修建了高架路、公路桥、过江隧道等，形成了由内环路、环城高速公路、北二环高速公路、新国际机场高速公路、华南南路一期工程、广园东路以及四条内环路放射线组成的城市快速交通骨架网。

4.郑州交通枢纽

郑州位于中国广袤的中原地区，是中原经济区和中原城市群的核心城市，也是我国铁路的八大枢纽之一。郑州居于全国交通路网中心的重要位置上，是全国普通铁路和高速铁路网中唯一的“双十字”中心。郑州铁路站素有中国铁路心脏之称,处于京广铁路、陇海铁路两大铁路大动脉交汇点,以及京港高铁(世界最长的高铁线路)、新欧亚大陆桥陇海线徐兰高速铁路、京昆高铁(郑渝高铁)的交汇处。郑州航空港经济综合实验区是中国首个航空港经济发展先行区,新郑国际机场是国家民航总局确定的国家八大航空枢纽,客运量居各大机场前列。郑州是我国公路运输的中心城市,全国 45 个公路主枢纽城市之一。京港澳高速公路、连霍高速公路在郑州交汇。郑民高速、郑尧高速、郑州机场高速、郑州绕城高速等以郑州为中心的高速公路形成了 3 小时的交通圈,可通达中原经济区各市。

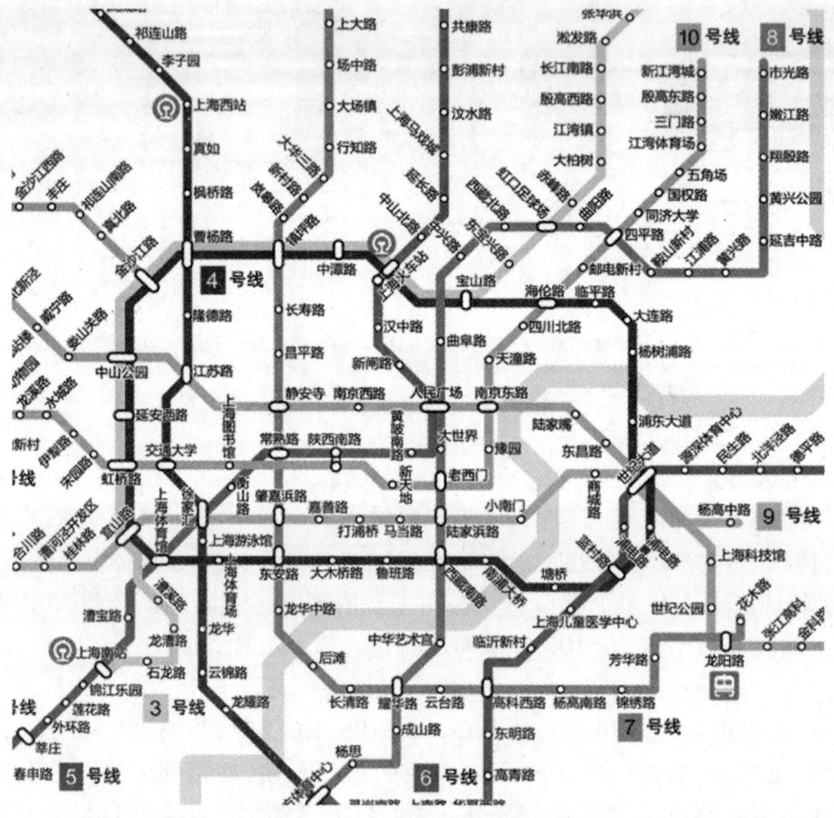

图 6-2-2 上海轨道交通枢纽简图

第二节 城市综合交通枢纽

一、城市综合交通枢纽分类

城市综合交通枢纽依不同标准可有不同分类,根据枢纽地区主要的交通方式可以分为城市航空运输枢纽、城市铁路运输枢纽、城市公路运输枢纽、城市轨道交通运输枢纽、城市公共交通运输枢纽、城市水路运输枢纽、城市管道运输枢纽等,根据枢纽服务的主要对象可以分为城市客运枢纽、城市货运枢纽等。此外,根据交通功能、布置形式、规模等标准还可进一步分类，如对外枢纽、市内枢纽、立体枢纽、平面枢纽、一级枢纽等。

二、城市客运综合交通枢纽的定义及内涵

城市客运综合交通枢纽是城市客运交通系统中，汇集多种交通方式，为乘客提供集散换乘服务的交通场站设施综合体。

城市客运综合交通枢纽具有以下几个方面的特征：

(1)“点集中”特征。城市客运综合交通枢纽是交通运输系统中的“点”系统，城市客运综合运输体系中的冲要处和关键点，交通运输系统中的场站设施综合体。正是因为所处地点的特殊性，城市客运综合交通枢纽在功能上主要是为乘客提供集散换乘服务，在综合运输体系中与运输线网具有同样重要的作用。

(2)“面扩散”特征。城市客运综合交通枢纽衔接多种交通方式和线路，既可以实现同种交通方式不同交通线路上的集散换乘，也可以实现不同交通方式之间的集散换乘。它可以建设在各种交通方式的首末站上，也可以建设在各种交通方式的中间站上。城市客运综合交通枢纽连接着不同方向上的客流，对乘客的顺畅出行起着重要作用。

(3)“客流主体化”特征。城市客运综合交通枢纽为城市居民出行服务。城市范围内人的交通活动集聚在一起就形成了城市客运交通，它是城市交通系统的一个子系统，包括市内交通和对外交通两方面。城市客运综合交通枢纽的系统目标是快速便捷地实现城市居民的交通出行需求。

三、城市综合交通枢纽设施布局

1.综合交通枢纽的设施构成

综合交通枢纽的主要设施分建筑本体和周边交通设施两大块。建筑本体由枢纽内部各功能组成，主要有主体设施、换乘设施、停蓄车设施、商业设施等；周边交通设施指连接枢纽与周边区域的交通设施，有城市道路或专用道路、轨道线路、外围站场等。

2.枢纽设施本体布局

(1)布局目标

综合交通枢纽本体布局首先应是高效集约的，尽可能将各种不同交通方式直接引入枢纽，使旅客通过自动扶梯、自动步行道和电梯等工具实现枢纽内部换乘，从而构成紧凑、高效、便捷的转运系统。其次是通过将各种交通模式之间的换乘距离最短化、换乘时间最小化、换乘质量最优化，以达成换乘便捷的目的。最后是系统最优，实现换乘系统中各种交通工具间的总人时最小(不是某一种交通方式的人时最少)。

(2)布局方法

①整体布局集中紧凑。为了减少换乘距离，设施布局应尽量集中紧凑，旁邻设施紧密贴临，无缝衔接；上下设施互相叠合，垂直换乘。

②水平布局近大远小。优先考虑换乘量大的交通设施靠近主体设施，不得已时换乘量小的交通设施布置在稍远的位置，以使更多的旅客方便换乘。

③垂直布局经济合理。综合交通枢纽为了凑近距离，方便换乘，常常需要上下叠合，立

体布局。这时需要综合考虑设施投资和长期运行的经济性以及乘客换乘的方便性,甚至还要顾及设施的景观和环境因素。质量大的交通设施布置在地面层节省投资;地下工程造价高(比将设施高架起来造价还要高),而且还需长期运营耗费,但是考虑到是城市轨道交通与城市道路立体化,避免运行噪声,在轨道交通行走在地下的情况下,布置在地下是合理的;乘客上下移动困难,一般在枢纽内需提供电梯或自动扶梯。以上需要综合平衡,找出较优的方案。

④换乘衔接公交优先。枢纽的设施衔接应突出公交优先。枢纽的主体设施(如航站楼、铁路客运站等)具有客运量大、客流集中的特点。大运量的公共交通适合到发旅客量大的集散交通方式。公交优先主要体现在大运量轨交优先和地面公交优先两方面。大运量轨道交通应优先靠近主体设施,减少换乘距离(上下换乘常常是选择的方案)。地面公交车站也应靠近主体设施布局(在大型综合交通枢纽中,将公交下客站设置在枢纽站厅门口,使旅客步行距离最短)。

⑤设施之间界限清晰。交通枢纽由不同的业主建造、管理。枢纽建成后,需由各部门协调合作,统一运营管理。清晰的界限便于各部门操作。

⑥商业开发与交通设施结合布置。商业开发可以提升枢纽品质,为枢纽服务。土地距离枢纽越近,价值越高。商业开发的投资收益远高于交通枢纽设施收益,经常出现商业开发收益补贴交通设施的情况,因此设施规划时有必要将商业设施与交通设施结合布置。商业开发设施的布局分为通道商业和综合商业开发两种,各有特点和适合条件,但是布局的原则是不能影响枢纽的换乘效率。

3.机动车系统运行组织及设施布局

(1)公交车系统运行组织及设施布局

①运行组织。大型枢纽中的公交运行组织为通过集散道路至出发车道边,落客后公交车进蓄车场休息、维修等,通过调度,在到达车道边上客,做到“到发分离、场站分离”,给旅客提供无缝式的接驳换乘方式。

②设施布局。以公交落客、蓄车、上客三项功能集中程度不同形成不同的布局方式。集中式集三项功能于一处,占地面积大,会产生换乘距离长、换乘不便等问题。半集中式集其中两项功能于一处,另一项功能设置在另一处。如将公交首末站设在一处,公交车蓄车场在另一处,则公交首末站的占地面积就相对较小,换乘距离较短。分离式布局可高效集约布置站位,减少换乘距离,提高公交服务效率,避免人车冲突,但对公交系统信息化运营调度水平要求高。大型综合交通枢纽内的公交布局方式大多采用半集中式或分离式布局形式。

(2)出租车系统运行组织及设施布局

①运行组织。出租运营主要有两种方式:一种是出租车在车道边落客后直接随出租车流排队候客,上客后离场;另一种是出租车在车道边落客后到出租车蓄车场排队,然后到车道边接客离场。

②设施布局。出租车系统的布局分场站集中和场站分离两种:场站集中式是利用较大空间的出租车排队上客通道进行上客排队,上客排队通道的布局基本靠近上客车道边,适用于高峰时出租车需求较小的枢纽;场站分离式有单独的蓄车场,上下客处与蓄车场是分离的,蓄车场可选择在一些边角之处,节约用地。大型综合交通枢纽较适合使用场站分离的布

局模式。

(3)社会车辆系统运行组织及设施布局

①运行组织。小客车运行组织针对社会车辆,系统到发通常采用动态管理措施,出发送客提供车道边送客。当车道边资源短缺时,部分社会车辆入库送客。小客车均进入停车库(场)等待,避免长时间占用车道边资源。小客车交通组织的基本模式有以下3种:出发送客之一,在出发车道边落客后车辆驶离枢纽;出发送客之二,在停车库(场)落客,送客后车辆驶离枢纽;到达接客,在停车库(场)停车,接客后驶离枢纽。大客车交通组织的基本模式有以下两种:出发送客,在出发车道边落客后驶离枢纽;到达接客,在停车库(场)等候,再到达车道边接客后驶离枢纽。

②设施布局。社会车辆停车库(场)的布局主要有两种:近端停车和远端停车。近端停车靠近枢纽主体设施,旅客步行距离短,但需占用核心区宝贵的土地资源。远端停车需采用穿梭巴士或专用轨道捷运系统与主体设施相连。旅客到达主体设施需要经过换乘,但不影响枢纽核心区用地,且可缓解枢纽核心区的交通压力。P+R模式是一种特殊的远端停车模式(Park and Ride,即换乘停车场,指在城区或在远离市中心居住的市民自驾上班时,可以将车停放在城郊接合部的交通枢纽附近,转乘轨道交通到市中心)。停车库(场)形式分单层平面停车场和多层立体停车库。单层平面停车场占地大,造价低,布局灵活可变,适合大小客车停泊,但步行距离较长,服务水平较低;多层立体停车库用地集约,步行距离可控,服务水平较高,但投资较大,且不适合大客车停泊。

第三章 国际集装箱多式联运

第一节 国际多式联运概述

国际多式联运(International Multimodal Transport)是在集装箱运输的基础上发展起来的新型运输方式。国际多式联运一般以集装箱为媒介,把海上运输、铁路运输、公路运输、航空运输和内河运输等传统的单一方式运输有机地结合起来,化为一体加以有效地综合利用,构成一种连贯的过程来完成国际运输。

20 世纪 60 年代末,多式联运开始在美国出现,受到贸易界的欢迎。随后美洲、欧洲及非洲部分地区采用。目前,国际多式联运已成为一种新型重要的国际集装箱运输方式,提供优质的国际多式联运服务已成为集装箱运输经营人增强竞争力的重要手段。

一、国际多式联运的基本概念和特征

联合国为了适应并促进国际贸易和运输的顺利发展,于 1980 年在日内瓦召开的国际多式联运公约会议上,通过了当今世界上第一个国际多式联运公约,其全称为《联合国国际货物多式联运公约》。根据《联合国国际货物多式联运公约》以及 1997 年我国交通部和铁道部共同颁布的《国际集装箱多式联运管理规则》的定义,国际多式联运是指按照多式联运合同,以至少两种不同的运输方式,由多式联运经营人将货物从一国境内接管货物的地点运至另一国境内指定地点交付的货物运输。根据该定义,构成国际多式联运需要具备以下特征(或称基本条件):

(1)必须具有一份多式联运合同。该运输合同由多式联运经营人与托运人之间权利、义务、责任与豁免的合同关系和运输的性质确定,也是区别多式联运与一般货物运输方式的主要依据。

(2)必须使用一份全程多式联运单证。该单证应满足不同运输方式的需要,并按单一运费率计收全程运费。

(3)必须是至少两种不同运输方式的连续运输。

(4)必须是国际货物运输。这不仅是区别于国内货物运输,主要是涉及国际运输法规的适用问题。

(5)必须由一个多式联运经营人对货物运输全程负责。该多式联运经营人不仅是订立多式联运合同的当事人,也是多式联运单证的签发人。

由此可见,国际多式联运的主要特点是,由多式联运经营人对托运人签订一个运输合同统一组织全程运输,实行运输全程一次托运、一单到底、一次收费、统一理赔和全程负责。它是一种以方便托运人和货主为目的的先进的货物运输组织形式。

二、国际多式联运的优越性

1.简化托运、结算及理赔手续，节省人力、物力和有关费用

在国际多式联运方式下，所有一切运输事项均由多式联运经营人负责办理。而托运人只需面向多式联运经营人，一次性办理托运，订立运输合同，支付费用以及保险等业务。同时，多式联运采用一份货运单证，统一计费，简化制单和结算手续，节省人力和物力。此外，一旦运输过程发生货损货差，由多式联运经营人对全程运输负责，也可以简化理赔手续，减少理赔费用。

2.缩短货物运输时间，减少库存，降低货损货差事故，提高货运质量

国际多式联运由于各个运输环节和各种运输工具之间配合密切，衔接紧凑，货物中转速度及时，大大减少货物的在途停留时间，从而保证了货物安全、迅速、准确、及时地运抵目的地，相应地降低了货物的库存量和库存成本。同时，多式联运以集装箱为运输单元进行直达运输，用专业机械装卸，货损货差事故大为减少，提高了货物的运输质量。

3.降低运输成本，节省各种支出

由于多式联运可实行门到门运输，因此对货主来说，在将货物交由多式联运经营人后即可取得货运单证，并据以结汇，从而提前了结汇时间。这不仅有利于加速货物占用资金的周转，而且可以减少利息的支出。

4.提高运输管理水平，实现运输合理化

多式联运由不同的运输经营人共同参与，经营的范围可以大大扩展，同时可以最大限度地发挥现有设备的作用，选择最佳运输线路组织合理化运输，实现运输资源的优化配置。

5.其他作用

多式联运有利于加强政府部门对整个货物运输链的监督与管理；保证本国在整个货物运输过程中获得较大的运费收入分配比例；有助于引进新的先进运输技术；减少外汇支出；改善本国基础设施的利用状况；通过国家宏观调控与指导职能保证使用对环境破坏最小的运输方式，达到保护本国生态环境和促进交通运输可持续发展的目的。

第二节　国际集装箱多式联运的组织形式

众所周知，各种运输方式均有自身的优点与不足。一般来说，水路运输具有运量大，成本低的优点；公路运输则具有机动灵活，便于实现货物门到问运输的特点，铁路运输的主要优点是不受气候影响，可深入内陆和横贯内陆实现货物长距离的准时运输；而航空运输的主要优点是可实现货物的快速运输。由于国际多式联运严格规定必须采用两种和两种以上的运输方式进行联运，因此这种运输组织形式可综合利用各种运输方式的优点，充分体现社会化大生产大交通的特点。

由于国际多式联运具有其他运输组织形式无可比拟的优越性，因而这种国际运输新技术已在世界各主要国家和地区得到广泛的推广和应用。目前，有代表性的国家多式联运主要有远东—欧洲，远东—北美等海陆空联运，其组织形式如图 6-3-1 所示。

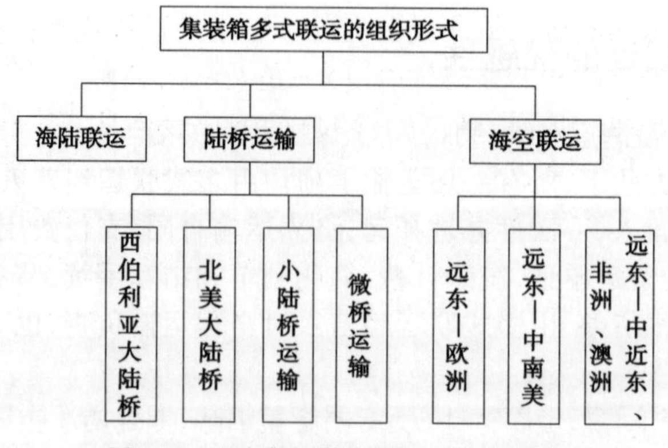

图 6-3-1 国际集装箱多式联运的组织形式

一、海陆联运

海陆联运是国际多式联运的主要组织形式,也是远东—欧洲多式联运的主要组织形式之一。目前组织和经营远东—欧洲海陆联运业务的主要有班轮公会的三联集团、北荷、冠航和丹麦的马士基等国际航运公司,以及非班轮公会的中国远洋运输公司、台湾长荣航运公司和德国那亚航运公司等。这种组织形式以航运公司为主体,签发联运提单,与航线两端的内陆运输部门开展联运业务,与大陆桥运输展开竞争。

二、陆桥运输

在国际多式联运中,陆桥运输(Land Bridge Transport)起着非常重要的作用。它是远东—欧洲国际多式联运的主要形式。所谓陆桥运输是指采用集装箱专用列车或卡车,把横贯大陆的铁路或公路作为中间"桥梁",使大陆两端的集装箱海运航线与专用列车或卡车连接起来的一种连贯运输方式。严格地讲,陆桥运输也是一种海陆联运形式。只是因为其在国际多式联运中的独特地位,故在此将其单独作为一种运输组织形式。目前,远东—欧洲的陆桥运输线路有西伯利亚大陆桥和北美大陆桥。

1.西伯利亚大陆桥(Siberian Landbridge,SLB)

西伯利亚大陆桥是指使用国际标准集装箱,将货物由远东海运到俄罗斯东部港口,再经跨越欧亚大陆的西伯利亚铁路运至波罗的海沿岸(如爱沙尼亚的塔林或拉脱维亚的里加等)港口,然后再采用铁路、公路或海运运到欧洲各地的国际多式联运的运输线路。

西伯利亚大陆桥是目前世界上最长的一条陆桥运输线。它大大缩短了从远东、东南亚及大洋洲到欧洲的运输距离,并因此节省了运输时间。从远东经俄罗斯太平洋沿岸港口去欧洲的陆桥运输线全长 13000km,而相应的全程水路运输距离(经苏伊士运河)约为 20000km。从日本横滨到欧洲鹿特丹,采用陆桥运输不仅可使运距缩短 1/3,运输时间也可节省 1/2。此外,在一般情况下运输费用还可节省 20%~30%左右,因而对货主有很大的吸引力。

2.北美大陆桥(North American Landbridge)

北美大陆桥是指利用北美的大铁路从远东到欧洲的"海陆海"联远。该陆桥运输包括美国大陆桥运输和加拿大大陆桥运输。美国大陆桥有两条运输线路:一条是从西部太平洋沿岸至东部大西洋沿岸的铁路和公路运输线;另一条是从西部太平洋沿岸至东南部墨西哥湾沿岸的铁路和公路运输线。美国大陆桥于1971年底由经营远东—欧洲航线的船公司和铁路承运人联合开办“海陆海”多式联运线,后来美国几家班轮公司也投入营运。

北美大陆桥是世界上历史最悠久、影响最大、服务范围最广的陆桥运输线。据统计,从远东到北美东海岸的货物有大约50%以上是采用双层列车运输的,采用这种陆桥运输方式比采用全程水运方式通常要快1~2周。例如,集装箱货从日本东京到欧洲鹿特丹港,采用全程水运(经巴拿马运河或苏伊士运河)通常约需5~6周时间,而采用北美陆桥运输仅需3周左右的时间。

在北美大陆桥强大的竞争面前,巴拿马运河可以说是最大的输家之一。随着北美西海岸陆桥运输服务的开展,众多承运人开始建造不受巴拿马运河尺寸限制的超巴拿马型船(Post-Panamax Ship),从而放弃使用巴拿马运河。可以预见,随着陆桥运输的效率与经济性的不断提高,巴拿马运河将处于更为不利的地位。

3.其他陆桥

北美地区的陆桥运输不仅包括上述大陆桥运输,而且还包括小陆桥运输(Minibridge)和微桥运输(Microbridge)等运输组织形式。

小陆桥运输从运输组织方式上看与大陆桥运输并无大的区别,只是其运送的货物的目的地为沿海港口。目前,北美小陆桥运送的主要是日本经北美太平洋沿岸到大西洋沿岸和墨西哥湾地区港口的集装箱货物。当然也承运从欧洲到美国西海岸及海湾地区各港的大西洋航线的转运货物。北美小陆桥在缩短运输距离、节省运输时间上效果是显著的。以日本—美国东海岸航线为例,从大阪至纽约全程水运(经巴拿马运河)航线距离9700n mile,运输时间21~24d。而采用小陆桥运输,运输距离仅7400n mile,运输时间16d,可节省1周左右的时间。

微桥运输与小陆桥运输基本相似,只是其交货地点在内陆地区。北美微桥运输是指经北美东、西海岸及墨西哥湾沿岸港口到美国、加拿大内陆地区的联运服务。进出美、加内陆城市的货物采用微桥运输既可节省运输时间,也可避免双重港口收费,从而节省费用。例如,往来于日本和美国东部内陆城市匹兹堡的集装箱货,可从日本海运至美国西海岸港口(如奥克兰),然后通过铁路直接联运至匹兹堡。这样可完全避免进入美国东海岸的费城港,从而节省了在该港的港口费支出。

三、海空联运

海空联运又被称为空桥运输(Airbridge Service)。在运输组织方式上,空桥运输与陆桥运输有所不同:陆桥运输在整个货运过程中使用的是同一个集装箱,不用换装,而空桥运输的货物通常要在航空港换入航空集装箱。不过,两者的目标是一致的,即以低费率提供快捷、可靠的运输服务。

海空联运方式始于20世纪60年代,但到80年代才得到较大的发展。采用这种运输方式,运输时间比全程海运少,运输费用比全程空运便宜。20世纪60年代,由船从远东运至美国西海岸的货物,再通过航空运至美国内陆地区或美国东海岸,海空联运出现了。当然,这

种联运组织形式是以海运为主,只是最终交货运输区段由空运承担。目前,国际海空联运线主要有以下几条:

(1)远东—欧洲:目前,远东与欧洲间的航线有以温哥华、西雅图、洛杉矶为中转地,也有以香港、曼谷为中转地。此外还有以旧金山、新加坡为中转地。

(2)远东—中南美:近年来,远东至中南美的海空联运发展较快。因为此处港口和内陆运输不稳定,所以对海空运输的需求很大。该联运线以迈阿密、洛杉矶、温哥华为中转地。

(3)远东—中近东、非洲、澳洲:这是以中国香港、曼谷为中转地至中近东、非洲的运输服务。在特殊情况下,还有经马赛至非洲、经曼谷至印度、经中国香港至澳洲等联运线,但货运量较小。

总的来讲,运输距离越远采用海空联运的优越性就越大。同直接采用空运相比,海空联运费率更低。因此,从远东出发将欧洲、中南美以及非洲作为海空联运的主要市场是非常合适的。

第三节 国际集装箱多式联运的发展趋势

在集装箱运输发展起来后,国际多式联运的优点才真正发挥出来。从某种意义上讲,多式联运就是集装箱多式联运。集装箱使货物组成一个运输单元,进行成组化运输,这正适合了多式联运将几种运输方式组织起来的运输形式。两者结合产生了巨大的优势,方便了货物在各种运输方式间的转换,减少了转换所需的时间和费用,并减少了货损、货差,保证了货物运输质量。目前国际集装箱多式联运发展呈现如下发展趋势及特点。

(1)国际集装箱船和集装箱趋向大型化和效益化。世界主要20多家船公司营运的载箱量在3500TEU以上的船舶不断增多,占其运力25%以上;载箱量更大的8000~10000TEU等大型全集装箱船正在迅速发展。目前世界上最大最先进的集装箱船——“中海环球轮”长400m、宽近60m,船体大小超过4个标准足球场,比美国海军“尼米兹”号航母还要长67m,可搭载19000多个TEU,但油耗却比普通的10000TEU船舶低20%。全球第四、五代集装箱船正在不断更新,取代原有的第一、二代集装箱船。集装箱运输规模的扩大,运行速度的提高,船舶载箱量的增加,航速的加快和运送期限的缩短,使运输效益日益提高。

(2)适箱货物的种类日趋扩大。由于国际贸易在世界更大范围内进行,除传统的制成品使用集装箱运输外,还有国际原材料、半成品、机械及零部件、电子产品及元器件等适箱货物运输也在不断增加。另外,世界各国都在研究扩大散装货、液体货、农副水产品等货物使用集装箱运输的范围。这些都必将促进集装箱多式联运的进一步发展。

(3)由于集装箱船趋向大型化,港口码头、装卸机械、集疏运设备也相应趋向大型化、高速化。港口集装箱集、运、疏、装卸整流加快,船舶在港停留时间相对缩短,运输效益提高,也使集装箱运输的优势得到更充分发挥。

(4)集装箱运输的经营管理、运输组织、装卸作业、运输信息传递等广泛地使用计算机并实现自动化。EDI(电子数据交换)系统彻底改变了传统的习惯做法,达到快速、准确、安全、简便地完成多式联运作业的目的。随着无纸化贸易的发展,EDI系统的建立和完善将成为多式联运不可或缺的基础。

(5)随着全球贸易结构的变化,区域性市场集中渐成趋势。随着区域(集团)贸易额不断增长,亚洲、远东及环太平洋国家和地区的集装箱运量将会继续增长。适箱货比例增加和集装箱化率提高,促进了集装箱运量快速增加。在北欧和北美,其集装箱化率已达到70%~80%,基本接近极限,集装箱生成量目前及今后的增长几乎要完全依赖于经济和贸易的发展。而亚太地区除新加坡、日本、中国香港外,其他国家和地区的集装箱化率还不到50%,集装箱运量的增长还有很大的空间。

第四节 集装箱多式联运业务流程及交接方式

一、集装箱定义及标准化

集装箱(Container)是指具有一定强度、刚度和规格专供周转使用的大型装货容器。使用集装箱转运货物,可直接在发货人的仓库装货,运到收货人的仓库卸货,中途更换车、船时无须将货物从箱内取出换装。国际标准化组织(ISO)对集装箱下的定义为:"集装箱是一种运输设备,应满足以下要求:

(1)能长期的反复使用,具有足够的强度;

(2)途中转运不用移动箱内货物就可以直接换装;

(3)可以进行快速装卸,并可从一种运输工具直接方便地换装到另一种运输工具;

(4)便于货物的装满和卸空;

(5)具有 $1m^3$ 或以上的容积。

集装箱这一术语不包括车辆或传统包装。

目前,中国、美国、法国、日本等有关国家,都全面地引进了国际标准化组织的定义。除了ISO的定义外,还有《集装箱海关公约》(CCC)、《国际集装箱安全公约》(CSC)、英国国家标准和北美太平洋班轮公会等对集装箱下的定义,内容基本上大同小异。我国国家标准GB 1992—85《集装箱名称术语》中引用了上述定义。

集装箱运输的初期,集装箱的结构和规格各不相同,影响了集装箱在国际上的流通,亟须制定集装箱的国际通用标准,以利于集装箱运输的发展。集装箱标准化,不仅能提高集装箱作为共同运输单元在海、陆、空运输中的通用性和互换性,而且能够提高集装箱运输的安全性和经济性,促进国际集装箱多式联运的发展。同时,集装箱的标准化还给集装箱的载运工具和装卸机械提供了选型、设计和制造的依据,从而使集装箱运输成为相互衔接配套、专业化和高效率的运输系统。集装箱标准按使用范围分,有国际标准、国家标准、地区标准和公司标准4种。

1.国际标准集装箱

国际标准集装箱是指根据国际标准化组织(ISO)第104技术委员会制订的国际标准建造和使用的国际通用的标准集装箱。集装箱标准化历经了一个发展过程。国际标准化组织ISO/TC104技术委员会自1961年成立以来,对集装箱国际标准作过多次补充、增减和修改,到目前为止,国际标准集装箱共有13种规格,其宽度均一样(2438mm)、长度有4种

(12192mm、9125mm、6058mm、2991mm)、高度有4种(2896mm、2591mm、2438mm、2438mm)。

1A型 40ft(12192mm),1B型 30ft(9125mm),1C型 20ft(6058mm),1D型 10ft(2991mm),间距i为3min(76mm)。其长度关系如图6-3-2所示。

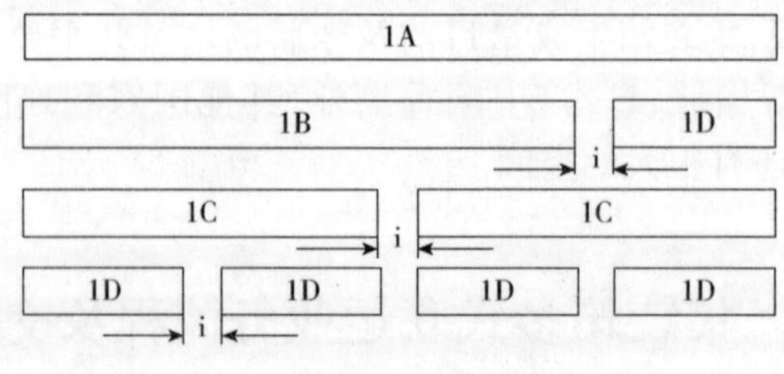

图6-3-2 国际标准第一系列集装箱长度关系图

1A=1B+i+1D=9125+76+2991=12192mm;

1B=1D+i+1D+i+1D=3×2991+2×76=9125mm;

1C=1D+i+1D=2×2991+76=6058mm。

2.国家标准集装箱

各国政府参照国际标准并考虑本国的具体情况,相应地制订了本国的集装箱标准。

2008年10月,由中国国家标准化管理委员会发布的国家标准(GB/T 1413—2008)中,确定了我国集装箱系列。本标准根据集装箱外部尺寸确定了系列1集装箱的分类,并规定了相应的额定质量,同时确定了部分型号集装箱的最小内部尺寸和门框开口尺寸。本标准所列的集装箱适用于国际联运。

3.地区标准集装箱

此类集装箱标准是由地区组织根据该地区的特殊情况制订的,仅适用于该地区,如根据欧洲国际铁路联盟(VIC)所制订的集装箱标准而建造的集装箱等。

4.公司标准集装箱

这类标准是某些大型集装箱船公司根据本公司的具体情况和条件而制订的公司标准,主要在该公司运输范围内使用,如美国海陆公司的35ft集装箱。

此外,世界上还有不少非标准集装箱。例如,非标准长度集装箱有美国海陆公司的35ft集装箱、总统轮船公司 的45ft及48ft集装箱;非标准高度集装箱主要有9ft和9.5ft两种高度集装箱;非标准宽度集装箱有8.2ft宽度集装箱等。

二、集装箱多式联运业务流程与交接方式

集装箱多式联运一般是将分散的小批量货物,预先在内陆地区的集散点加以集中,等组成大批量的货源后,通过铁路、公路或水路运输运至集装箱码头堆场,再通过海运将集装箱运到卸船港,然后通过内陆或内河运输运到最终目的地。

集装箱多式联运是一种现代化的综合运输,涉及面广,环节众多,环境繁杂,因此其业务流程也十分繁杂。集装箱多式联运的一般业务流程如图6-3-3所示。

集装箱运输中,整箱货和拼箱货在船货双方之间的交接方式有以下几种:

(1)门到门:由托运人负责装载的集装箱,在其货仓或工厂仓库交承运人验收后,由承运

人负责全程运输,直到收货人的货仓或工厂仓库交箱为止。这种全程连线运输称为“门到门”运输。

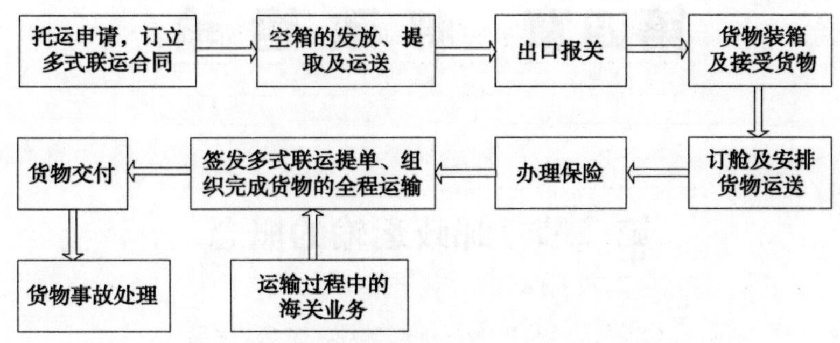

图 6-3-3　国际集装箱多式联运主要业务流程

(2)门到场:由发货人货仓或工厂仓库至目的地或卸箱港的集装箱装卸区堆场。

(3)门到站:由发货人货仓或工厂仓库至目的地或卸箱港的集装箱货运站。

(4)场到门:由起运地或装箱港的集装箱装卸区堆场至收货人的货仓或工厂仓库。

(5)场到场:由起运地或装箱港的集装箱装卸区堆场至目的地或卸箱港的集装箱装卸区堆场。

(6)场到站:由起运地或装箱港的集装箱装卸区堆场至目的地或卸箱港的集装箱货运站。

(7)站到门:由起运地或装箱港的集装箱货运站至收货人的货仓或工厂仓库。

(8)站到场:由起运地或装箱港的集装箱货运站至目的地或卸箱港的集装箱装卸区堆场。

(9)站到站:由起运地或装箱港的集装箱货运站至目的地或卸箱港的集装箱货运站。

第四章　邮 政 运 输

第一节　邮政运输的概念

一、邮政运输的定义

邮政运输(Parcel post transport),是指通过邮政相关企业寄交货物的一种运输方式。邮政运输比较简便,只要卖方根据买卖合同中双方约定的条件和邮政的有关规定,向邮政相关企业办理寄送包裹手续,付清邮费,取得收据,即完成交货任务。

二、影响邮政运输的主要因素

邮政运输是一个涉及多种因素的综合性复杂系统,影响邮政运输的主要因素包括:

1.邮路结构

邮路结构是实现邮件异地转移的基础设施。它是在交通运输网络的基础上,按照一定的要求,挑选出来的适合于邮政运输的道路集合。在不同的地域,邮路等级有着很大的差别。相对来说,我国东南部交通运输网络发达,邮路等级较高,而西部地区则相对落后,邮路状况不甚理想。另外,由于自然灾害造成的邮路断路时有发生。邮政运输网路可分为全国干线网和省内网。干线网主要针对全国一、二级邮区中心局间的邮件运输,省内网则主要面对省内二、三级邮区中心局间的邮件运输。

2.运输工具

运输工具是实现邮件异地转移的载体,是以一定的邮路结构为基础的。邮政运输主要依赖于委办,特别是干线运输,需要依托航空和铁路部门提供的运能支持,车辆开行时刻、停靠站点和容间大小都不具备自主权力。虽然经过一定时间的积累,邮政自办邮路有了很大的发展,但主要还是通过汽车邮路完成部分省内邮件的运输。另外,邮件运输还涉及少量的轮船运输。

3.邮件种类和流量流向

就运输环节而言,我国将邮件按时限要求大致划分为快件和普件,针对不同的邮件类别实施相应的运输计划。快件主要强调传递时限短,普件着重考虑邮件运输成本的降低。对于不同的邮件种类,其运输评价指标不一样。另外,邮件流量流向区域性差别大,邮件总量与流量流向随机变化,季节性强,变化幅度大。

4.运到时限

运到时限是衡量邮政通信质量的重要指标。由于实物邮件的异地转移是邮政通信的基本内容,邮政运输中的每一个环节都有严格的处理时限标准,而且端到端有一个总的时限标准。通常,邮政运输在整个邮政通信作业过程中所占的时限比例较大,因此花在邮政运输中的时间是邮政运输路由规划时需要着重考虑的一个评价因素。影响时限标准实现的主要因素是运输时间和转运时间。

三、邮政运输的分类

1.按传递时限分

按照传递时限可以把邮政运输分为普通邮件、快递包裹和特快专递邮件3类。

普通邮件即平邮,经济实惠,但运输时间较长,运输过程一般需要7~30d。

快递包裹主要服务对象为批量交寄、价值相对较高、对安全、信息反馈和综合性价比要求较高的大客户。

特快专递邮件是由万国邮联管理下的国际邮件快递服务,是中国邮政提供的一种快递服务,主要是采取空运方式,加快递送速度,根据地区远近一般1~8d到达。

2.按内件性质分

按照内件性质可以把邮政运输分为函件和包件两类。

函件包括信函、明信片、邮简、印刷品、盲人读物、邮送广告。

包件包括普通包裹、直递包裹、快递包裹。

3.按处理手续分

按照处理手续可以把邮政运输分为平常邮件和给据邮件两类。

4.按邮局承担的赔偿责任分

按照处理手续可以把邮政运输分为保价邮件和非保价邮件两类。

5.按函件寄递区域分

按照函件寄递区域可以把邮政运输分为本埠函件和外埠函件。

第二节　我国邮政运输的发展概况

一、中国邮政的起源

中国最早关于通信的记载,是来自殷墟出土的甲骨文。甲骨文中记载着殷商盘庚年代(公元前1400年左右),边戍向天子报告军情有“来鼓”二字。经考证,“来鼓”即类似今天的侦察通信兵。在《诗经》中也有“简书”的记载。“简书”就是用兽骨刻上文字,由通信兵传递的官府紧急文书。“简书”出于殷末周初(公元前12世纪—前11世纪),也就是邮驿的前身。以上是关于邮政的最早记录。

关于中国近代邮政起源存在天津起源说、上海起源说和北京起源说3个派别,主要基于3个事件:第一是1878年3月23日,天津开始试办邮政,首次收寄普通百姓的信件,这是中国邮政史上的里程碑;第二是1878年7月,海关试办邮政时期发行第一套邮票——大龙邮票,天津发行、上海印刷;第三是1896年3月20日,光绪皇帝批准开办国家邮政。国家邮政总局是以1896年皇帝下诏作为中国邮政历史的开端。

二、中国邮政的发展现状

1995 年 10 月 4 日，邮电部邮政总局正式注册为法人资格，即“中国邮电邮政总局”，简称“中国邮政”。2007 年 1 月 29 日，中华人民共和国国家邮政局与中国邮政集团公司挂牌成立，中国邮政政企分开，统称“中国邮政”。

中华人民共和国国家邮政局（副部级），为中华人民共和国交通运输部管理的国家局。国家邮政局承担邮政监管责任，推动建立覆盖城乡的邮政普遍服务体系，推进建立和完善普遍服务和特殊服务保障机制，提出邮政行业服务价格政策和基本邮政业务价格建议，并监督执行，且代表国家参加国际邮政组织，处理政府间邮政事务，拟订邮政对外合作与交流政策并组织实施，处理邮政外事工作，按照规定管理涉及港澳台工作。

中国邮政集团公司作为全国各地经营性邮政局（所）的中央机构，是国营独资的重点中央企业。邮政企业经营下列业务：邮件寄递（邮政运输）；邮政汇兑；邮政储蓄；邮票发行以及集邮票品制作、销售；国内报刊、图书等出版物发行；国家规定的其他业务。

进入 21 世纪以来，我国邮政行业发展迅速。主要体现在：

（1）业务规模增长，效益稳步提升。2013 年中国邮政集团公司共完成邮政业务总量 815 亿元，比上年增长 12%；完成函件 69.5 亿元、包裹 9103 万件、报刊 160.4 亿份、物流业务量 534 万 t。西部各省的发展速度明显加快，全网初步呈现东中西部均衡发展态势。

（2）网络建设加强，结构、功能优化。目前，国家邮政服务网络以实物处理网为节点，以干线运输和支线运输为连接，以营业网和投递网为终端，以信息网为支撑组成。网络内部按功能划分存在 3 个业务处理网：普通邮件网、快递（航空）邮件网，物流集散网。截止 2013 年年底，国家邮政服务网络拥有邮政局所、代办点合计 6 万处，其中电子化局所 3.6 万所；拥有一、二级邮区中心局 77 个，区域物流集散中心 8 处，专用邮政运输飞机 12 架，各类邮政汽车 5.7 万辆。该网络拥有一个连接全国 236 个中心城市信息中心的骨干网络，在此基础上形成集服务、生产、管理、决策功能于一体的邮政专用信息网。该网络拥有的邮路总条数为 2.1 万余条，长度达 353.3 万 km；农村投递路线 9.9 万条，长度达 363.8 万 km，覆盖全国 62.4 万个行政村。

（3）业务整体结构得到优化。2013 年，邮政企业业务整体结构继续得到优化。集团公司重点发展的业务，如函件、速递、一体化物流、增值业务等都得到了较快的发展。速递业务继续保持 20%以上的增幅，尤其是特快物品类业务快速增长，比重进一步提高。全国一体化物流收入增长达到 48.4%，一体化核心项目保持稳步增长，中邮快货省际业务量创新高。

（4）快递业务多元竞争格局已经形成。在快递方面，从竞争的主体看，国营、私营、外资等经济成分都已涉足我国的快递服务市场，快递服务市场三足鼎立、多元竞争的格局已经形成。2013 年，国营、民营、外资快递企业业务量市场份额分别为 19.9%、78.9%和 1.2%，业务收入市场份额分别为 20.2%、67.5%和 12.3%。从业务领域看，国有企业凭借其固有的网络、品牌等优势，掌握着国内异地市场的主动权；民营快递企业凭借其灵活的机制、低廉的成本、方便的服务以及众多的从业主体，在国内同城快递市场的份额不断提升；外资企业依靠其遍布全球的运递网络、雄厚的资金与技术实力，优良的管理与服务，主导着高端国际快递市场。

（5）促进就业作用明显。邮政速递企业（EMS）从业人员数量持续增长，增长速度高于全国同期城镇就业人员增幅。快递服务的发展对于创造就业岗位，吸纳劳动力，促进就业发挥着积极的作用，且潜力很大。

为适应新的形势和时代要求，我国邮政业正向信息流、资金流、实物流“三流合一”的现代邮政业迅速发展。2008—2013年度中国邮政业务量发展趋势如图6-4-1所示。

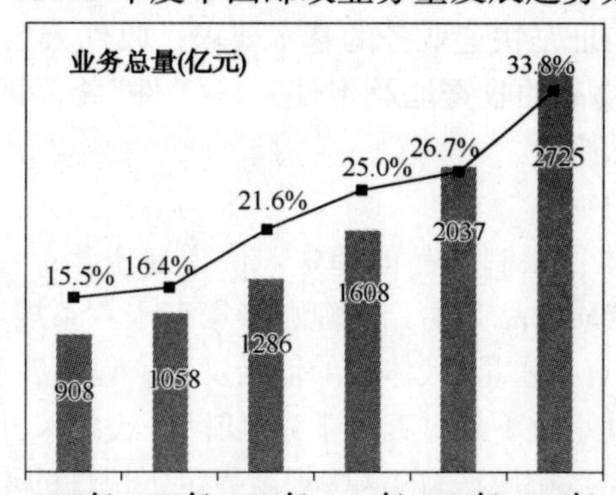

图6-4-1　2008—2013年度中国邮政业务量发展趋势图

第三节　快递业务的概念

快递作为邮政业的重要组成部分，具有带动产业领域广、吸纳就业人数多、经济附加值高、技术特征显著等特点。它将信息传递、物品递送、资金流通和文化传播等多种功能融合在一起，关联生产、流通、消费、投资和金融等多个领域，是现代社会不可替代的基础产业。

一、快递的定义

快递(Express)为邮政运输的一种，是兼有邮递功能的门对门物流活动，即指快递公司通过铁路，公路和空运等交通工具，对客户货物进行快速投递。

2009年，修订后的《中华人民共和国邮政法》(以下简称《邮政法》)第九章对快递的定义是：“在承诺的时限内快速完成的寄递活动”。寄递的定义是：“将信件、包裹、印刷品等物品按照封装上的名址递送给特定人或者单位的活动，包括收寄、分拣、运输、投递等环节”。

目前，我国经营快递业务的企业包括中国邮政集团公司的邮政速递企业(EMS)、外资快递企业和民营快递企业。

二、快递业务的基本特征

快递业务的基本特征如下：

1.递送物品的特定性

(1)封装的物品

快递业务是对封装物品的递送。封装的物品在快递业务中称“件”，并以“件”为计量和计价以及物品流动的基础单位。一个或以上相同或不同物品封装后只作为一件快件。据了解，物流业务中一般不特别要求物品封装，可以以运输工具例如“车”或以物品重量或体积为计量和计价单位。快递业务对递送物品的封装要求明显区别于其他物流业务。

(2)署有名址的物品

快递业务是对有名址物品的递送。由于快递业务以“件”为物品流动的基础单位,因此封装后的物品即“件”署有名址是快递业务的基本要求。收件人名址明确了物品的目的地及接收者,寄件人名址明确了物品的收寄地及寄件人,这“件”物品的流向就得以确定。所以,名址信息是经营快递业务的基础。

(3)有重量、体积限制的物品

快递业务是对有重量、体积限制物品的递送。快递递送物品主要是信件、包裹、印刷品。信件和印刷品统称信函,以纸质物品为主。《邮政法》第五十六条规定“不得将信件打包后作为包裹寄递”,快递经营中很少有大重量、大体积的信函发生。包裹涉及面广,因此《邮政法》对包裹重量、体积有明确规定:“其重量不超过五十千克,任何一边的尺寸不超过一百五十厘米,长、宽、高合计不超过三百厘米”。《邮政法》的这些规定界定了快件的重量、体积的范围。

递送物品的特定性实际上是快件的特定性。从快件的实物形态上来看“快件”和“邮件”完全一致,主要区别在于前者由快递企业完成寄递,后者由邮政企业完成寄递。

2.寄递方式的独特性

快递业务的寄递活动是邮政业独有的一种服务方式,特指邮政从业者传送信件、包裹、印刷品等物品。这种服务方式的一个特点是便利性。它要求无论是寄或递都要贴近客户,为客户提供最方便的服务。快递业务对递送物品的特定要求,也使快递的寄递活动具备了高度的渗透性。一件封装后署有名址且重量、体积在规定范围的物品,可以根据需要“流”向任何地方,实现快递“门到门,桌到桌,手到手”的服务。寄递活动的独特性是运输、托运、交运等方式不具备的。

3.寄递过程的时效性

《邮政法》在解释快递定义时强调了“快速完成”,足见时效性在快递业务中的作用。寄递过程的时效性体现了物品流动的速度,满足了客户对时间的需要。为此,2007年国家邮政局发布的《快递服务》邮政行业标准,规定了快递服务组织、服务环节、服务改进的基本要求,专列了一项“彻底延误时限”。达到“彻底延误时限”标准视递送物品为丢失,物品丢失即可依法获得赔偿。快递业务对时效性的高度追求既是这项业务的价值所在,也是这项业务的重要特征。

4.寄递组织的网络性

完成甲地收寄至乙地投递的一件快件一般需经历收寄(揽收)、处理(分拨)、运输、投递(派送)等环节。各环节必须统一调度、上下衔接、协作配合,才能完成快件由收寄地到投递地的有序流动,最终到达收件人手中。快递业务各环节的有机组合、节点配置、合理分工、节律运作实际上是快递服务网络性的重要体现。快递服务组织的网络随着快件经营范围的扩大而同步扩大,不可或缺。快递业务的完成高度依赖快递网络是这项业务的重要特征。

快递业务上述特征中,递送物品(即快件的特定性和寄递方式的独特性)是核心特征,寄递过程的时效性和服务组织的网络性为一般特征。核心特征是判断快递业务的主要依据,一般特征是判断快递业务的参考依据(或称补充依据)。如果一个企业递送物品是封装的、署有名址的、重量和体积在规定范围内的,且采用寄递这种服务方式,就可以基本认定这个企业涉足了快递业务。

有时快递业务和快运业务需加以区别。为满足快递业务的时效性,快运是快递业务必不可少的一个环节。当这一环节由快递服务组织委托一个运输企业承担时,对运输企业而言是快运业务而不是快递业务。离开"受快递服务组织委托"这一前提条件,运输企业涉足的快件运输便是涉足快递业务。

根据以上分析,快递业务是"物品从供应地到接收地的实体流动过程",满足物流业务的一般特点。但《邮政法》对快递业务递送的物品有特别规定,可以认为快递业务是一种特殊的物流业务。经营一般物流业务可不申请经营许可,经营快递业务须依法申请经营许可。

第四节 我国快递行业发展概况

"十二五"以来,我国快递服务实现了平稳快速发展,市场秩序逐步改善,服务水平不断提升,总体规模迅速扩大。据统计,2013 年邮政业规模以上企业实现业务收入 2725.1 亿元,同比增长 33.8%,其中快递业务收入 1447 亿元,占邮政业业务收入(不含邮政储蓄直营收入,下同)的比重达到 56.6%,同比增长 36.6%;从业人员近百万人。2008—2013 年快递业务发展情况如图 6-4-2、图 6-4-3 所示。

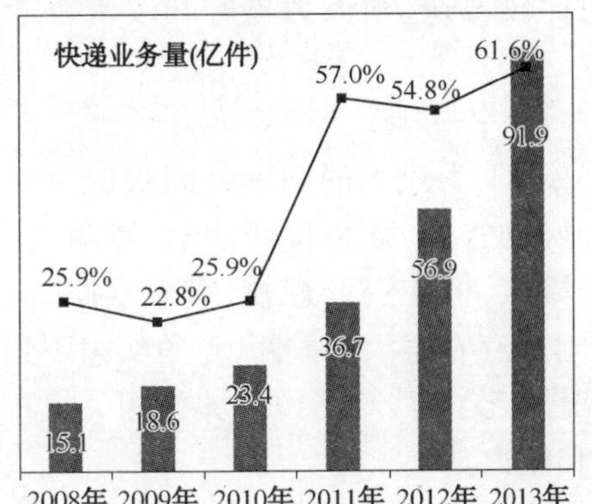

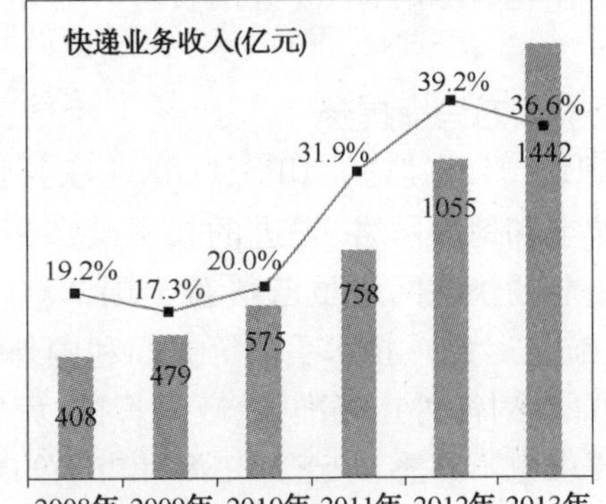

图 6-4-2 2008—2013 年度中国快递业务量发展趋势图

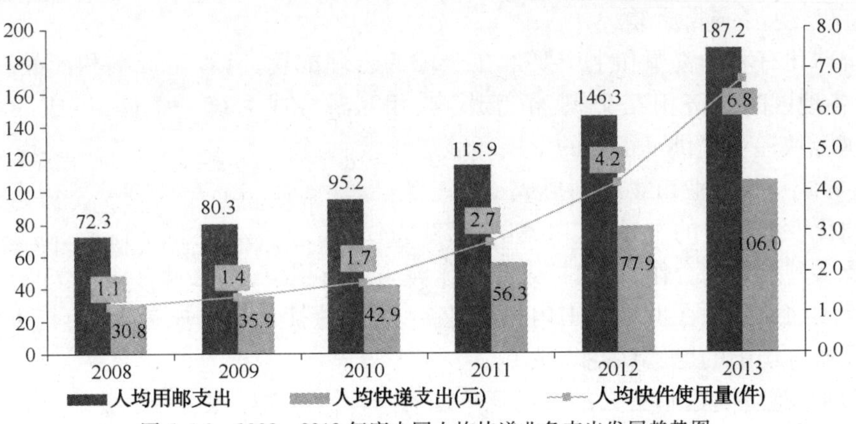

图 6-4-3 2008—2013 年度中国人均快递业务支出发展趋势图

目前,我国的主要快递机构(企业)有:顺丰速运、邮政快递、宅急送、中通快递、圆通速递、申通快递、百世汇通、韵达快递、国通快递、天天快递、速尔快递、中铁快运、全峰快递、全一快递、联邦快递、TNT 快递、大亿快递、如风达、中诚快递、能达快递、德邦物流和优速快递等。

一、我国快递业发展存在的问题

在国民经济长期向好,国家大力发展服务业的有力推动下,快递业作为国民经济发展的重要基础性产业和公共服务业,迎来了发展的历史机遇,发展前景广阔。但是,目前我国快递业发展过程中还存在一些突出的矛盾和问题,成为制约其发展的瓶颈。

1.法律规范体系不够完善

目前,快递业法律规范体系不够完善,不能支撑快递业的又好又快发展。现行法律法规已经不能适应快递业发展的客观需要,还没有形成包括基本法律、行政法规、地方性法规、部门以及地方政府规章、司法解释等在内的所有快递业涉及领域的完善的法律规范体系,须对现有法律规范体系进行补充、修改、完善。

2.法律素质亟待提升

快递市场竞争越来越激烈,有的快递子公司依法经营管理的意识淡薄,法律素质较低,服务质量较差,在经营中侵害消费者权益的现象比较普遍,须大力提升和改善企业的法律素质。

3.竞争实力有待提升

以 DHL(环球速递)、UPS、FedEx(联邦快递)、TNT 为代表的国际跨国快递企业拥有全球性的航空和地面网络、先进的技术装备以及良好的管理,规模优势明显,竞争实力雄厚。而我国企业的快递网络虽已覆盖全国 2000 多个城市,但在资产规模、员工素质、运输能力(特别是航空运力)、技术手段等方面和国外竞争对手存在很大的差距,竞争实力不强。在国际业务方面,对海外市场准入、政府管控、竞争情况缺乏了解,对当地海关的相关规章制度等本地化要求也不熟悉,缺乏开拓海外市场的经验和能力。

二、我国快递业的发展环境

1.快递业发展的国际环境

经济全球化有利于资源和生产要素在全球的合理配置,有利于资本和产品在全球的流动。各国、各地区的经济相互交织、相互影响、相互融合成为统一整体,形成“全球统一市场”,这为国际快递业提供了很好的发展环境。

(1)世界统一快递业市场逐渐形成

在全球化发展战略的主导下,以德国、荷兰为代表的一些发达国家邮政,通过并购、参股或控股以及多种形式的合作,迅速扩大业务领域与经营规模,成为具有竞争实力的全球化公司。这些跨国快递公司在世界范围内拓展业务,利用快捷优质的服务,迅速扩大经营规模,在世界快递业市场中的地位日益凸显。

(2)我国快递业将面临更大的市场竞争压力

我国已成为跨国快递公司扩展市场的重要目标。2005 年年底,外资在中国建立独资公司的限制取消，实力强大的跨国快递企业改变以往的合资或代理的方式，获得直接进入我国市场的权利，成为国内邮政速递（EMS）的强劲竞争对手。这些跨国快递公司加大了进入中国市场的力度，利用自身的资源优势，与邮政快递（EMS）及其他民营快递公司展开激烈竞争。

2.快递业发展的政策环境

2009年，修订后的《邮政法》颁布实施，首次将快递业务纳入调整范畴，明确了快递企业的法律地位，确立了“鼓励竞争、促进发展”的原则。以《邮政法》为基础，《快递市场管理办法》、《快递业务经营许可管理办法》、《邮政行业安全监督管理办法》等相配套的快递法律法规体系基本形成。邮政管理部门积极协调其他相关部门出台扶持政策，较好地解决了制约快递企业发展的瓶颈问题。《快递服务》、《快递业务员国家职业技能标准》以及《中国快递协会企业自律公约》的发布施行，为快递服务发展奠定了良好的基础。

3.快递业发展的社会环境

改革开放30年来，我国经济呈持续发展态势，GDP增长速度平均在8%以上，进出口业务持续增长，国家扩大内需的政策初见成效。同时，与快递服务相关联的行业如电子商务、分销服务等也都进入了快速发展期。随着改革开放进一步的深化，国民经济迅速发展，商业和服务贸易、资本流动规模显著扩大，信息交流、物品交换和资金流通等活动更加频繁。上述经济形势为我国快递业发展提供了良好的宏观经济环境。

4.快递业发展的市场环境

互联网、电子商务的发展，促使快递业物流、信息流和资金流三流合一的优势日益显现，特别是互联网的发展带来了包裹业务的新的增长点。

我国开始重视和充分利用邮政网络基础设施，通过邮政服务网点开办各种代办业务，带动邮政服务向社区综合服务方向发展，既实现了邮政的多元发展，加强了邮政的基础设施和市场主导地位，也拓展了公共服务的范围，使邮政能够更好地发展。

私营快递公司和跨国快递公司进入快递业市场，成为快递业市场的新生力量。

三、我国快递行业市场竞争现状

目前，我国的快递市场有三大竞争主体，即中国邮政速递物流公司（EMS）、外资快递企业和民营快递企业。

EMS所占的份额，从20世纪80年代初的一统天下，已萎缩到10%以下，但占有政策和网络优势。EMS历史最早，是传统的国有企业，原隶属于国家邮政局。2006年11月29日，中国邮政集团公司完成注册登记，注册资本800亿元，成为国内最大的快递企业。由于邮政普遍服务的特点，EMS国内网络覆盖面最广，如果能利用充分得当，将大大增强EMS的竞争力。

外资快递企业包括DHL、Fedex、UPS、TNT四大巨头，有丰富的经验、雄厚的资金以及密集的全球网络，竞争实力相当强。其中在中国国内以DHL环球速递所占的市场份额最大，处于领先地位。1986年，DHL环球速递和中国对外贸易运输集团在华合资成立了中外运敦豪。从2001年到2006年，DHL环球速递累计在华投资已达10亿美元，占其同期在亚太地区投资金额的一半以上。目前，DHL环球速递在中国国际快递市场拥有40%的份额。由此可见,外资快递企业占据了中国的国际快递市场的主体地位,但在国内快递业务上的市场份额还很小。

民营快递企业异军突起,绕过或者突破法规和机构的限制打击,成为国内快递市场的主力军,占据国内快递市场的大部分份额。同时,由于民营快递企业数量众多,良莠不齐,出现了很多服务质量上的问题,引发了众多争议。根据快递网络大小,服务质量高低,国内的民营企业逐渐形成两个集团,即以顺丰速运、申通快递、宅急送、圆通速递、韵达快递等为代表的中大型企业和数量众多的资金和员工规模均较小的快递公司。

1.市场份额

目前我国民营快递企业共有上万家,年营业额超过 100 亿元,占国内 80%同城快递和 60%跨省快递的市场份额。而邮政 EMS 所占的份额,从 20 世纪 80 年代初的一统天下,到现在已逐步萎缩,但其社会公信力还是有着最基本的保障。可以确定的是,民营快递企业已经成为我国国内快递市场的主体,占据了大部分的市场份额;其次为 EMS,占据了部分的市场份额;最后为外资快递,刚介入国内快递市场,市场份额较小。

2.知名度

我国快递市场现状是知名度与市场份额不成比例。EMS 的知名度最高,其次为外资快递企业,民营快递企业的知名度最低。总体来说,在知名度和品牌建设上,民营快递企业相对比较滞后。但快递的市场主体为企业客户,在这一客户群体中民营快递企业与其他快递企业的知名度差距较小。

3.网络覆盖规模

EMS 借助邮政普遍服务渠道,网点覆盖了我国各个村镇,这是民营快递以及外资快递无法企及的。网络覆盖规模第二的为民营企业。外资快递在国内的网点问题上处于劣势。目前,四大外资快递企业中在中国做得最大的 DHL 环球速递,其国内网点也只能覆盖一级城市的市区。

4.运输价格

民营快递企业因其经营方式机动灵活,历史包袱较少,价格最低。中国邮政集团公司有数量众多、覆盖面很广的固定营业网点,营业成本高,分摊成本也较高,导致价格较高。外资快递因其品牌成本和薪酬标准等水平较高,价格最高。

以北京到上海的快递业务为例,EMS 的价格为:上门件收费 5 元,500 克为起算重量,收费 20 元,在一区(江苏省、浙江省、上海市)每续重 500 克加 6 元,2kg 的包裹合 43 元;民营快递企业 2kg 的包裹价格 20~30 元左右,DHL 环球速递则需要 112 元。

5.运达速度

民营快递因其机动灵活的经营和运输组织模式,同时为在激烈的市场竞争中生存下去,不遗余力地输送快件,故而运达速度最快。外资快递企业有着自己规模化成熟的管理程序,在运输调度方面效率较高,故其运达速度基本与民营快递相当,各具优势。中国邮政集团 EMS 的运达速度相对滞后。

6.服务水平

外资快递和民营快递企业在信息查询、服务态度和效率方面强于 EMS,均采取“门到门”的取件服务方式。

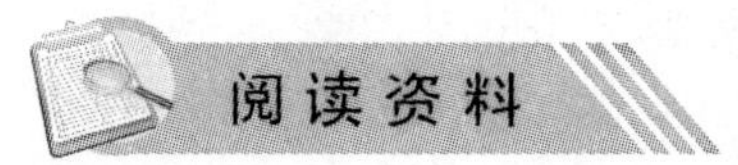

快递公司介绍

综合考虑快递实力、性价比、业务范围以及客户评价等因素,国内十大快递公司排名如下。

● 申通快递

上海申通物流公司的申通快递品牌初创于1993年,公司总部位于申城上海。公司致力于民族品牌的建设和发展,不断完善终端网络、中转运输网络和信息网络三网一体的立体运行体系,立足传统快递业务,全面进入电子商务物流领域,以专业的服务和严格的质量管理推动中国物流和快递行业的发展,成为对国民经济和人们生活最具影响力的民营快递企业之一 。

● 顺丰速运

顺丰速运有限公司于1993年成立,总部设在深圳,是一家主要经营国内、国际快递及相关业务的服务性企业。自成立以来,顺丰速运始终专注于服务质量的提升,不断满足市场的需求,在大中华地区(包括港、澳、台地区)建立了庞大的信息采集、市场开发、物流配送、快件收派等业务机构,形成服务客户的全国性网络。同时,也积极拓展国际件服务,目前已开通新加坡、韩国、马来西亚、日本及美国业务。

● 圆通速递

圆通速递有限公司创建于2000年5月28日,公司总部位于上海。经过近十多年的发展,圆通快递已成为一家集速递、航空、电子商务等业务为一体的大型企业集团,形成了集团化、网络化、规模化、品牌化经营的新格局,为客户提供一站式服务。2010年年底,上海圆通蛟龙投资发展(集团)有限公司成立,标志着圆通向集团化迈出了更加坚实的一步。公司在网络覆盖、运营能力、业务总量、公众满意度及服务质量、信息化水平、标准化等方面均走在了行业前列。

● 韵达快递

上海韵达速递(物流)有限公司的“韵达快递”品牌创立于1999年,公司总部位于上海。韵达快递是国内知名民营快递快运品牌企业,拥有5万多员工,十余年来在全国建设了七十余个转运中心和近万个服务站点,服务范围覆盖国内34个省(自治区、直辖市)。

● 天天快递

天天快递有限公司成立于1994年,公司总部位于浙江杭州。天天快递为国内第一家获得“中国驰名商标”称号的快递企业,拥有6000多个网点,从业人员60000余人,网络基本覆盖全国地市级以上城市和发达地区地市县级以上城市,现已实现江浙沪无盲区派送,形成了以长江三角洲、珠江三角洲、环渤海地区为重点的快递网络布局。

● 宅急送

北京宅急送快运股份有限公司的宅急送品牌创立于1994年,公司总部位于北京。宅急送在全国有3000多个经营网点,网络覆盖全国2000多个城市和地区,分别在华北、华东、华南、华中、东北、西北、西南设有7个物流基地、40个运转中心、75000平米的配送中心,同时拥有42个航空口岸,360条航线,近1500个航班,620条物流班车线。依托成熟的快运平台，宅急送每年进出港货物逾亿件，真正做到了物畅其流，货通天下。

● 中通快递

中通快递股份有限公司创建于2002年5月8日，公司总部位于上海。中通快递是一家集快递、物流、电商、印务于一体，综合实力位居国内物流快递企业前列的大型集团公司。公司拥有员工10万多人，服务网点6000多个，分拨中心70个，运输、派送车辆40000多辆。公司的服务项目有国内快递、国际快递、物流配送与仓储等，提供“门到门”服务和限时（当天件、次晨达、次日达等）服务。同时，开展了电子商务配送、代收货款、签单返回、到付、代取件、区域时效件等增值业务。

● EMS

中国邮政速递物流股份有限公司（简称中国邮政速递物流，Express Mail Service，EMS）是经国务院批准，中国邮政集团于2010年6月联合各省邮政公司共同发起设立的国有股份制公司，是中国经营历史最悠久、规模最大、网络覆盖范围最广、业务品种最丰富的快递物流综合服务提供商。

● 全峰快递

全峰快递集团（简称全峰集团）成立于2010年11月18日，2011年7月16日开始正式运营，是一家主要经营国际、国内快递及相关业务的服务型企业。全峰快递秉承“高目标、高起点、高标准”原则，立足华北、华东、华南三大局域网，现已发展成为拥有62个大型转运中心、4000余家营业门店、6000辆营运车辆、员工40000人的企业。

● 汇通快递

汇通快递又名百世汇通，隶属于杭州百世网络技术有限公司。汇通快运成立于2003年，是一家在国内率先运用信息化手段探索快递行业转型升级之路的大型快递公司，综合实力位居全国快递企业前列。“百世汇通”拥有各级服务网点超过5000个，开通省际、省内班车线路800多条，超过2万人的专业速递团队为千家万户提供全年无休的速递服务。

● 联邦快递（FedEx）

联邦快递（FedEx）隶属于美国联邦快递集团，为美国各地以及全球超过220个国家及地区提供快捷、可靠的递送服务。FedEx Express设有环球航空及陆运网络，通常只需一至两个工作日就能迅速运送有严格时间要求的货件，而且确保准时送达。

早在1984年，联邦快递就开始通过代理商，利用商务航班在中国市场提供服务。

1995年，联邦快递以6750万美元收购了当时唯一可以直飞中美的常青国际航空公司，正式进入中国。在完成那次收购后，联邦快递成为第一家提供由美国直飞至中国的国际快递物流公司。当时，由于政策的限制，联邦快递还不能在中国内地拥有自己的配送设施和运输网络，只能通过与中外运合作迂回进入中国市场。

1999年，在结束了与中外运合作后，联邦快递与天津大田集团结盟，在北京合资组建大田-联邦快递有限公司。

联邦快递与大田之间的合作模式与其他快递巨头在中国的方式相差无几，即联邦快递提供品牌，大田凭借自己在国内的网络优势和车辆，双方在国内的业务利润按一定的比例分成。

2006年，中国的快递市场对外资全部放开。联邦快递于2011年以4亿美元收购大田集团，大田集团用于开展国际快递业务的资产以及大田集团位于国内89个地区的经营国内快递业务的资产全部划归联邦快递名下。

● UPS 快递

UPS 快递 (United Parcel Service)开展中国市场的业务始于 1988 年,与拥有 40 多年运输经验的中外运集团签订了代理业务合作协议,正式进入中国市场。

1996 年 5 月,UPS 快递与中外运在北京成立了 UPS 快递在中国的第一家合资企业——中外运北空-UPS 国际快递有限公司。

2004 年 12 月 2 日,UPS 快递宣布与中外运签署了一项协议,规定:在 2005 年年底之前,UPS 快递将获得在中国最大的和最重要的商业中心城市的国际快递业务的直接掌控权。

按照双方的协议,2005 年年底之前中外运向 UPS 快递移交 23 个城市的业务操控权,自此 UPS 快递为中国内地 200 多个城市直接提供国际快递业务,而不再像以往合作中的由中外运来代理。UPS 快递为此次业务移交向中外运支付 1 亿美元。

● TNT 快递

TNT 集团是全球领先的快递和邮政服务提供商,总部设在荷兰。

TNT 快递成立于 1946 年,其国际网络覆盖世界 200 多个国家,提供一系列独一无二的全球整合性物流解决方案。此外,TNT 还为澳大利亚以及欧洲、亚洲的许多主要国家提供业界领先的全国范围快递服务。

TNT 拥有 43 架飞机、2 万辆货车,全球子公司近 1000 家,员工超过 4 万人。TNT 同时还拥有数量众多的技术先进的分拣中心和完善齐全的设备资源,为客户提供业界快捷的门到门送递服务。

早在 1988 年,TNT 就已进入中国市场。目前,TNT 为客户提供从定时的门到门快递服务和供应链管理,到直邮服务的整合业务解决方案。TNT 在中国拥有 25 家直属运营分支机构,3 个全功能国际口岸和近 3000 名员工,服务范围覆盖中国 500 多个城市。

● DHL 环球速递

DHL 环球速递是全球著名的邮递和物流集团 Deutsche Post DHL 旗下公司,主要包括以下几个业务部门:DHL Express、DHL Global Forwarding、Freight 和 DHL Supply Chain。

1969 年,DHL 开设了他们的第一条从旧金山到檀香山的速递运输航线,公司的名称 DHL 由三位创始人姓氏的首字母组成(Dalsey,Hillblom and Lynn)。很快,敦豪航空货运公司把他们的航线扩张到香港、日本、菲律宾、澳大利亚和新加坡。在敦豪航空货运公司致力建立起一个崭新的、提供全球门到门速递服务的网络的构想下,在 1970 年代中后期敦豪航空货运公司把他们的航线扩展到南美洲、中东地区和非洲。

2002 年开始,德国邮政控制了 DHL 全部股权并把旗下的敦豪航空货运公司、丹沙公司(Danzas)以及欧洲快运公司整合为新的敦豪航空货运公司。2003 年,德国邮政又收购了美国的空运特快公司(Airborne Express),并把它整合到敦豪航空货运公司里。2005 年,德国邮政又收购了英国的英运公司(Exel plc),并把它整合到敦豪航空货运公司里。至此敦豪航空货运公司速递公司拥有了世界上最完善的速递网络之一,可以到达 220 个国家和地区的 12 万个目的地。敦豪航空货运公司的机队大约有 420 架飞机,机型主要包括空中客车 A300 型货机和波音 757 型货机。

2007 年 1 月 26 日,敦豪宣布正式启动在中国国内的货物空运业务,与中国对外贸易运输总公司合资成立了中外运-敦豪，在国内21个城市设立了130多个办事处，形成了国内最具规模、覆盖面最广的空运速递网络。该公司有员工1800多名，拥有运输车450多辆，其市场占有率达到了1/3。

近年来，DHL环球速递业务在我国内地以30%的年增长速度增长，在台湾以15%的年增长速度增长；而香港往美国的业务增长15%，往欧洲的增长为23%，往亚洲地区的增长更高达28%。

第五节　电子商务与快递

当前，中国电子商务的迅猛发展给我国经济发展带来革命性的变化，同时也给快递业带来了发展的机会。电子商务和快递业务作为现代产业发展的必然趋势，也是我国经济发展的必然趋势，具有广阔的发展前景，两者互为支撑、协同发展、互惠互利。

我国电子商务的发展始于20世纪90年代，十多来年经历了飞速的发展。2003年成为网购市场的转折年，网上购物开始繁荣活跃，网购规模达到18亿元。2007年网购市场爆发，第三方电子支付额突破1000亿元。2008年电子商务交易量超过了100%的增长，此后几年一直保持极高的增长率，2011年增长率为71%。

在电子商务以惊人速度发展的同时，起到媒介作用的快递物流业也被提升到前所未有的高度。据统计，全国90%的网购用户选择了普通包裹和快递服务。仅2010年10月，电子商务每天产生的快件量已突破500万件，占我国日发送快件总量的一半左右。2011年，全国快递服务超过半数的业务是由电子商务牵动完成的。对于民营快递公司来说，电子商务已成了它们的主要业务。

一、快递物流是电子商务生态系统的重要组成部分

1993年，美国学者James F. Moore在《哈佛商业管理评论》上首次提出了“商务生态系统”这一概念。所谓电子商务生态系统，就是将商务生态系统的理论和研究成果运用到电子商务领域中，形成一个以从事电子商务活动的企业或个人为核心，以物流、网络、广告、计算机为媒介，同时制约于技术、政策、社会环境等外部环境的新型商务生态系统。电子商务本质上是商务活动，其最终目的是买卖商品，而除了少数可以通过网络直接传输的特殊物品，商品转移到顾客手中必然要依赖快递的实体物流。

二、没有快递参与的电子商务不完整

电子商务汇集了信息流、商流、资金流，可以通过电子平台完成电子商情的了解、电子贸易的洽谈、电子合同的签订。但这些只是贸易活动中的一部分，只有在要购买的东西已安全到达客户手中时，整个贸易活动才算告终。在电子商务物流中，B2C和C2C占了主要部分，而这些业务基本依赖于快递，因而快递业又被称为电子商务的“最后一千米”。若没有快递的参与整个电子商务就不能完成。

三、快递制约着电子商务的发展

目前我国的快递业发展速度落后于 B2C、C2C 电子商务，没能跟得上网络零售业务拓展的步伐。很多快递企业已经不堪重负，物流网络已经满负荷运作，这种情况在 2009 年尤其严重，当时由于快递量太多，各地都出现了"爆仓"现象，快递变成了"慢递"。在这种情况下，快递公司经常出现送货延误、服务态度差以及运送水准参差不齐等问题，消费者抱怨不已，甚至蔓延到了品牌商。

四、电子商务的发展为快递业的发展注入新的活力

快递业作为电子商务生态系统中必不可少的环节，它的增长离不开十多年来电子商务的飞速发展。据中国快递咨询网的统计，中国快递市场规模达 640 亿元，每年保持 30%以上的增长率，即使在金融危机的冲击下仍然增长 20%以上，被视为全球快递业增长最快的黄金市场。

电子商务对于快递业的拉动主要来自其巨大的物流需求。电子商务的物流需求主要依靠快递满足，这给快递业的发展注入了活力。

(1)电子商务推动经济发展而间接产生物流需求。经济发展本身可以直接产生物流需求，物流总量是与经济总量成正比的。发达国家的物流成本与 GDP 之比大概为 10%左右，而发展中国家(以中国为例)则可以占到 18%左右。

(2)电子商务活动直接产生物流需求。电子商务活动中，除了极少数的数字化产品如书籍、音像等可以通过网络直接传输之外，绝大部分商品仍然有赖于物流配送。

(3)电子商务促进快递业物流技术水平的提高。

电子商务的发展将大大促进快递业物流技术的现代化进程，具体表现在两个方面：一是各种先进物流信息技术的广泛应用，如高度的物流信息化，表现为物流信息的商品化、物流信息收集的数据库化和代码化、物流信息处理的电子化和计算机化、物流信息传递的标准化和实时化、物流信息存储的数字化等；二是物流操作技术的全面进步。如高度的物流自动化，自动化的基础是信息化，自动化的核心是机电一体化，物流自动化的设施(如条码/语音/射频自动识别系统、自动分拣系统、自动存取系统、自动导向车、货物自动跟踪系统等)在电子商务中发挥着重要作用。

(4)电子商务促进快递服务业的提高。

快递业属于第三产业，人们比较重视行业服务态度问题。同时，快递是电子商务与客户直接接触的环节，快递公司提供的服务将会影响到客户对其销售商品的满意度，甚至会影响到对于网购的信心。

电子商务环境下需要的是增值性的业务，比如上游的市场调查与预测、货物补仓及订单处理，下游的快递方案的规划与选择、货款结算与回收、快递信息系统的研发等。为了适应电子商务的环境，各快递公司纷纷建立快件的实时跟踪系统，增强物流信息的透明度，提高消费者的满意度，并积极探索代收货款等增值性业务，使整个行业的服务水平在逐步提升中。

总之，电子商务与快递服务是互为支撑、协同发展、共兴共荣的关系。电子商务依托快递实现了跨越式发展，在消费流通领域的作用日益突出，电子商务配送已成为拉动快递服务增长的重要力量。两者相互促进、共赢发展的前景十分广阔。

第五章　智能交通运输

第一节　智能交通运输简介

一、概述

智能交通运输系统（Intelligent Transportation System，ITS），包括了智能交通和智能运输两方面，是在较完善的交通基础设施之上，将先进的信息技术、数据通信传输技术、电子传感技术、电子控制技术以及计算机处理技术等有效地集成并运用于整个交通运输系统，使人、车、路有机地结合起来，以加强运载工具、载体和用户之间的联系，提高交通运输系统运行的有序性和可控性，实现提高运行效率、减少事故、降低污染的系统目标，建立一种在大范围内、全方位发挥作用的，实时、高效、便捷、安全、环保和舒适的综合交通运输体系。

智能交通运输系统的主要思想是将传统的交通系统看成是人、车、路的统一体，通过将上述先进技术有效集成，使运输系统各个用户（如驾驶员、居民等）可以随时通过 GPS/GIS、广播、信息发布板等手段实时了解相关路段的交通状况，以便于合理选择交通方式和交通路线。而交通管理部门则可通过道路上的车辆传感器、视频摄像机等设备实时获取各个路段的交通状况，并根据需要对外界进行信息发布，自动进行合理的交通疏导、控制和事故处理。运输部门可随时掌握车辆的运行情况，进行合理调度。以智能道路交通为例，已经使用的技术有：高速公路、过桥、停车场等的自动收费系统（ETC），即汽车不用停车，通过对车上标志的自动识别，自动收费，保证全路畅通；驾驶情报系统，即在车上安装卫星定位系统及数字电子地图，只要驾驶员输入目的地就可在屏幕上显示汽车应走的路径，还可以查询附近的高速路出入口、旅馆、医院、饭馆、加油站、停车场等，甚至预订停车位置；辅助驾驶系统，即在汽车上装上各种传感器，用其检测前方同向汽车及自己汽车的车速和距离，在出现碰撞危险时发出警报或自动刹车，大大减少事故的发生率。此外，德国还考虑在汽车之间利用 WiFi 技术互联，每秒进行 10 次联络，使每辆汽车都成为其周围区域的“眼睛”和“耳朵”，以实现在 2040 年达到欧盟提出的“道路零死亡”要求。

智能交通运输系统涵盖了所有的运输方式，是交通运输进入信息时代的重要标志。通过应用智能交通运输系统，交通基础设施会得到充分利用，交通服务与安全水平会得到大幅度提高，交通环保节能目标会得到更好的实现。经测算，智能交通运输系统得到有效应用后，交通运输效益显著提高，交通拥堵降低 20%～80%，油料消耗减少 30%，废气排放减少 26%。ITS 已成为当前国际公认解决交通问题的最佳途径，是现代交通运输体系的发展方向。

二、智能交通运输系统发展现状

对智能交通运输系统的研究许多国家都投入了巨大的人力和物力，并成为继航空航天、军事领域之后高新技术应用最集中的领域。目前已形成以美国、日本、欧洲为代表的三大研究中心。

美国交通系统的智能化研究始于20世纪60年代末的电子路径导向系统，1991年，美国成立了智能交通系统协会，近几年分别开展了Ⅶ、CVHAS和IntelliDrive等国家项目。Ⅶ的设想是在美国所有生产的车辆上装备通信设备以及GPS模块，以能够与全国性的道路网进行数据交换；CVHAS旨在通过车载传感器与车—路或车—车间通信等信息获取方式提供驾驶的辅助控制或全自动控制；IntelliDrive计划（现更名为Connected Vehicle Research）旨在建立车辆与车辆、车辆与基础设施之间的无线通信网络，并在此基础上实现增强交通安全、提升交通运行效率以及改善交通环境等方面的应用。

欧洲在ITS的研究方面采取整个欧洲一体化的方针，由政府、企业和个人3方共同出资进行智能运输系统的研究，著名的项目有DRIVE、PROME-THEUS、eSafety等，其中eSafety包括70余项研发项目。这些项目大部分都建立在车载通信的基础上，将车—路通信与协同控制作为研究重点之一，其中代表性项目有为驾驶者提供安全辅助信息的SAFESPOT、解决车—路间多种方式混合通信的CVIS、关注驾驶安全技术集成的PReVENT、关注道路监测设备网络信息提供的COOPER、关注无线自组网信息安全问题的SeVeCom等。

日本从20世纪70年代就开始了对汽车交通综合控制系统的研究，是对ITS进行研究最早、实用化程度最高的国家。目前日本政府以及相关产业正着手研发并普及下一代的智能交通系统Smartway。2005—2010年期间围绕5个重点展开研究，其中包括车—路间协调系统、智能汽车系统等。2010年后重点加强了利用无线通信技术的车—车、车—路间协调系统实用化技术的研发，构筑人、车、路一体化的高度紧密的信息网络，研发交通对象协同式安全控制技术。

与国外相比，我国对智能交通系统的研究起步较晚。20世纪80年代初我国才开始重视运用高科技发展交通运输系统，"九五"、"十五"启动阶段，成立了国家智能交通系统工程技术研究中心，搭建了中国ITS体系框架。"十一五"期间，成立了中国智能交通协会，项目实施更加注重结合实际需求展开研发应用。我国铁道部在2000年年底启动了《RITS体系框架研究》项目，预示着我国真正开始了对铁路智能交通系统（RITS）体系框架的研究。当前中国RITS需要解决的关键技术主要有：面向货物运输的智能技术，通过设置电子标签等检测货物信息，构建网络化信息与运费结算服务平台，为货主提供全方位服务；列车定位技术，主要通过轨道电路、应答器及GPS等方式；车辆智能维修技术，通过基于传感器的物联网架构实时获取列车的安全、运行及旅客舒适状况，为车辆维修与养护提供依据；通信技术，主要有全球移动通信系统GSM、蜂窝数字分组数据系统（CDPD）、第三代移动通信系统IMT-2000等无线通信技术，以及以太网（Ethernet）、光纤分布式接口（FDDI）、异步传输模式（ATM）、综合业务数据网（ISDN）、公用数字数据网（CHINADDN）、用分组交换网（CHINAPAC）等可靠程度较高的有线通信系统。

第二节　智能交通运输组成

一、先进的交通信息服务系统(ATIS)

ATIS 是建立在完善的信息网络基础之上的,通过装备在道路上、机动车上、换乘站上、停车场上以及气象中心的传感器和传输设备(如基于 RFID 的交通信息采集系统等),向交通信息中心提供全面的交通信息。ATIS 对各类信息加以处理后,向社会提供实时的道路交通信息、公共交通信息、换乘信息、交通气象信息、停车场信息以及与出行相关的其他信息,出行者可根据这些信息确定自己的出行方式和选择路线。

二、先进的交通管理系统(ATMS)

ATMS 有一部分与 ATIS 共用信息采集、处理和传输系统,但是 ATMS 主要是给交通管理者使用的,对道路系统中的交通状况、交通事故、气象状况和交通环境进行实时监视,根据收集到的信息对交通进行控制(如控制信号灯、发布诱导信息、进行道路管制、对事故进行处理与救援等)。

三、先进的公共交通系统(APTS)

APTS 的主要功能是改善公共交通工具(包括公共汽车、地铁、轻轨列车、城郊铁路和城市间的长途汽车等)的运行效率,使公共交通运输更便捷、更经济、运量更大。

四、先进的车辆控制系统(AVCS)

AVCS 还处于研究试验阶段,从当前的发展看可以分为两个层次:一是车辆辅助安全驾驶系统,由车载传感器(微波雷达、激光雷达、摄像机、其他形式的传感器等)、车载计算机和控制执行机构等组成。行驶中的车辆通过车载传感器测定出与前车、周围车辆以及与道路设施的距离,及时向驾驶员发出警报,在紧急情况下强制制动车辆;二是自动驾驶系统,装备了这种系统的汽车也称为智能汽车。该系统在行驶中可以自动导向,自动检测和回避障碍物,在智能公路上能够在较高的速度下自动保持与前车的距离。

五、货运管理系统

货运管理系统以高速道路网和信息管理系统为基础,利用物流理论进行管理的智能化的物流管理系统。它综合利用卫星定位、地理信息系统、物流信息及网络技术有效组织货物运输,提高货运效率。

六、电子收费系统(ETC)

ETC 使用者可以预交一笔通行费,领到一张电子通行卡,将其安装在汽车的指定位置,当汽车通过收费站时可实现不停车收费。这种电子收费系统的应用提升了收费站的综合通行能力及服务水平，减少了车辆在收费区的排队时间，从而减少了车辆在收费站因频繁加、减速及怠速等造成的过度耗油，车辆的不完全燃烧现象也相应减少，CO_2、CO、碳氢化合物的排放也会随之大大减少。

七、紧急救援系统（EMS）

EMS是一个特殊的系统，基础是ATIS、ATMS和有关的救援机构、设施，通过ATIS和ATMS将交通监控中心与专业救援机构联成有机的整体，提供车辆故障现场紧急处置、拖车、现场救护、排除事故车辆等服务。

第三节　智能交通运输展望

未来，物联网重大专项、"863"计划、国家道路交通安全科技行动计划以及交通运输部出台的智能交通规划将促使智能交通技术从单个交通要素的智能化向交通要素一体化的方向发展，牵引未来中国智能交通向更高层次发展。

一、运用车-路协同提升交通安全水平

车-路协同系统是基于无线通信、传感探测等技术进行车、路信息获取，通过车车、车路信息交互和共享，实现车辆和基础设施之间智能协同与配合，达到优化利用系统资源、提高道路交通安全、缓解交通拥堵的目标。车-路协同是对传统智能交通技术的一次整合与提升，是当前智能交通领域研究的技术热点和前沿。

车-路协同系统的成功实施将为交通安全带来革命性变革，基于车—路协同系统实现的主动安全保障技术能有效减少各种碰撞事故的发生。其典型应用场景包括：①交叉口车—路协同技术应用，包括交通信号信息发布系统、盲点区域图像提供系统、过街行人检测系统、交叉口通行车辆启停信息服务、先进的紧急救援体系；②危险路段车—路协同技术应用，包括车辆安全辅助驾驶信息服务、路面信息发布系统、前方障碍物碰撞预防、弯道自适应车速控制。

二、运用信息技术提升交通管理水平

随着信息技术全面发展，交通管理中的信息技术（如新型智能网络化检测传感技术、高清视频技术、移动通信技术）应用越来越普遍，使大范围进行交通动态信息获取和交互成为可能，有利于实现对国家高速公路网和重要国省干线公路的可视、可测和可控，动态掌握路网的运行状态，在遇有灾害和突发事件时能够对路网实现动态调度管理和应急处置。特别是近年来，物联网、云计算、智慧地球等新的信息理念和技术进步，进一步提升交通信息的处理和服务水平，促进交通管理效率的提升。低成本、高可靠性的基础交通信息获取和交互、更为先进的网络化交通信息系统的建设和服务，将是未来的发展方向。

三、基于信息共享实现多种运输方式协同和效能提升

基于信息共享实现多种运输方式协同和效能提升，是智能交通科技发展的重要趋势。以往国际上智能交通技术比较侧重于道路交通管理和服务，随着交通运输的发展和信息技术的广泛使用，建立综合交通信息的共享机制和平台，促进综合交通系统的协同服务，利用综合交通信息平台进行多种运输方式间的有效协同已经成为综合信息数据处理与集成技术的一个发展趋势。

展望未来的交通，所有的车辆都能够预先知道并避开交通堵塞，沿最快捷的路线到达目的地，减少二氧化碳的排放。我们可以随时找到最近的停车位，甚至在大部分时间车辆都能自动驾驶而乘客可以在旅途中欣赏在线电视节目、玩上线游戏等，这些都是智能交通给人们带来的安全、快捷、舒适的出行方式。现代科技将为交通带来巨大的变革，让我们见证着昔日的科幻变为现实。

参考文献

[1] 赵坚. 交通与运输的含义及交通经济学问题[J]. 综合运输,2007(8):13-16.

[2] 张珏成.国家标准中交通术语的讨论[J].交通标准化,2009(8):26-29.

[3] 邹海波,吴群琪.交通与运输概念及其系统辨析[J].长安大学学报(社会科学版),2007(1):20-23.

[4] 高嵩.交通运输与社会经济发展之间关系的研究[J].公路交通科技(应用技术版),2013(8):274-275.

[5] 尹阳.浅谈交通运输与社会经济发展之间的关系[J].知识经济,2014(2):67-68.

[6] 范精明.运输、交通和交通运输的内涵与相互关系研究[J].交通标准化,1998(2):10-13.

[7] 张珏成.交通与运输的区别与联系[J].交通企业管理,2009(8):12-14.

[8] 赵丽霞,高月娥.关于世界交通运输发展历程及启示[J].黑龙江交通科技,2009(3):108-111.

[9] 中华人民共和国铁道部令第 34 号,铁路主要技术政策[OL].http://www.gov.cn/flfg/2013-02/20/content_2334582.htm,2013-02-20.

[10] 方远明.中国铁路产业走出去战略研究[M].合肥:安徽大学出版社,2010.

[11] 李明华,罗世民.铁道概论[M].北京:中南大学出版社,2011.

[12] 罗福午.土木工程(专业)概论[M].武汉:武汉理工大学出版社,2004.

[13] 江见鲸,叶志明.土木工程概论[M].北京:中国高等教育出版社,2001.

[14] 肖荣.铁道概论[M].北京:人民交通出版社,2013.

[15] 李学伟.高速铁路概论[M].北京:中国铁道出版社,2010.

[16] 钱立新.图解国外高速铁路[M].北京:中国铁道出版社,2010.

[17] 钱立新.世界高速铁路的发展水平和中国高速铁路的技术进展[J].铁路采购与物流.2009,9:19-21.

[18] 钱立新.世界重载铁路运输技术的最新进展[J].机车电传动.2010,1:3-7.

[19] 钱立新.世界铁路重载运输技术[J].中国铁路.2007,6:49-53.

[20] 钱立新.世界各国重载运输概况[J].中国铁道科学.2004,5:25.

[21] 钱立新.国际重载机车车辆最新进展[J].机车电传动.2002,1:1-4,17.

[22] 张国宝.城市轨道交通运营组织[M].上海:上海科学技术出版社,2006.

[23] 徐佳音.我国铁路运输业问题及对策[J].产业经济,2013(7).

[24] 宣平.新中国铁路 60 年成就辉煌[J].铁道知识,2009(5).

[25] 中华人民共和国交通运输部新闻办公室.中国公路水路交通运输发展报告(1978-2012).北京:人民交通出版社,2013.

[26] 中华人民共和国行业标准.JTG B01—2014 公路工程技术标准[S].北京:人民交通出版社,2014.

[27] 中华人民共和国行业标准.CJJ 37—2012 城市道路工程设计规范[S].北京:中国建筑工业出版社,2012.

[28] 中华人民共和国行业标准.GB 50688—2011 城市道路交通设施设计规范[S].北京:中

国计划出版社,2012.
[29] 中华人民共和国行业标准.GB 5768—2009 道路交通标志和标线[S].北京:人民交通出版社.2009.
[30] 杨浩.交通运输概论[M].北京:中国铁道出版社,2009.
[31] 邓学钧,刘建新.交通运输工程导论[M].北京:清华大学出版社,2008.
[32] 陈维亚,吴庆杰.现代交通运输概论(第二版)[M].北京:中国铁道出版社.2012.
[33] 王润琪.交通运输工程导论[M].北京:中国林业出版社.2012.
[34] 于英.交通运输工程学[M].北京:北京大学出版社.2011.
[35] 连义平.综合交通运输概论(第 3 版)[M].成都:西南交通大学出版社.2014.
[36] 严作人,陈雨人,张宏超.道路工程[M].北京:人民交通出版社,2011.
[37] 孙家驷.道路概论[M].北京:人民交通出版社,2008.
[38] 吴瑞麟,沈建武.城市道路设计[M].北京:人民交通出版社,2011.
[39] 罗娜.桥梁工程概论[M].北京:人民交通出版社,2012.
[40] 王毅才.隧道工程[M].北京:人民交通出版社,2006.
[41] 胡思继.交通运输学[M].北京:人民交通出版社,2002.
[42] 李学蚺.港航工程与规划[M].北京:人民交通出版社,1993.
[43] 陈旭梅.智能运输系统[M].北京:中国铁道出版社,2007.
[44] 交通运输部综合规划司.2013 年交通运输行业发展统计公报[EB/OL].http://www.moc.gov.cn/zfxxgk/bnssj/zhghs/201405/t20140513_1618277.html,2014-05-13.
[45]《现代交通运输概论》编委会.现代交通运输概论[M].北京:中国铁道出版社,2012.
[46] 王细洋.航空概论[M].北京市:航空工业出版社.2004.
[47] 赖怀南,彭巍.公共航空运输概论[M].北京市:中国民航出版社.2003.
[48] 孙继湖.航空运输概论[M].北京市:中国民航出版社.2009.
[49]《新航空概论》编写组.新航空概论[M].北京市:航空工业出版社.2010.
[50] 刘得一.民航概论[M].北京市:中国民航出版社.2005.
[51] 2013 年民航行业发展统计公报,中国民用航空局,2014.6,http://www.caac.gov.cn/I1/K3/201406/P020140623612275082363.pdf
[52] 佟立本.交通运输设备(第二版).北京:人民交通出版社,2003.
[53] 王绍周.管道运输工程[M].北京:机械工业出版社,2004.
[54] 李骏.现代交通运输与载运工具[M].成都:西南交通大学出版社.2011.
[55] 戚爱华.我国油气管道运输发展现状及问题分析[J].国际石油经济,2009,17(12):57-59.
[56] 戚爱华."十二五"我国油气管道运输发展趋势分析[J].综合经济,2011(4):15-18.
[57] 罗仁坚.中国综合运输体系的理论与实践[M].北京:人民交通出版社,2009.
[58] 林敬松,黄细洋.集装箱运输管理理论与实务[M].北京:清华大学出版社,2011.
[59] 段满珍.国际集装箱运输与多式联运[M].北京:清华大学出版社,2011.
[60] 陆锡明.综合交通规划[M].上海:同济大学出版社,2003.
[61] 宋年秀.王耀威.运输枢纽与场站设计[R].北京:机械工业出版社,2005.

[62] 程赐胜.交通枢纽与港站[R].北京:人民交通出版社,2003.
[63] 段智.城市客运综合交通枢纽交通功能评价和方法研究[R].北京:北京交通大学,2007.
[64] 徐键,张胜,等.大型综合交通枢纽设施布局规划设计[R].上海市政工程设计研究总院,2010.